元代福建史

(1276—1368)

徐晓望 著

图书在版编目（CIP）数据

元代福建史：1276—1368 / 徐晓望著．--北京：九州出版社，2023.2
ISBN 978-7-5225-1647-9

Ⅰ.①元… Ⅱ.①徐… Ⅲ.①福建—地方史—1276—1368 Ⅳ.①K295.7

中国国家版本馆 CIP 数据核字（2023）第 025552 号

元代福建史：1276—1368

作　　者	徐晓望　著
责任编辑	肖润楷
出版发行	九州出版社
地　　址	北京市西城区阜外大街甲 35 号（100037）
发行电话	（010）68992190/3/5/6
网　　址	www.jiuzhoupress.com
印　　刷	唐山才智印刷有限公司
开　　本	710 毫米×1000 毫米　16 开
印　　张	25.25
字　　数	458 千字
版　　次	2023 年 2 月第 1 版
印　　次	2023 年 2 月第 1 次印刷
书　　号	ISBN 978-7-5225-1647-9
定　　价	99.00 元

★版权所有　侵权必究★

目 录
CONTENTS

绪　论　元代福建史的地位 ……………………………………………… 1

第一章　元朝对福建统治的确立 ………………………………………… 13
 第一节　元军略闽与宋军的最后抵抗 ………………………………… 13
 第二节　蒲寿庚叛降和闽中士大夫的困境 …………………………… 22
 第三节　元初闽中的反元大起义 ……………………………………… 30
 第四节　福建省建立及元朝的行政管理 ……………………………… 43
 小　结 …………………………………………………………………… 55

第二章　元代福建的人口与社会结构 …………………………………… 58
 第一节　元代福建的人口和移民 ……………………………………… 58
 第二节　元代福建的富户经济 ………………………………………… 67
 第三节　元代福建的土地制度 ………………………………………… 72
 小　结 …………………………………………………………………… 84

第三章　元代福建的海洋开拓 …………………………………………… 86
 第一节　招抚海外国家与海上远征 …………………………………… 86
 第二节　元代福建到北方港口的海运 ………………………………… 96
 第三节　元朝对澎湖台湾的经营 ……………………………………… 103
 小　结 …………………………………………………………………… 118

第四章　泉州市舶司与福建的对外贸易 …… **120**
- 第一节　泉州市舶司的地位与制度 …… **120**
- 第二节　元代与福建贸易的海外港市 …… **127**
- 第三节　元代福建的海商和番商 …… **136**
- 第四节　元代福建的进出口商品 …… **143**
- 小　结 …… **158**

第五章　元代福建的经济 …… **160**
- 第一节　元代福建的农业 …… **160**
- 第二节　元代福建的手工业 …… **170**
- 第三节　元代福建的商业与城镇 …… **176**
- 小　结 …… **188**

第六章　元代福建的文化 …… **190**
- 第一节　元代福建的理学 …… **190**
- 第二节　元代福建的文学 …… **198**
- 第三节　元代福建的史地、科技、艺术 …… **211**
- 第四节　元代福建的教育、科举、刻书业 …… **221**
- 小　结 …… **236**

第七章　元代福建的宗教与信仰 …… **238**
- 第一节　元代福建的佛教及白莲宗 …… **238**
- 第二节　元代福建的道教与俗神崇拜 …… **250**
- 第三节　摩尼教在福建的传播 …… **259**
- 第四节　元代福建的海外宗教 …… **267**
- 小　结 …… **281**

第八章　元代福建的天妃崇拜 ······ **284**
 第一节　蒲师文与天妃封号的降赐 ······ **284**
 第二节　元代的漕运与天妃的赐号 ······ **289**
 第三节　元代官府对天妃的祭祀 ······ **299**
 第四节　元代福建各地的天妃庙 ······ **307**
 小　　结 ······ **314**

第九章　元末福建的经济危机 ······ **316**
 第一节　自然灾害和区域盛衰 ······ **316**
 第二节　元代福建的金融危机 ······ **322**
 第三节　元末福建的财政危机 ······ **332**
 小　　结 ······ **339**

第十章　元朝对福建统治的终结 ······ **341**
 第一节　元末福建的反元起义 ······ **341**
 第二节　亦思巴奚军及"省宪构兵" ······ **357**
 第三节　陈友定、罗良之争 ······ **366**
 第四节　朱元璋经略福建 ······ **374**
 小　　结 ······ **379**

参考文献 ······ **381**
后　记 ······ **394**
后记二 ······ **395**

绪 论

元代福建史的地位

在三百多年的宋朝与明朝之间，元朝的统治较为短促。这个在世界上有巨大影响的朝代，对福建省的统治仅有92年（1277—1367年）。但是，这不妨碍元朝成为宋朝与明朝之间过渡的重要朝代。事实上，在元蒙贵族的统治下，福建省和其他各省一样，地方制度和经济文化都有相应的变更。对这一变更的认识，有助于认识明清福建社会的变化。

一、元代福建史的传统研究

就福建地方史研究而言，陈遵统的《福建编年史》三册本[①]，早在20世纪60年代就出了油印本，近来出刊了铅印本。该书用了一定的力量进行元代福建史料的收集，从而成为后人探索元代福建史的基础。本书的缺点是头绪较乱，缺乏整体性。朱维幹的《福建史稿》上下册，由福建人民出版社分别出版于1984年和1985年，其中元朝部分是《福建史稿》上册的重点，而元朝部分的重点又是对外贸易，所以，就元代福建外贸而言，本书的研究在那一时代是不错的。其基础是20世纪中期中外学术界对元代福建外贸史的研究，而其缺点是不够全面。由厦门大学历史研究所郑学檬主编的《福建经济发展简史》[②]，最早的油印本是1984年的，最后由厦门大学出版社正式出版于1989年，该书也有涉及元代福建经济史内容，但不是每个部分都有论述。徐晓望的《福建通史·宋元部分》由福建人民出版社出版于2006年，本书涉及元朝部分的仅字符便有14万字。尽管如此，但从其涉及政治、军事、财政、外贸、工农商业、文化领域等多方面内容来说，相关篇幅尚嫌短一些。

元代福建最吸引人的是福建泉州等港口在对外贸易史上的地位。最早是桑

[①] 陈遵统：《福建编年史》三册，福建人民出版社2009年。
[②] 厦门大学历史研究所主编：《福建经济发展简史》，厦门大学出版社1989年。

原隰藏的《蒲寿庚考》作了相关介绍。① 由于这本专著问世,宋元阿拉伯人在中国对外贸易中的作用引起大家注意,虽然我不赞成蒲寿庚认为中国对外贸易起源于阿拉伯人的说法,但其人对宋元阿拉伯人在东亚外贸史中地位的研究,却是令人信服的,或者说,开拓了一个领域的研究。受其影响,民国时代就有张星烺、向达等专家展开了对宋元泉州港的研究。随着《马可波罗游记》等书的翻译,中国方面史料的挖掘,学界逐步确定了泉州在元代为世界第一大港的地位。从民国初年到今天,元代泉州港一直是学术界研究的重点。老一代学者中,庄为玑的《海上集》② 汇集了他数十年研究泉州历史的论文,其中不少篇章涉及元代泉州史。20 世纪后半期,李东华出版了《泉州与我国中古的海上交通》③,而苏基朗出版了《刺桐梦华录——近世前期闽南的市场经济(946—1368 年)》④,将元代泉州港的研究推向一个高峰。

近年推动宋元泉州港研究发展的是考古方面的突破。吴文良出版于 1957 年的《泉州宗教石刻》一书,汇集了大量泉州发现的宋元石刻,该书后来由吴幼雄补充重版。⑤ 吴幼雄等人这方面的著作还有《泉州史迹研究》。⑥ 泉州宗教石刻中,蕃人墓碑石最多。陈达生和陈恩明的《泉州伊斯兰教石刻》⑦,通过对相关碑文的翻译,展开对元代泉州蕃人的研究。他们多为阿拉伯人和波斯人。这方面的集体著作还有《泉州伊斯兰教研究论文选》。⑧ 除了伊斯兰教外,泉州也有基督教石碑的发现。20 世纪 80 年代,吴幼雄发表了《福建泉州发现的也里可温碑》⑨,杨钦章相关研究论文是:《泉州新发现的元代也里可温碑述考》。⑩ 福建晋江陈埭的回族,最早于元代定居于当地,他们的历史历来引起大家的兴趣,因而有相关著作《陈埭回族史研究》出版。⑪ 杨讷的《元代白莲教研究》对元

---

① 桑原隲藏:《蒲寿庚事迹》,东京,平凡社 1989 年。
② 庄为玑:《海上集》,厦门大学出版社 1996 年。
③ 李东华:《泉州与我国中古的海上交通》,台湾学生书局 1986 年。
④ 苏基朗:《刺桐梦华录——近世前期闽南的市场经济(946—1368 年)》,浙江大学出版社 2012 年。
⑤ 吴文良原著(1957 年)、吴幼雄增订:《泉州宗教石刻》,科学出版社 2005 年。
⑥ 吴幼雄等:《泉州史迹研究》,厦门大学出版社 1998 年。
⑦ 福建省泉州市海外交通博物馆编:《泉州伊斯兰教石刻》,陈达生、陈恩明编译,宁夏人民出版社、福建人民出版社 1984 年。
⑧ 福建省泉州海外交通史博物馆、泉州市泉州历史研究会编:《泉州伊斯兰教研究论文选》,福建人民出版社 1983 年。
⑨ 吴幼雄:《福建泉州发现的也里可温碑》,载《考古》1988 年第 11 期。
⑩ 杨钦章:《泉州新发现的元代也里可温碑述考》,载《世界宗教研究》1987 年第 1 期。
⑪ 陈埭回族史研究编写组:《陈埭回族史研究》,中国社会科学出版社 1991 年。

代流传于福建等省的白莲教展开了研究。①

泉州著名的宋代海船，实际上可能是宋末元初沉没的船只。船只发现者庄为玑先生认为该船是在元代初年沉没的。泉州海外交通史博物馆于1987年出版了《泉州湾宋代海船发掘与研究》②，该书表明元代泉州对外贸易发达。在元代沉船方面，最为著名的是韩国沿海新安发现的中国商船。人们认为，该船上所载商品表明，该船原发于福州港，最终目的地是日本某个港口，但因迷航，沉没在韩国沿海的新安。③

进入21世纪，中国沿海的水下考古逐步展开，中国国家博物馆水下考古研究中心、福建博物院文物考古研究所和福州市文物考古工作队共同发掘了福建省平潭周边大练岛的元代沉船遗址，他们多次不畏风浪的下潜，捞起不少有价值的瓷器，展现了元代福建瓷器的特点。④ 沈琼华的论文：《13、14世纪龙泉窑之输出》表明，福建输出的瓷器，多为绿色的龙泉瓷器。不过当时福建北部闽江流域的元代窑厂，也生产绿色的龙泉瓷。所以，除了少数精品外，多数龙泉窑都是闽江流域生产的，毕竟闽北诸县离浙江省南境的龙泉并不太远，境内有不少龙泉系的窑址，分布于闽江的上游。

随着考古文物及资料的新发现，学术界对元代福建对外交通的研究也有发展。法国学者苏尔梦的《试探元初流寓东南亚的宋朝遗民》⑤ 一文，考察了东南亚诸国保留的元代中国文物，从而对宋末元初流寓东南亚的华人展开了研究。陈高华著有《元史研究论稿》⑥、《元代研究新论》⑦、《陈高华文集》⑧，其中涉及元代闽商及对外贸易的研究，极有价值。廖大珂对元代福建对外贸易史亦有关注，其涉及相关内容的著作有：《福建海外交通史》⑨ 和《闽商发展史·海外

---

① 杨讷：《元代白莲教研究》，上海古籍出版社2004年。
② 福建泉州海外交通史博物馆编：《泉州湾宋代海船发掘与研究》，海洋出版社1987年。
③ 陈擎光：《元代福建北部及其邻近地区所输出的陶瓷器——试论新安沉船以福州为出口港》，张炎宪主编：《中国海洋发展史论文集》第三辑，"中研院"三民主义研究所1988年，243-282页。
④ 中国国家博物馆水下考古研究中心、福建博物院文物考古研究所、福州市文物考古工作队编著：《福建平潭大练岛元代沉船遗址》，科学出版社2014年。
⑤ 苏尔梦：《试探元初流寓东南亚的宋朝遗民》，李庆新主编：《海洋史研究》第二辑，社会科学文献出版社2011年。
⑥ 陈高华著：《元史研究论稿》，中华书局1991年。
⑦ 陈高华：《元代研究新论》，上海社会科学出版社2005年。
⑧ 陈高华：《陈高华文集》，上海辞书出版社2005年。
⑨ 廖大珂：《福建海外交通史》，福建人民出版社2002年。

卷》①。徐晓望研究闽商的著作有：《闽商研究》②和《闽商发展史·总论·古代部分》③，其中都有相当部分用以研究元代福建的商人。

由于元代福建史研究涉及多个方面，一时难以全面概述。除了以上概述外，有些问题不如专节分析。

二、元代福建地方制度和政治斗争

和宋明历史的大量研究相比，元代制度及政治史研究的成果相对较少。元代的行省制度是大家关注的一个特点，毕竟，在元朝以后，行省制成为中国标准的地方制度，不能不说是元代制度的影响。因其重要性，中国每一部地方制度史，凡涉及元朝，都会提到行省制的建立，相关研究也多。从制度起源而言，"省"原来是唐宋朝廷中枢的主要机构，唐代有尚书省、中书省、门下省，宋代以中书省统领全部政事。因此，在唐宋时期，省不是地方机构，而是中央一级的机构。元代出现"行省"，其意为将中枢机构派到地方了。蒙元机构给人最大的印象是中央集权制。蒙古草原自然条件严酷，冬季经常发生群狼围歼牲畜的"狼灾"，牧民为了抵御群狼，也会组成相当规模的人群，集体出动，抵御狼灾。在这类猎人群体中，通常由最有威望的领袖率领，众人无条件奉其号令，如果群体较大，还会形成各级领袖，层层管理。这类领袖，其权力极大，对其部众有绝对的生杀予夺之权，否则无以指挥众多的人群。这类群体形成之后，也会向中原区域出击，从而形成大规模的南侵行动。因其有集权指挥，整体行动划一，会造成很大的破坏。成吉思汗因此夺得天下。忽必烈建立元朝后，在中国本土派出机构管辖战争这类大事，赋予类似宰相府的权力，这就是行省制。元代的行省，其实是中央派出机构，行省的最高首脑，最初就是宰相级的人物，因此，行省的级别很高，它的长官通常具有宰相或是副宰相的级别。和唐宋传统制度相比，行省长官肯定由中央派出，任期有限，在位时可以统管全省军政，这与唐宋制度有区别。例如，宋代福建路的最高级别的长官是福建漕运使，他的驻地有时在福州，有时在建州（建宁府），而福州知州通常又可兼摄闽中最高行政长官，他的地位至少和福建漕运使相当，于是，造成福建官场官员职权相互重叠的现象。这种有意造成的行政长官相互牵制，确实不如元朝行省长官统管一切的效率高，宋朝的失败，也有其原因吧。

---

① 廖大珂、辉明：《闽商发展史·海外卷》，厦门大学出版社2016年。
② 徐晓望：《闽商研究》，中国文史出版社2014年。
③ 徐晓望：《闽商发展史·古代部分》，厦门大学出版社2013年。

元军攻掠福建没有遇到强力抵抗，主要原因是宋末福建经济凋敝、民众疲劳到极点所致。元蒙军事力量之强大是古代世界罕见的，凡元军攻击的国家，通常不过两三年就会被击溃，像南宋这样顽强抵抗四十多年的是没有的。长期的抗元战争使南宋民众付出巨大的代价，福建虽然不是主要战场，但是，为了支持南宋的财政，官府对民众的赋税征纳也达到了极点。普通国家几年战争就会拖垮国家经济，南宋坚持了四十多年，由此可知民众付出了多大的代价。元军进入福建时，几十年战争的疲惫已经压垮了所有的人，所以，尽管有文天祥、陈文龙这样的忠贞之士，仍然未能挡住元军南下的步伐。元朝示以宽大的政策，也是其成功的原因。最早的蒙元军队每到一处都会造成极大的破坏，但到了元世祖时期，元朝统治者开始讲究策略，对宋朝官员尽量招降纳叛，对主动投降的城市，一般不进行无区别的大屠杀。元代的赋税相对宋朝为轻，宋朝百姓接受新的统治者，不能说完全没有好处。然而，除了元世祖对亲率的军队控制较好外，多数时间元朝的军队纪律较差，每到一座城市就驻扎在百姓的家里，经常滥杀民众，这都是福建百姓难以接受的。所以，民间反元情绪很强。元军征讨日本失败后，消息传到福建，就爆发了漳州百姓与山区的陈吊眼畲军联合，于八月十五屠杀驻家元军的事件。其后，漳州、汀州的百姓与畲军联合反元，形成了轰动一时的反元浪潮。元军花了一二十年的时间才将漳汀反元起义镇压下去。其后，南方诸省山区经常爆发反元起义，可以说，元朝在中国南方的统治一刻都没有安定过。

元朝对南方诸省统治的另一个特点是大量起用色目人。在击败南宋之前，元朝已经将自己的统治扩大到中亚和东欧，在元朝征服南宋的军队中，也有不少来自中亚、东欧的兵员。元朝进入南方后，起用了大量色目人当官，最早的元朝统治者觉得南宋的儒生没有什么用，或者不如工匠有用，这就形成了元朝特色的阶级分层，儒者被当作下九流的阶层，色目人受到重用。许多被冷落的儒者暗地里支持民间的反抗运动，这是元朝统治长期不够稳定的重要原因。随着时间的推移，儒者对朝廷的渗透渐渐改变朝廷的观念，元代中叶，朝廷开始重视儒学，传统秩序恢复，因此，到了元末，许多儒者对元朝的支持是相当坚定的。

元代福建行省是撤立较多的一个机构。元朝通常是因事设省。早期因福建是叛乱较多的地区，朝廷需要调来周边各省军队共同围剿反元义军，每次大行动，都要建省管理，在事情完成后又撤除，这是福建多次建省的原因。元代是因事设省，后来渐渐成为地方的常设省，这是因中国各地人口众多，分片管理有其优越性，于是元朝干脆在各地建省管理，元代全国各地共有十来个省。比之江浙省、湖广省这类大省，福建作为一个省，占地相对较少，关键是赋税较少，无法养活元朝在本省的驻军。由于这个原因，元朝鼎盛时，将福建归入江浙省，得到江浙财政的支持，元军方可全力镇压福建造反的山民。只是到了元代后期，元代失去中原大片土地，拥护元朝的福建地区才重新建省。

  元朝的统治者是一些来自游牧区域的贵族，这些所谓贵族缺点是缺少法制观念，从而给各级统治者留下贪腐的空子。元朝统治的腐败程度是少见的。在相关部分，我举了一个发生于闽北的例子。一伙元军受命去平定山民暴乱。这些元军出师后，并没有发现造反的山民，他们返回驻地的路程上，决定抢劫建阳县的一户大族。于是，这个数十人口的家庭遭遇无妄之灾，许多人被杀，或是被掠卖。由于元朝统治阶级内部的矛盾，这伙元军的首领受到弹劾，最后被处分。而这个案例也被写入元朝的法律典章。实际上，元军对普通百姓的掳掠很少遭到处罚，多数情况下，元军公开抢劫百姓，使民众无法安居。元代官员的贪腐更是公开的，元朝官员没有贪腐是坏事的观点，几乎无官不贪，很少有人受到惩罚。元朝之所以那么快就崩溃，与元朝官员过于腐败有关。

  元朝福建的财政很说明问题。元代福建的赋税和宋代差不多，大约正规田赋也就七十多万石，这与福建全省仅1400多万亩粮田的现实有关。福建是全国各省中，粮田数量最少的省份，周边的浙江、江西、广东三省在历史上都是中国主要粮食产地，福建省位于东南丘陵山地最多的地方，素有"八山一水一分田"之称，平地很少，可耕地更少，粮食总产量很低，自古以来，福建省的粮食赋税就偏少，这是福建地理形势决定的。元朝与宋朝相比一个重大特点是苛捐杂税的废除。宋代福建是朝廷主要赋税来源地之一，以田赋为主的正供虽然有限，各类杂税很多，所以，宋末的福建实际上是很困难的。元朝管理权延展到南方之后，虽有官员更迭之事发生，早期福建大量使用汉官，他们当然不会认真给元朝征税，因此，除了田赋之类正供外，宋末各类苛捐杂税无形中取消了。这就大大减轻福建民众的负担。以矿税来说，宋代福建开矿大都属于官府，官府有权得到其中多数收入。以银矿来说，宋代皇室在福建得到的白银，每年会有二十多万两，元代这些官营矿场大都停办了，有些新任官员建议重新开矿，为元朝增加收入，却受到民众的抵制。有些官员揭发这些银矿的收入是向民众征收的，这是不合理的额外负担，元朝只好答应不再开矿。所以，元代各地官营矿场很少，多数银矿是民众偷偷开采，官府得不到收入。从总体而言，元代的赋税比唐宋时期少了一大截，这是元明以后官府不像唐宋时期那么强大的重要原因。

  由于福建省粮赋收入太少，福建行省官员逐渐将征纳重点转向食盐。食盐是唐宋以来被官府垄断的专营物资。福建沿海多县设有盐场,可以大量生产海盐。官府垄断食盐买卖之后,通过对其生产及销售市场的控制,从中赚取大量的金钱。由于地理条件的影响,福建产盐县主要是东南沿海的长乐、福清、惠安、晋江、同安诸县,官府规定的运销航线是从沿海各县的盐场运到福州仓山,然后换河运船,运到闽江上游诸县,其主要市场为闽北建宁路、邵武路、南剑路。福建沿海其他各县不是不生产食盐,只是官府未在当地设置官营盐场,市场上只有私盐买卖。福建南部的汀州路,理论上也是闽江的上游,但其境内还有一条大江可以通向广东东部的韩江,于是,汀州路的民众大都食用从韩江下游运来的私盐,本地食盐市场不属于福建盐场。由于食盐是福建财政重要来源,为了弥补沿海各县不肯食用官盐的损失,元代福建官府的办法是强行销售。给各户摊派一定数量的食盐销售额,因而征收一定数量的金钱。按照当时的记载,由官府派来售盐的官吏,不会认真卖盐,他们往往不管户主在不在家,便将官府摊派的食盐照门前一倾,就算已经卖给你了,然后由官府衙门像收税一样收取盐钱。这种食盐专卖制度实行之后,实际上转化为一种人头税,官府管理的每个丁口,每年都要上缴一份外省没有的食盐人头税,于是成为福建省的弊政。据说福建省的食盐专卖税,最多时达到每年40万以上,成为可与田赋相比的一项重要收入。总的来说,元朝对福建的统治,也有一个从轻税宽松逐渐走到重税于民的过程。至于元末的无名杂税,更是沉重无比,这也是元朝走向解体的必然趋势。

  关于元代福建的政事,我在五卷本《福建通史》中,已经综合正史及方志的史料,进行了完整的概述。这次重修元代福建史,加强了对元初及元末福建史的叙述。其中加强了对元代初年闽中抗元的事迹的挖掘,也有对元初儒家知识分子政治动向的论述。在蒲寿庚研究方面,自从桑原骘藏推出《蒲寿庚考》一文后,日本学术界的研究成果颇多。更加令人欣喜的是新史料的发现,这些史料使我们有可能对蒲寿庚进行一个全面性的考述。作为色目人之一,蒲家尽心尽力拥护元朝的统治,也从中得到很大的好处。相对而言,泉州在宋代发迹的地方大族有些人是与元朝保持距离的。在元末政治描述方面,本书较详细地考证了罗良在元末福建政治中的作用。结论是罗良和陈友定都不是元朝坚定的支持者,他们更多的是割据地方的豪强。陈罗之间的混斗,导致元朝对福建统治的削弱,这也是明朝顺利统一福建的因素之一。总之,不论是元初及元末的福建政治,我的描述都更为详细了。

  元朝的海洋开拓令人印象深刻。元朝建立后,发动过两次对日本远征,对东南亚方面,元朝从海上出兵攻击占城和安南,还曾发兵进攻南海的爪哇国。

这些军事行动都以失败告终。其原因在于：当时的技术力量还不足以克服海洋造成诸国之间的距离。此外，由于对元朝血腥征服的痛恨，沿海各地给元军所造船只，多是以河船为模型，这类船只一进入海洋，便会摇动不已，最后在风浪中倾覆，几乎是不可避免的命运。这是征日本舰队覆没的根本原因。元朝征讨东南亚国家的船只多来自闽粤两省，两省所造海船，质量有保证，在海上也没有遇到抵抗，元军征服东南亚国家的失败，主要是陆地的原因。中国对东南亚一向持和平政策，元朝的征服计划是一个例外。元朝为什么要远征海外呢？这与元朝政权需要金银巩固政权有关系。为了维护元朝对周边汗国的控制，元朝中央朝廷每年都要支出大量的金银，以便让遥远的金帐汗国、伊儿汗国听从自己的指挥。日本是宋元时期著名的黄金国，所以会遭到元朝的入侵。其他攻击占城、安南、爪哇的行动，也与海外这些国家较为富裕有关。不过，中国对东南亚国家，一向是采取和平安抚的政策，元朝改变传统，并施行跨越技术界限的扩张，导致大量元军死于异域，终于遭到历史的惩罚。

元朝海洋开拓的又一表现是使团外出，这在唐宋时代是少见的。元朝对海外国家的要求是到中国来进贡，不同意，则有遭到元朝讨伐的危险。元朝出使团队，便是以招徕进贡为目的。对海外国家来说，元朝讨伐并非空口白话，而是真实的威胁，所以，有许多国家顺应元朝的要求，到泉州来做生意，这是泉州繁荣的一个原因。至于他们是不是来进贡？则是有疑问的。事实上，元朝对接待南方国家的兴趣不大，很少见南方海外国家进入大都进贡的记载。元朝大都在泉州、广州的市舶司便将这些国家的进贡处理了。实际上，可将这些国家前来进贡当作做生意，这类生意多了，泉州就更繁荣了。由于这一原因，印度南部区域有些国家在泉州设置了自己的使节驻地和庙宇，这使泉州与印度洋的联系加强了。此外，元朝对东南亚的用兵，无意中加强了闽商的声望。由于泉州是世界性大港，当时到东南亚经商的华商多为福建人。东南亚国家对闽商往往给予外交人员的待遇，这使他们在东南亚如鱼得水。

三、元代的金融和经济的发展

金融和经济是地方史的重要内容，不过，对元代金融和经济的研究一向不足。然而，研究仔细元代福建的地方财政和金融，我有一个感悟：元代成为中国历史地位的转折点，与元代金融制度和财政是有关系的。

从秦汉到唐宋，中国是世界上最富强的少数国家之一。然而，经过元朝的极端扩张之后，中国在世界上的领先地位不是扩大了，而是逐渐缩小了，有其原因。

在元朝以前，中国与东亚国家自成一个经济圈，所有的经济循环都在这一经济圈之内。其时海上及西北虽有丝绸之路，但其贸易量不大。蒙元征服中国北方之后，凭借着中国的物力向中亚、西亚以及欧洲发展。不论是在征服东欧或是征服西亚的蒙古军队中，都有北方汉人的部队。这种军事扩张，对中国物力是一种损失。然而，对元代中国物力影响最大的还是元初对巨大国家的统治。蒙元的统治远及西亚及东欧的边疆，元朝要维护自身在遥远边疆的统治力，取得金帐汗国及伊儿汗国贵族的拥护，就得给予金银财富。事实上，元朝统治者对远方的藩王一直是十分慷慨的，不断赏赐大量金钱。那么，元朝的财富来自什么地方？除了消灭金、夏、宋诸王朝掠夺的财富外，元代的纸币制度是一重要方式。众所周知，宋代的交子是纸币的起源，但宋朝发行纸币，很重视金银兑换制度。也就是说，宋朝发展一定的纸币，会以一定的金银为后备金。一般地说，发行一定量的纸币，一定要有纸币面值三分之一的金银作为后备金，需要时可以金银兑换纸币，以维持金银的价值。但元朝发行纸币，就不太重视金银后备金。事实上，元朝根本就是想用纸币来兑换民间的金银，用以赏赐分布欧亚诸国的藩王。因此，元朝的统治导致中国金银大量外流。这等于是用中国的物质豢养分布世界的蒙元贵族。很显然，不管中国多富，都经不起蒙元贵族的挥霍。反映在金融上，就是大元钞的迅速贬值。比方说，大元钞初次发行时，一锭大元钞价值五十两银子。不消二三十年，大元钞就贬值为一锭只能等同一两银子的价位。这是五十倍的迅速贬值，其间掠走多少百姓的财富。和宋代不同在于：宋、辽、金、夏的时代，不管北方游牧民众有多强，他们掠走的财富，不消数十年，就会被南方中国人赚回来，因为，它没有其他出路，都在东亚范围内流通。元朝则不同，元朝用大元钞换来的金银，被用以赏赐远方藩国的贵族，这便导致中国宝贵的金银外流，而且这个过程是有去无回的。所以，经过元朝的统治，中国数千年来积累的金银就少了很多，中国在世界上的优势也被削弱了。这是元朝统治的根本性问题。

对元代福建地方史料的挖掘表明：元代的大元钞深入福建的农村，即使是穷乡僻壤也有使用大元钞的记载。元朝发行大元钞，可以同等的市场价格换取民间市场上的白银，可见，大元钞深入福建社会，其实意味着相当数量的白银被统治者卷走。不过，大元钞在海外市场上的接受度有限。现在看到的记录表明，海外国家中，只有暹罗等少量国家接受元朝的纸币，多数国家还是要真金白银。元代外贸另一个问题是：元朝为了保证大元钞流通，废除在中国流通上千年的铜钱。这使汉唐宋以来中国民间流行的大量铜钱成为"废钱"，福建商人便将国内的铜钱用于对外贸易。事实上，早在唐宋时期福建铜钱便流通于东亚及东南亚诸国，元朝废弃铜币，闽商运到东南亚的铜钱就更多了。这对中国经济来说，其实也是一种价值流失，其伤害度比不上金银外流，但也不可忽视。关于铜钱另外要说的是：由于大元钞贬值太快，元代后期的大元钞几乎等同于废纸，于是，中国传统的白银、铜钱重新在福建民间流通。那么，没有元代的铜钱怎么办？元代福建流行的方法是流通宋代的铜钱。总的来说，元代市场上流通的铜钱有三类：自汉朝到南北朝生产的五铢钱；唐代生产的开元通宝以及宋朝发行的各种铜钱。当然，其中以宋朝的铜钱最多。元朝之后，使用宋钱成为福建市场的一个普遍现象，这是外省少见的。

　　元代福建农业、工业、商业的发展，一向研究不多。这是因为经济史料极为分散，我写五卷本《福建通史》之时，有关元代福建经济史料，大都是从元代闽人文集和明代早期方志中一点点抠出来的。不过，元代福建史料偏少，至今没有很多新的发现，因此，这方面的研究很难突破。从总体而言，元朝承宋朝之后，福建工商业仍然保持相当高的水平，农业的地域局限性也没有大的改观。元朝对外贸易相当发达，新的修改是结合汪大渊《岛夷志略》等书详细分析了元朝外贸的制度和其得失，对南洋诸国贸易的主要内容。我的体会是：元代的对外贸易，其实不限于奢侈品，许多民生物品也卷入了对外贸易。南洋国家对中国商品的依赖是全方位的，尤其是铁锅、陶器这类生活用品也进入了南洋市场。渐渐地，南洋诸国民众已经离不开中国的商品。所以，早在宋元时代，福建及南方诸省已经和南洋经济紧密相连了。在外贸方面另外要注意的是：早期元代的南洋市场上，印度商品已经构成对中国商品的竞争。印度是一个古老的文明大国，早在汉晋时代印度文明便向东南亚传播，东南亚诸国的国王有不少印度人，因此，印度人的爱好在很大程度上影响了东南亚人民。这就导致东南亚诸国民众产生使用印度商品的习惯。印度的服饰和布料对东南亚民众影响很大。元代福建广东引进了来自印度的棉布生产，其实，印度棉布很早就在东南亚诸国传播，它比中国丝绸更受东南亚民众的欢迎。印度棉布在东南亚畅销，中国商人也在东南亚市场上购进印度的棉布，这反映了印度强大的生产力。

　　在商业城市泉州研究方面，我强调的一点是：泉州是当时世界上有名的世界第一大港，但不能以今人理解的世界第一去看元代泉州港。不同时代的世界第一差别极大，元代世界上的城市，即使是元大都、杭州这样的大都市，也不过只有数十万人口而已。所以，当时的世界第一大港泉州，其城市人口大约也就十几万，最多不会超过二十万，这是时代局限性造成的。当时闽南的农村生产力还无法养活二十万人以上的大都市，任何夸张的说法都没有物质基础。所以，我们没有必要相信那些夸张的史料。

10

四、元代福建文化的研究

朱维幹《福建史稿》的一个缺点是没有文化部分，例如，作为福建文化代表性人物的闽学领袖朱熹，全书中竟没有他的踪影。这也许和当时的文化气候有关。在将朱熹看成地主阶级文化代表的时代，即使在福建史写入朱熹，恐怕也要将批判朱熹当作头等大事，还不如不写。元代是朱子学奠定思想界领导地位的时代，对于元代福建朱子学代表人物的研究，高令印和陈其芳著有《福建朱子学》①，成为元代福建儒学研究的开拓者。我在《福建思想文化史纲》② 和《福建通史·元代部分》③ 亦有扩展研究，新的研究主要着眼于元代经学的成就。元代的经学研究在哲学上突破不多，不过，不要以为经学研究是没有意义的，经学研究毕竟是儒学研究的基础。元代和明代，凡是认真学习儒家经典的学子，都要请闽人为其讲习儒家经典，这是因为闽人对古代经典的研究水平最高，所以，闽中儒者能够在南宋至清初的三五百年内成为业界领袖。元代是闽学地位的巩固阶段，具有重要地位。

元代福建文学最亮眼的是遗民文学。宋朝是中国历史上的一个伟大的时代，宋朝虽然被元朝征服，但民间有许多人怀念宋朝的伟大，怀念他们在宋朝的生活，这使他们很自然地抵制元朝的制度和文化。他们将这种情感写成文字，便形成了无比辛酸的遗民文学。诸如谢翱、郑所南诗歌、散文，满怀故国之思，一字一泪，一字一血，千百年读后，仍然使人无限惆怅。元代遗民文学不是个别人的表现，而是一个群体展现的故国之思，反映了这一时代的特色。

最初元朝官员的选拔没有什么制度，完全出于长官的好恶。蒙古贵族害怕南方的炎热，整个元代，进入福建的蒙古人不多，但是，元朝大量起用色目人，这就导致色目人大批进入福建官场。元代中叶，元朝恢复了科举制度，但元朝的科举制度有严格的等级划分，留给汉人、南人的名额相当少，每届可参加科举考试的只有75人。元朝重北轻南，主要科举人才都出在北方，分到江浙省的名额就很少了。福建作为江浙行省的一个宣慰司，选拔的人才有限，每届考中进士的不过数人而已。这与宋代福建每届都有数十人考中进士相比，可以说元代福建科举事业出现了大幅衰退。于是，从事儒学研究的人也少了。元初统计建宁路的专业儒户有二万户，元末只怕很少有专业儒户了。泉州一带甚至有士

---

① 高令印、陈其芳：《福建朱子学》，福建人民出版社1986年。
② 徐晓望主编：《福建思想文化史纲》，福建教育出版社1996年。
③ 徐晓望：《福建通史·宋元部分》，福建人民出版社2016年。

人以经商为业、不乐念书的传说。但是，这种情况是全国性的，福建儒业虽然衰退，但比之其他省份还算好。由于朱熹的影响，福建在儒学界的地位相对较高，有些儒学世家历代相承研究儒家经典，所以，福建儒士尚能掌握儒家经典的解释权。有了儒家经典为基础，福建人的文学水平相对较高。另外要注意的是，由于福建是江浙行省的一部分，而杭州是江浙行省的省会，福建文人学士大都到杭州谋生，浙江自身由朱熹传下的浙学也有很大发展，元代的文化中心是在杭州而不是闽北，尽管这时候闽北建阳的印书业相当发达，杭州刻书业更以精湛闻名。元代福建的史学和地理学因时代较短，成绩也少，不过，仍然有《三山续志》《清源续志》《莆阳志》等重要方志问世。这三部方志虽然未能保留到今日，但明清时代福州、泉州、兴化三府修纂的方志，都继承了这三部方志的成果。此外，著名的《岛夷志略》一书作为《清源续志》的一部分，被保留下来了，这是元代中国对外交通名著。元代科技令人印象最为深刻的是福州鼓楼的计时器，据说它用精铜制成，经年累月不差毫秒，其间科学原理至今不是很清楚。

元代的福建宗教，其特色是外来宗教盛行。不仅有摩尼教、伊斯兰教，还有印度教和基督教派中的天主教。多种宗教在泉州等海港城市的传播，反映了中国多元文化并存的格局。始于汉代便传入中国的佛教，早已在中国本土扎根发芽，成为中国的本土宗教。元代福建佛教的问题是：原来作为各地城厢公有财产的寺院，开始私有化过程，导致寺院管理人员的两极分化。少数寺院上层人员世俗化，从而导致寺院地位的下降。

元代的民间信仰以妈祖崇拜最有特色。福建航海人员北移江南诸港，导致妈祖信仰在江南的传播，并借保佑漕运之力，妈祖成为国家祭祀的最高海神，这就是元代的天妃崇拜。本书增补的福建民间信仰及妈祖信仰研究，主要来自我的《福建民间信仰源流》[①] 和《妈祖信仰史研究》[②] 二书。

[①] 徐晓望：《福建民间信仰源流》，福建教育出版社1993年。
[②] 徐晓望：《妈祖信仰史研究》，海风出版社2007年。

第一章

元朝对福建统治的确立

如果说宋代的福建以和平发展为主，而元代的福建则以动荡的局势为其主要特征。元朝在福建建立了以蒙古人、色目人为核心的统治机构，贪官污吏横行，政以贿成，因此，元代福建的农民起义屡屡发生。

第一节 元军略闽与宋军的最后抵抗

福建是元朝最后征服的区域之一，元军进入福建后，八闽大地的反元起义如火如荼，一直延续了十六七年，是元初反元起义坚持最久的区域。

一、宋末形势和元军入闽

宋末，蒙古兴起于大漠之北。在蒙古族杰出领袖成吉思汗的率领下，统一了蒙古草原，然后不断向四方扩张，先后消灭了西夏、西辽、花剌子模等强国，其西进大军一直打到欧洲腹部的奥地利、匈牙利等国，将国土辽阔的俄罗斯置于统治之下。在进攻宋朝之前，蒙古军已经征服了华北的金国以及西亚的波斯、巴比伦，广袤的亚欧大陆都在蒙古的铁蹄下呻吟。宋朝凭借数百年来坚守城市的作战经验以及水战的技术，与蒙古大军周旋了40余年，是欧亚大陆抵抗蒙古军队最久的国家。但是，长久的战事耗尽了宋朝的国力，执政大臣贾似道乱了方寸，宋朝已是非常虚弱了。忽必烈登上蒙古大汗之位后，改国号为元，他平定内部的叛乱之后，开始了吞并南宋的战争。宋度宗咸淳八年（元世祖至元十年，公元1273年），元军经过数年苦战之后攻克宋朝重镇襄阳。其后，元军水陆并下，宋恭帝显德祐二年（1276年），元军攻打到临安城下，宋帝显出降。不愿意降元的宋臣南下闽广，开始了四年艰辛备尝的抗战。

当元军进逼临安时，执政的大臣皆要求太后谢道清带上小皇帝赵显去海上避难。然而，谢太后一直妄想与元朝和谈，不惜称侄子、侄孙，迟迟不肯离开临安。文天祥担心宋王室尽被元军所俘,建议让吉王赵昰、信王赵昺出镇闽广,以图复兴,遭到拒绝。直至帝显德祐二年(1276年)春正月,元军已近逼临安,宗室看出太后无出走之意,皆要求复议文天祥的呈请,于是,朝廷封吉王赵昰为益王,驻福州;封信王赵昺为广王,驻泉州。在元军进入临安之前,由宗室中的抵抗派秀王赵与檡护送益王与广王出逃山中,躲过元军的追捕之后,二王来到温州。温州位于东南之隅,元军尚未到达。宋遗臣闻二王在温州,纷纷赶来,其中有宰相陈宜中、大臣陆秀夫、张世杰等人。益王在温州称"天下兵马大元帅",派秀王赵与檡为福建察访使,先入闽中,招抚军民,协力抗元。

其时,因宋王室业已降元,闽中官吏惶惑无主。前福建漕运使黄万石早已降元,欲为元朝建立新功,便江西入闽招抚。闽中汀建诸州方有降元之议,闻秀王入闽,而益王已立,皆拒绝元朝招降,复为宋朝守土。黄万石狼狈逃回。1276年五月,益王赵昰即帝位于福州,改元景炎,升福州为福安府。

益王称帝,南方宋朝官员有了主心骨,纷纷向益王表忠心。益王也派出军队四面出击:

> 诏以赵溍为江西制置使,进兵邵武;谢枋得为江东制置使,进兵饶州;李世逵、方兴等进兵浙东;吴浚为江西招谕使,邹㵯副之;毛统由海道至淮,约兵会合,仍诏傅卓、翟国秀等分道出师,兴复帝室。①

以上几路兵主要出击方向是江西和浙江。由于元兵主要由浙江南下,所以,在浙南作战的秀王显得十分重要。秀王是宋王室中的抵抗派,扶持二王南逃,功劳甚大。新朝廷众臣认为秀王有东汉刘秀之风度,必能复兴宋朝。然而,帝昰周边的人因而对秀王的威望感到不安,总是将其派到外围作战。而秀王也是任劳任怨,不断出击浙南。"八月,秀王与檡围婺州,元董文炳拒之,与檡乃还。"② 其后,元将唆都攻击衢州,留梦炎等人投降,秀王仍在浙南山区转战。秀王等人在赣北浙南的活动掩护了闽中的益王政权,但到了八月份,这些地方大都被元军攻克,只剩秀王坚守浙南的处州孤城。

在益王政权内,陈宜中任左丞相,兼枢密院使,都督诸路兵马;陈文龙为参知政事,张世杰为枢密副使,陆秀夫为直学士。文天祥入闽后,见陈宜中掌

---

① 陈邦瞻编:《宋史纪事本末》卷二八,二王之立,中华书局1977年,第1169-1170页。
② 陈邦瞻编:《宋史纪事本末》卷二八,二王之立,第1170页。

权,便辞去右丞相的任命,以枢密使都督开府于南剑州,经略江西和闽北。此外,在福建防御方面,益王政权又以王积翁为福建提刑、招捕使、知南剑州,备御上三州①;并以副使黄全兼知漳州,备御下三州。位于闽北的上三州即为建宁府、南剑州和邵武军,其州城就是今日的建瓯、南平和邵武。而下三州应是漳州、汀州、泉州。不过,重组的反元军队多来自地方军与新招募的民兵,战斗力较弱,而且其首领大多没有战斗经验,所以,新组合的军队每每在元军的打击下失败。

南宋帝昰景炎元年(1276年)九月,进入江西的元军获得较大的战果。文天祥见江西的战斗激烈起来,便于十月由汀州出兵,分两路攻入江西,江西民兵纷纷响应,情况稍有好转。然而在闽北浙南方面,宋军屡遭挫折。十一月,浙江南部的处州被元将董文炳等人攻克,秀王率军进入福建的浦城。《元史·高兴传》记载:高兴率元军"追宋嗣秀王与檡入闽。与檡据桥,阵水南。兴率奇兵夺桥进战,杀其观察使李世达,斩首三千余级"。② 秀王一家人大都战死。秀王被俘,拒绝投降被杀。这支军队失败后,元军入闽已经没有障碍了。该月,元军攻下闽北的建宁府与邵武军,王积翁弃守南平逃回福安府(即福州)。其时,益王已乘舟南下泉州,扈从大军有17万人,民兵30万人,张世杰部淮军一万人。益王南下之后,王积翁、王刚中等宋朝高官据福州降元。

元军占领福州后,继续南下。这时莆田人参知政事陈文龙率军民坚守莆田城,以便掩护在泉州的帝昰船队,元军将领一度还想招降陈文龙。

> 时降将王世强及王刚中导元兵至福,复遣使徇兴化。文龙斩之,而纵其副持书责世强、刚中负国。遂发民兵固守。阿剌罕复遣使招之,文龙复斩之。有风其纳款者,文龙曰:诸君特畏死耳,未知此身能不死乎!乃使其部将林华伺元兵于境上。华反导元兵至城下。通判曹澄孙开门降,执文龙,欲降之。文龙不屈,左右陵挫之。文龙指其腹曰:此皆节义文章也,可相逼耶!终不屈。③

陈文龙失败后,元军越过莆田,于十二月进入泉州。蒲寿庚正式降元。而陈文龙被俘后被带到杭州,绝食而死。宋朝遗民葬其人于西湖之旁,是为西湖

---

① 脱脱等:《宋史》卷四七,瀛国公二王附,中华书局1977年标点本,第941页。
② 宋濂等:《元史》卷一六二,高兴传,中华书局1976年标点本,第3804页。
③ 陈邦瞻编:《宋史纪事本末》卷二八,二王之立,第1172—1173页。

三忠墓之一。陈文龙的母亲被囚于福州尼寺,病重垂死,左右服侍她的人见此惨景,纷纷掉泪。其母却说:"吾与吾儿同死,又何恨哉!"时人赞为母子节义。

陈文龙在兴化军的抗元活动虽然只坚持了一个月,但掩护了泉州方面的宋军。

二、宋元之间围绕泉州的争夺

泉州是当时的东方第一大港,拥有雄厚的经济实力与航运能力。宋朝对这一资源若能使用得当,元朝很难迅速解决福建问题。但是,这时泉州的实力派却是来自海外的巨商蒲寿庚。蒲寿庚,阿拉伯人(一说占城人)后裔。宋末任泉州市舶使十余年,拥有雄厚的实力。宋帝昰能否利用泉州港的资源呢?且将时间倒退一年之前。

宋德祐二年(1276年),元军南下,迫近临安,宋朝开始做后事准备。德祐二年正月,"封吉王昰为益王,判福州福建安抚大使,信王昺为广王,判泉州兼判南外宗正事"。① 这些记载表明:当时宋朝是想以福建为根据地,所以,任命二王"判福州"和"判泉州"。所谓判泉州,一般意义上是任泉州知州,但信王以其新贵的高级职务,担任泉州知州是太小了,所以叫作"判"。由此可知,宋末泉州知州既不是蒲寿庚,也不是田真子,而是信王昺。但这一任命与泉州蒲寿庚的职务多处冲突。蒲寿庚是否对此不满呢?与此同时,元朝方面在积极招抚蒲寿庚兄弟。《元史》记载,早在元军攻克杭州之后的至元十三年(1276年)二月辛酉,元军首领伯颜"遣不伯、周青招泉州蒲寿庚、寿晟兄弟"。② 伯颜应是看到了蒲寿庚与宋朝的矛盾,才会见缝插针。那么,蒲寿庚究竟倾向谁?可以通过其对宋末元初官职的变更来看这一问题。

《闽书》记载蒲寿庚:"少豪侠无赖,咸淳末与其兄寿晟平海寇有功,累官福建安抚、沿海制置使,景炎年授福建广东招抚使,总海舶。"③ 文中的"福建安抚使""沿海制置使""福建广东招抚使"都是权力很大的官职,对于蒲寿庚有否当任这些职务,学者提出诸多的质疑。许多人认为:其实蒲寿庚的权力从来未超出泉州的范围。④

---

① 脱脱等:《宋史》卷四七,瀛国公纪,第937页。
② 宋濂等:《元史》卷九,世祖纪六,第180页。
③ 何乔远:《闽书》卷一五二,蓄德志,福建人民出版社1994年,第4496页。
④ 苏基朗:《论蒲寿庚降元与泉州地方势力的关系》,《唐宋时代闽南泉州史地论稿》。又见:苏基朗:《刺桐梦华录——近世前期闽南的市场经济(946—1368年)》,浙江大学出版社2012年,第331-332页。

人们提出质疑是因为，就南宋的惯例而言，福建安抚使一向由福建首邑福州的知州兼任。而且，福州知州多选用具有威望的高官，例如南宋的张浚、梁克家等人都是宰相级别的官员。所以，蒲寿庚不可能担任福建安抚使这一职务。这是诸多学者质疑《闽书》记载的原因。然而，《闽书》的作者何乔远是一个著名的学者，以严谨著称，应不会轻易犯错误。考虑到宋末是一个动荡的时代，我对这一问题另有看法。蒲寿庚任"福建安抚使"，应是在宋朝存亡的最后一刻。此前福建安抚使另有其人。德祐二年（1276年）正月，朝廷"封吉王昰为益王，判福州福建安抚大使"。① 这一记载表明：该年度的"福建安抚大使"最早是由福州知州吉王赵昰担任，可知此时的福建安抚使是赵昰而不是蒲寿庚！当年五月，二王入福州，益王赵昰称帝，建立了新政权，改本年年号为景炎元年。

帝昰即位之后，招揽各方官员，给其升职升官。其时，泉州实际上已经被蒲寿庚所控制。怎样对待蒲寿庚成为一个问题。此时福建安抚使是由帝昰兼任，按照一般规律，赵昰当上皇帝之后，要退出福建安抚使这一职务。否则宰相陈宜中、文天祥等人的职务都在福建安抚使之上，变得皇帝要听大臣命令了。所以，此时的帝昰不会再担任福建安抚使一职，当然，皇帝担任过的职务，通常不会轻易授人。但是，新皇帝上任后，一般要给各位大臣升职，奖励他们的拥戴之功。蒲寿庚在泉州方面大权在握，已经是"沿海都制置"，理当给其一个新职务。《闽书》记载蒲寿庚："景炎年授福建广东招抚使，总海舶。"② 这段话中的"景炎年"表明蒲寿庚任福建招抚使是在帝昰称帝之后。看来，帝昰为了争取蒲寿庚的支持，加封蒲寿庚为闽广两路的招抚使。这一职务相当于福建安抚使，又比福建安抚使高一些。曹学佺的《大明一统舆地名胜志》云："宋末西域人蒲寿晟与其弟寿庚以互市至，咸淳末出海寇有功，寿庚历官至招抚使。寿晟授知吉州，不赴，劝寿庚以泉降元。"这也说明蒲寿庚任过招抚使。不过，对于蒲寿庚的福建广东招抚使一职，也有人提出质疑，因为，蒲寿庚的权力似不超过泉州的范围。对这一点，我这样看：在当时的条件下，有些职务是荣誉性的，帝昰升蒲寿庚为闽广两路招抚使，并不意味着蒲寿庚的权力就伸及广东，帝昰仅是为了满足他的野心罢了，当然，若是蒲寿庚肯效忠帝昰，以后这一职务也会是真实的。我在《黄四如集》中看到一条史料：叶君选任温陵郡博士，后"转文林郎、除太学录"，是一个有身份的官员。宋末，"兵戈横放，蒲海云以招

---

① 脱脱等：《宋史》卷四七，瀛国公纪，第937页。
② 何乔远：《闽书》卷一五二，蓄德志，第4496页。

抚幙辟儒学提举，辟俱不就"。① 可见，叶君选抵制了招抚使蒲寿庚的任命，这证明蒲寿庚确实任过招抚使一职。由于蒲寿庚就职，宋末二王就放心了，这样，他们率领大众才到了泉州城外的港口，并且扬言要入驻泉州。

关于景炎元年帝昰在泉州遭遇，史载不同。这是因为，关于蒲寿庚降元一事，各书记载有异。由元朝人写的《宋史》记载："昰欲入泉州，招抚蒲寿庚有异志。初，寿庚提举泉州舶司，擅蕃舶利者三十年。昰舟至泉，寿庚来谒，请驻跸，张世杰不可。或劝世杰留寿庚，则凡海舶不令自随。世杰不从，纵之归。继而舟不足，乃掠其舟，并没其货。寿庚乃怒杀诸宗室及士大夫与淮兵之在泉者，昰移潮州。……十二月寿庚及知州田真子以城降。"② 按，张世杰南下，所带人员有数十万，所以，他急需泉州港的大船，以载运军队。从形势而言，帝昰的船队一定要征用泉州湾的大船。很显然，这一政策会对蒲寿庚形成打击。因为，这些大船很多都是属于蒲寿庚家族的。就这些史料来看，张世杰对蒲寿庚的策略确实有不当之处。但是，这段历史是胜利者书写的，能够反映真实的历史吗？其实，蒲寿庚对宋朝很早就有异心了。据《元史》记载，早在元军攻克杭州之后的至元十三年（宋德祐二年、1276 年）二月辛酉，元军首领伯颜"遣不伯、周青招泉州蒲寿庚、寿晟兄弟"。③ 这一招抚应是成功的，当年十一月，蒲氏兄弟便派兵参与元军与宋军之间的战斗。④ 这可从泉州左翼军首领夏璟的墓志铭中看出。

> 宣武讳璟……海云蒲平章器爱之。河汉改色，车书共道，帅殷士而侯服，麓玄关黄而臣附。是时奔走先后，捷瑞安、捷温陵、捷三阳，宣武之力居多。⑤

文中的"捷温陵"应是指蒲寿庚等人抵制帝昰、张世杰进入泉州之战，而"捷三阳"中的"三阳"，则是指广东潮州的揭阳、海阳、潮阳三县，如刘岳申记载："唆都、蒲寿庚、刘深以舟师下海，会广州。"⑥ 这段文字表明，蒲寿庚降元后，以舟师载夏璟和其军队南下广东追击，在潮州的揭阳、海阳、潮阳一

---

① 黄仲元：《四如集》卷四，太学录此堂叶公墓铭，文渊阁四库全书本，第 29 页。
② 脱脱等：《宋史》卷四七，瀛国公纪，第 942 页。
③ 宋濂等：《元史》卷九，世祖纪六，第 180 页。
④ 参见：苏基朗《刺桐梦华录》，浙江大学出版社 2012 年，第 121 页。
⑤ 黄仲元：《四如集》卷四，夏宣武将军墓志铭，第 22-23 页。
⑥ 刘岳申：《申斋集》卷十三，文丞相传，文渊阁四库全书本，第 11 页。

带大败宋军，因而有了夏璟的"捷三阳"之功。

明白了"捷温陵""捷三阳"是怎么回事，再来看"捷瑞安"一事。据《宋史》记载，就在二王来到泉州之前的十一月，元军在阿拉罕、董文炳等人的率领下，与宋军秀王部战于瑞安（温州），宋军大败，观察使李世达等战死。① 此仗元胜宋败，既然夏璟是获胜，说明他是站在元朝一边。可见，早在帝昰抵达泉州之前，蒲寿庚手下的军队已经在帮元军作战了！此后蒲寿庚还假惺惺地接受帝昰的任命，担任宋朝的福建安抚使，都不能掩饰他早就投降元朝的事实。

揭穿蒲寿庚的两面派面目后，就可知道何乔远对蒲寿庚的记载是正确的："景炎入海，航泉州港，分淮兵二千五百人，命寿庚将海舟以从。寿庚闭门拒命，与州司马田真子上表降元。"② 如前文所述，此前夏璟所率泉州左翼军已经在与宋军作战了。其时宋朝在泉州设南外宗正司，仅赵氏宗亲即有三千多人，加上其他拥护宋朝的人，可知是一支强大的力量。倘若蒲寿庚放宋帝昰入城，他就很难控制局势了。所以，《闽书》的记载应是正确的，蒲寿庚根本就不想让帝昰进城！因其左翼军与元军并肩作战，他也不可能冒险去见帝昰。因此，他的措施应当是关闭泉州城门，拒帝昰不纳。他关闭城门之后，露出真面目，派人与元军联络，正式降元。所以说，蒲寿庚降元，其主导原因不是张世杰等人的逼迫，而是他自己的政治投机。

然而，作为领土尽失的流亡君主，帝昰不会轻易放弃招揽蒲寿庚的机会，我想是在这时候，他将自己的"福建安抚大使"一职给了蒲寿庚，试图招安蒲寿庚，让他的部众驾驶海船跟随自己行动。不料蒲寿庚仍然不肯买账，于是宋军尽掳其海船。这些事实到了元人嘴里，当然是反过来说了。因故，我觉得不要轻易否定蒲寿庚任福建安抚大使之职，在当时危急的情况下，帝昰将这一职务授予蒲寿庚是有可能的，只是蒲寿庚不愿为流亡的宋帝昰陪葬，选择了降元之路而已。在这种背景下，张世杰抢走蒲寿庚海边的船只，是势在必行的事。史料记载，宋二王从福州下海，航海到泉州，在泉州东部登岸。"五通岭在县东，宋幼主避元兵至泉。闻蒲寿庚之乱，止郡城北法石寺，越过城南下辇，即今下辇陂是也。"③ 此后，张世杰率宋朝军队拥二王退入广东境内。

三、宋军反攻福建的失利

景炎二年（1277年）春正月，江西的元军击败文天祥部进入福建西部，攻

---

① 脱脱等：《宋史》卷四七，瀛国公纪，第941页。
② 何乔远：《闽书》卷一五二，蓄德志，第4496页。
③ 杜臻：《粤闽巡视纪略》卷四，文渊阁四库全书本，第38页。

克汀州城外的关隘。文天祥欲守汀州，但军心已变，汀州太守黄去疾有降元意。文天祥知道事不可为，便退至漳州。于是，黄去疾与文天祥大将吴浚降于元军。其后，吴浚又接受元朝之命，进入漳州城劝文天祥投降。吴浚跟随文天祥多年，此时变节降元，让文天祥十分失望。最终下令杀死吴浚，向元朝表明坚决抗元的态度。其后文天祥退入广东。

景炎二年（元至元十四年，1277年）二月，因北方有事变，元朝廷召回南征大军，元军刚进入泉州才两个月，急忙北上，福建的情况大变。宋朝将领趁机收复失地。文天祥克复广东的梅州，并进军江西，围攻赣州等重镇。陈文龙之侄陈瓒在兴化军起义，克复莆田城。按，陈瓒是一个传奇人物。"德祐丙子，端宗趋广，瓒出家财三百万缗，航海助饷。张世杰欲授以官，瓒曰：'某激忠义而来，岂买爵耶？'辞归。十二月叛将林华、陈渊与通判曹澄孙以城降元，文龙被执北去。瓒阴部署宾客丁壮攻林华等，诛之。复兴化军。端宗嘉其忠义，命以通判权守兴化。"① 如其所说，陈瓒起兵消灭了投降元朝的林华等人。

与此同时，张世杰在广东克复潮州。七月，世杰率水师北上围攻泉州。"乙巳，张世杰以元军既退，自将淮兵讨蒲寿庚。时汀漳诸剧盗陈吊眼及许夫人所统诸峒畲军皆会，兵势稍振。寿庚闭城自守。"② 张世杰等人的反攻使福州城内的元军也发生动摇。先是，本年二月，"元兵引还，留潜说友为福州宣慰使，王积翁副之。时北方有警，元主召诸将班师，凡诸将及淮兵在福安者，命李雄统之"。③ 福州的王积翁见形势不对，与张世杰部联络，有复降宋朝之意。其时，福州城里的降元宋军因粮饷供应问题对元朝十分不满，王积翁便让李雄等人杀死新来的元官潜说友。④ 按事态发展下去，王积翁下一步应是响应张世杰的号召，起兵反元。然而，王积翁很快感到形势不对，元朝大军再次南下，王积翁按兵不动，企图迎接元军。当时福州城里的淮军残部试图杀死王积翁以响应张世杰，不幸事泄被杀。

当年八月，元军开始反攻，宋军屡屡战败。后来的史书因而很少记载作战的详细过程。其实，他们虽然战败，其精神还是值得鼓励的。例如，《元史·唆都传》记载了唆都率元军攻掠福建的过程：

又攻建宁府松溪县、怀安县皆下之。

---

① 李驹等：《长乐县志》卷二六，陈瓒传，福建人民出版社1994年，第967页。
② 陈邦瞻编：《宋史纪事本末》卷二八，二王之立，第1175页。
③ 陈邦瞻编：《宋史纪事本末》卷二八，二王之立，第1174页。
④ 周密：《癸辛杂识别集》卷上，潜说友，文渊阁四库全书本，第30页。

十四年升福建道宣慰使，行征南元帅府事，听参政达春节制。达春令唆都取道泉州泛海会于广州之富场。将行，信州守臣来求援，曰：元帅不来，信不可守。今邵武方聚兵观衅，元帅旦往，邵武兵夕至矣。唆都告于众曰：若邵武不下，则腹背受敌，岂独信不可守乎？乃遣周万户等往招降之。唆都趋建宁，遇宋兵于崇安。军容甚盛，令其子百家奴及杨庭璧等数队夹击之。范万户以三百人伏祝公桥，移剌答以四百人伏北门外。庭璧陷阵深入，宋兵败走。伏兵起，邀击之，斩首千余级。宋丞相文天祥、南剑州都督张清合兵将袭建宁，唆都夜设伏败之。转战至南剑，败张清，夺其城。至福州王积翁以城降。①

可见，闽北的宋军还是很努力作战的，但都失败了。其中有些人投降元朝。例如建阳县的王德辅："宋季亦起兵勤王，后知天意有属，率众归元。"② 不久，文天祥败于江西兴国，仅以身免。

十月，占领福州的元军南下兴化军，陈瓒率军民死守莆田。陈瓒守城："瓒号令严整，每巡城必南面号恸，士皆感奋。逾月力不支，被执。"③ 元军入城以后，对守城军民大屠杀。《元史·唆都传》："唆都临城谕之，矢石雨下。乃造云梯、炮石，攻破其城。巷战终日，斩首三万余级。获瓒，肢解以徇。至漳州，漳州亦拒守。先遣百家奴往会达春留攻之，斩首数千级。知府何清降。攻潮州。"④

从兴化军到漳州，必定经过泉州。此处没有讲到泉州之战，是因为泉州的蒲寿庚为元朝守城："七月壬申，张世杰围泉州，将淮军及吊眼、许夫人诸洞畲军，兵威稍振。蒲寿庚闭城拒守。兴化陈瓒起家丁义民五百人应世杰。八月谢洪永、任进攻泉州南门，不克。而蒲寿庚阴赂畲军，攻城不力，而求救于唆都元帅。"⑤《泉州府志》记载："二年，张世杰自海上复回讨贼，寿庚遣其贼党孙正夫诣杭，求救于唆都，尽杀宗室千余人及士大夫与淮兵之在泉者。备极惨毒。张世杰攻九十日不下，乃去之。"⑥《闽书》的记载大致相同："寿庚遣其党孙胜夫诣杭求唆都援兵，自与尤永贤、王兴、金泳协谋拒守，尽杀淮军、宗子之在

---

① 宋濂等：《元史》卷一二九，唆都传，第3151–3152页。
② 李再灏等：道光《建阳县志》卷十一，王沧传，附王德辅，第461页。
③ 李驹等：《长乐县志》卷二六，福建人民出版社1994年，第967页。
④ 宋濂等：《元史》卷一二九，唆都传，第3152页。
⑤ 纪晓岚等：《宋季三朝政要》卷六，广王本末，文渊阁四库全书本，第7页。
⑥ 阳思谦等：万历《泉州府志》卷七五，台湾学生书局影印明万历刊本，第1823页。

城者。攻凡九十日不下，世杰解去。"① 其时，为了围困泉州，曾有各地宋军前来围攻泉州。例如福清的陈公荣。他是长乐人，宋末，"破产募兵，谒文丞相、共图兴复，丞相喜，荐授福清知县。时蒲寿庚以城降元，荣同子宗傅、侄老成会张世杰讨之。宗傅、老成战死，偕死者百七十人"。② 元军赶来支援蒲寿庚之后，福建各个反元军队纷纷退走。

其时唆都的元军已经攻下兴化军，逼近泉州。张世杰不得不解围泉州，返回广东。十一月，南下的元军攻克漳州，福建全境皆被元军占领。抗元战事转入广东境内。③ 不久，文天祥在广东境内战败被俘。景炎三年四月，帝昰病死，帝昺继位，改元祥兴元年（1278年）。祥兴二年二月，宋军在广东厓山兵败，帝昺及其部下十余万人投海而死，宋朝灭亡。早已被俘的文天祥被送到北京，他拒绝了忽必烈让其出任宰相的优待，不屈而死。

第二节　蒲寿庚叛降和闽中士大夫的困境

蒲寿庚是宋元之际最有争议的人物之一，他的叛降无疑是宋军在福建迅速失败的重要原因。在宋元鼎革之际，闽中士大夫经历了两代人的煎熬。

一、蒲寿庚与蒲寿宬的关系

蒲寿宬与蒲寿庚兄弟的爱好不同，"寿庚少豪侠无赖"，成人后以经商为生；而蒲寿宬钟情汉文化，他虽然当过军官，但一生努力作诗写文章，喜与文士往来。在其诗集中保有与泉州名士洪天锡、徐明叔、丘葵、胡仲弓等人唱和的诗。例如：他的《寄丘钓矶》一诗："高丘远望海，秋思穷渺弥。苦吟有鬼泣，直钓无人知。"④ 这首诗的水平不错，光看这首诗，无法想象他是外国人。他的《心泉学诗稿》收录的诗歌及文章数量不多，但都达到了很高的水平。因此，著名史学家陈垣在其名著《元西域人华化考》一书中，将蒲寿宬当作西域人华化的典型人物之一。不过，蒲寿宬早期的生意可能不成功，所以，他"诛茅泉上"——长期住在草屋之中。蒲寿宬之弟蒲寿庚中年以后经商成功。王磐的

---

① 何乔远：《闽书》卷一五二，蓄德志，第4496页。
② 李驹等：《长乐县志》卷二六，陈公荣传，福建人民出版社1994年，第968页。
③ 以上参见：《宋史》文天祥传、张世杰传、陈文龙传，《元史》世祖纪等。
④ 蒲寿宬：《心泉学诗稿》卷一，寄丘钓矶，文渊阁四库全书本，第13页。

《藁城令董文炳遗爱碑》说:"泉州太守蒲寿庚者,本西域人,以善贾往来海上,致产巨万,家童数千。"① 可见,蒲氏兄弟所走的道路差异很大。两人同居泉州,一住大厦,一住茅屋,相互之间似有隔阂。

然而,蒲氏两兄弟之间的关系远非那么简单。《晋江县志》记载,晋江的法石山有一"天风海涛楼","宋末蒲寿庚建以望海船"。② 但此楼原名不是"天风海涛",而是"海云",蒲寿宬的诗集中有:"题海云楼下一碧万顷亭"之诗,诗云:"倚栏心目净,万顷一磨铜。欲画画不得,托言言更穷。阴晴山远近,日夜水西东。此意知谁会,鸥边独钓翁。"③ 蒲寿宬会为蒲寿庚所建楼苑题诗,说明他们关系很好!事实上,蒲寿宬于咸淳七年任梅州知州④,他不是进士,如何能当上知州?我怀疑他的背后有蒲寿庚的财力支持,否则不会突然当上高官。其人当上知州后,以清廉著称,"性俭约,于民一毫无所取"。⑤ 他的背后若无巨富蒲寿庚的支持,也很难做到"视富贵如浮云"。此外,宋代末年,蒲家平定海寇也是两人合作的结果。《闽书》记载蒲寿庚:"少豪侠无赖,咸淳末与其兄寿宬平海寇有功,累官福建安抚、沿海制置使。"⑥ 又如乾隆《晋江县志》记载:"咸淳末,海贼寇境,时西域人蒲寿宬、寿庚兄弟俱无赖,击贼退之。"⑦ 蒲氏兄弟合作,以才华来说,应是蒲寿宬居先。如陈垣等指出,蒲寿宬曾在其诗序中说:"登师姑岩,见城中大阅,恍如阵蚁,因思旧从戎吏,亦其中之一蚁,感而遂赋。"⑧ 这段话也证明了他曾是一个军人。在平定海寇这类军事行动之时,将蒲寿宬排在前面是可以理解的。不过,真正作战,应是蒲寿庚出力为多。蒲寿庚"以善贾往来海上,致产巨万,家童数千"。⑨ 当时平海寇的海船及士兵,应当都是蒲寿庚的手下,所以,平定海寇之后,蒲寿庚得赏也比蒲寿宬多,蒲寿宬不过平调吉州知州,而蒲寿庚之职为"沿海都制置"。

蒲家兄弟的合作一直延续到元代。福建传统方志都认为蒲寿宬是降元的幕后策划者。"蒲寿宬。宋季,益广二王从福州行都航海幸泉州,驻跸港口,守臣

---

① 王磐:《藁城令董文炳遗爱碑》,引自李修身等:《全元文》,第2册,凤凰出版社2005年,第324-325页。
② 周学曾等:《晋江县志》卷十二,古迹志,福建人民出版社1990年,第242页。
③ 蒲寿宬:《心泉学诗稿》卷四,题海云楼下一碧万顷亭,第7页。
④ 纪昀等:《四库全书总目提要》卷一六五,文渊阁四库全书本,第47页。
⑤ 凌迪知:《万姓统谱》卷十三,七虞,文渊阁四库全书本,第19页。
⑥ 何乔远:《闽书》卷一五二,蓄德志,第4496页。
⑦ 朱升元等:乾隆《晋江县志》卷十五,杂志,纪兵,乾隆三十年刊本,第44页。
⑧ 蒲寿宬:《心泉学诗稿》卷二,登师姑岩,第4页。
⑨ 王磐:《藁城令董文炳遗爱碑》,引自李修身等:《全元文》,第2册,第324-325页。

蒲寿庚距城不纳。寿庚武人寡谋,其计皆其兄寿宬所筹画。寿宬仕宋,知吉州,逆计宋事已去,辞不赴。寿庚迎降及歼淮兵、诛宗室,皆宬阴谋部署。决策既定,佯著黄冠野服,入法石山下,自称处士,示不臣二姓之意。而密界寿庚以蜡丸裹降表,命善水者由水门潜出,纳款于唆都。既而,元以寿庚归附之功授官平章,开平章省于泉州,富贵冠一时。寿宬亦居甲第。"①

对于这段记载,顾炎武加以引用,并以之批判蒲寿宬。但四库全书的编者们有不同看法,他们认为:就蒲寿宬的《心泉学馆诗稿》来看,诗中反映蒲寿宬是一个性格冲淡的儒者,没有证据说明蒲寿宬叛宋降元。四库全书的编者在清朝做官,因清朝与金朝关系的缘故,他们对涉及金元的历史常有不同的看法。实际上,《元史》第九卷就记载了至元十三年二月,伯颜派人招降二蒲兄弟,当时元军还未入闽。入元之后,蒲氏兄弟经常同时出面做公益事业。在泉州清源山的纯阳洞曾有一块刻于元代的石碑,其名为《重建清源纯阳洞记》,该碑记载,至元十八年,蒲氏兄弟共同捐钱修复纯阳洞的建筑:"适心泉蒲公同其弟海云平章,协力捐财以资之,规制比于曩时。"② 其时蒲寿庚为元朝泉州行省平章,蒲寿宬若是一个真隐者,就不该与其交往,两人密切交往,则说明蒲寿宬并非宋朝遗老,进入元朝之后,他与蒲寿庚仍然合作如故。晋江民间认为他是蒲寿庚降元的幕后策划者,应当不错。

对于蒲寿宬在宋末元初的表现,泉州人还是清楚的。所以,有些人士会批评蒲寿宬:

> 一日有二书生踵门,自云从潮州来,求谒处士。阍人以处士方昼寝,弗为白。生曰:"愿得纸笔,书姓名,俟觉,敢烦一投。"阍人取纸笔,遂各赋诗一首。诗曰:"梅花落地点苍苔,天意商量要入梅。蛱蝶不知春去也,双双飞过粉墙来。""剑戟纷纭扶主日,山林寂寞闭门时。水声禽语皆时事,莫道山翁总不知。"书毕,不著姓名,拂袖而去。寿宬既觉,阍人以诗进,惶汗失措,大恚不早白。遂遣人四出追之,竟不复见。③

---

① 郑方坤:《全闽诗话》卷五,宋元,文渊阁四库全书本,第37页。又见黄仲昭:弘治《八闽通志》卷八六,福建人民出版社1990年,第1008页。
② 用平智泰:《重建清源纯阳洞记》,后至元四年;郑振满、丁荷生等编:《福建宗教碑铭汇编·泉州府分册》卷一,泉州府城,福建人民出版社2003年,第54页。
③ 郑方坤:《全闽诗话》卷五,宋元,第37页。又见《八闽通志》卷八六,第1008页。

第一章 元朝对福建统治的确立

蒲寿宬在宋朝大势已去的情况下叛宋投元,这是许多宋朝士大夫同样做的事,很难苛求蒲寿宬。不过,他既然已经投降元朝,而且为此成为蒲寿庚的谋主,其实也就没有必要冒充宋代遗臣了。然而他对外还要掩饰身份,声称不知蒲寿庚的一切事情,让人觉得矫情,这才是两位无名士人写诗讽刺他的原因。

据《泉州南门忠所蒲姓族谱》,入元之后,蒲寿宬及蒲氏家族的运气不错:

> 迨至元二十三年丙戌三月间,世祖遣御史程文海招求江南人才,公赴试中第一甲第一名,赐状元及第。夫人金氏,生子师孔、日和。寿庚生子师文、师斯。八世师文娶马氏,大德元年以父功袭职,官为福建平海行中书省。卒于壬辰。承旨官留梦炎撰文,圹内墓志铭,以玛瑙石为之。师斯,至元甲申擢为翰林太史院官,置百果园于泉州城南门内以自娱。娶乔平章女。师孔,以荫补承务郎监福州水口镇,后升任监丞。娶铁参政长女。日和,秉清真教,慎言谨行,礼拜日勤。元至正间,清真寺损坏,里人金阿里与之共成厥事,重修门第,皆以大石板砌成之,极其壮丽。石匾额上镌有名字,至今犹存。至永乐十三年,与太监郑和奉诏敕往西域寻玉玺有功,加封泉州卫镇抚司,圣墓立碑犹存。①

通过以上记载,可以知道元代蒲氏家族是相当幸运的,蒲氏家族子孙原为商人现在做官的不少,而且和元朝高官贵族通婚。让人奇怪的是,这份族谱记载了蒲寿宬和蒲氏兄弟的子孙,却对元代最有影响的蒲寿庚缺载。人们估计,这部后世子孙修撰的族谱是否受到明代初年"反蒲浪潮"的影响?实际上元初的蒲寿庚确实受到元朝重用。因前后两次泉州战斗,蒲寿庚都是为元朝而坚守,因而博得了元世祖的信任。"寿庚进昭勇大将军、闽广都提举福建广东市舶事,改镇国上将军、参知政事。胜夫等各进官有差。……寿庚长子师文,尤暴悍嗜杀,淮兵宗子之死,师文力居多。元以寿庚有功,官其诸子若孙,多至显达。"② 总之,在蒲寿庚、蒲师文的两代人,甚至是他们孙辈这一代,蒲氏家族在泉州十分显赫。"赐爵镇国,俾统州政,父子继世,恃宠专制,峻德严刑,以遂征科,人苦薰炎甫九十年。"当时到泉州做官的一些中下级官员"拱手听令而

---

① 转引自:吴文良原著(1957年)、吴幼雄增订:《泉州宗教石刻》,科学出版社2005年,第266页。
② 何乔远:《闽书》卷一五二,蓄德志,第4496页。

已"。一直到元末那兀纳掌权,其人还是蒲氏的女婿。① 或以为蒲寿庚是逊尼派,而那兀纳是什叶派,看来未必。然而,元末泉州大乱,最终导致陈友定所部元军进入泉州:"发蒲氏诸塚,裸尸声诛,戮厥贼。"②《丽史》记载元军进入泉州时:"福州军至,发蒲贼诸冢。"③ 可见,一个人及一个家族的命运常是祸福相依,蒲氏家族在元朝的飞黄腾达,其实埋下了日后遭打击的命运。入明以后,"皇朝太祖禁蒲姓者不得读书入仕"。④ 按传统的观点,这都是报应。

二、宋末元初泉州精英的政治动向

蒲寿庚降元得到田真子、夏璟等人的配合。苏基朗认为,宋末田真子是泉州知州,而夏璟是左翼长官,这表明蒲寿庚降元并非个人好恶,而是地方精英的一时趋向。⑤ 泉州的地方精英全部都赞成投降元朝吗？其实只是掌权的少数人而已。

回答这个问题可从田真子的职务考证开始。按照《宋史·瀛国公纪》的记载,德祐二年十二月戊辰,"蒲寿庚及知泉州田真子以城降"。如果《宋史·瀛国公纪》的记载可靠,当时田真子是泉州知州。然而,《宋史·瀛国公纪》关于泉州知州的记载本身有矛盾之处,此书前文记载:二王入闽之前,宋朝廷分封二王职务:"信王昰为广王,判泉州兼判南外宗正事。"⑥ 可见,就在德祐二年初,泉州知州应是信王赵昰！倘若信王在吉王赵㬎称帝之后为收买泉州官僚而让出这一职务,似乎也轮不到田真子担任太守。宋朝多数情况下,只有进士才能做知州。田真子参加过宝祐四年的进士考试,当年文天祥是状元,而田真子连特奏名进士都未考上,只是一名"射中推恩"的例外录取人员。⑦ 所以,他只能当州县小官,而不能成为知州。据《晋江县志》的记载,田真子真实身份只是州司马,而不是知州。以其资历,能当上州司马,已经是相当不错了。州司马,是州衙门中管军事的一个官员,他应是夏璟直接上司,受命于蒲寿庚,但不是知州。那么,宋末最后一任的泉州知州是谁？原则上是信王赵昰,若赵昰在赵㬎称帝后让出泉州太守一职,则有可能是蒲寿庚代任。董文炳是元军入

---

① 佚名：《丽史》,吴文良、吴幼雄：《泉州宗教石刻》,第269页。
② 佚名：《元武略将军－菴金公传赞》,吴文良、吴幼雄：《泉州宗教石刻》,第268页。
③ 佚名：《丽史》,吴文良、吴幼雄：《泉州宗教石刻》,第269页。
④ 何乔远：《闽书》卷一五二,蓄德志,第4496页。
⑤ 苏基朗《刺桐梦华录》,第118—120页。
⑥ 脱脱等：《宋史》卷四七,瀛国公纪,第937页。
⑦ 郝玉麟等：雍正《福建通志》卷三五,选举三,文渊阁四库全书本,第75页。

闽的统帅，也是蒲寿庚的受降者，他对蒲寿庚的职务应是很清楚的。王磐的《藁城令董文炳遗爱碑》说："泉州太守蒲寿庚者，本西域人，以善贾往来海上。"① 可见，赵昺让职之后，应是蒲寿庚接任泉州太守。宋末蒲寿庚已经是"沿海都制置"，小皇帝要拉拢他，不仅给其闽广招抚使一职，还让他任泉州知州，这都是可能的。

从泉州太守蒲寿庚、州司马田真子到左翼军首领夏璟，这些降元的关键人物都是军官，就连爱好宋朝文化的蒲寿宬，早年也是一个军官。说起来也不奇怪，宋代末年，在元军的压力下，宋军的心理崩溃，投降元朝的武官如同过江之鲫，从元老级军官夏贵到后起之辈，无不望风迎降，结果连元朝皇帝忽必烈都看不过去，他在元大都接见这些军官时，狠狠地羞辱他们一番。实际上，宋代末年，只有文天祥这类书生还在坚持抗战。在泉州城，我们也可看到同样的现象，左翼军和州司马田真子都随着蒲寿庚投降，官僚中，只有一些理学家坚持立场。吏部侍郎吕大圭为泉州南安人，他是一个著名的学者，著有《春秋集传》及《春秋或问》二十卷。② "德佑初元转知漳州，节制左翼屯戍军马，未行。属蒲寿庚率知州田子真降元，捕大圭至，令署降表。大圭不署，将杀之，适门弟子有为管军总管者，扶出。至家，以平生所著书泥封一室，变服逃入海岛。"③

另有一些儒生和赵氏宗亲有反元之议。泉州左翼军南下广东之后，第二年七月，张世杰联络漳州一带的畲军突然袭击泉州。蒲寿庚"拒命闭城"。消息传出，泉州人情激奋，宋进士诸葛寅率其三子首先倡议"开北门应张世杰之师"，不幸事败未成，他的全家人被杀。同时被杀的泉州儒士不计其数。④ 其他儒学世家也对蒲寿庚不满。"宋亡，蒲寿庚附元为中书左丞，辟宋故臣之在泉者，复其官。维时秉节不赴者甚伙，而曾氏一门与庄氏、留氏、傅氏，时称四府，确守臣轨。说者谓曾氏谋举义兵，后族姓为寿庚所杀，多半逃徙。庄留诸裔，亦不受其官，皆节概之卓卓者。故共录之。"⑤ 他们虽然被打败，并没有心服。陈公荣随张世杰攻击泉州失利后，在家乡隐居："临终戒族人无事二姓，故终元之世，无一人附宦籍者。"陈觉伯为宋朝进士，参加了宋末二王的抗争，临死时嘱

---

① 王磐：《藁城令董文炳遗爱碑》，引自李修身等：《全元文》，第2册，第324-325页。
② 永瑢等：《钦定四库全书总目》卷二十七，经部·春秋，第33页。
③ 李清馥：《闽中理学渊源考》卷三十一，文渊阁四库全书本，第1-2页。
④ 李清馥：《闽中理学渊源考》，卷三十三，第36-39页。
⑤ 李清馥：《闽中理学渊源考》卷三十一，第1-2页。

咐子孙："吾宋臣也，题墓当系吾于宋。"①

总的来说，宋末泉州的儒生还是积极抗元的，但他们手中没有兵权，因此，他们的反抗招致蒲寿庚的血腥镇压；而宋末泉州的军官，大都跟随蒲寿庚降元。所以说，降元不是宋末"泉州精英的一时趋向"，而只是部分泉州武将、官僚的政治动向。宋朝养士三百年，直至其灭亡，仍然有许多士人愿为其献出生命，这是理学教育的作用。

元军进入福建，一边挥舞屠刀，一边收买人心。兴化路曾经两次暴发抗元起义，元朝派来乌克孙泽（又译乌古孙泽）任兴化路总管。乌克孙泽否定了官府报复参加起义民众家产的想法。在"白骨在野……有弃子于道者"的背景下，乌克孙泽"又兴学校、召长老及诸生，讲肄经义，行乡饮酒礼。旁郡闻而慕之。兴化故号多士，士咸知向慕。以泽与常衮、方仪，并肖像祠于学官"。② 这对兴化军士人是一个考验。莆田的方公权担任过广东教授。"景炎间，兴化士人多变衣冠，谒元帅唆都，公权独责以大义，唆都为屈节礼之，公权竟不仕，卒，人称石岩先生。"③ 也有一些坚持抗元的人士遭到元朝无情的镇压。上述吕大圭入元之后，"变服逃入海岛。寿庚遣兵追之，将授以官，不从，被害。年四十九"。④ 宁德县的陈自新作诗："琴声意似泉声淡，剑气威如霜气雄。世事关心忧不寐，萧萧白发月明中。"⑤ 元朝官员很清楚地知道"江南豪右多庇匿盗贼"，有些官员主张："宜诛为首者，余徙内县。"⑥

由于官府的压力巨大，许多学者隐居于乡间。

> 庄圭复，字生道，号容斋，思齐之子，晋江青阳人。笃志励行，以文学名。少从游于丘葵，值宋季流乱，手未尝释卷。诚信孝友，建祠宇，立祭田。宋亡隐于青阳，吟咏自如。至顺间，福建闽海道知事清江范梈以圭学行闻于朝，诏书屡下，终不起。年九十一卒于家。⑦

也有一些儒者为了生活不得不与当权者周旋。以泉州的儒者而言，吕大圭

---

① 李驹等：《长乐县志》卷二六，陈公荣传，第968—969页。
② 宋濂等：《元史》卷一六三，乌古孙泽传，第3832—3833页。
③ 王应山：《闽大记》卷三十，方公权，中国社会科学出版社2005年，第395页。
④ 李清馥：《闽中理学渊源考》卷三一，第1—2页。
⑤ 卢建其修、张君宾纂：乾隆《宁德县志》卷七，陈自新传，厦门大学出版社2012年，第405页。
⑥ 宋濂等：《元史》卷十七，世祖纪十四，第371页。
⑦ 李清馥：《闽中理学渊源考》卷三六，第7页。

的学生丘葵就和蒲寿宬多有往来。"丘葵,字吉甫,同安人。家海屿中。因自号钓矶。夙有志考亭之学,初从辛介甫,继从信州吴平甫授春秋,亲炙吕大圭洪天锡之门最久,风度端凝如鹤立振鹭。宋末科举废,杜门励学,不求人知。"①如上所述,丘葵是同安县小嶝岛人,此岛很小,离金门岛很近,可以说他是以海岛为家的人。他的老师吕大圭入元以后隐居海岛,也许和他走得很近。然而,蒲寿庚想让吕大圭出来做官,吕大圭坚决不肯,被杀。丘葵则逼于无奈,虽然坚持不做官,和蒲寿宬还是有往来的。蒲寿宬的诗集中有《寄丘钓矶》一诗,蒲寿宬死后,丘葵还为其写诗吊挽。蒲寿宬的儿子蒲仲昭和泉州名士打成一片:

> 蒲仲昭,晋江人。祖心泉故梅州守,察宋国危,遂隐身读书,遗诗若干卷。刘克庄序之。丘钓矶有挽心泉蒲处士诗。仲昭既世其业,而游居于泉以诗鸣者陈众仲、阮信道、王元翰,仲昭或师或友,皆兼所长。②

可见,对于元朝来说,蒲寿宬、蒲仲昭父子是泉州地方统治者与当地儒者的联络通道,朝廷应是通过这类通道控制当地的学人。另外,按照儒家的规矩,一个儒者如果受聘于某个王朝,就得忠于这个王朝,不得背叛。如果两朝为官,那就是"二臣"了。因此,改朝换代之际,每每有儒者不愿到新的朝代为官,不惜以死抗议。但是,儒者的第二代,如果他们没有在前朝做官,那么,他们选择向新的朝代效忠,是被允许的,不能算是"二臣"。所以,随着时间推移,新一代儒者进入元朝势在必行。不过,元朝录取的汉人官员有限,因此之故,在元朝当官的福建人不算太多。

有一些儒者家族选择与元朝官员通婚。例如:"杨氏先为华阴人,徙泉而益显。一门登第十有六。又有讳汲者,官至户部侍郎。四世曰宣教府君,讳进德。实鞠潮阳者。其世次之可知者。"元代,杨家的女儿嫁入泉州来自蒙古的董氏。因而,杨家子弟在元代仍然做官。他们中的一些人会将儒家的原则带到元朝官场。例如杨艮"始以诸生为泉庠直学,再补石井书院。能公出纳,斥贪鄙,以严正自持,升仙游教谕。"③ 教谕是很低级的官员,聊胜于无。只有少数家族成员进入较高级的仕途。例如色目人蒲仲昭所交朋友中有陈众仲这样的大儒。陈

---

① 李清馥:《闽中理学渊源考》卷三三,第20页。
② 李清馥:《闽中理学渊源考》卷三六,第8页。
③ 林弼:《林登州集》卷二十,艮翁杨先生墓志铭,文渊阁四库全书本,第11页。

众仲,即名士陈旅。他是元代的散文大师,也是排名第一的文学家,在中枢机构做官。

第三节 元初闽中的反元大起义

宋帝昺祥兴二年(1279年),张世杰部宋军在广东崖山战败,陆秀夫背负年幼的帝昺投海而死。此前,文天祥也被元军俘获,这标志着宋末由士大夫组织的抗元斗争最终失利。然而,福建境内由畲汉人民组成的反元起义却方兴未艾、此起彼伏,使元军疲于奔命。其中陈吊眼起义、黄华起义、钟明亮起义都发展到十万人以上的规模,极大地震撼了南中国。短时期内频繁发生多次大规模反政府起义,这不仅是福建历史上罕见的,而且在元初全国范围内也是罕见的。这些起义动摇了元朝廷在东南的统治。

一、元初福建的形势

在元朝以前,福建经历了多次改朝换代,不但从未引起像元初这么大规模的动荡,而且多以和平方式达成政治权力的交换。那么,为什么元初福建会爆发长时期的农民战争?这与元初的政治形势有关。

第一,福建是宋末抗元根据地,反元势力雄厚。两宋300多年时间内,宋朝对福建士人相当重视,朝廷中,闽籍官员所占比例高于其他地区。因此,宋朝在福建有深厚的影响。文天祥、张世杰在福建组织抗元政府后,八闽民众纷纷响应,并坚持了长时期的抗元斗争。宋末抗元斗争失利后,具有抗元思想的宋朝士大夫散居福建各地,他们中间的中坚分子仍在积极活动。例如,文天祥的部下赵吹山"隐迹出畲中",联络汀州抗元畲军。又如,江西的谢枋得卖卜建阳市,与建阳名士熊禾等人相互联络。他的行踪泄漏后,元官员强迫他出仕,将他押往北京,但他誓死不与元朝合作,绝食而死①。宋末名士谢翱、郑所南等人在诗文中隐寓抗元思想,以宋朝遗民自居。其中,郑所南著《心史》一书,记载元朝廷奴役人民的血淋淋的史实,倡导民族思想。他们的言行对福建人民都产生了潜在影响。因此,元初福建士人大都不愿出仕新朝,以气节为重。在元初福建这种气氛里,反元势力有可观的群众基础。

第二,福建的畲族武装强大。在唐代,福建境内的畲族已很活跃,当时福

---

① 脱脱等:《宋史》卷四二五,谢枋得传,第12688页。

建史籍上频繁出现的"洞蛮""洞獠"等称呼，都是指畲族的祖先。宋代，畲族在漳州与汀州境内获得很大发展，福建的西南山地，到处都有畲族活动的痕迹。畲族是一个兼营农业与狩猎的民族，狩猎在经济中占重要地位。他们自幼行猎，箭法精湛，而且在箭矢尖端抹上了毒药，猎物中箭，当即倒毙。不难想象，由畲民男子组成的畲族武装剽悍善战，拥有很强的战斗力。畲民自唐宋以来屡屡发动起义。宋末，漳州、汀州的"盐寇"与畲民结成同盟，官府对他们无可奈何。宋末朝廷对畲族以羁縻为主，招降他们的首领，听其自行统治部民，一般不征收赋税。宋末福州益王政权建立后，文天祥等人深入闽粤赣山区联络畲族抗元。汀漳的畲族武装以陈吊眼，许夫人为首，他们曾协同张世杰进攻泉州，失利后退回山寨，据险自守。元将张弘范于至元十五年（1278年）经过漳州时，"得山寨百五十、户百万一"。① 宋元之际，畲族在福建分布很广，至元十六年，忽必烈"诏谕漳、泉、汀、邵武等处暨八十四畲官吏军民，若能举众来降，官吏例加迁赏，军民按堵如故"。② 可见，在上述福建四州境内，至少有84支畲族武装。此外，建宁府、福州境内也有许多畲族。所以，元初畲族在福建的势力相当强大。虽说畲民在元朝大军的压力下，相继接受招安，但他们的武装仍在，实力未受损失，随时可能举行反元起义。

第三，元朝对福建的统治尚不巩固。元军入闽之后，实行招降纳叛的政策，忽必烈下令："以闽浙温、处、台、福、泉、汀、漳、剑、建宁、邵武、兴化等郡降官，各治其郡。"③ 这一政策吸引了部分贪图名位的宋朝官吏降元，谢枋得曾说"江南人才，未有如今日之可耻"④，便是指这件事。但这些人并非全心全意地效忠元朝。以福建安抚使王积翁为例，他原为益王政权中的官员，降元后仍驻守福州。不久，张世杰部反攻泉州，他又与张世杰暗中联络。张世杰退走后，元将刘深"言王积翁尝通书于张世杰。积翁亦上言兵单弱，若不暂从，恐为合郡生灵之患"。⑤ 忽必烈正当招揽人心之际，竟不追究王积翁，仅是将他调至中央。忽必烈对宋降官如此宽大有其不得已的原因。元朝统治民族的数量极少，加上统一江南后一下扩张了大片领土，所以，他们很缺乏管理南方省份的人才。据《元史》记载，元初福建官员多为色目人与南人，蒙古人害怕南方湿热的气候，通常不愿到福建来做官。在这种情况下，元廷起用宋朝降官，既有

---

① 宋濂等：《元史》卷十，世祖纪，第206页。
② 宋濂等：《元史》卷十，世祖纪，第211页。
③ 宋濂等：《元史》卷九，世祖纪，第189—190页。
④ 毕阮等：《续资治通鉴》卷一八八，上海古籍出版社1987年，第1055页。
⑤ 毕阮等：《续资治通鉴》卷一八三，元纪一，第1028页。

招降纳叛之意,也有加强对福建地方管理之意。但是,这些人贪图利禄,不讲名节,既不忠于宋朝,也不可能忠于元朝,在位期间多是贪污受贿,有些官员还与反元义军联络。元朝为了防止降官与反元力量相通,只好将他们调离,可见,当时元朝对福建统治的捉襟见肘。

第四,元初对外战争屡屡失败,也造成福建政局动荡。元朝消灭宋政权以后,开始向海外扩张。攻占福建的元军在唆都率领下,在泉州乘船出海,进攻占城国,不久,全军败亡。元初,忽必烈二次征调大军进攻日本,却将数十万大军葬送于海外。这些消息传来,元军不可战胜的神话破灭,极大鼓舞了福建民众的反元士气。他们乘元朝军事力量削弱之机起兵,最终迫使元军把主要作战对象转向国内,牵制了元朝的海外扩张。

第五,元初屡屡对外用兵,消耗了大量的人力和物力,老百姓不堪其扰,只好起来反抗。元朝发动的海外远征,大都以福建为基地。第二次远征日本时,为了运载数十万大军,朝廷下令在沿海各地制造大船,造成福建沿海各地骚动不安,人力、物力极大消耗。尤其是在二次远征日本失败后,忽必烈又筹划第三次海外远征,给福建民众带来极大的灾难。许多民众因而选择反抗之路。

第六,元军入闽后的屠杀掳掠行为迫使人民进行武装反抗。元朝对敢于反抗元军的百姓施行屠杀政策。至元十七年春,"甲子,敕泉州行省,所辖州郡山寨未即归附者,率兵拔之。已拔复叛者,屠之"。[①] 实际上,元军入闽后,一路挥动屠刀。兴化军一仗,唆都部元军斩首三万余级[②],其中多数是无辜百姓。连中书省官员也指责唆都残忍好杀,"故南剑等路民复叛"。[③] 元军的纪律极坏,所到之处,焚杀掳掠,无所不为,"士卒有挟兵入民家,诬为藏匿以取财者,取人子女为奴妾者"。[④] 建宁路总管马某,"因捕盗延及平民,搒掠多至死者;又俘取人财,迫通处女,受民财积百五十锭"。[⑤] 元军如此胡作非为,难怪百姓纷纷起来反抗了。

其时,元朝为了消除民众的反抗,也做了一些安抚民众的事。例如,《元史·世祖纪七》记载,至元十五年,"两淮运粮五万石赈泉州军民";《元史·世祖纪八》:"免福州路今年税二分,十八年以前租税并免征。"《元史·世祖纪

[①] 宋濂等:《元史》卷十一,世祖纪八,第221页。
[②] 宋濂等:《元史》卷一二九,唆都传,第3152页。
[③] 宋濂等:《元史》卷十一,世祖纪,第223页。
[④] 宋濂等:《元史》卷一五三,贾居贞传,第3624页。
[⑤] 毕沅等:《续资治通鉴》卷一百九十,元纪八,第1061页。

九》记载，至元二十年"秋七月癸丑朔，蠲建宁路至元十七年前未纳苗税"。①后来又"免福建归附后未征苗税"。这都是安抚福建民众的政策，但比之元军造成的破坏，又远远不够了。

二、民间抗元第一枪——闽南陈吊眼起义

元军攻略江南之后，临安宋王室降元。《牧庵集》记载："陈宜中、文天祥挟益、卫两王逃闽广，爵人号年，东南大蠢，觊幸之徒相煽以动，大或数万，小或千数，在在为群。"② 陈吊眼便是受到文天祥鼓舞的反元勇士之一。

陈吊眼本名陈大举，漳浦县人，原为当地的畲族领袖。元军入闽后，他曾应张世杰之召，参与围攻泉州的战斗。张世杰失利后，他退回山寨，接受元朝的招安，保存实力，但与反元势力暗中联络。其时漳州为元军的据点，大量元军驻守漳州，分驻在老百姓家中。元军的纪律极坏，士兵胡作非为，漳州百姓不堪其扰，与陈吊眼约定起义。元世祖至元十七年（1280年）八月十五中秋，漳州百姓以过中秋节为名，每家每户都大摆酒宴，灌醉元军士兵，大开城门，将潜入城下的陈吊眼军队放入城中，然后全城百姓大杀元军。剽悍善战的元军猝不及防，"官军死者十八九"，只有个别人逃回泉州。③ 读者要注意的是：这一事件发生在中秋佳节。在汉族历史上一直有"吃月饼，杀鞑子"的故事。民国时期的《崇安县新志》记载这个故事：

> 鞑靼，元人也。元人既统治中国虐待汉人，每十家派鞑靼一人监管之，其衣食由十家供给，禁汉人不得偶语。十家共用菜刀一把。请酒鞑靼坐首席，娶妇鞑靼先作新郎，违者诛。汉人恨之刺骨。有爱国志士联络同志开饼店一间，中秋日，月饼盛行，乃纳通告饼中。约是日共击鞑靼杀之。而鞑靼遂尽。④

按，过去这个故事经常被安在朱元璋身上。传说朱元璋发动反元起义时，以"吃月饼，杀鞑子"的故事发动群众，最终达到了目的。然而，查阅朱元璋

---

① 宋濂等：《元史》卷十二，世祖纪九，第255页。
② 姚燧：《牧庵集》卷十九，参知政事贾公神道碑，文渊阁四库全书本，第4页。
③ 揭傒斯：《双节庙记》，载吴宜燮等：乾隆《龙溪县志》卷二四，艺文志，乾隆刊本，第13页。
④ 郑丰稔主编、衷幹副主编：民国《崇安县新志》卷六，礼俗志，民国三十一年刊本，第6页。

的历史，他并没有做过这件事。所以，民国时期衷幹等人编《崇安县新志》的故事，也没有将这个故事安在朱元璋身上。事实上，当年信息传播不是很方便，要举行全国性的统一"杀鞑子"行动，实际上是不可能的。若是一城一地，则是有可能的。考八月十五汉族举行"吃月饼，杀鞑子"的群体行动，只有至元十七年中秋节漳州人大杀元军的故事较为符合传说。因此说，最早的"吃月饼，杀鞑子"故事，应是产生于漳州。

陈吊眼攻克漳州事件，立刻轰动了全国。当时天下无敌的元军横扫世界没有对手，整个亚欧大陆都在蒙古骑兵的铁蹄下呻吟，然而，毫不起眼的山民陈吊眼却敢向大元帝国挑战，这极大地鼓舞了反元力量。当时汀漳各地畲族武装纷纷响应，竖起反元的旗帜。《元史·世祖纪八》记载：十七年十二月："壬辰，陈桂龙据漳州反。唆都率兵讨之。桂龙亡入畲洞。"①"贼陈吊眼聚众十万，据五十余砦。"②

至元十六年五月降旨，招闽地八十四畲未降者。十七年八月，陈桂龙父子反漳州，据山砦。桂龙在九层际畲，陈吊眼在漳浦峰山砦，陈三官水篆畲，罗半天梅龙长窑，陈大妇客寮畲，余不尽录。十八年十月，官军讨桂龙。方元帅守上饶，完者都屯中饶，时桂龙众尚万余，拒三饶。③ 这些山寨声息相通，"据险相维，内可出，外不可入，以一当百，剿鞑无算"。④ 元朝对其人十分头痛："漳州陈吊眼聚党数万掠汀漳诸路，七年未平。"⑤

漳州与汀州之外，闽西北各地纷纷爆发反元起义。汀漳境内的廖得胜起兵响应陈吊眼，失利被杀⑥；次年，邵武有高日新占据龙楼寨起兵⑦；"南剑州丘细春反，行镇国开国大王，改元昌泰。"⑧ 福州有林天成组织起义被元朝地方官破获⑨；规模最大的是建宁路的黄华起义，有众三万。起义军南北呼应，元朝廷一时焦头烂额。按，黄华反元起义发生得很早。至元十五年十一月，"建宁民黄

---

① 宋濂等：《元史》卷十一，世祖纪八，第228页。
② 元明善：《河南行省左丞相高公神道碑》，苏天爵编辑：《元文类》卷六五，文渊阁四库全本，第21页。
③ 苏天爵编《元文类》卷四十一，礼典总序，第62页。
④ 郑所南：《心史》卷上，元鞑攻日本败北歌并序，明崇祯十二年张国维刻本，四库禁毁书丛刊本，集部，第30册，第46页。
⑤ 宋濂等：《元史》卷一三一，完者都传，第3193页。
⑥ 宋濂等：《元史》卷十一，世祖纪，第224页。
⑦ 宋濂等：《元史》卷十一，世祖纪，第229页。
⑧ 苏天爵编《元文类》卷四十一，礼典总序，第62页。
⑨ 宋濂等：《元史》卷十二，世祖纪，第239页。

华作乱。政和县民黄华集盐夫，连括苍等处畲民为乱。诏调兵讨之"。① 黄华初起时，士众应当不多。但到了至元十七年之后，情况就不一样了："时黄华聚党三万人扰建宁，号头陀军。"② 可见，这是一支强大的反元军队。

至元十七年（1280年），建阳县"三衢里有詹提举、徐宗等五千余众，啸聚山林，驿骚不息"③；同年，清流县有一号称"火星女将军"的首领率领起义军于至元十八年袭占将乐县，她很快遇到元军地方武装的镇压。这支元军由吴林清率领。吴林清原来是宋朝的义军首领，后来降元。"时行省征讨，部归命，以清为百户，领巡尉旧卒。中和团温梦许自号郡公，聚众侵掠，清击走之。寻以功升千户，镇守将乐，复命为县丞。沙县巨寇文庆，暨顺昌寇邓仕明同时作乱。清募善水者，诈为渔，置蜡书于筒，随波潜达军。三府大喜，檄诸翼，克期会沙县。清进兵，途遇贼，击破之。每战先登无前，再授军民总管。将乐告急，北团萧良全砦山啸聚，亟请分兵还救县。清迎战，生擒贼将陈谨，殪士明。再战阳门，歼之。九月平萧良全。复伐佑山，寇食尽，溃围走。歼之于大里萧源。"④ 如上所述，吴林清成为元朝守住将乐等县的关键人物，他在至元十六年七月击败了攻击将乐的邓仕明、萧良全等人。至元十八年又击败了清流的火星女将军。⑤

元朝对黄华起义军采取剿抚并用的策略。俄罗斯人完者都被派到闽中，他首先从闽北入境，在这里遇到了黄华起义军。黄华在政治上颇为投机。《元史·完者都传》记载："完者都先引兵压其境，军声大震。贼惊惧讷款，完者都许以为副元帅，凡征蛮之事，一以问之。"元军来自北方，对福建的地理形势与畲军的战术比较陌生，他们与畲军作战多次失利，与这一点有关。但是，自从黄华投降元军后，元军对畲军的虚实便一目了然。而且，为虎作伥的黄华部畲军在攻打陈吊眼时十分卖力，南下后，连拔陈吊眼部的五座大寨。⑥ 至元十八年（1281年）十月，高兴部元军投入了高安寨的争夺战。其中大将赵伯成为前锋。"是年秋，漳州高安贼作树栅以为固，公命作云梯，先登，攻破其栅，擒之。"⑦高兴又以火攻战术突破天险，大部元军随后跟进，寨里畲军首脑黄总管战死，

---

① 胡粹中编：《元史续编》卷一，文渊阁四库全书本，第11页。
② 宋濂等：《元史》卷一三一，完者都传，第3193页。
③ 李再灏等：道光《建阳县志》卷十三，1986年县志办重刊本，第505页。
④ 徐观海修纂：乾隆《将乐县志》卷九，武功，厦门大学出版社2009年，第358页。
⑤ 徐观海修纂：乾隆《将乐县志》卷十六，灾祥，第518页。
⑥ 宋濂等：《元史》卷一三一，完者都传，第3193-3194页。
⑦ 苏天爵：《滋溪文稿》卷十五，元故武义府郎漳州新军万户府副万户赵公（伯成）神道碑铭，文渊阁四库全书本，第2页。

二万多畲军牺牲，战况激烈，可见一斑。① 高安寨失守，表明元军找到了攻克天险的方法，以后，元军深入汀漳山区，逐个攻克畲军山寨。高兴率元军"战贼福成砦，屠万人"。② 至元十九年三月，陈吊眼在漳州千壁岭山寨中伏被俘，不久被杀。③ 次年其父陈文桂、叔陈桂龙被迫投降，后来被流放北疆。④ 其余坚持战斗的畲族领袖吴满、张飞所部，都被元军击破屠杀，这次轰轰烈烈的反元大起义就此失败。

三、闽北黄华起义

黄华原为闽北政和县的畲族，最早于至元十五年（1278年）纠合盐夫起义，这样看来，他也是福建历史上有传统的"盐寇"。黄华起义坚持多年，在陈吊眼起义时乘机发展，有众三万。高兴率元军入闽，黄华率四万人的畲军投降朝。⑤ 畲军熟悉山地战，此后，黄华在平定陈吊眼部时出了大力，被元朝封为建宁路管军总管。⑥

至元二十年（1283年）十月，黄华再次发动反元大起义，"众几十万，号头陀军"，起用宋朝最后一个皇帝赵昺的年号——"祥兴"，这表明黄华与元朝势不两立的态度。黄华的部众分攻建阳、松溪、崇安、浦城、铅山等县，前锋越过建宁府城，进抵古田县，逼近福州城。江西与浙江都有义兵响应，声势十分浩大。浙江的"秦州总管刘发有罪，尝欲归黄华"。⑦ 可见，黄华起义极大地动摇了元朝在东南的统治。

但是，当时的局势对黄华相当不利，汀漳农民军在元朝的镇压下正处于低潮，起来响应的义军多在闽北境内。闽北是三省交通要道，其时正当元军准备远征日本之际，大军云集扬州等地，一旦闻知黄华起义的消息，不仅闽浙赣三省的军队一齐向黄华扑来，在江淮一带的征东行省的部队，也在行省左丞刘国杰的率领下开抵闽北，黄华的军队很快陷入四面苦战的困境。浙江境内的义军首先失利，攻抵江西铅山的义军被高兴部元军击败。有关高兴的传记记载："建宁贼黄华反，有众十万。烧信州南门，公统兵战贼铅山，获八千人。战贼分水

---

① 宋濂等：《元史》卷一六二，高兴传，第3803页。
② 元明善：《河南行省左丞相高公神道碑》，苏天爵编：《元文类》卷六五，第20页。
③ 元明善：《河南行省左丞相高公神道碑》，苏天爵编辑：《元文类》卷六五，第21页。
④ 宋濂等：《元史》卷十二，世祖纪，第241页。
⑤ 元明善：《河南行省左丞相高公神道碑》，苏天爵编：《元文类》卷六五，第20页。
⑥ 宋濂等：《元史》卷一三一，完者都传，第3193—3194页；《元史》卷十二，世祖纪，第257页。
⑦ 宋濂等：《元史》卷十三，世祖纪，第265页。

岭，取嘉禾。贼攻建宁急，公卷甲趋之，会福建之师。与贼战，获贼渠叶都统、梁都统等。"① 大致而言，高兴入闽后，进占崇安、建阳二县，深入义军腹地。由浙江而来的元军进占浦城县，此外，福建元军忽剌出部也从南剑州向北挤压，企图打通与建宁府驻守元军的联系。这时黄华义军所占领的地盘仅剩松溪、政和与建宁府附近地区。在这种形势下，黄华急于拔除建宁府这一心腹之患，以便集中全力与元军决战。他调集 20 万农民军围攻建宁府，城内元军拼命抵抗，战斗十分激烈。正在这时，各路元军已纷纷逼近，他们与建宁府城内的元军内外夹击。苏天爵记载了建宁府元军统帅赵伯成与黄华起义军的作战：

> 二十年冬黄华贼起，公引兵觇之，抵万墩，与贼遇，败之。又抵欧宁之黄屯与贼遇，又败之。斩首不知其数。余皆败走。复屯欧宁之板桥，公又败之。未几，贼号二十万复来，分据建宁四面，以视必取。公潜出兵水南，贼发矢如雨下，公不为动。乃泅水以济，诸军从之，大呼，杀获无算。贼披靡遁，公追杀之。且行且战，三十余里，僵尸藉藉被山野。又捕房数百人。时黄华余党散在政和之青州及狮子岩者，公皆破之。②

畲军余部在黄华率领下固守政和赤岩寨，鏖战半日，失利，黄华投火自焚死。黄华起义失败后，福建人民遭受重大牺牲，"癸未十月，政和民不靖，流毒千里。平民无辜而死者几万人"。③ 王恽曾说："福建归附之民户几百万，黄华之变，十去四五。"④ 但是，这次起义无疑震撼了元朝的统治，黄华一声高呼，便有数十万人响应反元，其声势更胜于南宋的范汝为起义。这也说明，闽北人民素有反抗压迫的光荣传统。数年后马可·波罗路过闽北，还在其游记中提到了"头陀军"起义。

四、闽西钟明亮起义

钟明亮是元世祖忽必烈时期著名的畲军领袖。于至元二十五年在闽粤赣一

---

① 元明善：《河南行省左丞相高公神道碑》，苏天爵编：《元文类》卷六五，第 21 页。
② 苏天爵：《滋溪文稿》卷十五，元故武义府郎漳州新军万户府副万户赵公（伯成）神道碑铭，第 2 页。
③ 谢枋得：《叠山集》卷二，送史县尹朝京序，文渊阁四库全书本，第 34 页。
④ [明] 陈邦瞻：《元史纪事本末》卷一，江南群盗之平，中华书局 1979 年铅印本，第 9 页。

带发动起义。因其人在广东招安后被安置于循州,所以,历史上有"循州贼"的说法。实际上,据元代江西大儒刘埙所著的《汀寇钟明亮事略》,"初明亮之首乱也,汀州草间匹夫尔"。① 刘埙是江西南丰县人,钟明亮起义之后,对其家乡影响很大。所以,刘埙对钟明亮的事迹了如指掌。刘埙说到钟明亮对家乡的影响:"至元丙戌以来阅历六寒暑,震撼万状。"② 至元丙戌年为至元二十三年(1286年),这说明钟明亮应是在至元二十三年就发动了反元起义。元朝官方对钟明亮的记载是从至元二十五年开始的,这只能说明钟明亮起事两年后才引起了官府的注意。这是因为,到了至元二十五年,钟明亮已经拥有强大的实力。《元史纪事本末》记载:"二十五年夏四月……循州民钟明亮,各拥众万余,相继起兵,皆称大老,明亮势尤猖獗。"③ 循州在广东境内,所以官府会称钟明亮为广东循州人。不过,《元史纪事本末》是明朝陈邦瞻所辑的书,其史料来自《元史》,而《元史》的史料来自当年的官方史料,不一定正确。刘埙又说:"至元二十有五年,畲寇钟明亮起临汀。"④ 刘埙是江西南丰人,钟明亮的部队曾到过他的家乡,所以,刘埙关于钟明亮的记载当然是可信的。据此,钟明亮应是汀州的畲族人。

钟明亮起义后,于至元二十五年(1288年)三月,率部众"万余人,寇漳浦",同时又有"泉州贼二千人寇长泰,汀赣畲贼千余人寇龙溪"。⑤ 四月,"广东贼董贤举等寇汀州路"。⑥ 从这些记载来看,当时福建的泉州、漳州、汀州等地都有义军活动,而且攻城略地,气势极盛。所以刘埙说:"畲寇钟明亮起临汀,拥众十万。"⑦ 其时,董贤举是与钟明亮齐名的反元军队,《元史续编》又载:"夏四月,广东民董贤举等作乱。云丹密实(即月的迷矢)讨平之。贤举等七人皆称大老,聚众反。剽掠吉、赣、瑞、抚、龙兴、南安、诏、雄、汀诸郡。"⑧ 可见,董贤举主要活动于江西及广东境内,也曾经进入福建的汀州。他与钟明亮相呼应,对元朝打击很大。不过,董贤举只坚持了一年多,就被元朝军队消灭了。而钟明亮的战术极为灵活:"巨贼钟明亮啸聚洪闽郊,东击则西

---

① 刘埙:《水云村稿》卷十三,汀寇钟明亮事略,文渊阁四库全书本,第2页。
② 刘埙:《水云村稿》卷十三,汀寇钟明亮事略,第3页。
③ [明]陈邦瞻:《元史纪事本末》卷一,江南群盗之平,第9页。
④ 刘埙:《水云村稿》卷二,参政陇西公平寇碑,文渊阁四库全书本,第1页。
⑤ 宋濂等:《元史》卷十五,世祖纪,第311页。
⑥ 陈寿祺等:道光《福建通志》卷二六六,元外纪,同治刊本,第22页。
⑦ 刘埙:《水云村稿》卷二,参政陇西公平寇碑,第1页。
⑧ 胡粹中编:《元史续编》卷三,第17页。

逸，西逐则东奔。彼此玩寇，师老无功。"①

二十五年夏四月，广东民董贤举，浙江民杨镇龙、柳世英，循州民钟明亮，各拥众万余，相继起兵，皆称大老。明亮势尤猖獗。诏遣江西行省丞相忙兀带行枢密院副使月的迷失发四省兵讨之。明亮屡降复叛。既而福建按察使王恽上疏言：福建郡县五十余处，连山距海，实边徼要区。由平宋以来，官吏残虐，故愚民往往啸聚，朝廷遣兵讨之。②

至元二十六年春正月，钟明亮"寇赣州，掠宁都"。③ 后来，钟明亮进入广东循州。与其同时，又有畲汉义军在广东的梅州等地活动，他们相互呼应，此起彼伏，元朝十分头痛。不过，钟明亮也多次投降元朝。据《元史》的记载，至元二十六年五月，钟明亮率部一万八千多人降于广东宣慰使月的迷失。六月，月的迷失上奏：请封"钟明亮为循州知州，宋士贤为梅州判官，丘应祥等十八人为县尹、巡尉"。④ 八月，"甲子，月的迷失以钟明亮贡物来献"。忽必烈对这批"反正"的畲军领袖极不信任，他指示广东地方官设法将刚刚投降的几个义军首领押解至京，调虎离山。忽必烈的命令下达广东后，"冬十月，月的迷失以邱应祥、董贤举归京师"。钟明亮见状复反。"广东贼仲明亮复反，以众万人寇梅州。江罗等以八千人寇漳州。又韶雄诸贼二十余处皆举兵应之，声势张甚。"福建、广东山区大乱。元世祖不禁下达谕旨责备广东官员："钟明亮既降，朕令汝遣之赴阙。而汝玩常不发，致有是变。自今降贼其即遣之。"⑤ 其时，元朝调集四方官军到南方作战，极为疲劳。《元史》记载：二十六年五月丙申，"诏季阳、益都、淄莱三万户军久戍广东，疫死者众。其令二年一更。贼钟明亮率众万八千五百七十三人来降。江淮、福建、江西三省所抽军各还本翼"。⑥ 可见，钟明亮投降之后，元朝大军已经撤退不少，此时因钟明亮复反，元朝又要从各地调动大军前来围剿，各自叫苦不迭。

---

① 刘昌编：《中州名贤文表》卷二八，元文定王公神道碑铭，文渊阁四库全书本，第22页。
② 陈邦瞻：《元史纪事本末》卷一，江南群盗之平，第9页。
③ 宋濂等：《元史》卷十五，世祖纪十二，第319页。
④ 宋濂等：《元史》卷十五，世祖纪，第323页。
⑤ 宋濂等：《元史》卷十五，世祖纪十二，第326页。
⑥ 宋濂等：《元史》卷十五，世祖纪十二，第322页。

至元二十七年（1290年），钟明亮又转入江西境内，在雩都、石城、瑞金等地与元军反复争夺，元朝调动闽粤赣三省官兵围攻，其结果是："贵臣重将，裨校士马，因是物故者众。连城累邑，公私供亿，耗费者甚侈。师之所经，寇之所及，男女老穉被执僇，赀财庐舍，罹荡毁者甚多。"① 五月，钟明亮再次降于元朝廷。《元史·管如德传》记载：

> 时钟明亮以循州叛，杀掠州县，千里丘墟。帝命如德统四省兵讨之。诸将欲直擣其巢穴，如德曰：嘻，今田野之氓，疲于转输，介胄之士，病于暴露，重困斯民，而自为功，吾不为也。于是遣使谕以祸福，贼感如德诚信，即拥十余骑，诣赣州石城县降。平章政事奥鲁赤怒其拔扈不臣，欲以事杀明亮。如德闻之曰：皇元仁厚，未尝杀降。明亮叛人何足惜，所重者，信不可失耳。②

按，管如德可能是个比较直爽的军官，见到钟明亮已经投降了，还有人要杀他，便直爽地拒绝了。这使钟明亮逃出生天。然而，钟明亮感到生命受到威胁，不久重又叛去。《元史·世祖十三》记载：

> 五月戊申江西行省管如德、江西行院月的迷失讨反寇钟明亮。明亮降，诏缚致阙下。如德等留不遣。明亮复率众寇赣州。枢密院以如德等违诏纵贼，请诘之。从之。诏罢江西行枢密院。③

元朝追究责任，管如德遭到处分。在钟明亮的影响下，江西和福建都有大股反元势力活动。"至于庚寅，四面蠭起。明亮、邱元之外，赣吉有谢主簿、刘六十，乐安有卢大老，南丰有雷艾江之徒，乘时响应。俱烦省官亲提重兵随处逐捕。贼虽终败而受祸众矣。"④

钟明亮是闽粤赣三省起义军的主力，但是，在至元二十八年（1291年）之后，官方公文上便不见了钟明亮的记载，那么，这位三省义军领袖人物的结局如何？有关史册记载十分矛盾。《元史·叶仙鼐传》说叶仙鼐约在至元末期"讨

---

① 刘埙：《水云村稿》卷十三，汀寇钟明亮事略，第2页。
② 宋濂等：《元史》卷一六五，管如德传，第3872—3873页。
③ 宋濂等：《元史》卷十六，世祖纪十三，第337页。
④ 刘埙：《水云村稿》卷十三，汀寇钟明亮事略，第4页。

40

擒"钟明亮①，而姚遂的《广东道宣慰司王公神道碑》却说钟明亮战死沙场，朱维幹先生的《福建史稿》采用了后一种说法。② 但我们翻看元人刘壎的《汀寇钟明亮事略》，文中记载钟明亮"竟偃然得保首领以殁"③，看来，钟明亮是病死于家乡的。刘壎认为钟明亮使江西南丰等地大乱六年。"至元丙戌以来阅历六寒暑。"④ 若从至元丙戌年（至元二十三年）开始算，钟明亮造反的六年终于至元二十八年，可见，钟明亮应是死于至于二十八年。此外，我在刘壎的另一本书中找到佐证："至元辛卯，汀寇钟明亮平后，民始渐安。"⑤ 至元辛卯，即为至元二十八年，可见，钟明亮应当死于该年。钟明亮死后影响仍在："既殁，众犹畏服。止奉一木主尔，藉其虚声余烈，尚能统御所部，不即降溃。彼何道，以臻此？此之谓盗亦有道者欤！"⑥

在钟明亮起义前后，福建还爆发了多次农民起义，陈寿祺道光《福建通志》第二百六十六卷"元外纪"的记载如下：

二十四年冬十一月，湖头贼张治团掠泉州，官军讨获之；

二十五年四月，广东贼董贤举等寇汀州路。泰宁贼江海犯将乐县，军民总管吴林清率兵平之；

二十六年春正月，畲民丘大老等寇长泰县，福州达鲁花赤脱欢同漳州总管高杰讨平之；冬闰十月，广东贼江罗等寇漳州；十一月，漳州民陈机察等寇龙岩县，执千户张武义，福建行省遣兵大破之。机察及丘泰老等以其党降；建宁路黄福等谋乱伏诛；

二十七年，泉州南安贼陈七师反讨平之。冬十二月，仙游县贼朱三十五集众寇青山，万户李纲讨平之；

二十八年，漳州盗欧狗作乱，福建行省平章彻里讨之。⑦

由此可见，当时福建各地动荡不安，到处都有农民起义，起义烽火遍及闽北、闽南、闽西，而以漳州与汀州为主。其中又以陈机察起兵影响最大。《元史

---

① 宋濂等：《元史》卷一三三，叶仙鼐传，第3227页。
② 朱维幹：《福建史稿》上册，福建教育出版社1985年，第382页。
③ 刘壎：《水云村稿》卷十三，汀寇钟明亮事略，第3页。
④ 刘壎：《水云村稿》卷十三，汀寇钟明亮事略，第3页。
⑤ 刘壎：《隐居通议》卷三十，大乾梦录，文渊阁四库全书本，第9页。
⑥ 刘壎：《水云村稿》卷十三，汀寇钟明亮事略，第3页。
⑦ 陈寿祺等：道光《福建通志》卷二六六，元外纪，第22-23页。

续编》记载："十一月，漳州贼陈机察等降。机察等以八千人寇龙岩。福建行省兵破之，遂与丘老大、张顺等以其党降。行省请诛之。下枢密院议，范文虎曰：贼固当诛，然既降而杀之，何以示信？宜遣赴阙。从之。评曰：范文虎言：杀降何以示信，其论当矣。然文虎降臣之首，所谓恕己之心恕人者也。"① 据史料记载：至元末年的这次反元大起义，实际上遍及江南各地，在江南各省中，又以闽粤赣三省的反抗最为激烈。福建省又是三省义军坚持最久的区域，对元朝统治构成极大的威胁。文献记载元军将领赵伯成在漳州一带的苦战：

> 二十八年，省府以漳之龙岩群盗之所出入，移公守之。乃招谕贼魁谢大老等来归。二十九年漳浦贼作，公从枢府臣破之。复留公守云霄隘，于是招谕鲁小虚神归化，而鲁大虚负险不出。公复以兵临之，大虚亦降。其余党尚为民患，公提劲兵揉之。省臣以南诏之地控制循海潮广诸郡，檄公镇之。仍总云霄之兵凡二年。盗不敢犯。民甚安之。大德初元，剧贼刘大老犯漳州境，公将兵迎战，刀中公顶及腰，犹与贼战不已。②

又如元仁宗延祐二年（1315年）八月丙戌，"赣州贼蔡五九陷汀州宁化县，僭称王号。诏遣江浙行省平章张驴等率兵讨之"。③ "九月五日，众溃，五九伏诛，余党尽平。"④ 元英宗至治三年（1323年），"泉州民留应总作乱。命江浙行省遣兵捕之"。⑤ "泰定三年（1326年）春三月，泉州民阮凤子作乱"⑥。可见，虽然《元史》少有记载，但到了元代中叶，福建人民还是反抗不已，造反事件经常发生。泉州官吏承认："蛮丁峒獠，杂居县境上，官稍侵之，辄称兵暴掠。至烦大军。终年屯不解。"有一次，"大盗弄兵宁都，焚城杀守吏，势甚张。州之无赖男子率众应之，遂谋来攻城。侯令沿河作大栅以遏其冲。简强丁数百乘城。侯骑白马奋呼后先，士气百倍。寇度不可攻而退"。⑦ 可见，元代中叶，

---

① 胡粹中编：《元史续编》卷四，第2页。
② 苏天爵：《滋溪文稿》卷十五，元故武义府郎漳州新军万户府副万户赵公（伯成）神道碑铭，第3页。
③ 宋濂：《元史》卷二五，仁宗纪二，第570-571页。
④ 李世熊：康熙《宁化县志》卷七，寇变志，福建人民出版社1989年，第439页。
⑤ 徐乾学：《资治通鉴后编》卷一六七，文渊阁四库全书本，第2页。
⑥ 陈寿祺等：道光《福建通志》卷二六六，元外纪，同治重刊本，第23页。
⑦ 宋濂：《宋景濂未刻集》卷下，元同知婺州路总管府事赵侯（良胜）神道碑铭有序，文渊阁四库全书本，第20-21页。

连沿海的泉州也长期处于畲军的威胁之下。《元一统志》记载汀州的畲民："西邻章赣，南接海湄，山深林密，岩谷阴窈。四境椎埋顽狠之徒，党与相聚，声势相倚，负固保险，岁以千百计，号为畲民。时或弄兵，相挺而起。民被其害，官被其扰。盖皆江右广南游手失业之人逋逃于此，渐染成习。此数十年间，此风方炽，古岂有是哉！"① 这种状况表明，元朝对汀州山区的统治长期无法稳固。

第四节 福建省建立及元朝的行政管理

元朝的统治民族是一个游牧民族，他们缺少对汉族农业区域的管理经验，各种制度十分混乱，官吏贪污，肆行无忌，老百姓的实际赋税负担也在不断加码。总之，元朝对中国的统治较为短促，有其内在原因。

一、福建省的行政制度

元代地方管理制度承袭宋代，但有不少改造，其中对后世影响较大的是行省制度。以下重点介绍元代的福建行省。

"省"原为唐代中央的管理机构，唐朝中央设三省：中书省、尚书省、门下省，三省职能不同，地位相等。迄至宋代，中央行政权力主要集中于中书省，其他二省都成为中书省的陪衬。元朝承袭宋制，在中央设中书省，但是，元代的中书省一统军政大权，其权力比只管行政的宋代中书省大得多。这种制度与蒙古军政不分的官制有沿袭关系。所以说，元代的省制在名义上沿袭宋制，实际内容却有很大不同。然而，由于元朝版图辽阔，忽必烈为了加强对地方的管理，派出中书省官员到地方设立行中书省，以便直接管理，这就是行省的来历。行中书省首脑是宰相级别的平章政事，位高权重，统管辖区内的军、政、刑、民一切事务。元代中叶，有感于行中书省权太重，曾两度将行中书省改名为行尚书省，所以福建行中书省一度也叫行尚书省，然而，这一改革遇上不明的阻力，很快就改回行中书省原名。

元初的行省是中央派出机构，它的设立，大都是执行中央在地方的某一重大任务，一旦任务完成，行省随即撤销，所以，元初的行省旋设旋废，没有一

---

① 扎马剌丁、虞应龙、勃兰盼、岳铉等编辑：《元一统志》卷八，赵万里辑校，中华书局1966年，第629-630页。

定之规。只是到了元代中叶以后,行省渐成为固定的区域机构,而省也成为区域名词,一直沿用至今。元初福建战事频繁,所以多次设省,一旦任务完成,行省大都归并他处,福建最终隶属于江浙行省。元代行省的辖地相当于后世两个至三个省,有点像清代的总督区。例如,清代的闽浙总督便管辖福建、浙江二省,元代的江浙行省管辖宋代的福建路与两浙路,所以,元代中叶的行省辖地较为广阔,当时福建是不设省的。

元代在行省以下的机构是宣慰司,其辖地相当于后世一个省,福建在多数时期内设立宣慰司,其全名为:"福建道宣慰使司都元帅府",正式成立于大德元年,隶属于江浙省。

关于元代福建省的研究,省内发过一二篇学术论文。我写过《元代福建行省考》,未刊,基本内容后在《福建通史》元代部分体现。吴幼雄写过《元代泉州八次建省》,主要内容发表于:《泉州宗教石刻》①。元代前期地方政治制度尚未定型,因此,行省的管辖权、范围都未确定,经常调整,留给后人十分混乱的表象。

元初设过省的福建城市有福州、泉州、漳州。元朝于至元十四年(1277年)控制福建,随即设立福建、广东道提刑按察司,元代的按察使自成系统,与行省不完全一致,这是一个具有省级地位的机构,但又不是行省。它的最后定名是:"福建闽海道肃政廉访司"。

福建行省。至元十五年三月,福建升格为行省,"诏蒙古岱、唆都、蒲寿庚行中书省事于福州,镇抚濒海诸郡"。② 这是福建建省之始。然而,元代前期福建的省制很不稳定,至元十五年六月"甲戌诏汰江南冗官。江南元设淮东、湖南、隆兴、福建四省,以隆兴并入福建"。③ 这时的福建省一度管辖隆兴及福建两个省的地盘。可是,到了至元十五年七月丙申,元朝又下令:"以右丞达春、吕师夔,参知政事贾居贞,行中书省事于赣州,福建、江西、广东皆隶焉。"④ 可见,仅仅一个月,设立于福州的福建省,从管辖两个省,一下变成赣州行省下属的一个宣慰司。该月任命忙古得为福建宣慰使。不过,同年泉州升级了。泉州原设宣慰司,后来,"改宣慰司为行中书省"⑤,这时的泉州行省管辖范围很小,仅有一个录事司和七个县。其时福建省大部应属于赣州行省,而赣州行

---

① 吴文良、吴幼雄:《泉州宗教石刻》,第286-287页。
② 毕沅等:《续资治通鉴》卷一八三,第1029页。
③ 宋濂等:《元史》卷十,世祖七,第201页。
④ 宋濂等:《元史》卷十,世祖七,第203页。
⑤ 宋濂等:《元史》卷六二,地理志,第1505页。

省后迁至南昌,当时名为龙兴,其主要辖地为江西省,福建由其兼管。至元十五年,泉州还在打仗,张世杰率兵围攻泉州,这才是泉州行省管辖范围很小的原因吧。年底,文天祥和张世杰退至广东,元军占领了福建全省,至元十六年,元世祖"敕扬州、湖南、赣州、泉州四省造战船六百艘"。① 其中湖南、赣州也被列入造海船省份,人多不解。我想,这是因为当时的赣州省管辖福建与广东,而湖南造船可以通过湘江进入长江,再到长江出海口。据泉州行省蒲寿庚的反映,当时泉州行省的任务是造舟二百艘,占全数的三分之一。就此来看,至元十六年的泉州省至少在年底应可管辖福建全省,否则无法承担二百艘的造船任务。至于赣州省,因其管辖广东大部,造船不难。

至元十七年春,"甲子,敕泉州行省,所辖州郡山寨未即归附者,率兵拔之。已拔复叛者,屠之"。② 可见,泉州行省一直维持到至元十七年正月。琢磨这句话还可知道:这时的泉州行省之下还管有"州郡",可见,这一时期福建各路属于泉州行省管辖。同年正月戊辰,朝廷下令:"置行中书省于福州"。至元十七年四月甲午"以隆兴、泉州、福建置三省不便,命廷臣集议以闻"。五月辛丑结论出来了:"福建行省移泉州"。其时泉州承担造船二百艘的任务,对朝廷来说,泉州要办的事很重要,所以,会在泉州设省。这时泉州行省肯定管辖福建全省。然而,仅仅过了两个月,元朝又下令:"徙泉州行省于隆兴。"不过,这一决定可能遭到泉州官员反对没有执行吧,《元史》记载:至元十八年十月壬子,"用和礼霍孙言,于扬州、隆兴、鄂州、泉州四省置蒙古提举学校官,各二员。"可见,泉州行省仍然存在。③ 这时的泉州省应当管辖福建全省。

至元十九年五月戊辰,元朝决定:"并江西、福建行省。"④ 二十年三月丁巳,"并泉州行省入福建行省";壬午"罢福建道宣慰司,复立行中书省于漳州。以中书右丞张惠为平章政事"。⑤ 漳州在元初是反元势力的中心,元朝在此设省,主要是为了集中财力镇压义军,一旦义军陆续被歼灭招安,设省也就没有必要了。

至元二十一年(1284年),"中书省言:'福建行省军饷绝少,必于扬州转输,事多迟误。若并两省为一,分命省臣治泉州为便。'"⑥ 此后,福建行省降

---

① 宋濂等:《元史》卷十,世祖纪,第209页。
② 宋濂等:《元史》卷十一,世祖纪八,第1页。
③ 宋濂等:《元史》卷十一,世祖八,第235页。
④ 宋濂等:《元史》卷十二,世祖九,第243页。
⑤ 宋濂等:《元史》卷十二,世祖九,第252页。
⑥ 宋濂等:《元史》卷十三,世祖纪,第269页。

格为分省，省治迁到泉州。但实际上，人们仍把泉州分省看作是福建行省，在该年的《元史》本纪中，福建行省之名多次出现。至元二十二年，元朝权臣卢世荣"请罢福建行中书省，立宣慰司，隶江西行中书省"。① 至元二十三年，福建又被并入江浙行省。

然而，据《八闽通志》的记载：至元二十三年（1286年）福建又重设行中书省，一直延续到至元二十八年，该年"改福建行省为宣慰司，隶江西行省"。② 次年，福建行省再建治所于福州③。

福州的福建行省于至元二十六年（1289年）撤销，至元二十七年重建，不久再次撤销，与泉州行省合并。此后，福建境内只有一个行省，但在泉州与福州两地间迁来迁去。据《元史·地理志》，至元二十八年，福建行省从泉州迁回福州，至元二十九年再迁泉州，至元三十年又返回福州。行省在二地间迁来迁去，是因为泉州城在元代有很大发展，并且在对外贸易中所占地位越来越高，所以能与福州平分秋色。

元成宗大德元年（1297年），福建行省平章高兴受命组织人员远航琉球。在他的建议下，元朝"改福建省为福建平海等处行中书省，徙治泉州"。④ 但是，大德二年，远征琉球事件结束，泉州行省也就撤销。大德三年，罢福建省。⑤ 此后，福建长期设立宣慰司。迄至元顺帝至正十六年（1356年），南方形势变化，福建成为元朝在南方的重要基地，于是，"改福建宣慰使司都元帅府为福建行中书省"⑥，一直到元朝灭亡。其间，福建各地还多次设立分省，如泉州、汀州、延平、建宁，在元末都曾是分省所在地。

综上所述，福建在元朝统治的92年里，前33年设省，是因为福建的战事较多。元朝福建的战事表现为两个方面：其一，福建南方畲军起义之事经常发生，需要派出行省管理来自各省的大军。为了这个目的，漳州一度设省；其时漳州名气不如泉州，多数时间行省设立于泉州。其二，元朝经常发动海上远征，福建要承担造船重任。从至元十六年到至元十八年，元朝廷命令泉州承担二百艘战船制造任务，这是泉州省长期存在的重要原因。至元后期，畲民起义席卷闽北诸地，泉州管理不便，所以，泉州行省会转移到福州。福州城畔的闽江通

---

① 宋濂等：《元史》卷十三，世祖纪，第272页。
② 宋濂等：《元史》卷十六，世祖纪，第344页。
③ 黄仲昭：《八闽通志》卷一，地理志，第4页。
④ 宋濂等：《元史》卷十九，成宗纪，第409页。
⑤ 宋濂等：《元史》卷二十，成宗纪，第426页。
⑥ 宋濂等：《元史》卷四四，顺帝纪，第929页。

往福建上游的建宁路、邵武路、延平路、汀州路，管理全省会更方便。

元代中叶，元朝廷罢福建行省设立福建宣慰司，其原因如蒋易说："福建旧置行省，其后以闽地狭隘，租税之入，不足以佐省府之经费，乃罢去之，改立元帅府。"① 元代中叶，福建只设宣慰司的时间延续59年，在这期间，福建宣慰司隶属于江浙行省，省会在杭州。元末，因张士诚和方国珍分别控制了江南的苏州和杭州，江浙行省破碎不堪，而福建是元朝能够控制的南方少数领土之一，元朝因而在至正十六年（1356年）重建福建行省于福州，一直延续到明朝建立的洪武元年，前后约存在13年。总之，元代福建建省约有46年，比设立宣慰司约少13年。

元代的行省官员是："平章政事二员，右丞、左丞各一员，参知政事、签省各二员，郎中、员外郎各二员，都事、管勾、照磨各一员。吏员有知印二人，通事二人，蒙古译史四人，回回译史三人，令史、宣使各二十五人，典史八人。"② 成宗元贞三年六月戊午，"以福建州县官类多色目、南人，命自今以汉人参用"。③ 文中的南人是指长江以南诸省之人，此地是蒙古较迟征服的区域，政治地位不如北方的汉人为高。元代福建色目人较多，做官的也多，如蒲寿庚等人。朝廷有意改变其构成，所以要重用北方的汉人官员。这都是元代初年的制度。其时，蒙古人害怕福建的炎热，大都不愿入闽。不过，到了元末的三十年，北方多数省份都被起义军占领，入闽的蒙古人多了起来，元末福建各地的主官多由蒙古人担任。

元代的福建宣慰司相当于后世小的省级机构，其设置官员有："宣慰使二员，同知一员，副使二员，经历一员，都事二员，照磨兼架阁管勾一员。宣慰司幕府有吏员知印、通事各一人，蒙古译史二人，回回译史一人，令史二十五人，奏差二十人，典吏（史？）四人。"④

将行省的官职与宣慰司相比，宣慰司的官职大都略小一二级，例如：行省平章政事是一品官，右丞是正二品，而宣慰司使仅为从二品；其次，宣慰司使官员的权力较轻，一般以管理政事为主，一旦发生军国大事，宣慰司要增设元帅府，专管军事。

和宋代的地方机构相比，元代行省长官的权力大得多。宋代的福建路其实不是正式的地方机构，所以，它的长官福建安抚使多由福州知州兼任，而与安

---

① 蒋易：《鹤田先生文集》第一册，送吴中丞新序，建安杨氏藏手抄本，第10页。
② 黄仲昭：《八闽通志》上册，卷二七，元秩官，第581页。
③ 宋濂等：《元史》卷二十，成宗纪三，第428页。
④ 黄仲昭：《八闽通志》上册，卷二七，元秩官，第582页。

抚使同级的福建转运使并不设在福州，而是设在建州（南宋称建宁府）。宋朝为了防止出现唐末的强藩割据，有意削弱地方权力，这是宋代福建路长官形同虚设的原因。元代的行省制度来自蒙古军制，长官拥有统管军政的大权，有点类似唐代的节度使制度。不过，元代实行中央集权制相当彻底，行省官员多由中央派出，数年一换。因此，元代的行省长官权力虽大，一般不会对朝廷形成威胁。这一制度的影响，我们可在明清总督制里看到，尤其是清代的总督在很大程度上类似元代的行省长官。

元朝在福建也设有监察机构，称为"闽海道肃政廉访司"，官员有廉访使、副使、佥事等，其主要职责是分巡各路，监督各级地方官，平反冤案。元朝廉访司的权力很大，但从制止官吏贪污这一角度来看，元代的廉访司并未在其主要功能方面显示其功用。

元代还有福建等处都转运盐使司、市舶提举司、儒学提举司、医学提举司、人匠提举司等省辖机构，分掌各类事务。其中"人匠提举司"是元代独有的。元朝继承蒙古的传统，很重视工匠，各类建筑调发各地工匠服役，在元代是常见的。所以，元朝会有专门的人匠提举司，而且是省级机构。①

宋代的路相当于后世的省级机构，整个福建省设一个福建路，元代的"路"则降格为府级地方机构。元朝接管福建后，在两年时间内，逐步将福建的八个府州军改名为福州路、建宁路、南剑路、邵武路、汀州路、漳州路、泉州路、兴化路，八闽境内，仍为八个中级机构。元成宗大德六年（1302年），改南剑路为延平路。不过，元朝在路之下、县之上，设有"州"，它隶属于路，可以管一两个县，一般用于人口较多的大县，但不是所有的大县都叫州，例如：闽东的长溪县于至元二十三年（1286年）被升为福宁州，下辖宁德、福安二县，仍属于福州路管辖；又如福清县，也因人口较多，被升为福清州。不过，两州升级的背景各有不同。福宁州是因为地域广阔，从人口而言，元代福宁州人口不算多。福宁州区域在宋代是46324户，96496口，元代是21111户，② 人口数量不知，看来在四万人以上吧。主要原因在于：福宁、宁德、福安三县占地广大，确实应该设立州，以便管理。至于福清升州，与海坛岛人口增长有关，"元户满四万，邑得以升州者，以海坛诸里佐之也"。③ 这是说，元代福清的规格从福清县升为福清州，是因为管辖海坛的缘故。《元史》记载："福清州，下，唐析长

---

① 黄仲昭：弘治《八闽通志》上册，卷二七，元秩官，第583-584页。
② 林子燮：万历《福宁州志》卷四，食货志，户口，书目文献出版社《日本藏中国罕见方志丛刊》，1990年影印明万历二十一年刊本，第1-2页。
③ 杜臻：《粤闽巡视纪略》卷五，第1085页。

乐八乡置万安县，又改福唐，又改福清，元元贞元年（1295年）升为州。"① 福清将平潭岛纳入管理，人口在四万以上，所以可以设州。但是，整个福建省境内，就只福州路辖下有两个州，其他七路都没有相似机构，实际上，有些大县人口肯定很多，例如长乐、同安等县，但不在元朝的考虑之中。这反映了元代地方机构的混乱状况。

元朝在路设置总管府，据《八闽通志》第28卷秩官志的记载：总管府的长官是达鲁花赤，以蒙古人充任，另设总管一员，以汉人或南人担任，这两个职务都是路的长官，但达鲁花赤掌握实权，而汉人或南人担任的总管，不过是落实具体事务的长官而已。总管府其他官员有同知、治中、判官、推官、学正、儒学教授等，从其职责来看，这些官职大都沿袭于宋代。

元代的县仍是基础行政机构。值得注意的是，整个元代福建仅新增一个县，即漳州南胜县（元末改名南靖县），设县的理由是："以其地险远，难于控驭。"② 自隋唐以来，福建在每个朝代都会新增许多县，元朝是新增县最少的一个朝代，这反映了元代福建人口下降与农村经济的普遍凋敝。

元代的县也设有达鲁花赤，由蒙古人担任，掌握实权。其他可由汉人、南人担任的官有县尹、县丞、主簿、县尉、典史，这些官职大都沿袭于宋代，只是宋代的县令于元代改名为县尹，这是因为元代县尹的权力不如宋代的县令。

二、元朝在福建的驻军

元朝是一个由军事力量建立而且主要靠军事力量维持的王朝，军队对元朝在福建的统治起决定性作用。元代的军队有蒙古军、探马赤军、汉军、合必军、新附军、畲军等种类。蒙古军是元朝军队的骨干，他们人数较少，而且多分布于北方重镇，由于畏惧福建潮热的气候，蒙古军一般不愿进入福建。元军在福建作战的主力是汉军，元史上有名的刘国杰、高兴二员将领，都是入闽汉军首领。他们会招福建本地人加入他们的队伍。例如赵伯成在建宁路："复以公兼权建宁路万户。于是招募土兵千人，教之击射，皆号精兵。"③ 元军入闽后，还收编了大量的宋朝降军，这些人被称为新附军。畲军由畲民组成，他们原为反元武装，后来被元朝收编。《元史·兵志》记载："福建之畲军，则皆不出戍他方

---

① 宋濂等：《元史》卷六十二，第十四，地理五，第255页。
② 黄仲昭：《八闽通志》上册，卷一，地理志，第13页。
③ 苏天爵：《滋溪文稿》卷十五，元故武义府郎漳州新军万户府副万户赵公（伯成）神道碑铭，第2页。

者，盖乡兵也。"可见，畲军只是地方性武装，不是正规军。① 元朝为了加强对军队的控制，采用各军种混编的办法。"蒙古汉人新附诸军相参，伦三十七翼，上万户七翼，中万户八翼、下万户二十二翼"。②

元朝实行禁止百姓拿武器的制度。至元二十七年五月丙寅，"江西行省言吉赣湖南广东福建以禁弓矢，贼益发。乞依内郡例，许尉兵持弓矢。从之"。③ 三十年春二月癸丑，"江西行院官月的迷失言：江南豪右多庇匿盗贼，宜诛为首者，余徙内县。从之。申严江南兵器之禁"。④ 可见，南方的富户还受到元朝的特别关注。

元朝驻闽军队数量前后不同。元初，福建的农民起义此起彼伏，"福建行省以其地险，常有盗负固为乱，兵少不足战守，请增蒙古、汉军千人"⑤，以后又屡次增兵，所以，元初福建驻军不断增长，至元十九年（1282年），元廷调扬州合必军三千人镇泉州，不久，"又以湖州翼万户府来戍泉州"。至元二十七年九月，元廷"调江淮省下万户府军于福建镇戍"⑥。因此，元初福建驻军较多。不过，元代中叶，福建形势渐趋稳定，驻军数量也减少，元贞二年（1296年）统计，"福建省占役军官、军人一千二百七十二名"。该年，元成宗"诏各省合并镇守军，福建所置者合为五十三所"⑦。元代的所是千户所，上等所辖兵七百人以上，中等所辖兵五百人以上，下等所辖兵三百人以上，以平均数料之，福建五十三所辖兵三万六千五百多人，数量不多。和福建相比，江西省辖兵六十四所，江浙省辖兵二百二十七所，都比福建多。⑧

元代的军官与士兵实行世袭制，士兵、将领年老或战死，便由家中兄弟子侄替补。不过，其承袭者会有一定的职务。例如，连城李文庆随元军出征爪哇后，被授予总管一职。他的儿子后来承袭总管一职。孙子和曾孙"俱袭从义校尉"。⑨ 元初战事频繁，常有一门男子相继战死而绝户的情况。为了补充军队，元朝经常将投降的军队编入自己的军队。至元二十二年九月，"诏福建黄华畲军，有恒产者放为民，无恒产与妻子者，编为守城军"。这是黄华起义失败后两

---

① 宋濂等：《元史》卷九八，兵志一，第2509页。
② 毕沅等：《续资治通鉴》卷一八七，第1045页。
③ 宋濂等：《元史》卷十六，世祖纪十三，第337页。
④ 宋濂等：《元史》卷十七，世祖纪十四，第371页。
⑤ 宋濂等：《元史》卷九九，兵志，第2542页。
⑥ 宋濂等：《元史》卷九九，兵志，第2544页。
⑦ 宋濂等：《元史》卷九九，兵志，第2547页。
⑧ 宋濂等：《元史》卷九九，兵志，第2547页。
⑨ 杜士晋等：康熙《连城县志》卷七，李文庆传，方志出版社1997年，第161-162页。

年的处置。由于这一制度，黄华的弟弟在黄华死后仍然在元军中。《元史·世祖纪十二》记载，至元二十六年十一月癸丑，"建宁贼黄华弟福，结陆广、马胜复谋乱。事觉皆论诛"。可见，许多人对这一制度不满，才会想叛乱吧。元代有军户制度，但对军户的保护不够，老兵退役后大都生活没有着落。贡师泰《赠吕梁老兵》咏道："二十年前福建军，髻丝垂领眼俱昏。一瓢乞食黄河岸，犹遣儿孙应户门。"① 其情景十分可怜。以故，元军将士在盛年时多想法谋利："其长军之官，皆世守不易，故多与富民树党，因夺民田宅居室，蠹有司政事，为害滋甚。"② 由于这些原因，几代后，剽悍的元军渐渐腐败，战斗力也随之下降。元末，元朝正规军在与反元义军作战时常常一触即溃，而地主武装很快取代了正规军的位置。

元代的很多制度影响了后世。例如，明代有名的卫所制，其实在元代已经流行。元朝军人的军户制度，也在明朝得到实施。至于行省制度则是元朝著名的发明，明清沿袭不改，有其原因。此外，元朝还创造了中枢机构派出御史到地方巡视的制度，对明清影响颇大。

三、元代的吏治与官风

元代的吏治十分腐败，虽说腐败现象是中国历朝都有的，但没有一个朝代像元朝这么腐朽，这使元朝福建地方机构完全成为民众的对立面。

元代地方吏治腐败原因有三。第一，官吏选拔制度腐败。唐宋以来，中国已形成了以科举制为主体的官员选拔程序。这套制度有许多不足之处，前人已有论述，兹不重复。但它至少提供了一套外表公平的选拔模式，科举出身的官员中，腐败的不少，但也出了不少廉洁奉公的人才。元代选拔人才没有一套固定的程序，官员来源很杂，有差役出身的，有以钱买官的，有世袭的。相比之下，元代科举制实行时间很短，选拔的人才也少，其中却有不少为元朝尽忠的。但是，其他各种途径出身的人，大多乌七八糟，什么人都有。他们心中没有理想，专以刻剥百姓为念。王恽上疏指出：选官要"讲保举以覆名实"，"前省调官，贿而海（后?）放，行省注拟，尤为滥杂，侵渔掊克，惨于兵凶，至盗贼窃发，指此为名"③。胡祗遹说："即今铨调之法，名存而实亡。近年以来，贿赂公行……钱多者其职切要，其禄厚，其官高。……无钱者虽负德行、才能、门

---

① 贡师泰：《玩斋集》卷五，赠吕梁老兵，文渊阁四库全书本，第10页。
② 宋濂等：《元史》卷九九，兵志，第2541页。
③ 毕沅：《续资治通鉴》卷一九一，至元三十年，第1066页。

阀、勋旧，或任满而再不选叙，或莅任未半岁一岁，无罪而替罢。"① 可见，元代官场之腐败是少见的。元代吏员的素质更低，王恽说："前代取吏之法，条目甚严，今府州司县，应用一切胥吏，多自帖书中来，官无取材，欲望明刑政，识大体，难矣。"② 以故，一些有良心的士人多不愿入仕。元代一个儒生说："而今之仕者，率多脂韦苟禄以幸免祸而肥家，吾又岂能含垢忍耻与若曹伍哉！"③ 元代福建许多学者不肯出仕，与这一点有关。

第二，元代的官员正式收入很低。宋代官员的待遇相对优厚，除了按月颁给的俸禄之外，地方官还有职田收入。这些职田租给农民，农民按期给官员交租。由于职田数量多，所以，官员收入丰厚。元代取消了职田制度，仅给官员发薪。可是，元代使用纸币，货币贬值很快，元朝平定江南后不过一二十年，江南的元钞"所直物件，比归附时不及十分之二"。④ 而官俸却未相应增加，因故，官员所拿到的俸禄大多只能维持最低水平的生活，在这种情况下，很少人能保持廉洁。程钜夫说："江南官吏家远俸薄，又不能皆有职田，不能自赡，故多贪残。"元代中叶，一些官员振振有词地说："江南官吏多是北人，万里携家，钞虚俸薄，若不渔取，何以自赡？"⑤ 可见，元代官吏觉得自己很有理由贪污。后来，在程钜夫的建议下，元朝廷在江南各省恢复了职田制度，各级官员都占有数量不等的官田。然而，当时贪污业已成风，福建的官员并没有因为有了官田便停止贪污，职田的增加只是为他们榨取百姓钱财多了一条道路。

第三，元代的监察制度极不完善。元代统治者以征服者的面貌出现在中国舞台上，把百姓视作可以任意屠戮、使唤的牛羊，所以，他们根本没有要保护百姓不受官吏侵犯的概念。以后，随着形势发展，他们渐渐知道了一些治国的原理，便开始设立监察官员的机构。元世祖忽必烈在位时期，在中央设置了御史台，并在各省及宣慰司辖区设置廉访使，监督中央与地方的官员。杨焕于"三年拜监察御史出副闽海道……入闽，贪吏丽法者几百人，胥几三百人。征赋楮币银锭皆以千计。平反林信天之冤，出南安尉之诬"。⑥ 可见，这位杨焕是相当能干的。

---

① 胡祗遹：《紫山大全集》卷二三，民间疾苦状，文渊阁四库全书本，第22页。
② 毕沅：《续资治通鉴》卷一九一，至元三十年，第1066页。
③ 贡师泰：《玩斋集》卷六，送王仲弘归建安序，第49—50页。
④ 程钜夫：《雪楼集》卷十，江南买卖微细宜许用铜钱或多置零钞，文渊阁四库全书本，第4页。
⑤ 程钜夫：《雪楼集》卷十，江南官吏家远俸薄，第11页。
⑥ 许有壬《至正集》卷六十二，故正议大夫兵部尚书致仕杨公墓志铭，文渊阁四库全书本，第11页。

元代的《通制条格》载有一件元代平反冤狱的典型案件,发生于福建建宁路。这一案件反映了元代军官视民众如草芥的心理,让人怜悯建宁路瓯宁县张家的遭遇。

皇庆元年七月,中书省江浙行省咨:泉州路备市舶司提举杨天瑞呈,前任建宁路判官,有建阳县贼人葛令史作耗,本路总管马谋与镇守张万户领军因往收捕,回至建宁路瓯宁县界。马谋知得吉阳里张重九弟张重七有室女月娘幼美,欲问为妾,本妇已许她人,不从所说。本官率领军马到于张重九家安下,织罗张重七、张重九曾爱贼人札付,拷打逼寻月娘得见,强行奸污女身,及将各家资财人口尽数掳掠。为恐称冤,将张重七等九名游街打死,张重九等五人悬命在地。当职亲诣张重九等于本路公厅引问,说出马谋强奸室女,妄行掳掠人口财物。具经监察御史并本道按察司力言,救活张重九等五人性命,及于马谋总督、张万户名下追到月娘,并送与上下官吏撒花男女计一百一十九名,尽数放还各家,父子夫妇完聚。御史台奏圣旨,将马谋明正典刑。今连廉访司的本牒文在前,都省议得:杨天瑞平反冤狱五人,追回人口一百一十九名,给亲完聚,理宜优升,于本官应得品级上量升一等。①

在这一事件中,无辜民众被元军捉去竟达119名,当事者不仅被强奸,还被卖送他人。她的家属也被牵连,被无辜杀死九人。这种事件在元代官场,通常是视而不见,幸好有本路判官杨天瑞为民说话。在朝廷颇有影响的赵孟頫为此作诗一首:

至元年间岁辛卯,建宁总管有马谋。间因盗起建阳县,欲引镇军肆诛屠。
闻民张氏有女子,小名月娘美且姝。思得此女恣淫泆,乃诬张氏与贼俱。
月娘逃匿不可得,旁及邻女遭奸污。既得月娘欲灭口,父母亲戚皆囚俘。
一家九人一时毙,痛入骨髓天难呼。其余五人亦濒死,身被榜掠无完肤。
人家不幸产尤物,破家灭族真无辜。杨侯天瑞为府判,深疑此事皆虚诞。
奋髯仗义以死争,力谓马谋当并按。月娘得脱为良人,待尽残囚出狱犴。

---

① 佚名:《通制条格》卷二十,平反冤狱,黄时鉴点校,浙江人民出版社1986年,第257页。

沉冤极枉一旦伸，台省交章同论荐。圣神天子甚明察，诏下天门发英断。
马谋竟以罪伏诛，行路闻之亦咨叹。邑人为侯生立祠，牲酒缤纷勤荐祼。
杨侯平反世希有，宜有升迁示雄劝。政事固因才德美，岁月难将资品算。
即今已过二十年，那抛朱绂换青衫。皋夔在位方进贤，请为诵我平冤篇。①

顺昌县也发生过类似的案子："余氏，顺昌人，名正。年十六，父从周许妻瓯宁黄寿。明年，将乐土豪伍马荣者，欲强委禽焉。余据礼告父，父以女辞，辞之，遂归于黄。于归之日，豪遣百余人要于道，杀黄夺余。余诒曰：'返致吾言，吉未黄妇，势且适人，孰与主公，汝以胁往，吾以胁归，虽在主公，实应且憎。毋宁归而待聘，主公与我俱免人口。'百余人者皆去，余扶黄尸归，白于官。土豪坐诛。遂卜地葬夫，自杀以从。时至和己巳岁也。"②

马谋是官军侵扰百姓，顺昌是土豪侵扰百姓，二者相比，马谋的案件严重得多。然而，民众受苦这一点是一致的。这类冤案频繁发生，主要是民众没有权利，任其侵犯。元朝为了限制地方官犯罪，设立了监察制度，经常派遣能干的官员到各地巡视，以平反冤狱。然而，这套监察机构的官员也会随大流，有时未能发挥作用。至元三十年（1293年），王恽说"比者廉司之设，初气甚张，中外之官，悚然有改过自新之念……行无几何，法禁稍宽"，官吏仍旧贪污自肥。③事实上，一些廉访司的官员带头贪污，例如，至顺二年（1331年）三月，"卜咱儿前为闽海廉访使，受赃计钞二万二千余锭、金五百余两，银三千余两，男女生口二十二人及它宝货无算"。④以后情况越来越坏，叶子奇说："元初法度犹明，尚有所惮，末至于泛滥。自秦王伯颜专政，台宪官皆谐价而得，往往至数千缗。及其分巡，竞以事势相渔猎，而偿其直……于是有司承风，上下贿赂，公行如市，荡然无复纪纲矣。肃政廉访司官，所至州县，各带库子检钞秤银，殆同市道矣。"⑤显见，元代的监察制度最后完全走向反面，原负有监察官吏职责的廉访使，反而成了贪污受贿的最大肥缺。例如，至正年间，元朝廷遣官宣抚诸道，问民疾苦。然而，来到福建、江西的察察尔、王士宏却乘机大刮地皮。失望的民众上诉：

---

① 赵孟𫖯：《松雪斋集》卷三，杨天瑞府判平冤诗，文渊阁四库全书本，第27页。
② 孔自洙等修、吴殿龄等纂：顺治《延平府志》卷二十，女德传，厦门大学出版社2010年，第547页。
③ 毕沅等：《续资治通鉴》卷一九一，第1066页。
④ 宋濂等：《元史》卷三五，文宗纪，第778页。
⑤ 叶子奇：《草木子》卷四下，杂俎，中华书局1959年，第82页。

江西福建一道，地处蛮方，去京师万里外。传闻奉使之来，皆若大旱之望云霓，赤子之仰慈母，而察察尔、王士宏等不体圣天子抚绥元元之意，鹰扬虎噬，雷厉风飞。声色以淫吾中，贿赂以缄吾口，上下交征。公私朘剥，赃吏贪婪而不问，良民涂炭而周知。闾阎失望，田里寒心，乃歌曰："九重丹诏颁恩至，万两黄金奉使回"。又歌曰："奉使来时，惊天动地。奉使去时，乌天黑地。官吏都欢天喜地，百姓却啼天哭地。"又歌曰：官吏黑漆皮灯笼，奉使来时添一重。"如此怨谣，未能枚举。皆百姓不平之气郁结于怀而发诸声者然也。①

元代的吏治由此可见。不过，元代官员受儒学的影响，也有一些人肯为老百姓做些事。例如崇安县的邹伯颜和松溪县的李荣昉两位县尹，都在任上为民众做过好事。他们在官吏普遍贪污的背景下，仍然为民众做事，这就是儒学教育的伟大了。有关邹伯颜、李荣昉的具体事迹，以后还会详论。

小　结

南宋初期民间便流传着"一汴、二杭、三闽、四广"的传说，这是将福建当作汴梁、杭州之后第三个宋朝的根据地。按照这个计划，宋朝退到福建后，应能长期抵抗南下的元军，给宋朝延续一段香火。不过，福建的特点在于海洋力量，而南宋末年这股力量却掌握在蒲寿庚之手，在宋元鼎革之际，蒲寿庚选择了投降元朝，这使福建境内的宋朝残余力量无法对元军进行有效的抵抗，因而败退到广东境内，但也未能长期坚持。

元军占领福建后，福建的精英阶层两极分化，有一部分坚持抗元，另一部分选择与元朝合作。坚持抗元的那一部分人受到很大的压力。不过，元中叶以后，多数儒者对元朝是采取合作态度的。元朝也让他们做些小官。元朝和唐宋不同在于：元朝的科举制度选取的汉人与南人数量较少，并将更多的数量留给蒙古人和色目人，汉人每科只有75人可以中举，这75人的总量又要分给汉地十来省，例如福建宣慰司隶属于江浙行省，每科能有三四人中举，就算很不错的成绩。这与宋代福建每科都有数十人中举，不可同日而语。不过，由于蒙古

---

① 陶宗仪：《辍耕录》卷十九，阑驾上书，文渊阁四库全书本，第4页。

人和色目人的数量有限，元朝也对汉人开放基层官员，诸如巡司、盐场官之类的下九品官员多由汉人担任，元末也有不少儒者担任县令之类的官职。所以说，元代的民族歧视相当明显，这也是其最终灭亡的重要原因。

元代前期，福建暴发了大规模的畲军起义，数次震撼了全国。我注意到：明代漳州举兵反抗政府的武装虽多，从来不自称为畲军。元代的许多畲姓都与汉族相似，畲人著名的领袖陈吊眼、许夫人、李志甫等人的姓氏，如果不强调自己是畲人，仅从姓名是看不出的。进入明朝之后，如果他们不强调自己是畲人，别人也就将他们当成汉族了。20世纪50年代，厦门大学的教师在社会活动中找到了漳浦的陈吊眼家族，这一家族自称为汉族，仅是历史上曾与畲人通婚而已。傅衣凌先生研究元代的畲人，发现他们有陈、黄、李、吴、谢、刘、邱、罗、晏、许、张、余、袁、聂、辜、张、何17个与汉族类似的姓。① 这种畲人与汉族的差异几乎看不出来吧。其后，经过元代的民族大融合，漳州南部的畲民大都与汉族融为一体，多数山地畲民也从游农成为定居农，他们的生活方式已与汉族没有大的区别。所以，元末福建的农民大起义，只有少数人被称为"畲寇"，多数人是看不出差异的。迨至明朝，被称为畲人的只有蓝、雷、盘、钟等少数姓氏。元末福建山地民大多数都是汉族，可见，畲人的汉化大致在元代就完成了。

元代福建多次建省，主要集中于元代前期和元代后期。元代前期福建多次建省是因为福建发生的事件较多，诸如民众反抗、海上远征，事情繁多，都需要给地方较大的权利，以便集中力量办理。当和平局面来临，海上远征不再进行，元朝就因福建上缴的税收太少而将其降为宣慰司，隶属于江浙省。元末的情况不同。由于江西、浙江等省红巾军的活动，福建的邻省相继被反元势力占领，相形而言，福建的主要城市都被元军守住了，所以，福建是元末南方少数隶属于元朝的区域，历史上福建又曾建立过省，因此，元朝恢复了福建行省。而且这一省制还延续到明朝以迄于今日。

元朝对福建的管理较为粗放，这使其一些优点很快被管理上的漏洞毁掉。例如，赋税较轻是元朝建国之初的优点，宋朝民众最终接受元朝的统治，与元初赋税较少有关系，因为，宋末的赋税实在太高了。然而，元朝却无法移保持这一优点。随着元朝对汉地了解加深，各地的赋役都在加多。因田赋有限制，元朝着重于盐赋的征收，这种强买强卖渐渐转化为一种人头税，是一种沉重的负担。它的祸害，一直延续到明代后期。元代的徭役也是一个问题，政府无名

---

① 傅衣凌：《福建畲姓考》，《福建文化》第2卷第1期，1944年。

负担，经常转化为徭役，这也加重了各地的财政负担。元代做得最差的是吏治不清。元代的官员没有什么清廉的观念，多数都是贪官污吏。尽管早在元成祖忽必烈时期，元朝便实行御史巡视地方的制度，但元朝派出的大吏，很少认真奉职，往往以刮地皮为主。他们的行为很快掏空国家，元朝灭亡较快，也许与这一点有关吧。

第二章

元代福建的人口与社会结构

元代福建本地人口过剩,许多移民向岭南流动,促成广东等地的发展。由于元朝不限兼并,福建富户经济发达。富户之中,既有敢于为非作歹的土豪,也有乐于公益事业的善人。元代的土地买卖受到官府的制约,这是宋朝以来的良好制度。

第一节 元代福建的人口和移民

元代是福建人口发展的转折时代,元以前,福建历代人口都呈现不断增长的趋势,惟独在元代出现停滞的局面,其原因是战争、灾荒、瘟疫等因素。

一、元代福建人口统计数据的研究

元代福建人口统计留下的数字有两类,一是《元史·地理志》的数字,一是福建方志上的数字。一般地说,正史的记载比方志准确,但是,在福建省户口方面,《元史·地理志》出了一个大错误。元朝统计户口的基本单位是省之下的单位"路",大约相当于宋代的府州军。元代福建有八个路,即福州路、兴化路、泉州路、漳州路、汀州路、延平路、邵武路、建宁路。据其记载,元明宗至顺元年(1330年)福州路人口为799694户、3875127口。[1] 令人难以置信。元代的福州路相当于宋代福州的辖地,而元史记载的人口竟比宋代高七八倍,它不仅超过元代福建其他各路户数、人口数总和,而且相当于明代初年福建全省的人口数,这是绝对不可能的。

与此同时,福建其他七路人口可见下表2-1:

---

[1] 宋濂等:《元史》卷六二,地理志,第1504页。

表 2-1　《元史》所载福建人口①

	兴化路	泉州路	漳州路	汀州路	邵武路	延平路	建宁路	福州路
户数	67739	89060	21695	41423	64127	89825	127254	?
口数	352534	455545	101306	238127	248761	435869	506926	?

　　上列各路统计数字与宋代各府州统计相去不远，应是可信的。统计元代福州之外七路人口共为 501123 户，2339068 口！比之福州路的 799694 户、3875127 口，约少 30 万户、155 万口！这就是说，元代福州一个路的人口比其他七个路总和还要多出二分之一！很显然，元代福州路两个人口数字都是错的。若将其和宋末及明初的人口数相比，可以知道，不论户数还是口数，元代福州路的两个数字大约相当于福建全省的户口数。虽然福州路大一些，但不可能比其他七个路的人口还要多出这么多。明代的二部《福州府志》都不录取《元史》有关福州的口数，说明当地人也觉得这一数字荒谬。

　　元代福建人口统计留下的数字有两类，一是《元史·地理志》的数字，一是福建方志上的数字。一般地说，正史的记载比方志准确，但是，在福建省户口方面，《元史·地理志》出了大错误，就只好用地方志的数字来校正了。然而，明代福州地方志在元代福州路人口方面，大都开了天窗，唯有相当于省志的《闽书》中有元代全省人口数：700817 户，2935014 口②，这一数字与《元史》记载福建各路人口的总计数不同，那么，《闽书》的作者从何处得到这一资料？如前所述，元代福州之外其他七路总人口为 501123 户，2339068 人，假设《闽书》所用元代七路人口数据也来自《元史》，那么，将这一数字与《闽书》所载福建人口总数相比，可知《闽书》据以统计的福州人口数为：199694 户，595946 人！这两个数字都来自《八闽通志》第二十卷，不过，《八闽通志》只有元代的户数，没有口数，被《闽书》采用的元代福州路的口数并非属于元朝，而是来自宋代福州的口数！③ 以上史料说明后人都不相信《元史》所载福州路人口数，只好用其他数字填充。那么，元代福州路究竟有多数户口？《八闽通志》中元代福州路人口 199694 户数字来自何处？

　　陈寿祺等人的道光《福建通志》对元代福州的户数进行考证，他们指出

---

① 该表数字采自《元史》卷六二，地理志，第 1504-1507 页。据载，这是元明宗至顺元年（1330 年）的统计数字。
② 何乔远：《闽书》卷三九，户籍志，第 958 页。
③ 黄仲昭：《八闽通志》卷二十，第 390 页。

"监本元史一误作七"①，可见，这是来自历代版刻的差错。通常监本质量很高，不会出错，出了错，只好进行补正了。看来早在《八闽通志》修纂时，人们就发现了这个错误，便主张将"七"改回一，于是，元代福州户数就成了：199694户。后来，正德年间的《福州府志》所载元代福州路户数也是199694户②。

那么，再换个角度计算福州的户口。我检索了福州各县对元代本县人口的记载，但在13州县方志中只查到七个县的数字。其他六县没有记载保留下来。这七县方志记载如下：

《长乐县志》记载元代长乐县人口为：18804户，70239人③；

《永泰县志》记载元代永福县人口为：13671户④；

《古田县志》记载元代古田县人口为：26996户⑤；

《连江县志》记载元代连江县人口为：20438户⑥；

《福清县志》记载元代福清州人口为：38658户⑦；

《罗源县志》记载元代罗源县人口为：9878户⑧；

《宁德县志》记载元代宁德县人口为：15566户，32340人⑨。

就已知七县户数而言，共计144011户，平均每县20573户。然而，元代的县是有分等的。大县往往升为州，其他各县分为上、中、下三等。福州路辖13县都在中等以上。其中的古田县为上县，而福清县改称福清州，福宁州在长溪县，另辖宁德、福安二县。除掉可以称州的福清县以及上县古田之外，其他中等县的人口大都只有一万户到两万户。就算中等县平均1.5万户吧。以上七县之外，元代福州路尚有长溪、福安、闽县、侯官、怀安、闽清都是中等县，若平均各县有1.5万户，那么，这六个县为9万户。加上其他七县的144011户，则为234011户。这比《八闽通志》所载元代福州路户数还要高一些，也许中等

---

① 陈寿祺等：道光《福建通志》卷四八，户口，清同治刊本，第5页。
② 注，在福建的省志中，《八闽通志》记载元代福州的户口为199694户，与正德《福州府志》相同，而道光《福建通志》记载的福州户口为179694户，《福建史稿》即采用了这一数字，两者相差20000户，应以前者为是。
③ 李驹等：《长乐县志》卷八，户口志，福建人民出版社1994年。
④ 王绍沂等：《永泰县志》卷四，户口志，永泰县方志委1987年。
⑤ 辛竟可等：乾隆《古田县志》卷三，户口志，古田县委1987年。
⑥ 丘景雍等：《连江县志》卷八，户口志，连江县方志委1989年。
⑦ 饶安鼎等：乾隆《福清县志》卷四，民赋志，福清县方志委1989年。
⑧ 卢凤琴等：道光《罗源县志》卷六，户口志，罗源县政协1984年。
⑨ 卢建其等：乾隆《宁德县志》卷四，赋役志，第334页。

县平均 1.5 万户的估计还是偏高了，看来我们可以接受《八闽通志》所载元代福州路户数：199694 户。

元代福州路的户数远远超过其他各路的户数。同一时代建宁路的户数不过 12.7 万户，泉州路户数不过 8.9 万户，剩余各路户数更少，所以，元代福州路的户数似乎偏高了。

要么元代福州路的户数、口数比例与其他各路不同。元代福州路各县保留的人口只剩两个。其中，《长乐县志》为：18804 户，70239 人，《宁德县志》为：15566 户，32340 人。二者相加再平均，元代长乐、宁德二县平均每户只有 3 人，这比其他七路平均数要少很多。以这个比例来算元代福州路的口数，那么，元代福州路户数约在 199694 户至 234011 户之间，总人口约在 60 万口至 70.2 万口之间。这个数字比宋代福州最多人口数还要高一些。

福州人口数定了，加上其他各路人口数：501123 户、2339068 口，元代福建全省户数为 70 万户以上，人口在 300 万口上下。

将元朝福建省的人口数与宋代福建路的人口数相比，元代福建人口略减。宋代留下的最后一个福建路的人口数为宝庆元年（1225 年）的 1704186 户，3553079 口[①]，此时距宋亡还有 44 年。和宋末福建人口数相比，元代福建有 70 万户，约 300 万人，其中户数减少了 1003369 户，口数减少了 54 万多人。口数略减不足为怪，但户数锐减说明什么？能说明福建人口锐减吗？在上一节我们已指出，宋代的户数多是虚报，而口数较为实在，所以，元代的户数虽比宋代减少了一半多，但这只是虚报数的削减，并不能说明什么问题。朱维幹先生比较宋元二代的户数，得出元代福建人口锐减的结论，其实是不可靠的[②]，其原因在于宋代的户数不可作为统计基数。我们试举一个例子：建宁府在宋代最后一个人口数是《八闽通志》记载的：197137 户、439677 口，而元代的人口是：127254 户，506926 人。如果仅比较户数，元代建宁路的户数比宋代下降，但比较口数，元代建宁路还比宋代建宁府增长了 67249 人。可见，朱维幹先生以为元代福建人口大幅度下降的观点是片面的。实际上，元代福建人口比宋代略减，大体相当。不过，福建历史上，历隋唐、五代、两宋，福建人口一直持续上升，只是到了元代才出现停滞的现象，按照正常的增幅，元代福建人口应当会增加一百多万，没有这一百多万的增加，反而略减数十万，这说明元代的战争影响了福建人口增长。

[①] 脱脱等：《宋史》卷四一，理宗一，第 787 页。
[②] 朱维幹：《福建史稿》上册，福建人民出版社 1985 年，第 395 页。

二、元初福建战争和人口外移的原因

在福建经历的各朝代里，元朝是战争最多的一个朝代，它对福建人口发展的影响表现在：其一，大量人口死于战争中；其二，元军掠贩福建人口；其三，战争导致福建人口大量流失；其四，战争引起灾荒、瘟疫，引致人口大批饿死。

（一）战争中大量人口死亡

关于元军入闽后滥杀百姓，我已在第一章做过介绍，元人说："江南……自收附以来，兵官嗜杀，利其反侧，叛乱已得，从其掳掠，货财子女则入于军官，壮士巨族则殄歼于锋刃，一县叛则一县荡为灰烬，一州叛则一州莽为丘墟，然则于国何益矣！申院申省，反以为功。"[1] 福建在元初屡屡爆发反元起义，所以，被屠杀的人口极多，例如兴化路被杀人口约三万。高兴率元军攻克福成砦，"屠万人"。[2] 元末，福建农民战争长期延续，人口非正常死亡也很多，贡师泰揭露元军"以斩首差次论赏，致有戮平民以为功者"。[3] 那兀纳占据泉州后，"炮烙邦人，杀戮惨酷"[4]，"虐州民以取货财，不得者多置于死"。[5] 明初，林弼回忆元末漳州动乱："长泰在漳邑为小，其民则视他民为哗。元政既衰，令非其人，民不堪其虐，辄且挺而起，比寇平，则民以残矣……较其户，则死而徙者十二三；视其民，则刀痕箭瘢，肤体弗完，不能业其业者，又一二也。"[6] 可见，元代的战争造成福建人大量伤亡。

（二）元军大量掳掠贩卖人口

元代人口买卖颇盛，至元三十年（1293年），忽必烈在诏令中说："禁江南州郡以乞养良家子，转相贩鬻。及强将平民略卖者。时北人酷爱江南技艺之人，呼曰'巧儿'，其价甚贵。至于妇人，贵重尤甚，每一人易银二三百两。尤爱童男童女。处处有人市，价分数等。皆南士女也。父母贪利，货于贩夫，辗转贸易，至有易数十主者。北人得之，虑其遁逃，或以药哑其口，以火烙其足，驱役若禽兽然。故特禁之。"[7] 然而，官府虽有禁令，实际上形同虚文。由于掳卖人口利润大，元军入闽后到处掳掠百姓，"黄华反，征内地戍兵进讨，未能平

---

[1] 胡祗遹：《紫山大全集》卷二三，民间疾苦状，文渊阁四库全书本，第14页。
[2] 元明善：《河南行省左丞相高公神道碑》，苏天爵编：《元文类》卷六五，第20页。
[3] 贡师泰：《玩斋集》卷十，福建道都元帅府奏差潘积中墓志铭，第8页。
[4] 黄仲昭：弘治《八闽通志》卷六七，龚名安传，第599页。
[5] 黄仲昭：弘治《八闽通志》卷六七，刘益传，第600页。
[6] 林弼：《林登州集》卷十二，赠长泰令邓侯新政序，文渊阁四库全书本，第11页。
[7] 毕沅等编：《续资治通鉴》卷一九一，第1068页。

贼，多奴良民以归"①。《福建史稿》辑录了几个例子：清流县赖生之母，同安县颜应之母、东山县胡景清之母、浦城祖生之母都是被元军掳走，过了几十年，才被家人找回。② 其中最典型的是浦城祖生之母，她被家人找回后，著名文学家揭傒斯做了一首《祖生诗》专咏其事：

浦城孝子身姓祖，自怜性命如粪土。生才五岁遭乱离，有母更被官军掳。
零丁二十八春秋，母纵得生何处求？天地茫茫明月恨，江山漠漠白云愁。
忽得母书惊母在，看书未尽泪先流。书云流落河南县，河南踏遍无由见。
唐州境上忽相逢，白发萧萧霜满面。谁知喜极情转悲，旁人更问初别时。
千生万死到今日，始为母子东南归。东南迢递闽山路，入门犹记阶前树。
居人传说尽相看，鸡黍提携竟朝暮。祖生母子真可怜，少壮离别老大还，
同时乡井被兵者，几人骨肉能生全！愿生母子长寿考，四海升平永相保。③

这首诗哀婉动人，千百年之后，犹让人为这对母子洒下同情的眼泪！

（三）战乱迫使福建人口大量外流

在元朝之前，福建曾是北方难民避难之处，元代八闽战乱不已，本地人民反而逃向外地避难。在元初战争中，兴化路遭受极大破坏，"民多战死者"。按照元朝制度，叛乱家族要抄没财产，所以，兴化路众多家族都面临抄家的危险，幸而新任太守乌克孙泽不愿扩大事态，制止了这一行动。但是，战乱给兴化路带来的后果是严重的，"白骨在野……有弃子于道者"，不少人流移他乡。④ 又如汀州路武平县有许多割据武装："少不加意，则弱肉强食，相挺而起。税之田产，为所占据而不输官。乡民妻孥，为所剽掠，莫敢起诉，土著之民，日见逃亡。游聚之徒，益见恣横。"⑤

自然灾害也是民众逃亡外地的原因。《松溪县志》记载："大德六年，饥。"⑥后至元五年（1339年），汀州特大水灾："平地水深三丈余，没民庐八百余家，民田二百顷，溺死者八千余人。"⑦ 至正十四年（1354年）："泉州种不入土，

---

① 姚燧：《平章政事莽果公神道碑》苏天爵：《元文类》卷五九，第17页。
② 朱维幹：《福建史稿》上册，第391页。
③ 揭傒斯：《文安集》卷二，祖生诗，文渊阁四库全书本，第4页。
④ 宋濂等：《元史》卷一六三，乌古孙泽传，第3832页。
⑤ 扎马剌丁、虞应龙、勃兰肹、岳铉等编辑：《元一统志》卷八，第631页。
⑥ 潘拱辰等：康熙《松溪县志》卷一，地理志，松溪县编纂委1986年点校本，第54页。
⑦ 陈寿祺：道光《福建通志》卷二七一，元祥异，第12页。

人相食。"① 这类大灾都会迫使民众逃至外省避难。通过族谱考察，学者们发现，广东与江西有许多元代闽籍移民：

> 石门王族，始祖泰亨历仕元以功赠中书平章政事。本莆田著族，因避漳州之乱，挈家避地广州。自元至正五年徙居香山石门，生四子。至六世始支分石庵、石溪两房，迄今已历二十四代，丁口二千余人。②

其他导致福建人口流失的原因还有徭役过重等，此处不再赘述。

由于溺婴等节制人口措施的采用，历代福建户口都增长不快，但都保持缓慢增长的趋势，唯有元代的福建人口略有下降，可见，战乱的因素抵消了福建人口增长的幅度，并使福建人口数量略为下跌。

三、元代福建诸路人口比重的变化

从总的统计数字看，元代福建人口比南宋没有大变化，但若进一步研究，就会发现：福建各州郡人口升降不一，导致各州在福建省的人口比重发生变化。见下表2-2：

表2-2 宋元福建诸州路人口比较③

宋州名	《八闽通志》所载户口	元路名	元史所载户口
福州	308529 户 595946 口	福州路	199694 户约 700000 口
南剑州	157089 户 297145 口	延平路	89825 户 435869 口
建州	197137 户 439677 口	建宁路	127254 户 506926 口
邵武军	212951 户 558846 口	邵武路	64127 户 248761 口
泉州	255758 户 358874 口	泉州路	89060 户 455545 口
漳州	112014 户 160566 口	漳州路	21695 户 101306 口
汀州	150331 户 327380 口	汀州路	41423 户 238127 口
兴化军	64887 户 148647 口	兴化路	67739 户 352534 口

从表2-2来看，元代福建人口有增长的主要是建宁路、福州路、延平路、

---

① 宋濂等：《元史》卷五一，五行志二，第1106页。
② 厉式金等：《香山县志续编》卷三，氏族，民国十二年刻本，第10页。
③ 以上《八闽通志》有关数字摘自该书第20卷第390—399页，《元史》有关数字采自该书第62卷地理志第178页。其中元代福州路的人口另计，理由如前所述。

兴化路、泉州路，而人口呈下降状态的是汀州路、漳州路、邵武路。

元代兴化路人口的增多引人注目。《八闽通志》记载宋代兴化军有64887，148647口，其实这还不是宋代兴化军最高人口数。据南宋李俊甫的《莆阳纪事》记载，南宋中叶的光宗绍熙年间（1190—1194），兴化军主客户共计72363户、178784口。可是，迄至元代，兴化路户口计有：67739户、352534口！其中户数与宋代差不多，但口数增加了一倍！这说明元代福建沿海人口还是增长的。泉州路人口数也表明这一点。既然元代福建沿海人口众多，当地人向外移民数量多就是可以解释的了。

除了兴化路和泉州路之外，建宁路、延平路也是人口增加的区域。这三路在宋代的福建已经是出名的大州，历来以人口众多闻名。南宋时期当地人口数较少，应是有隐瞒人口的因素在内，或是人口最多的数字未能留下。元代的数字更能反映当地的富庶。元代福建中部延平路与兴化路人口的增长，则说明福建人口重心逐步南渐的趋势。

元代人口下降最厉害的是汀州。如上表所示，《八闽通志》记载南宋中叶汀州的人口为：150331户，327380口。但这不是宋代汀州最多的人口数。据《临汀志》，宋末汀州有22433户、534890人，几乎比南宋中叶的人口增加了21万人。可见，宋末人口之多不亚于福建北部人口密集区。然而在元代中叶的至顺年间，汀州人口降到41423户、238127人。损失了一半以上的人口。元代的方志也可证明这一点。例如，《元一统志》记载汀州武平县："本为中县"，到了元代降为下县，"今则黄茅白苇，烟火不接"，可见，其人口已经下降很厉害了。[1] 由于人口下降，汀州许多地方成为江西及广东人口的移民之地。例如上杭县："又有江右游手轻生之俦，逃居于此。呼啸党侣。土著之民，不遑宁处。其威驱势迫，末如之何。"武平县："篁竹之乡，烟岚之地，往往为江广界上，遁逃者之所据。"长汀县也有同样问题："盖皆江右广南游手失业之人遁逃于此，渐染成习。"[2] 可见，元代从江西和广东逃入汀州的流民还不少，《元一统志》的作者认为他们带来治安问题。从积极的一面看，元代福建汀州与广东梅州以及江西赣州之间的人口流动相当频繁，这对客家的形成是有影响的。

元代人口下降仅次于汀州的是漳州。从表2-2来看，元代漳州减少了六万人。其实，元代漳州人口损失还不止此数。宋代漳州有不少畲族，宋朝对他们采取"以不治而治之"的策略，所以，畲族人口未入漳州的统计户口。元初大

---

[1] 扎马剌丁、虞应龙、勃兰盻、岳铉等编辑：《元一统志》卷八，第631页。
[2] 扎马剌丁、虞应龙、勃兰盻、岳铉等编辑：《元一统志》卷八，第630页。

将张弘范路过该地时，声称"得山寨百五十，户百万一"。① 其中可能有虚夸的成分，但至少可说明当地人口之众。此后，漳州畲人一百万户应当纳入漳州路户口统计。不过，元初战争时期，漳州畲人的户口下降厉害。迄至元至顺年间，漳州仅剩21695户、101806人，总人口减少了约60000人。从其人口数我们可以看到：元朝对漳州的控制还比不上宋代。战争对漳州的破坏不难想象。当时诗人咏漳汀二州："荒山无寸木，古道少人行。地势西连广，方音北异闽。间阎参卒伍，城垒半荆榛。万里瞻天远，常嗟梗化民。"② 这是一幅凄凉的景象。此外，邵武人口数的下降也是很明显的，宋末邵武军四县有558846人，平均每县有14万人，迄至元代，邵武路人口下降到248761人，平均每县只有6.2万人。以上仅以宋元二代的数字相比较，便可知元代的邵武路、汀州路、漳州路至少减少了458588人。这些人除了一部分死于战乱外，多数人应是流向广东各地，造成广东各地讲闽南语和客家方言的人口增长。至今为止，讲这二种方言的人占广东人口的三分之一以上。所以说，元代福建西部人口外流量是很大的。

宋末元初，因战争的影响，福建人口逐步进入岭南。据广东方志的记载，元代广东仅有443906户、775638人③，不足80万人，可谓地广人稀。于是，有许多来自福建的民众进入广东。例如：

丘成满，字力充，号善川。闽之莆田人。登咸淳四年戊辰进士，官翰林承旨为陈边务，忤权贵，谪宣议大夫潮州安置。时边事孔亟，公帑空虚，因潮城西北荒旷，无主地，奸人多啸聚，乃筑寨于蓝坑、林妈坡、凤铺、双门坑、石溪、黄岗埔，集流民给牛种，开辟草莱，输租纳税以助边。军民称便，地方得宁。又讲学凤山，明孝悌忠信之义，乡里化之。遂家海阳，名其居为长美里。④

郑佐龙，字云海，潮阳人。系出莆田。自曾祖朝奉郎升，宋季宦游入潮，因家焉。佐龙秀颖不凡，邑侯陈公独伟之。试以诗文，大喜。遂留学，字以女。⑤

---

① 宋濂等：《元史》卷十，世祖纪，第206页。
② 折臂翁：《漫游集·过汀州》解缙等：《永乐大典》卷七八九五，引元一统志；中华书局1986年，影印永乐大典本，第四册，第3675页。
③ 阮元修、陈昌齐刘彬华纂：道光《广东通志》卷九十，舆地略八，户口；上海古籍出版社1990年影印商务印书馆1934年本，第1753页。
④ 周硕勋：乾隆《潮州府志》卷三三，侨寓，第102页。
⑤ 周硕勋：乾隆《潮州府志》卷三三，侨寓，第102-103页。

第二章　元代福建的人口与社会结构

石门王族，始祖泰亨历仕元以功赠中书平章政事。本莆田著族，因避漳州之乱，挈家避地广州。自元至正五年徙居香山石门，生四子。至六世始支分石庵、石溪两房，迄今已历二十四代，丁口二千余人。①

以上为福建人进入潮州及广州府香山的例子。福建人进入广西、湖南的也不少。

安南国王陈日照者，本福州长乐邑人。姓名为谢升卿。少有大志……往依族人之仕于湘者。至半途呼渡舟子，所须未满，殴之，中其要害。舟遽离岸，立津头以俟。闻人言，舟子殂。因变姓名逃去，至衡为人所捕。适主者亦闽人，遂阴纵之。至永州久而无聊，授受生徒自给。永守林□亦同里，颇善里人。②

谢升卿在湖南、广东的遭遇，反映了这些省份福建人不少，并有进入官场的人。总的来说，元代福建算南方人口较为密集的省份，所以会有大量人口流向邻省。当时因闽学的影响，福建人口文化知识水平较高，他们到各地谋生，往往能进入商场和官场，以商为生，以吏为生，形成较有影响的那一部分人口。这对汉文化在南方诸省的传播都有一定意义。

第二节　元代福建的富户经济

和中国历代王朝相比，元朝最大的缺点是缺乏法制，有权有势者肆意掠夺百姓，百姓求告无门。因此，元代贫富悬殊，产生许多社会问题，老百姓经常造反。不过，元代也有些富户关注公益事业，他们在民众中口碑不错，因而能够在战乱中生存下来。

一、元代福建的富户

元朝不抑兼并而又滥法，农村土地兼并很厉害。富者田连阡陌，例如崇安县：

---

① 厉式金等：《香山县志续编》卷三，氏族，第10页。
② 周密《齐东野语》卷十九，文渊阁四库全书本，第9-10页。

67

邹伯颜，字从吉，高唐人。为建宁崇安县尹。崇安之为邑，区别其土田，名之曰都者五十，五十都之田，上送官者为粮六千石。其大家以五十余家而兼五千石，细民以四百余家而合一千石。大家之田，连跨数都，而细民之粮，或仅升合。有司常以四百之细民配五十大家之役，故贫者受役旬日而家已破。①

如其所云，崇安纳粮户中，五十户是大户，四百户是小户，四百家纳税小户拥有的田仅占全县纳税田地的六分之一，而五十家富户占田数量却达到六分之五！小纳税户中，有的人家只要缴纳一升或是一合的田赋，这还是有田之家。那些无田人家，只能佃种他人之田。可见，元代的闽北贫富差距很大。

元代的大户人家奴仆众多，经营一家人生计亦不容易。例如建安县的陈家：

陈君腾实君，故仕宦家子，又早孤。时经丧乱，横赋重敛，日暴月虩，君素懦弱，常破产应之，家遂以削。孺人入门，捡括内计，尽得孔隙。曰：此岂犹不可为乎？稍出其智，补室蟫穴，芟除荟翳。未久，而生道裕如。阅十三年，君即世，孺人益自力于俭勤，躬操簿书，手执算筹，虽一钱一孔之出入，必使节叶可寻，而根株可以覆按。广田畴，新室庐，诸凡润饰先业，有男子志虑所不能及者。……晨兴坐堂理家政，问繇赋，问米盐，言人人殊，而出语应之，各中肯綮。或时过午，食不下咽。僮隶意其倦且休矣，而区画弥密，滋无惰容。大抵治家整肃，内外斩斩。②

如其所云，治家之本，还是要善于筹算，否则被下人侵吞，主人无法过好日子。

元代福州尚干林义姑的故事也是很有名的。尚干林氏是一个大家族，义姑年轻时，家人乘船遇风，男性大都死亡。仅剩义姑和其祖母、侄女及怀孕的嫂嫂，共四位女性。嫂嫂生产一子后病逝。林义姑立誓养家：

吾今惟有矢志不嫁，上事祖母，下抚孤侄，为林氏延嗣续，不过

---

① 宋濂等：《元史》卷一九二，邹伯颜传，第4373页。
② 柳贯：《柳待制集》卷十一，义方陈母丁孺人墓碣铭，文渊阁四库全书本，第2页。

为其易者耳。自此之后，治家处事，井井有条，竭尽心力。邻里闻义姑贤，争欲得之为妇，义姑矢志不嫁。逾十年，义姑年二十九，祖母没，治丧如礼。逾年，嫁兄女于石步郑氏，一切奁赠，全由义姑殚心经营。义姑待侄，严而有恩，以义方相勖，到了元士授室，义姑说："今尔后可以卸责矣。"把所有赀产券据，都付与元士夫妇收掌，诵经茹素，以终天年。义姑没后，元士咸义姑恩德，奉柩附葬于祖坟，族人也都异口同声地说："姑功德如此，宜报以殊礼。"于是在宗祠西边，建义姑祠以祀云。①

像这样富有牺牲性格的女性，是元代林家再起的重要因素。

元代的富户之中，也有在地方为非作歹的土豪劣绅。长乐县的横屿湖水利工程建于宋代，规模宏大，却有人想占有其中一块蓄洪地开垦。"元贞元年四月，廉风里狡民张咏，怙势作威，以豪夺为事，率家童五十人，径将湖内北坂指为开荒地而田之。建兴里百姓旅至湖而止之，曰：不可，此受税地，且水之所通也，乌得夺。县月申并无荒闲田土，何谓开荒。"② 双方官司打得很久，张咏行贿县衙门的官吏，和他对立的百姓一层层地上告，最终百姓胜诉，保住了这块公有水利枢纽。

元代富户较多，许多人家都有养奴隶。在上述长乐县的案件中，张咏拥有"家童五十人"，令人瞩目。这些人应为其长年做工的人，对主人有一定的人身依附关系。商人也有家奴。蒲寿庚擅长经商："致产巨万，家童数千。"③ 元朝盛行驱口买卖，元军南下时，掳掠百姓是常见的："至元庚寅秋，参政高公提军入长乐境，平九都乱。白莲道人童普兴得一生于万死中，既而为驱，又复生还。是虽参政公再生之造，亦惟佛力。"④ 可见，这位童普兴曾经是元军俘虏的"驱口"。元朝将领将虏获人口献给上司是很平常的。《元史·世祖纪十》载：至正二十一年，"蒙古侍卫亲军都指挥使八忽带征黄华回，进人口百七十一"。⑤ 杨靓于忽必烈下诏书那一年调任崇安县尹，一下车就了解到：当地百姓"俘于北

---

① 陈遵统：《福建编年史》上册，福建人民出版社2009年，第421页。
② 林启文、陈士进：《横屿湖水利记》，张善贵辑《长乐金石志》卷三，香港文学报社出版公司2005年，第113—114页。
③ 王磐：《藁城令董文炳遗爱碑》，引自李修身等：《全元文》，第2册，凤凰出版社2005年，第324—325页。
④ 何梦桂：《潜斋集》卷十一，童道人立庵，文渊阁四库全书本，第2页。
⑤ 宋濂等：《元史》卷十三，世祖纪十，第267页。

69

者甚众"。其后,老百姓"访知其处,列诉于靓",杨靓"亟移所属,咸得释还"。① 实际上,元军掳掠人口之后,最希望其家人用钱赎回,许多将领得以买卖人口发财,这是一笔大买卖。元代奴隶制因素有所返潮,这都是必须注意的情况。

由于元代福建贫富悬殊,下层民众对富人心怀不满。邵武反元义军首领曾提出"摧富益贫"的口号,民众"群起从之。旬日间聚至数万,大掠富家,入山搜劫,无得免者"。② 元末农民起义中,福建富户遭受沉重的打击。

二、元代热心公益事业的富户

元朝的富户也有乐于行善的另一群人,例如杨达卿等人。

杨达卿是明初著名宰相杨荣的祖父,他生活于元代后期,因孙子荣而留名后世。"达卿家巨富,积善乐施。"③《闽都记》记载:

> 杨达卿,名福兴,以字行,建安人。家素饶富。宗族贫病,丧不能举,孤而不能婚嫁者,咸周之。民有贫为盗者,达卿周而谕之,使改行。室尝有盗逾垣入,达卿觉,潜启户钥,使得出。里人李必延将鬻其妻偿富人钱,达卿代偿之。后一岁,必延从无赖为群盗,围城邑,乘间来谒达卿,欲挈与俱去。达卿谕以祸福,且曰:"汝能生吾一家,孰若全吾一郡"?必延归语渠魁,悉解去。④

杨达卿生于乱世而能保全自身,与其大力行善有关。他最著名的善事,便是修造建瓯县著名的万木林。杨荣回忆:

> 昔先大父达卿公,天性纯孝,乐善好义。凡先世坟墓所在,必令子孙分居,以供祭祀。龙津大口山者,先茔所在。公居其旁,山延袤数十里,其下沃壤。每岁东作,公率子弟躬耕,以备粢盛。旦暮服,

---

① 范嵩等:嘉靖《建宁府志》卷六,名宦,杨靓传,上海古籍出版社1963年景印天一阁本,第14页。
② 黄镇成:《克赴城池记》,李正芳:咸丰《邵武县志》卷十,寇警,邵武市方志委1986年点校本,第253页。
③ 佚名:《文敏建安杨公神道碑铭》,杨荣:《文敏集》附录,文渊阁四库全书本,第43页。
④ 王应山:《闽都记》卷四九,杨达卿,方志出版社2002年,第623页。

勤不懈。暨敛获，比它壤倍登。常祀外，以其赢贮之。复置机舂二，赁者随意出直。积数年，廪庾充牣。值岁大歉，乡人乏食，公欲发廪赈之，恐为人所忌。乃托言某山将募人种树，有能植杉木一株者，偿粟一斗。于是贫者毕至。至则饭之给粟而去。亦不录其姓名。粟既尽，公乃闭关昼寝，忽梦老人素衣策杖自山而来，曰：汝所种树成矣，盍往观之。公异其梦，然亦不以为意。逾数载，山木茂盛，望之蔚然，阴翳扶疏，井然布列。公乃追感前梦，慨然叹曰：此虽昼夜之所息，雨露之所濡，未必遽能均齐也。岂山之神灵有助于我耶！因戒子弟曰：吾初非有意种树，特托此以济贫耳。其种与否，亦未尝较。今畅茂若此，殆非偶然。汝等当遵吾言，此山之木，誓不售人，惟作桥梁、学舍、寺观、神祠及贫无室庐、死无棺椁者，则与之。有不如吾言者，非贤子孙。当元之季，阮德柔以左丞分省于建，闻公名，遣人邀致公与语，大悦。馆之于家，公旦夕为开陈祸福，劝其务善，德柔益加礼敬。屡强授以官，不就。乃令善画者绘万木图，装潢成卷，命李宗文先生为记。一时名儒，皆为诗歌以荣之。今乡先生赵公光、苏公明远、章公子玉、郑公子中，皆所目击，能道公之事甚悉。公既没，子孙率遵公命，无敢违者。①

从以上史实来看，杨达卿家有较多的田产，但他亲自率领杨子弟参加劳动，是一位勤劳致富的人。他的粮食收获很多，也擅长经营。他设置的机舂房，让乡邻随意进入使用，自己决定给主人多少报酬。遇到大荒年，他指定某座山种树，给予粮食作为报酬。这就解决了许多乡亲的生活问题。其后，山上林木生长，形成了大片林木，他又指定这些林木专供公益事业使用，子孙不得挪用。由于保护得好，这片万木林至今仍然保存，因多年未采伐，万木林已经转化为闽北著名的原生态森林。万木林故事也成为建瓯的佳话，一直在民间传播。

杨达卿生前的作为，使其获得行善的好名声。元末分省建宁路的长官阮德柔闻名，请人绘制万木林图，让诗人题咏，成为一时盛事。阮德柔还请其人担任私塾老师，让他教育阮家子孙。古人重视德育，此为一例。不过，杨达卿虽然与阮德柔交往，却很谨慎地不肯做元朝的官。无论阮德柔怎么动员，他都不答应。这表现了一位绅士危局中的谨慎。元末，阮德柔虽然担任元朝大官，但他与陈友定积不相能，最终闹翻分手。有些史书说阮德柔被陈友定杀害，实际

---

① 杨荣《文敏集》卷十六，万木图事实，第21-22页。

上，阮德柔潜逃朱元璋的地盘，后来明军入闽，攻克建宁路城，他应有一定功劳。不过，明初阮德柔受命组织军队北上作战，他催老部下出山加入明军，被那些不愿离乡的部下杀死。这些史实表明，当年杨达卿与阮德柔保持一定距离是明智的。

元朝的官户中，富户也不少。福清叶氏家族十分有名。叶氏的开基祖为宋代的叶宜兴，他于宋末定居福清云山，"卜宅奠居，据一乡之最盛"。按照传统的说法，此地"风水"奇佳，叶氏家族随之昌盛起来。元代，该家族的叶俊衡官授盐铁副使，叶元吉仕至行省通判，一门显贵，为叶氏家族的发展奠定基础。① 闽县的郑晖孙以儒学闻名，出外做路县教授。"闻乡里大饥，常以潮之岁得廪禄，每舟载归而赈其里人，得活者百余家。在建宁，岁又饥，其归禄之赈，亦如在潮焉。"②

元代的寺院僧人掌握大量田地，他们中间的一些人乐于做慈善。例如长乐县三溪修建平桥时。由僧人觉仁带头捐钱，其他各寺院及周边乡亲赞助："善化寺觉仁……自奉至元钞三十贯，当阳寺僧囗钱乙贯，阮山心初至元钞三十贯，瑞峰寺至元钞二贯，昆由里林邦囗钞一十贯，徐道明、陈陆桂、林远各五两，陈该翁助至元钞二十贯。"③ 僧人最大的公益事业，就是福州闽江支流白龙江上的万寿桥修建，全部花费足有几百万。

如上所述，元代也不少富户乐于行善，他们出力建设公益事业，得到周边百姓的称赞。他们的行动缓和了尖锐的社会矛盾，对社会发展是有益的。

第三节　元代福建的土地制度

元代福建有关土地制度留下的资料不多，这里主要谈两个问题：其一为屯田；其二为土地买卖。

一、元代福建的屯田

有关元朝在汀州路的屯田，可见于后人所辑的《临汀志》：

---

① 叶向高：《苍霞草》卷十五，家谱列传，扬州，江苏广陵古籍刻印社1997年，第1534页。
② 林兴祖：《郑晖孙墓表》，张善贵辑《长乐金石志》，第119-120页。
③ 张善贵辑：《长乐金石志》卷三，第116页。

汀州屯田，见于汀州路上杭县立屯。一本屯原拨军人一千五百名，并田地、牛具、种子。田每军三名耕田四十五亩，该田二百二十五顷。每亩纳米六斗，该粮一万三千五百石。牛每军三名共使牛一只，内有军三名为离屯窎远，使牛二只，计使牛五百一只。农具内斧头、镰刀、锄头、铁耙四色，每名各使一件；犁耙二色，每军三名共使一色。计农具七千件，斧头一千五百件，镰刀一千五百件，锄头一千五百件，铁耙一千五百件，犁五百件，木耙五百件。种子每田亩用种谷六升。原拨田二百二十五顷，该种谷一千三百五十石。

一本屯节该逃亡军人，各亦未曾补拨。延祐七年终，合有见在种田军人，实办粮米五千五百一十七石。①

按，以上文字中，称汀州为"汀州路"，文中还涉及元仁宗的延祐年号，这都说明这节史料反映的是元代汀州路的屯田。为什么这段史料会被宋代的《临汀志》收录？有其原因。《临汀志》一书原由胡太初和赵与沐修成于宋末的开庆元年（1259年），算是宋代的志书。不过，此书很早就遗失了，后人从《永乐大典》汀字部辑出，才有了传世的《临汀志》。不过，《永乐大典》汀字部的相关内容，不只出自开庆《临汀志》，也有出自《元一统志》的，所以，编纂者一不小心，将元代的史料纳入宋末的《临汀志》了。

以上史料透露了元代军屯制度的许多信息。例如，汀州路上杭县的屯田，用军人1500名，耕种225顷田地，折合22500亩，平均每人耕种15亩。假如每亩地年收2石稻米，总产量为45000石，平均每位佃农每年可得30石稻米。不过，他们还要向官府纳粮。按照官府制定的标准，每一亩地要纳粮六斗，平均每个佃农要给朝廷纳粮9石。其上纳数量明显高于民田"亩税三升"的传统，但是，若与耕种地主的田相比，又会合算一些。因为，当时的地租通常是农田收获的一半，若以亩收二石为计，地租要一石，而元朝的屯田制度下，军人所纳赋税为普通地租的五分之三。从理论上来说，每个屯田的佃农种植15亩田地，年产30石粮食，上纳9石之后，还可以留下21石粮食养家。这是许多农民愿意接受屯田制的基础吧。有这个制度才会推动军人去垦田种植。

不过，万一有天灾人祸，屯田佃农就无法承担每年9石的粮租了。在官府的催租之下，他们只有逃亡。据官府的统计数据，元代中叶的延祐七年，汀州路上纳粮食仅剩5517石，若以一人每年上纳9石为计，此时只剩全劳力613人。

---

① 胡太初修、赵与沐纂：《临汀志》营寨，福建人民出版社1990年，第109-110页。

比之屯田开办之时的1500人，劳动力只剩下五分之二了。可见，汀州路的屯田并非成功。

除了汀州路之外，元朝也曾在漳州实行过屯田。《元史》第一百卷记载：

> 汀漳屯田。世祖至元十八年以福建调军粮储费用，依腹里例置立屯田。命管军总管郑楚等，发镇守士卒年老不堪备征战者，得百有十四人。又募南安等县居民一千八百二十五户，立屯耕作。成宗元贞三年命于南诏、黎、畲各立屯田。摘拨见戍军人。每屯置一千五百名。及将所招。陈吊眼等余党入屯，与军人相参耕种为户。汀州屯一千五百二十五名，漳州屯一千五百一十。①

从用人规模来看，元朝在漳州路的屯田与汀州路屯田相当。这些材料也使我们知道，其实早在元朝统治福建的早期，便进行过屯田的安排。屯田的民众除了军人外，还曾招募南安等县的农民。其区域来说，漳州"南诏"即为后日的诏安县，此地的开发看来与屯田有关。

元朝在多地实行屯田制度。例如漳州的诏安县："本漳浦县南诏地，宋为临水驿。元至正间，右丞罗良命屯官陈君用城之。"② 如其所说，这位陈君用，就是罗良派到诏安的屯田官。

二、元代泉州后至元二年的一桩土地买卖

地契是宝贵的民间文献，不过，今人所见民间地契，大多数都是明清契约。明清契约中，留存实物多为清代契约，实际上，明代的契约已经很难见到，遑论宋元时代的地契了。对民间契约研究者来说，除了历代的阴宅买地券以外，元以前契约罕有实物留下，若有发现，每一份都是十分珍贵的。晋江陈埭镇丁氏族谱中保留十份契约，其中八份是元代的地契，两份是明代前期的。这十份契约是庄为玑先生于1954年发现的，后来，施一揆用元代的八份契撰写了《元代地契》一文，发表于《历史研究》1957年第9期。该文得出的结论有四点：其一，这八件地契应该是元末的材料。其二，这八件地契可以说明元代出卖田宅的手续及其完整过程。其三，这八件地契按土地买卖的完整过程看可分为两

---

① 宋濂等：《元史》卷一百，志第四十八，兵三，第2570页。
② 袁业泗等修、刘庭蕙等纂：万历《漳州府志》，明万历四十一年闵梦得刊本。漳州市政协、厦门大学出版社2012年影印本，第144页。

组，一组为后至元年间，另一组为至正年间。其四，这两组地契反映了元代泉州路的土地价格和地税标准。我想这四点中，最有价值的是第二点，它说明元代田地买卖的过程："一、卖主出立定约，遍问房亲邻里，是否愿买，征求买主议价；二、赴官呈报，官给半印勘合公据；三、书立文契成交；四、赴官验价缴税过割。"[1] 然而，它的实施总有一点变异。仔细分析这八件契约所反映的泉州土地买卖，可以看到官府权力在地契关系中的消长，及元末泉州社会的变化。[2] 此外，吴文良、吴幼雄合著的《泉州宗教石刻》一书所载《陈埭丁氏族谱》里，也将这十份契约公布于世，并有一些文字校对，这是当地人研究当地契约，可以解释一些只有本地人懂的文字，十分重要。现两参考之。

泉州晋江契约中，至元年间的四份地契如下：

第一件：麻合抹立账目

泉州路录事司南隅排铺住人麻合抹，有祖上梯己花园一段，山一段，亭一所，房屋一间，及花果等木在内，并花园外房屋基一段，坐落晋江县三十七都，土名东塘头村。今欲出卖口钱中统钞一百五十锭。如有愿买者，就上批价前来商议。不愿买者，就上批退。今恐口口难信，立账目一纸，前去为用者。

至元二年七月　日账目　　立账出卖孙男　麻合抹

同立账出卖母亲　时邻

行账官牙　黄隆祖

不愿买人　姑忽鲁舍　姑比比

姑阿弥答　叔忽撒马丁

第二件：麻合抹告卖花园山地帖

皇帝圣旨里泉州路晋江务，据录事司南隅住民麻合抹告：父沙律忽丁在日，原买得谢安等山园、屋基、山地辟成园，于内栽种花木，四围筑墙为界，及有花园外屋基地一段，俱坐落晋江县三十七都东塘头庙西保，递年立麻合抹通纳苗米二斗八升，原买山园、屋基，东西四至，该载契书分晓。今来为口口口远，不能管顾，又兼阙钞经纪，

---

[1] 施一揆：《元代地契》，南京大学历史系元史研究室编：《元史论集》，人民出版社1984年，第259—260页。原刊《历史研究》1957年第9期。
[2] 按，泉州晋江陈埭丁氏的元代契约，又见吴文良、吴幼雄：《泉州宗教石刻》，第45—47页。

欲将上项花园、山地出卖，未敢擅便，告乞施行。得此行据三十七都里正主首刘观志等，申遵依呼集耆邻陈九等从公勘当，得上项花园、山地，委系麻合抹承父沙律忽丁口买口口物业，中间别无违碍。口到各人执结文状，缴连保结，申乞施行，得此，除外合口口口又字九号半印勘合公据，付本人收执，前去立账。口口亲邻愿与不愿执买，口便口人成交，毕日赍契口口投税，合该产苗依例推收，毋得欺昧违错，所有公据合行出给者。

至元二年九月十一日给　　　　右付麻合抹收执准此

第三件：麻合抹立情愿卖花园屋基文契

泉州路录事司南隅排铺住人麻合抹，有祖上梯己花园一段，山一段，于内亭一座，房屋一间，及花果等木在内，坐落晋江县三十七都东塘头庙西，四围筑墙为界，东至孙府山，西至谢家园，南至瑞峰庵田，北至谢家山。又花园西边屋基一段，东至小路，西至陈家厝，南至空地，北至谢家园，因为阙钞经纪用度，将前项花园并屋基连土出卖，遂口晋江县口给公勘据，勘口明白立帖口问亲邻，俱各不愿承支，今得蔡八郎引到在城东隅住人阿老丁前来就买。经官牙议定时价中统宝钞六十锭，其钞随立文契日一完领讫口口批目，其花园并基地口口上手一应租契，听从买主收执前去自行经理，管业，并无克留寸土在内。所卖花园屋基的系麻合抹梯己物业，即不是盗卖房亲兄弟叔伯及他人之业，并无诸般违碍，亦无重张典挂外人财物。如有此色，卖主抵当，不涉买主之事。所有合该产钱，麻合抹户苗米二斗八升，自至元二年为始，系买主抵纳。今恐口口难信，立卖契一纸，付买主印税收为用者。

元至元二年十月　日文契

　　　　　　　　　　　　　　　　情愿卖花园屋基人　麻合抹
　　　　　　　　　　　　　　　　同卖花园母亲　时邻
　　　　　　　　　　　　　　　　引进人　蔡八郎
知见卖花园屋基姑夫　何暗都剌
　　　　　　　　　　　　　　　　代书人　林东卿

第四件：阿老丁买花园山地税课给帖

皇帝圣旨泉州路晋江县，今据阿老丁用价钱中统钞六十锭买至麻合抹花园山地，除已验价收税外，合行出给者。

至元二年十月初三日给　　　　右付本阿老丁准此

以上为至元二年完成一块土地买卖的四件契约。卖地人首先要向官牙报告自己有土地出卖，并得到亲戚的认可，这是第一件契约；第二件有点类似卖地通告，并且说明这块地大致情况，得到周边业主的认可；第三件是最正式的卖契，卖主本人签字画押，并有亲友知见，买卖引进人和代书人都出现了，官牙参加的价格的议定，而且说明了卖给谁。第四件契约简单说明了这桩土地买卖，交付购买者。细察这四件契约，让人对元代泉州社会的认识加深一步。

首先谈一下第一份和第三份契约中的"官牙"。买卖双方必须由牙人经手，这是中国施行很久的制度。刘昫的《旧唐书》第二十八卷"食货上"记载了贞元九年三月二十六日的法令，文中便涉及了"牙人"。后唐的市场管理中既有"牙人"，也有"官牙"。① 元代继承前代的制度。胡祗遹在济宁做官时，要求各村社遍设牙人：

一升平无事，民安地著，逋逃者还业，五谷增价，土田每亩价值比数年前踊添百倍，所以典卖之间，不无诈冒昏赖，以致词讼纷纭，连年不绝。府司今议得：每一社议令社长集众公议，推保公平官牙人一名，能书写，知体例，不枉屈，写契人一名，本县籍，记姓名，凡遇本社买卖、租典、土田及一切房屋、事产、人口、头匹交易，合立文契者，止令官牙人作牙官，立定书写人写契。违法成交者，此二人当罪，到官毁交。不经此二人成交者，毁交，治买主卖主罪。文契分明，庶革前弊。②

就此规定来看，官牙在元代社会是十分重要的，土地契约应由他们书写，否则买卖双方是会有罪的。官府设立官牙，是为了呈进官府的民间文献书写要标准，若有争议，官府容易评判。泉州地契第一份中显示了"行账官牙黄隆祖"，便体现了这一制度。

其次谈一下官牙的介入有什么好处？本次土地买卖是在官牙介入下进行的，

---

① [宋]王溥《五代会要》卷二十六，市，文渊阁四库全书本，第7页。
② 胡祗遹：《紫山大全集》卷二十二，革昏田弊榜文，文渊阁四库全书本，第36页。

买卖过程还得到村社首领里正的认可,并且说明本契不存在盗卖的情况,这对购买者非常重要。他可以一次性获得全部产权。从理论上说,经过官牙和里长的鉴证,可以杜绝产权不清的一些问题。那些明清土地买卖契约中常见的找价之类问题,盗卖祖产问题,由于有了官府的见证,理论上都不存在。又一个有趣的问题是:尽管买卖双方都是外籍人士,但介入买卖的官牙黄隆祖、里正刘观志、买主引进人蔡八郎、代书人林东卿都是汉人,这说明泉州的外籍人士当时是在泉州社会基层组织的管理之下的。

再次谈一下第一份契约中的交换货币:大元钞。该份契约中给土地的定价是:中统钞一百五十锭,最后成交价是六十锭。元朝规定:凡是契约,不论用什么物资交易,都必须折算成大元钞,并在契约上写大元钞的价值。胡祗遹说:

> 一省部明文,诸交易文契,虽以诸物成交,止合价钱,并以贯钞。并不得书写金银、丝绢、绵布诸杂物货。府司照得:济宁一路,诸杂交易,多写丝货、丝价,或增或减,市色不定。以致词讼不绝。府司遵依上司格例,今后诸交易,交契并不得书写杂货,上写贯钞若干。违者先罪牙人、写契人,买主、卖主同罪。①

泉州至元年间的四份契约都体现了这一特点,用大元钞计值。不过,当时的大元钞已经大幅度贬值。元朝最早发行大元钞时,一锭等于五十两白银,然而,大元钞一路贬值到元代后期,一锭大元钞,大约只值一两白银。此处的大元钞六十锭,也就值60两白银吧。

最后要说明的是:这块土地在至元二年买卖时,它还是山园之地,并非坟地。而在至正二十六年的买卖契约中,它的一部分被称为"荔枝园",可见,买主阿老丁买到山地后,是用于种植荔枝,所以才会叫荔枝园吧。

三、元代至正年间泉州一块土地买卖的契约

至正二十六年到至正二十七年泉州晋江这块地的买卖过程中,一共立了四份契约。

第五件:蒲阿友立账目
晋江县三十七都东塘头住人蒲阿友,祖有山地一所,坐落本处,

---

① 胡祗遹:《紫山大全集》卷二十二,革昏田弊榜文,第36—37页。

栽种果木。今因阙银用度，抽出西畔山地，经官告据出卖，为无房亲，立账尽卖山邻，原者酬价，不愿者批退。今恐无凭，立此账目，一纸为照者。

至正二十六年八月　日　立账人　蒲阿友

不愿买山邻曾大　潘大

第六件：蒲阿友告卖山地帖

皇帝圣旨泉州路晋江县三十七都住民蒲阿友状告：祖有山地一所，坐落本都东塘头庙西，今来阙银用度，就本山内拨出西畔山地，东至自家屋基，西至墙，南至路，北至本宅大石山及鱼池后为界，于上一二果木，欲行出卖。缘在手别无文凭，未敢擅便，告乞施行。得此，行据三十七都里正主首蔡大卿状申：遵依前去呼集亲邻人曾大等，从公勘当得蒲阿友所告前项山地，的口口口口物业，中间并无违碍，就出到口人执口文状，缴连申乞施口。得此，合行给日字三号半印勘合公据，付蒲阿友收执，口口口口，问亲邻愿与不愿，依律成交，毕日赍契付务报税，毋得欺昧税课违错。所有公据，须至出给者。

至正二十六年　月　日　右付蒲阿友。准此。

第七件：蒲阿友立卖山地文契

晋江县三十七都东塘头庙西保住人蒲阿友，父祖阿老丁在日，买得麻合抹花园及山，坐落本处。今来阙银经纪用度，就本山内拨出西畔山地连花园，东至自家屋基外地，西至墙，南至路，北至本宅大石山及鱼池后山为界，于上口有屋基并四角亭基及樟树、果木等树，及井一口在内，欲行出卖，经官告给日字三号半印勘合公据。为无房亲，立账尽问山邻，不愿承买，遂得本处庙东住人徐三叔作中，引至在城南隅潘五官前来承买。三面议定，直时价花银九十两重，随契交领足讫，当将上项前地连园，交付买主，照依四至管业为主。其山的系阿友承祖物业，与房亲伯叔兄弟无预，亦无重张典挂他人钱物。如有此色，卖主抵当，不干买主之事。其山园该载产钱苗米一斗，自卖过后，从买主津贴阿友抵纳。父祖原买祖契，干碍祖坟，难以分拆，就上批凿破。今恐无凭，立此卖契一纸，缴连公据，付买主收执，前经官印税口口为照者。

至正二十六年八月　日文契　卖山地人蒲阿友

作中人徐三叔

第八件：蒲阿友立卖山地荔枝园文契

晋江县三十七都东塘头庙西住人蒲阿友，父祖在日，买得麻合抹荔枝园及山地，坐落本处。今来阙银用度，就本山内拨出西畔山地连荔枝树及六角亭一座并门屋等处，东至自家麦园，西至墙，南至姐姐住小屋，北至后山墙及路为界，欲行出卖，经官告给日字三号半印勘合公据。为无房亲，立账尽问山邻，不愿承买，托得本处庙东保住人徐三叔作中，引至在城南隅潘五官前来承买。三面议定，价钱花银六十两重，随立文契交领足讫，当将上项山地连荔枝园、六角亭等处，交付买主，照依四至管业为主。其山园内系阿友承祖物业，与房亲伯叔兄弟并无干预，亦无重张典挂他人钱物。如有此色，卖主抵当，不干买主之事。其园该载产钱苗米五升，自卖过后，从买主津贴阿友抵纳。父祖原买祖契干碍坟山，难以分拆，就上批凿。今恐无凭，立此卖契一纸，缴连公据，付买主收执，印税管业，永为用者。

至正二十七年二月　日　　立卖山地荔枝园人蒲阿友

知见人吴娘仔

作中人徐三叔

第五至第八份契约反映了至正二十六年八月到至正二十七年二月完成的一次买卖。首先要说明一下这桩买卖的历史背景。读完这四件契约，你也许已经注意到：其卖主蒲阿友的名字有一个"蒲"字。对元代泉州外籍民的姓氏，我们还不太懂。例如蒲阿友的父亲叫阿老丁，他为什么叫蒲阿友？通常波斯人和阿拉伯的译名，翻译成中文之后，长达七八个字都算少的，阿老丁及蒲阿友都只有三个字，显然进行了缩写，以便与汉人交流。元代蒲氏在泉州可是很风光，阿老丁将儿子的名字改换成蒲，可能想沾蒲氏的光吧？然而，元末这个姓名的一个字可能给他带来的问题。元代泉州路亦思巴奚军叛乱延续多年，至元二十六年五月，元军开始南下泉州平叛。元军进抵泉州城下大战，双方死伤惨重，泉州城东和城南遭受极大的破坏。战斗延续一个来月，元军进城后，亦思巴奚军应当遭到清算，蒲氏家族首当其冲，遭受打击最大，据说蒲氏家族许多人逃亡异乡，蒲阿友这时可能后悔自己姓名中的这个"蒲"字了。他在泉州清算蒲氏的背景出卖土地，有可能是形势所迫。因此，他的土地叫价不可能很高，一

80

开始，这块地的价格是九十两花银，拖了半年后，最后成交价是六十两花银。

就契约比较来看，至正二十六年的交易契约比之至元二年的交易契约，少了"官牙"这一官府因素。官牙是被取消了吗？为什么官牙被取消？现在都是不可知因素，不过，它带来的反应是：土地转让后，纳税户无法改变。在至元二年的交易中，卖主"麻合抹户苗米二斗八升，自至元二年为始，系买主抵纳"。可是，在至正二十六年至二十七年的交易中，对官府的纳税户仍然是蒲阿友，买主只是助纳蒲阿友，先前商量是一斗苗米，后来应是压价的缘故，买主助纳米降到了五升。这样，在官府管理的契约上，这块土地的主人应当还是蒲阿友，实际上土地早就归其他人所有。这对地方政府来说，是一个问题。

不过，元朝土地买卖中的官府因素并非完全退出了，因为，第五件"蒲阿友立账目"表明，卖主卖土地前，还是要上报官府，取得官府的许可。第六件"蒲阿友告卖山地帖"表明，这块土地出卖前，还是要报告三十七都的里首蔡大卿，以证明这块土地的产权没有争议，这是非常重要的证明，可以保证土地出卖后没有争议。签订契约后，仍然会形成两份契约，一份卖主保管，一份买主管理。这都表明元代的土地买卖要遵守一定的规范，买卖过程一直在官府的监视之下，只有这样，官府才能保证对土地的管理。这一制度，应当不是元代才形成的，而是从宋代延续下来的，这是一个好制度。研究明清契约的人，都知道明清时期的诉讼中，有大量因产权不明、土地盗卖而引起的纠纷，这应当是丧失了宋元好制度的缘故吧。

四、泉州简陋的明初契约

上述这块土地，在元代发生了两次买卖，每次买卖都要立四份契约，早期契约还要官牙经手，这都说明元代的土地买卖还是相当严谨的。然而，明代初年，这块土地经历了两次买卖，其契约却十分简陋。

第九件：潘粪扫立卖坟山文契①

晋江县在城南隅住人潘粪扫，有自己承祖坟山墓地壹所，坐三十七都土名东塘头鹿园，内拨出分前壹所，东至自己坟台，西至莲池，南至荔枝树及麦园，北至后山墙。右件四至分晓，自情愿将上项坟山出卖，遂托得陈三姐作中，引进二十七都丁宅边，三面议定，的实价钱陆折钞陆拾贯整，其钞随立文契日交收足讫。其坟山还买主前去照

---

① 按，第九契和第十契，只见于吴文良、吴幼雄：《泉州宗教石刻》，第47—48页。

依四至管业，卖主不敢争执。坟山系是自己分前物业，不是盗卖房亲及他人之业。今恐无凭，故立文契一纸，付买人收执，永为祖者。后吉。

   洪武二十七年五月　日文契　卖坟山人潘粪扫

                作中人陈三姐

第十件：丁彦仁买坟山墓地税课给帖

  晋江县税课局今据本县二十七都丁彦仁用得实价钱折钞陆拾贯，买得同县在城南隅住人潘粪扫自己承祖坟山墓地壹所，坐落三十七都土名东塘头鹿园，内拨出分前壹所，该在东西四至登载契书明白。今赍契赴税课局照例课，已依律收税外，所有愿降户部契本已销尽讫。今岁契本未蒙关降，今给乾字贰号半记勘合契尾付照者。右付买坟山墓地人丁彦仁收执。准。

       永乐二年九月二十八日　吏缺　巡栏吴乌仔

  明代的两份契约反映明代初年土地买卖的民间化。不像元代出卖土地前，要向官府申请许可，得到许可后，还要告示四邻，得到里正的首肯，才能进行买卖。明代泉州的土地买卖是民间私下进行，然后若觉得需要的话，向官府报备。这样，明代初年的土地买卖契约就比元代少两件了。此外，官府对民间的买卖管理较松，这桩买卖早在洪武二十七年便完成了，购得土地的丁家，却到七八年后才向官府报税。关于明代的制度详细情况，不如放在明代再写。从元朝的观点看，元代官府对民众事件的管理比明代更严一些。这应当是宋朝制度的延续。明朝放弃这些传统的乡村管理制度，明政府便无法通过土地管理来控制农村了。关于元朝对土地的管理，还可参见元代松溪的"经田"。

  据《松溪县志》一书，元代闽北的松溪县发生过经田一事："李荣昉，山东汶上人，至大二年为县尹。学问该博，性简重好礼，有节操，时田赋经兵燹之后，奸黠者悉去其籍，以逃租税。荣昉至，不极发其奸，而一以礼法劝诱之。不两月间，民咸以实告，阖邑德之。"[①] 据当时的文献记载，元代松溪的情况相当严重：

---

 ① 潘拱辰等：康熙《松溪县志》卷七，李荣昉传，松溪县编纂委1986年点校本，第151页。

或田多产寡，业去产留，窜名诡户，胥此焉出？江南州郡，往往有之。而建为甚，松又其甚也。县三经兵毁，人民虔刘，田土荒芜，胥吏并缘作伪，悉去旧籍，而文不足征也。收射之际，贿赂公行，化有而无，变虚为实。县额税"纳米三千石有奇，诡户而计七百余石。临期急索，或以姓氏偶同，或以名号近似，或指为亲为邻，甲而乙，乙而丁，膏火相煎，不竭不止。仓虽实，户以推剥空，官虽富，民亦流离瘁，至于无可征，则责偿于首从之人，非破家产、鬻妻孥，无以纾其急也。二三十年，官吏循旧，弊未有革者。

令邑李荣昉来，首以均田赋、蠲诡户为务。令下而富民巨室如鼓应桴，率尽实自首，莫肯负侯意，有顽不化者，俾交相履亩。社有长，乡有老，田有主有邻，役有首有从，旁征互证，如犀照龟卜，略无容隐，不两月而军民田尽实。非惟补八百石之诡户，抑且置七百石之赢余。以次上闻。①

李荣昉查核松溪县土地的所有者，使当地的赋税落到实处，实现了有田人纳税的原则，从而堵住了个别富户逃税的种种漏洞。这对民众合理负担是有利的。当然也有利于元朝的统治。因此，在古代中国社会，儒家的经田措施是减轻民众负担的重要措施。也只有儒者在没有明显报酬的背景下肯为民众服务。我在这里还要指出的是：李荣昉警告那些企图瞒田的人："社有长，乡有老，田有主有邻，役有首有从，旁征互证，如犀照龟卜，略无容隐。"他的意思就是：乡社有村长、乡老等人，你有多少田地，这些农村官长都是知道的，所以，官府要查，也是容易的。那么，村长、乡老为什么会知道农村的土地属于谁？这是因为：农村的土地买卖都要经过他们批准啊。可见，宋元一套制度，使乡村基层统治者掌握了土地主人的身份，因而官府可以通过这些人了解农村土地真正的主人。从而掌握税收。明朝开国后，废除唐宋传统的土地管理制度，老百姓买卖土地再也无须告知官府和乡老，农村基层官员因而无法掌握田地买卖情况。一些田地多转几手，谁也不知道田主是谁了。最后导致明朝对乡村的统治浮于表面，这是统治者料所未及的吧。

---

① 佚名：《经田记》，潘拱辰等：康熙《松溪县志》卷十，艺文志，第221页。

小　结

　　关于元代福建的人口，《元史》统计数据有误，其错误表现于福州路的统计人口，远超实际人口。本章对此进行较为详细的分析，应当可以证明元代福建真正人口有多少，此处估计是300万左右，比宋代略减，也少于明代初年。总体而言，元代福建人口减少较多。其原因在于战争造成的破坏，由于畏惧战争，闽人大量逃亡外省，广东及广西的客家人，有许多是元代逃亡的汀州人。另外要说的是：由于福建面临海洋，许多人口从海路逃亡东南亚，东南亚诸国都有福建移民。此外，元军大批量地掠卖人口也是重要因素。如上统计，元代福建流失人口较多的是漳州路、汀州路和邵武路，这三路在元代初年的反元起义较多，当地人口因战争而逃亡广东等地，造成人口流失。不过，这三地人口减少之后，随着局势稳定，又有江西等地人口流入福建西部的汀州、邵武二路，渐渐改变了当地的人口构成。例如，邵武路的方言与江西方言相近，而汀州人的族谱总是说其祖上从江西某地进入闽西。加上元代闽赣人口进入广东梅州的现象，便造成汀州、赣州、梅州三路方言趋于一致，这是客家人形成的重要前提。至于漳州，因战争造成人口大量流失，朝廷便以屯田的名义招揽泉州南安等地的农民前去耕种，这就加强了当地闽南文化因素。

　　元代福建社会结构受到战争的重大影响在于：元军的人口掠夺，产生了大量的驱口，也就是战争俘虏的平民，他们被卖作奴隶，被称为"家僮"。元朝人口买卖相当兴盛，沿海港口甚至有将蒙古人子女卖到西亚和印度的事情发生。元代福建一个富户拥有几个到数十个家童并不罕见。有些家童还被用于生产性劳动。不过，元代福建富户的总数较少，广大农村还自耕农为多吧。因富户家人口较多，管理困难，富户经济的维持也很不容易。元朝确实有为非作歹的土豪，但也有些热心公益事业的富户。后一种富户的存在，维护了乡村基层组织的秩序。值得肯定。

　　泉州晋江留下的八件元代契约，让我们看到宋元时期民间土地买卖的真实情况。元代一次土地的买卖至少要有四份地契，头一份要向官府登记，表明出卖土地的意愿；第二份要向乡邻通告土地出卖的打算，并要得到里正和四邻的认可。第三份由卖主保管，第四份由买主保管。这些制度可以保证土地出卖不会产生问题，应当是自宋朝延续的良好制度。这类有效管理保证了官府对民间土地分布、产权的了解，也保证了朝廷的税收。这一制度的重要性在于：官府对土地的管理权一直深入福建的农村。官府的权力深入农村，在很大程度上保证了官府的税收及对农村的管理权。不过，到了元末，官府对田地买卖的管理已经松懈，民间土地买卖有时不向官府登记，于是，土地主人不能及时更新，官府对土地管理失控。若是与明代初年的土地买卖相比，元末制度还算好的。明初泉州晋江的土地买卖大都只有两份契约，分别由买主、卖主保管。进行买卖的双方事先不需要向官府申报，买卖完成后，也不要立刻向官府登记。这样，官府逐渐失去了对土地的管理权。历来官府的税收权都是建立在对土地管理权之上的，官府失去对土地的管理权，就无法界定每块土地该收多少税。明朝所收田赋越来越少，并且总体上比不上唐宋时代，都与这一制度缺失有关。明朝管理的粗放让我们看到官府税收的流失。这块土地在元末后至元年间第一次出卖时，尚有两斗多的税米，到了至正年间的分割买卖时，官府的税收便下降到一斗，分割给买主的税米最终谈成的只有五升米。迄至明代初年的买卖，根本没有税米的记载。官府的税收就这样悄悄地流失了。总的来看，明朝未能继承宋元以来的土地管理制度，最后给自己带来重大的危害。

第三章

元代福建的海洋开拓

元朝重视海外的发展，在泉州建省，派出使者到南海招抚各个国家到中国进贡。有不服从者，元朝便派出大军远征，这是元朝向海洋扩张的体现。元朝的海洋事业还表现在大规模的海上运输和在澎湖建立巡检司，发展和开拓了海上航路。

第一节 招抚海外国家与海上远征

宋元之际的泉州是东方第一大港，元朝管理福建之初的泉州行省，很早就派人到海外招抚各国到元朝进贡，显示了元朝向海外发展的进取性。

一、泉州港与元朝的外交

宋元之际的泉州是东方第一大港，元朝在泉州建省，主要目的是向海外发展。至元十五年八月，元世祖"诏行中书省唆都、蒲寿庚等曰：诸蕃国列居东南岛屿者，皆有慕义之心，可因蕃舶诸人宣布朕意，诚能来朝，朕将宠礼之。其往来互市，各从所欲。"[①] 看来，福建行省随即派出使者。《岛夷志略》记载："世祖皇帝既平宋氏，始命正奉大夫工部尚书海外诸蕃宣慰使蒲师文，与其副孙胜夫、尤永贤等通道外国，抚宣诸夷。"[②]

蒲师文出使，应有一定的成果。《元史》记载："世祖至元间，行中书省左丞唆都等奉玺书十通招谕诸番，未几，占城、马八儿国俱奉表称藩。"其中占城国在越南南部，而马八儿国经考证是印度南部的泰米尔国家，信奉印度教。马八儿是当时的大国，能使马八儿国前来进贡，蒲师文等人的成绩斐然。由于这

---

① 宋濂等：《元史》卷十，世祖纪七，第204页。
② 汪大渊：《岛夷志略》，吴鉴序，苏继庼校释本，中华书局1981年，第5页。

些使者由福建派出，所以，马八儿国进贡，也是先到泉州。至元十八年，广东招讨使杨庭璧受命出使俱蓝国，但在海上遇到波折转至马八儿国。《元史·马八儿等国传》记载这一过程："十八年正月自泉州入海，行三月抵僧伽耶山。舟人郑震等以阻风乏粮，劝往马八儿，或可假陆路以达俱蓝国。从之。四月至马八儿国新村马头登岸。其国宰相马因的谓官人此来甚善，本国船到泉州时，官司亦尝慰劳，无以为报。今以何事至此？庭璧等告其故，因及假道之事。"① 这条史料反映泉州与马八儿国的特殊关系，马八儿国在泉州受到热情招待，从而建立了双方密切的关系。所以，曾经担任广东招讨使的杨庭璧，也从泉州出使。他因航程遇到问题，转至马八儿国，还是受到尊重。马八儿国在泉州应当有个据点，学者考证，泉州郊区的印度教遗址，便是泰米尔人建立的。

俱蓝是另一个海外大国。《元史·马八儿等国传》认为："海外诸番国，惟马八儿与俱蓝足以纲领诸国。"早在至元十六年，元世祖就派遣广东招讨使杨庭璧等人出使俱蓝国（今伊朗一带）。俱蓝国答应前来进贡，但没有实际行动。十八年正月，杨廷璧转从泉州出发，因风受阻于马八儿国，返国。当年冬天，杨廷璧再次出发，于次年抵达俱蓝国。俱蓝国主终于答应进贡。杨庭璧的出使在西亚影响很大。《元史·世祖纪九》记载：至元十九年八月，"杨庭璧招抚海外南番，皆遣使来贡。俱蓝国主遣使奉表，进宝货黑猿一……苏木达国相臣那里八合剌摊赤，因事在俱蓝国，闻诏，代其主打古儿遣使奉表，进指环、印花绮段及锦衾二十合。寓俱蓝国也里可温主兀咱儿撒里马，亦遣使奉表，进七宝项牌一、药物二瓶。又管领木速蛮马合马，亦遣使奉表，同日赴阙"。② 可见，还有不少国家的使者附属元使及俱蓝使团出使中国。值得注意的是：当时从泉州到俱蓝的海路绵长，但至元十八年十一月，杨庭璧独身出使俱蓝，仅用了三个月走完这段海程，于至元十九年二月抵达俱蓝的港市。

《元史》又载：至元二十三年"海外诸番国以杨庭璧奉诏招谕，至是皆来。降诸国凡十：曰马八儿，曰须门那，曰僧急里，曰南无力，曰马兰丹，曰那旺，曰丁呵儿，曰来来，曰急兰亦䚢，曰苏木都剌，皆遣使贡方物"。③ 可见，杨庭璧多次出使，在南亚诸国产生巨大的影响。

元朝有一些儒者被派到海外出使。"钱塘周君君玉善学笃义，时誉特推先，被命使西洋万里涉海以投异域，人皆难之，而君不恤也。"④ 亦黑迷失也为元朝

---

① 宋濂等：《元史》卷二百一十，马八儿国传，第4669页。
② 宋濂等：《元史》卷十二，世祖纪九，第245-246页。
③ 宋濂等：《元史》卷二百一十，马八儿等国传，第4670页。
④ 林弼：《林登州集》卷二三，书周君玉安忠轩记后，第14页。

图3-1 泉州发现的元朝使臣墓碑

元朝的外交出力。他曾出使占城、僧迦剌国、马八儿国等地，还参加了对爪哇国的远征。① 在泉州发掘的一块墓碑表明，有一个泉州人也曾出使波斯。残存的墓志云："大元进贡宝货，蒙圣恩赐赉，至于大德三年内，悬带金字海青牌面，奉使火鲁没思田地勾当，蒙哈赞大王七宝货物，呈献朝廷，再蒙旌赏。自后回归泉州本家居住，不幸于大德八年十……"吴幼雄考证：文中的"火鲁没思"应当就是明朝文献中经常提到的"忽鲁莫斯"，这是一个位于波斯的港口。查大德三年为公元1299年，这应是一次对波斯哈赞王的回访。西亚文献记载："查摩尔对丁之子法克尔对丁氏，于西元1297年，曾以波斯易尔干合赞汗使者之资格，由海路到中国，拜谒元之成宗，受赐贵族之女，因滞留中国凡数年。至1305年，复循海道归国。"这两份资料似可对接。② 这些资料反映了两国使者跋涉海涛万里的往来，而且他们多是由泉州出海出使或回国。这就反映了泉州港的重要性。元朝建立功勋的使者颇多，又如："迦鲁纳答思，畏吾儿人，通天竺教及诸国语。……西南小国星哈剌的威二十余种来朝，迦鲁纳答思于帝前敷奏其表章，诸国惊服。"嘉鲁克鼐达实最大的贡献在于：主张对外和平的外交政策。"朝议讨暹国、罗斛、马八儿、俱蓝、苏木都剌诸国，迦鲁纳答思奏此皆蕞尔国，纵得之何益？兴兵徒残民命，莫若遣使谕以祸福，不服而攻，未晚也。帝纳其言。"③ 对那些不肯前来进贡的海外国家，元朝确实发兵前往。其中著名

---

① 宋濂等：《元史》卷一三一，亦黑迷失传，第3199页。
② 吴文良原著（1957年）、吴幼雄增订：《泉州宗教石刻》，科学出版社2005年，第643-644页。
③ 宋濂等：《元史》卷一三四，迦鲁纳答思传，第3260页。

的远征有两次征日本，以及远征安南、占城、爪哇。

除了出使南亚和西亚之外，元朝更注意和东南亚国家的关系。至元十五年八月元世祖下诏行中书省的唆都、蒲寿庚等曰："诸蕃国列居东南岛砦者，皆有慕义之心，可因蕃舶诸人宣布朕意。诚能来朝，朕将宠礼之。其往来互市，各从所欲。"① 杨庭壁的出使，带来更多的东南亚国家使者。《元史·世祖纪九》记载：至元九年春正月，"杨庭璧招抚海外南番……那旺国主忙昂以其国无识字者，遣使四人，不奉表。苏木都速国主土汉八的，亦遣使二人。"② 在《元史》中出现的苏木都剌国、苏木都速国，应当都是指苏门答腊吧？苏门答腊位于南海与印度交界处，是海上丝绸之路上东南亚的起点。

东南亚国家中，位于中南半岛诸国，诸如缅甸、安南、占城，都遭到元军的打击。但在战争发生前，双方也有友好相处的阶段。例如安南、占城等国，在元代仍然向元朝进贡。越南陈朝的国王是福建长乐人，汉文化十分优秀。元代黎崱的《安南志略》一书，载有陈太王的《送天使张显卿》一诗。诗云：

顾无琼报自怀惭，极目江皋意不堪。马首秋风吹剑铁，犀梁落月照书庵。
幕空难住燕归北，地暖愁闻雁别南。此去未知倾盖日，篇诗聊赠当高谈。③

从这首诗来看，陈太王对元朝使者张显卿很尊重，越南最终与元朝的关系搞僵，应当还是元朝过于骄傲的缘故。

元朝与真腊的关系善始着善终。真腊国早在隋唐时代便与中原王朝建立关系。隋唐史书称真腊经常前来进贡。真腊有派使者到中国是肯定的，但是不是进贡，真腊人怎样看这种关系，现在都无法查到了。尽管真腊国以富贵闻名，但不愿与元朝打仗。元代的真腊国继续向元朝进贡，这是唐宋制度的延续。元朝的使者也曾往来于真腊。例如周达观便随元朝的使者到过真腊。他的朋友作诗送给他：

裸壤无霜雪，西南极目天。岂知云海外，不到斗牛边。
异域闻周化，奇观及壮年。扬雄好风俗，一一问张骞。
绝域通南舶，炎方接海涛。神仙比徐市，使者得王敖。

---

① 宋濂等：《元史》卷十，世祖纪七，第204页。
② 宋濂等：《元史》卷十二，世祖纪九，第245页。
③ 陈太王：《送天使张显卿（张两使其国）》，黎崱：《安南志略》卷十九，安南名人诗，文渊阁四库全书本，第1页。

异俗书能记，夷音孰解操。相看十年外，回首兴滔滔。
汉界逾铜柱，蛮邦近越裳。远行随使节，蹈海及殊方。
缺舌劳重译，龙波极大荒。异书君已著，未许剑埋光。①

琢磨这首诗歌，可知周达观是担任元朝使者的翻译这一角色。周达观在真腊前后一年多，在此期间写下了《真腊风土记》一书，尤其注重对真腊风俗的描写，这为元代真腊留下宝贵的资料。就周达观的身份来看，他在《真腊风土记》记下从温州到真腊的航程未必证明使船是由温州出发，更加有可能的是：他乘船到了泉州或是广州，然后随使者出发到真腊。

总的来说，元朝与真腊的关系还算善始善终。元朝初年，本有在安南、占城、真腊等国设立行省的计划，后因唆都元军的失败而破产。真腊西边接壤的缅甸及东边接壤的占城、安南都与元朝打过仗，真腊以富贵出名却能逃过此劫，也算善有善报吧。

二、元代的海上远征

元朝是一个不断扩张的王朝，在其统治时期，不断地向外部扩张，其中向海外的扩张规模是中国历史上罕见的。

征日本。忽必烈继承皇位后，便开始发展与日本的关系。作为欧亚大陆第一大国，元朝力图争取日本前来朝贡，但日本置之不理却与高丽矛盾不断。元世祖至元十一年（1274年）三月，元军和高丽军由经略使忻都、洪茶丘等率领，"合万五千人，战船大小合九百艘，征日本"。② 冬十月，元军在日本壹岐岛登陆，大败日本军队。但在日本要塞坚城之下，最后无结果退回。至元十二年，元朝派使者"礼部侍郎杜世忠、兵部侍郎何文著等往使日本"，许久未得回音。十四年，日本商人到宁波以金换铜钱而去。同年传来日本杀死元朝使者之事，忽必烈大怒，决定兴兵讨伐日本。至元十六年，宋朝残余军队在广东厓山战败，元朝统一了中国大陆，元朝水师大大扩充，元世祖"旋诏括前愿从军者，及张世杰溃军，往征日本"。③ 为了供给大军用船，至元十六年，元世祖"敕扬州、湖南、赣州、泉州四省造战船六百艘"。④ 至元十八年二月，泉州的蒲寿庚

---

① 吾丘衍：《竹素山房诗集》卷二，周达可随奉使过真腊国作书纪风俗因赠三首，文渊阁四库全书本，第5-6页。
② 宋濂等：《元史》卷八，世祖纪，第154页。
③ 陈邦瞻：《元史纪事本末》卷四，日本用兵，第27页。
④ 宋濂等：《元史》卷十，世祖纪，第209页。

上奏:"诏造海船二百艘,今成者五十,民实艰苦。诏止之。"① 这些资料表明:当时福建也为征东军造船,并有许多原为张世杰部下的水手参加了这次战役。

　　第二次征日本发动于至元十八年(1284年)。元朝发兵十万,由范文虎率领从宁波、定海出发。高丽国也派出900艘战舰与战卒15000人随从。这是中国历史上空前的海上远征。元军六月入海,七月至平壶岛,移五龙山。八月一日,元军在日本海域遇上台风,战舰在海上相撞,大部破碎。范文虎等将领见情况不妙,竟抛下十万大军不顾,各自寻找坚固的大船回航朝鲜,带来的军队仅有远征军的十分之一二。被这些长官留在日本的十余万元军只好推张百户为首,试图造船返航。此时,日本军乘机进攻,缺乏组织的元军全部被歼,多数人战死,约有万余人被俘,后来大都客死异乡。其中只有三人最终得以逃回家乡。②按,《元史》记载这些被留在日本的元军约有十万人,是个很可疑的数字。因为,当时载重一千石的大船,每船约载100人,按其比例,要运载十万人,便得有一千艘大船。元朝真有那么多载百人的大船吗?前述朝廷要泉州造船二百艘,蒲寿庚费尽力气也只造出五十艘,不得不要求朝廷宽免。泉州是当时最大的港口,泉州只能造五十艘海船,其他各港口大约也只能造数十艘吧。这样看来,元朝的所谓水师,其多数应是老旧的宋军战船。宋军于至元十六年战败于厓山,至少一半以上的战船落入元军之手。最后出事的应当就是这些老旧船只了。另据《元史·世祖纪八》的记载:"高丽国王王睶领兵万人、水手万五千人、战船九百艘、粮十万石,出征日本。"可见,当时的帆船,水手与士兵的比例,大约为一比一,甚至水手更多些。如果说元朝出征的十万大军,其中约有一半是水手,那么,正规军就只有五万来人了。此外,元军征爪哇时,从各地调集两万军队到泉州,真正上船的只有五千余人,仅为调集数量的四分之一。因此,元朝所谓十万大军,应是调集海港的军队,真正上船的能有五万就差不多了。远征军到日本之后,遇到大风暴,元军将领分别乘坚固的船只逃回大陆,带回的军队与水手约为十分之一二,就算二万人吧,留在日本的军队只剩下八万人左右了,而且其中一半人应为水手,那么,剩下的军队应当还有四万余人。最后,战余军队投降日本的还有一万多人,算下来,远征军真正战死的军队应为二三万人。不过,这也是很大的数量了。

　　忽必烈对远征军战败的结果十分愤怒。他下令各省造船,准备再次远征日本。这给沿海诸省带来巨大的压力。至元二十年,"中丞崔彧言:江南相继盗

---

① 宋濂等:《元史》卷十一,世祖纪八,第230页。
② 宋濂等:《元史》卷二〇八,外夷传,第4629页。

起，皆缘拘水手、造海船，民不聊生。日本之役，宜姑止之。江南四省军，须宜量民力，勿强以所无。给价必以实，招募当从所欲。俟民力稍苏，东征未晚。不从"。① 后来，崔彧因其他原因被撤职。在忽必烈的压力下，至元二十二年十月，元朝一度总动员："诏复征日本，置征东行省。以安塔哈为丞相。彻尔特穆尔为右丞。刘二巴图尔为左丞。命忙古人习舟师者万二千五百人同征日本，五卫汉军选留千余人，新附军悉遣行。安塔哈求军官习水战者，命元帅张林、招讨张瑄、总管朱清赴之。"② 元朝为大军造船，《元史》卷十三，世祖纪十记载："丁酉，敕枢密院计胶莱诸处漕船、高丽江南诸处所造海舶，括佣江淮民船，备征日本。仍敕习泛海者，募水工至千人者为千户，百人为百户。"不过，元朝的高官武将大都不愿出行，元朝最终停止了第三次讨伐日本的行动。而元朝对日本的政策也开始软化，以招抚为主："日本舶商至福建博易者，江浙行省选廉吏征其税"。③

元朝征日本不成，便用剩余的海洋力量向东南亚出兵。占城成为元军首个目标。最早与占城打交道的是福建行省的唆都。

（至元）十五年，左丞唆都以宋平，遣人至占城，还言其王失里咱牙信合八剌哈迭瓦有内附意。诏降虎符授荣禄大夫，封占城郡王。十六年十二月，遣兵部侍郎教化的、总管孟庆元、万户孙胜夫与唆都等使占城，谕其王入朝。十七年二月，占城国王保宝旦拏啰耶印南誃占把地啰耶，遣使贡方物，奉表降。十九年十月，朝廷以占城国主孛由补剌者吾，曩岁遣使来朝称臣内属，遂命右丞唆都等即其地立省以抚安之。④

占城向元朝进贡，原来以为可以避免被征讨的灾难，然而，元朝一开始就想在占城建省，直接管理。事情演变至此，占城的掌权者换人，决意抵抗。"占城兵治木城，四面约二十余里，起楼棚，立回回三梢炮百余座。"其时，占城还扣留了元朝往来于南海的使者。"万户何子志、千户皇甫杰使暹国，宣慰使尤永贤、伊兰等使马八儿国，舟经占城，皆被执。"⑤ 于是，战争不可避免。

---

① 胡粹中编：《元史续编》卷三，第2页。
② 胡粹中编：《元史续编》卷三，第2页。
③ 宋濂等：《元史》卷三十二，文宗纪一，第719页。
④ 宋濂等：《元史》卷二百一十，占城，第4660页。
⑤ 宋濂等：《元史》卷二百一十，占城，第4660-4661页。

元世祖于至元十九年（1282年）发军进讨占城："以占城既服复叛，发淮、浙、福建、湖广军五千、海船百艘、战船二百五十，命唆都为将讨之。"① 唆都是攻克福建的元军主力的统帅，他移军广州，从海路发兵，并于至元二十年春正月攻克占城。但是，逃至山区的占城君主不愿降元，战事长久延续下去。二十一年，元军阿塔海部15000人、战船200艘，再次出征占城，依然未能取得决定性战果。该年秋，元军脱欢部增援占城，试图从安南借道，支援占城元军。安南国王早就向元朝称臣纳贡，反复解释：从安南往占城道路不好走。但元军统帅仍然坚持要从安南过道，其目的是想假途灭虢吧，安南拒绝，元军强行进入安南，与安南军发生冲突。脱欢率元军在安南攻城略地，屡败安南军队。但是，元军士兵不适应当地气候，瘟疫流行，最后不得不退出安南。而失去支援的唆都军从占城转进安南后，与北上元军脱节，最终被安南军包围，战败而死。

在安南方面，元军于至元二十四年（1287年）再次远征安南。元军分兵三道，水陆并进，十七战全胜，深入其境，安南王远遁于海。该战，元朝水师屡次与安南军队海上相遇，曾经大败安南船队四百多艘，俘虏其中一百多艘；但是，战事久久未决，军中发生瘟疫，元军战斗力大减，不得不取道回国。安南军趁机在路途设伏，元军在付出重大代价后，突出重围返国。其后，安南仍然向元朝称臣，但对外来人十分警惕。"地舶人不贩其地。惟偷贩之舟，止于断山上下，不得至其官场，恐中国人窥见其国之虚实也。"②

征爪哇。爪哇位于马六甲海峡以南，是东南亚海上最重要的国家之一。《岛夷志略》认为爪哇国："其田膏沃，地平衍，谷米富饶，倍于他国。"爪哇盛产胡椒，"每岁万斤"。③ 元朝使者到南方诸国要求进贡，"真腊、彭亨皆入贡，巴尚荅浴尔独否"。④ 于是，元世祖于至元二十九年（1292年）发兵爪哇，这是元军海上出兵最远的一次远征。最初，元世祖调集江西、福建、浙江三省元军20000人，海船500艘，集中于泉州，后来由于种种考虑，出发的元军只有5000人。

该年十二月，史弼、亦黑迷失、高兴等人率5000元军从泉州后渚港出海："风急涛涌，舟掀簸，士卒皆数日不能食。过七洲洋、万里石塘，历交趾、占城界，明年正月，至东董西董山、牛崎屿，入混沌大洋橄榄屿，假里马答、勾阑

---

① 宋濂等：《元史》卷十二，世祖纪，第243页。
② 汪大渊：《岛夷志略》，交趾，第51页。
③ 汪大渊：《岛夷志略》，爪哇，第159页。
④ 方回《桐江续集》卷二十六，为张都目益题爪哇王后将相图，文渊阁四库全书本，第14页。

等山，驻兵伐木，造小舟以入。"① 元军在勾栏山汇齐，稍事整顿之后，在爪哇岛登陆。当时爪哇岛上有爪哇、葛郎等小国，爪哇王在与葛郎国的冲突中战死，其女婿土罕必奢耶代领其众，他为了给国王报仇，发兵攻打葛郎国不胜，此时听说元军前来讨伐，便投降元军，引导元军攻打葛郎军，大胜。元军便分三路深入葛郎国。葛郎国倾其全国之力，纠兵十万前来迎战，被元军击败，国都被围，葛郎国国王被迫投降。这时，元军原可以全胜的战绩返航，但是，贪心的元军将领中了爪哇国王土罕必奢耶的献宝计。土罕必奢耶见元军已为其消灭了最大的对手，便向元军提出：要回到他的国家去，将财宝取出，献给元军。史弼竟然相信了土罕必奢耶的话，派出一名万户带200名元军随其返国。在路途中，土罕必奢耶设伏杀死元军小队，并发大军进攻元军。《元史·史弼传》记载：元军无心恋战，史弼亲自断后，且战且走，来到海边港口。此时爪哇新王又换了一副面孔，派人献上图册和贡品，成为元朝的附庸。随后，史弼与高兴率军登舟返回："深秋班师会占城，诸国降表肯相受。梢工满载槟榔果，征夫烂醉椰子酒。生金铜钱暨百宝，搜山讨掳恣意取。螬蛑虾蟹玳瑁螺，芭蕉豆蔻皆可口。"② 可见，元军在爪哇没有得到什么东西。其后，元军继续他们的回程，经过总共68天的艰苦航行，终于返回泉州。出发时的5000元军只剩下2000余人了。对于史弼这次远征，朝廷认为带回的财宝太少，给予没收家产三分之一的处分。也有人为其说话，认为海上远征上万里十分不易，应当撤销处分。后来史弼在家养老，终年八十六岁。其时，连城人李文庆参加了远征。《连城县志》记载："李文庆，字德积，元世祖至元间人。以智能著，补统义兵辅高兴等伐爪哇。收伏土罕必阇耶以归，其国遂平。世祖嘉庆功，除授总管。后因连盗起，赐金牌，统军回县镇守。"③ 总之，远征爪哇成为元代的传奇，以后的中国人讲到遥远的国家会有一句：远到爪哇国去了。

　　从元朝的远征来看，元代中国的海上力量有很大的发展，征日本调用十万大军，征爪哇调集五千水师，从海上征占城等地，出动的兵力也在数千人以上。每次出动的海船都达到数百艘。这说明当时元朝水师的航海能力较强，不论是在唐代或宋代，都未曾调动如此大规模的海上力量进行海上远征，这是元朝超越历代的地方，也表明中国海洋文化发展的一个高峰。

　　从元朝远征的实绩看，每次海上远征最后都是无结果而还。但是，元朝海

---

① 宋濂等：《元史》卷一六二，史弼传，第3802页。
② 方回《桐江续集》卷二十六，为张都目益题爪哇王后将相图，第14页。
③ 杜士晋等：康熙《连城县志》卷七，李文庆传，第161页。

上远征的失利,其原因都不是在海上,元军在海上没有与任何对手发生值得一提的战斗,元军纵横海上,根本没有对手,这说明当时的元军完全控制了东亚的制海权。当然,这一优势并非元军以战斗打出来的,而是以中国当时的经济实力而言,根本没有一个国家能成为元朝的海上对手,元军不过是展示了这一优势而已。唐宋明知中国有这一力量而不发动远征,是因为知道这些地方的得失与中国无大碍,保持和平对中国有利。

关于元军失败的原因。元军的失利不是来自海上,而是由于大军深入不毛之地,瘟疫流行,最后无法立足而退出。从经济原因讲:当时中国的海上利益在于贸易,夺占其他国家的领土根本没有一点好处。以征爪哇为例,此战耗去经费数百万,死伤战士三千余人,然而,据《史弼传》的记载,此战所得到的战利品仅五十余万,这是一场得不偿失的战斗。不过,元军四出征讨,也改变了华人在南海的地位。"世祖皇帝既平宋氏,始命正奉大夫工部尚书海外诸蕃宣慰使蒲师文,与其副孙胜夫、尤永贤等通道外国抚宣诸夷。独爪哇负固不服,遂命平章高兴、史弼等帅舟师以讨定之。自时厥后,唐人之商贩者,外蕃率待以命使臣之礼。"[1] 汪大渊记载当时的"浡泥国","尤敬爱唐人,醉也则扶之以归歇处"[2];真腊国的法律优待唐人:"国人犯盗,则断手足、烙胸背、鲸额。杀唐人则死,唐人杀番人至死,亦重罚金,如无金,以卖身取赎。"[3] 由于海外环境良好,中国人经常留居海外诸国,周达观的《真腊风土记》记载:"唐人之为水手者,利其国中不著着衣裳,且米粮易求,妇女易得,屋室易办,器用易足,买卖易为,往往皆逃逸于彼。"[4] 又如位于缅甸的"乌爹国"盛产粮食,二钱八分的银钱可购买四十六箩米:"通计七十三斗六升,可供二人一岁之食有余。故贩其地者,十去九不还也。"[5] 一般地说,华人在东南亚国家是属于最遵守当地法律的族群,然而,宋代华人在外经常受到不公平的待遇。但在元朝,各国统治者畏惧元朝大军,大都礼遇华人,这给华商在外贸易开创了良好的条件。此后,华人更多地在外国定居。

---

[1] 汪大渊:《岛夷志略》吴鉴序,第5页。
[2] 汪大渊《岛夷志略》浡泥,第148页。
[3] 汪大渊《岛夷志略》真腊,第69-70页。
[4] 周达观:《真腊风土记》,夏鼐校注本,中华书局2000年,第180页。
[5] 汪大渊《岛夷志略》乌爹,第376页。

第二节　元代福建到北方港口的海运

中国在五代、宋、辽、金时期进入了一个割据时代，各国在政治上对峙，导致国内市场的分割，各地商路梗阻，货币难以兑换。因故，在这一时期，福建商品主要在南宋境内流通，通过榷场进入北方市场的商品较少。元统一全国后，整顿驿路、商道、货币，建立了一个统一的国内市场，元代福建的商品和物资与国内其他各省的交流加强了。

一、元初福建到北方的海运

元明之际所说的海运，就是从江浙一带运粮食到北方的辽东半岛及河北的天津，供给军队使用。元代福建宣慰司隶属于江浙行省，所以，也要承担一部分海运。在元明之际海运中成长起来的福州港，已经建立了与南京、刘家港的固定航线，这是其成为明初郑和下西洋基地的重要原因。

海运初盛于元朝。元人评价海运：

> 惟我世祖皇帝至元十二年既平宋，始运江南粮。以河运弗便，至元十九年用丞相伯颜言，初通海道，漕运抵直沽，以达京城。立运粮万户府三，以南人朱清、张瑄、罗璧为之。初岁运四万余石，后累增及二百万石，今增至三百余万石。春夏分二运至。舟行风信有时，自浙西不旬日而达于京师。内外官府大小吏士至于细民，无不仰给于此。[1]

言及元代的海运，一般认为其粮食主要来自江浙省的赋税。多数人忽略的是：当时福建宣慰司归江浙省管辖，所以，江浙北运的粮食也有福建人一份。章巽在《元海运航路考》一文中提到江南港口到福州的海运支线，文字不多，但有启发性。[2]

元代海运与福州的关系要从元初说起。早在宋代，福建人在海运中的势力

---

[1] 赵世延等：《经世大典序录》苏天爵编：《元文类》卷四十，杂著，第21页。
[2] 章巽：《元海运航路考》，南京大学历史系元史研究室编：《元史论集》，人民出版社1984年，第382页。

就是有名的，宋代末年，张世杰率淮军拥宋末二帝从海路南下，"帝行至泉州，舟泊于港。招抚使蒲寿庚来谒，请驻跸。张世杰不可，初寿庚提举市舶，擅舶利者三十年。或劝世杰留寿庚不遣，凡海舶不令自随。世杰不从，纵之归。继而舟不足，乃掠其舟，并没其赀。寿庚怒杀诸宗室及士大夫与淮兵之在泉者。宜中等乃奉帝趣潮州"。① 这条记载表明，张世杰在泉州强行没收蒲寿庚的大船。张世杰凭借这支船队活动于闽粤沿海。由于他们的海船多来自泉州，其中水手多为福建人，这是可以想象的。元朝的统治者来自大草原，本是不懂海洋的民族，但在向南扩张的过程中，元朝建立了水师。元军顺长江水路东下攻占临安，水师发挥了很大作用。临安小朝廷投降后，元朝的水师日益强大。元军入闽，一路从陆路，另一路则从水路。益王离开福州时，在海上与元军相遇，恰逢大雾弥漫，两军未及交锋，益王与其部下从容离去。其后，元军高兴部："下兴化，宋参政陈文龙降，降制置使印德傅等百四十八人，军三千，水手七千余人，得海船七十八艘。十四年旋师。"② 这条史料表明，元代的水师中，兴化人不少。另一种说法是，元军攻下兴化城时，"获海舶七千余艘"，水上实力有很大提高。③ 张世杰率部据守崖山，元朝闻知消息，派张弘范率水陆大军南下，张弘范的水师由海道袭漳州、潮州、惠州，一直到崖山与宋军决战。这都说明元朝有一支庞大的水师。文天祥被俘后，亲眼看到了崖山海战。他比较宋元双方的水师："初行朝有船千余艘，内大船极多。张（弘范）元帅大小船五百，而二百舟失道，久而不至。北人乍登舟呕晕，执弓矢不支持。又水道生疏，舟工进退失据。使敌初至，行朝乘其未集击之，蔑不胜矣。行朝依山作一字阵，帮缚不可复动。于是不可以攻人而专受攻矣。先是行朝以游舟数出得小捷，北船皆闽浙水手，其心莫不欲南向。若南船摧锋直前，闽浙水手在北舟中必为变。则有尽歼之理。"④ 可见，当时元朝的水师内也以福建人为多，浙江人次之。元朝为了将南方的物产运到北方，还发展了海上驿站。《元史》记载：至元二十六年（1289年）时，"自泉州至杭州，立海站十五，站置船五艘、水军二百，专运番夷贡物及商贩奇货"。⑤ 这段从福建到浙江的水上驿站，应当都是使用福建、浙江水手。

---

① 徐乾学：《资治通鉴后编》卷一五一，第24页。
② 元明善：《河南行省左丞相高公（高兴）神道碑》，苏天爵《元文类》卷六十五，第20页。
③ 宋濂等：《元史》卷一六二，高兴传，第3804页。
④ 文天祥：《文信国集杜诗》，文渊阁四库全书本，第11页。
⑤ 宋濂等：《元史》卷十五，世祖纪，第320页。

97

行泉府司是元朝户部专门管辖海运的派出机构，从其下辖海船达15000艘来看，元朝的海上力量极为强大。不过，元军的水手多为南宋旧人。所以，元朝官吏对他们不甚放心。至元二十六年二月："尚书省臣言，行泉府所统海船万五千艘，以新附人驾之，缓急殊不可用。"① 这些从事海运的"新附人"，就是指那些被俘的南宋水手了，他们之中掌管驾船的多为福建人，其中以兴化人为多，元代福建的妈祖信仰应是随着这些水手向北方沿海发展。至元二十八年八月，元朝又下令："罢泉州至杭州海中水站十五所。"② 可见，元朝从泉州到杭州的海上驿站，仅存在两年六个月。它是闽浙海上联通关系的映正。

元代朱清与张瑄的海运引人注目。朱张二人于至元十九年从江南航行到直沽，至元二十四年后，朱清与张瑄大举北运粮食，他们所依靠的海船驾驶者，应当仍是行泉府司所管辖的"新附人"，也就是说，他们是一批在宋末元初被张弘范俘虏的南宋水手，其中又以福建人最为重要。因此，朱清与张瑄要让海运业顺利发展，就必须重用这批福建人，并重视他们的信仰。昆山、太仓的天妃庙，都是在朱清、张瑄率船队在这里驻扎之后才兴建的，而后成为当地主要海神庙，这反映了福建人的影响。其后海运发展很快，《元史》记载："元自世祖用伯颜之言，岁漕东南粟，由海道以给京师，始自至元二十年，至于天历、至顺，由四万石以上增而为三百万以上，其所以为国计者大矣。"③ 据记载，元代从江南驶向北方港口——直沽的大船，平均每只载重1375石，每艘船约有100名水手，若每年运输四万石，要动用29艘船、2900名水手；若是每年运输300万石，则要动用2182艘船只、218200名水手！由此可见，这是规模极大的海运，其航程虽然比不上郑和下西洋，但所使用船只数量、水手人数都是郑和远航的七八倍，在古代世界叹为观止。

由于元代海运粮食的规模越来越大，开始动员福建的海运力量。武宗时，"江浙省臣言：'曩者朱清、张瑄海漕米岁四五十万至百十万。时船多粮少，顾直均平。比岁赋敛横出，漕户困乏，逃亡者有之。今岁运三百万，漕舟不足，遣人于浙东、福建等处和顾，百姓骚动'。"④ 这条史料说明：元代中叶，江南北运粮食已达三百万石上下，不得不从福建、浙江等地雇船运粮。考福建省于大德三年（1299年）撤销省制，设立福建宣慰司，隶属于江浙行省。福建宣慰司分摊一些海运粮食，应是大德三年以后的事。其时，福建归江浙行省管辖，

---

① 宋濂等：《元史》卷十五，世祖纪，第320页。
② 宋濂等：《元史》卷十六，世祖十三，第349页。
③ 宋濂等：《元史》卷九七，食货五，第2481页。
④ 宋濂等：《元史》卷二三，武宗纪二，第528页。

又是沿海之地,所以,由福建分担一些海运任务是合理的。虞集在为黄头作传时提道:"粮之登舟,自温台上至福建,凡二十余处。皆取客舟载之,至浙西,复还浙东入海。公请移粟庆元,海舟受之。自烈港入海,无反复之苦。"① 对海运史颇有研究的郑若曾说:"间考元时海运故道,南自福建梅花所起;北自太仓刘家河起,迄于直沽,南北不过五千里,往返不逾二十日。"② 文中提到的梅花所,位于闽江入海口,是福州港的外围港,福州海船进入海洋,必经此地。这些史料都证明福州是元代海运起始港之一,也是元初海运最南的港口。很显然,由福州运到天津的海路最长,运费最贵。乌斯道说:

朝廷设内外官视海道漕运为重,闽广湖南为远,故咸有优遇于其间。每岁海运北上,天子必命重臣延燕,给光禄之膳,用待仪之乐,复锡之以文织焉。闽、广、湖南去中国数千里,之官者,有崎岖跋涉之劳,故议缩其考,而伸其职。往往由是而得优转也。③

可见,当时元朝给运粮到北方的福建官员一定的优惠。又有一条史料记载:

至大三年,以福建、浙东船户至平江载粮者,道远费广,通增为至元钞一两六钱,香糯一两七钱。四年又增为二两,香糯二两八钱,稻谷一两四钱。延祐元年,斟酌远近,复增其价。福建船运糙粳米每石一十三两,温、台、庆元船运糙粳、香糯,每石一十一两五钱。④

如其所云,当时江浙行省因福建来米路较远,还给福建增加了运费。但其运费价格令人惊讶。元代大米的价格很难找,按照明代前期的例子,一石白米在福建的价格不会超过半两银子吧,有时四分之一两银子都可买到一石米。元朝官府竟为此付出一石米值十三两的价格!不过,结合上下文来看,官府付出的应是钞票,而不是银两。元代的钞票贬值很厉害,即使是在元代中期,票面价值或不值实际价值的十分之一。为了运这些粮食,福建官府还得征调民船,征发民夫,聘请水手及火长,花费是很大的。所以,海运实际上就是地方补贴

---

① 虞集《道园学古录》卷四十一,昭毅大将军平江路总管府达噜噶齐兼管内勘农事黄头公墓碑,文渊阁四库全书本,第18页。
② 郑若曾:《郑开阳杂著》卷九,海运图说,文渊阁四库全书本,第4页。
③ 乌斯道:《春草斋集》卷三,送丁侯元善赴福清监州序,文渊阁四库全书本,第2页。
④ 宋濂等:《元史》卷九三,食货一,第2365页。

朝廷的一种方式。

总之，元代隶属于江浙行省的福建宣慰司也是海运漕粮的主要承担者之一。弘治《八闽通志》记载，元代福州有天妃庙："在水步门内之左城垣下，宫之创已久。"该庙为元朝官员祭祀天妃之地，而元代至顺四年宋褧为代祀官时，就为福州天妃庙写过祝词："神灵孔昭，相我漕事。惟闽诸郡，列祠有年。莅政之初，遣使代祀。式陈菲荐，庸答神休。"可见，这些祭祀与福建漕运有关。

元代是早期天津市直沽镇大发展时代。其时，直沽镇上出现了闽粤人建造的天妃宫，它反映了闽人与天津的海上联系。

二、元末福建到北方港口的海运

元末江淮之间暴发了红巾军起义，张士诚占领江南，方国珍占领浙东，江南至元大都的海运线被切断，海运漕粮一时断绝。据《元史·食货志·海运》，至正十二年十二月，"中书左司郎中田本初言江南漕运不至，宜垦内地课种"。[①]可见，当时因漕粮不至，有些朝官主张在北方种水稻。其后，张士诚和方国珍一度投降元朝，海运粮食开始恢复。《元史·贡师泰传》记载："至正十四年除吏部侍郎。时江淮兵起，京师食不足，师泰奉命和籴于浙右，得粮百万石以给京师。"[②]盘踞浙江的方国珍为了答谢元朝给予的高官，曾经为元朝廷运送漕粮，其数量约为每年11万石上下。至正二十年，大都闹粮荒，时任户部尚书的贡师泰管辖闽中，令福建行省以盐赋收入买粮食："由海道转运给京师，凡为粮数十万石，朝廷赖焉。"[③]贡师泰从浙江到福建，曾做《海歌》五首：

黑面小郎桌三板，载取官人来大船。日正中时先转柁，一时举手拜神天。
出得蛟门才是海，虎蹲山下待平潮。敲帆转舱齐着力，不见前船正过礁。
只屿山前放大洋，雾气昏昏海上黄。听得柁楼人笑道，半天红日挂帆樯。
四山合处水门开，雪浪掀天不尽来。船过此间都贺喜，明朝便可到南台。
碇手在船功最多，一人唱声百人和。何事浅深偏得记，惯曾海上看风波。[④]

诗中提到福州的南台，可以证明当时南台在福州港的重要地位。当此之际，

[①] 徐乾学：《资治通鉴后编》卷一七五，第11页。
[②] 宋濂等：《元史》卷一八七，贡师泰传，第4295页。
[③] 宋濂等：《元史》卷一八七，贡师泰传，第4296页。
[④] 贡师泰：《海歌五首》，[清] 郝玉麟等：雍正《福建通志》卷七十八，艺文十一，海歌五首，文渊阁四库全书本，第25页。

南方的福建及岭南、云南等地尚在元朝统治之下，双方往来，多绕行海路。黄镇成①的《秋声集》载有《直沽客》一诗："直沽客，作客江南又江北。自从兵甲满中原，道路艰难来不得。今年却趁直沽船，黑洋大海波连天。顺风半月到闽海，只与七州通卖买。呜呼，江南江北不可通，只有海船来海中。海中多风多贼徒，未知来年来得无。"② 该诗反映了福州与天津之间的海上交通。

元末，罗良任福建行省参知政事，至正二十二年（1362年）建分省于漳州③。他的实力主要在漳州与广东的潮州、梅州。罗良与元朝廷关系较好，至正二十三年，罗良派人从海道运粮赴北方。吴朴记载：

> 夏四月，元守漳州右丞罗良遣其将运粮，由海道给行在军，诏进良为光禄大夫，赐爵晋国公，遂设南诏在屯田万户府。自方国珍、张士诚之乱，江南五省粮米不至京师，虽加官赐龙衣樽于国珍、士诚，所征粟仅十万石，及是良遣僚佐，具舟由海道运粮抵辽东，以给行在官军，仍贡方物以资朝用，举朝叹异。④

不过，罗良对元朝的进贡也只进行了一次，"一行海运遂止"。吴朴为此十分感慨。⑤

吴朴记录了元代罗良的粮船从漳州到北方港口的航路：

> 漳州虽曰僻郡，去京师八千里，然其为郡也上。……自太武而北，经乌丘、牛屿、东沙、三礁、宫圹、五虎门；南巴、东落、黄裙、岐山、真谷、箕山、东西鸡坛、头沉礁、九山乱礁、孝顺、双屿、崎头、升罗庙洲、滩山、姑山、大小七山、茶山、洪港、宝山，东出海门，刘家港、黑水、沙门，直抵成山，所历泉州、兴化、福州、福宁、温州、台州，宁波、太仓、海州、青州、莱州、宁海、文登，东至

---

① 黄镇成（1288—1362），福建邵武人，元代著名的山水田园诗人。
② 黄镇成：《秋声集》卷一，直沽客，文渊阁四库全书本，第6页。
③ 钱谦益：《国初群雄事略》卷十三，福建陈友定，中华书局1982年，第286页。
④ 吴朴：《龙飞纪略》卷二，元至正二十三年，陈佳荣、朱鉴秋编著：《渡海方程辑注》，中西书局2013年，第203页。
⑤ 吴朴：《龙飞纪略》卷二，元至正二十三年，陈佳荣、朱鉴秋编著：《渡海方程辑注》，第203页。

成山。①

这些航路上的要点包括福州的五虎门。漳州船从福州往北所经航路,也是福州船去北方的航路了。

元末和罗良齐名的还有陈友定。元末陈友定为福建行省平章事,与朱元璋角逐多年。洪武元年,明军大举入闽,陈友定战败被俘,不肯投降,被杀。因其死前尚为元臣,钱谦益的《国初群雄事略》对其评价很高。这一观点也影响了其他人,许多不是他的事也被按到陈友定身上。谷应泰的《明史纪事本末》说:"(至正)二十四年,陈友定开省延平,迁行省平章政事。时元大都道绝,友定遣贡舶,多由海道取登莱,十达三四,元主下诏褒美。"② 按,陈友定开省延平府,不是行省,而是分省。陈友定一生事迹如下:

陈友定,福州路福清州人,幼年时其父携家迁至清流县明溪乡。成年为后明溪驿驿卒。至正十二年(1352年),宁化的曹柳顺反元队伍发展到数万人。一日,曹柳顺派出八十名士兵来明溪驿索马,被陈友定袭杀。曹柳顺亲率步骑兵千人扫荡明溪寨,又被陈友定击溃。福建行省封他为明溪寨巡检。吴按摊不花攻打邵武义军时,他也跟随作战,积功升至清流县尉。当时闽西一带到处是反元义军的山寨,友定逐一削平之,升任延平路总管。邓克明部红巾军多次入闽,都是被他击败。元朝论功行赏,至正十九年升友定为福建行省参政,至正二十一年升他为汀州分省参知政事,二十四年任延平分省平章事。至正二十六年陈友定平定亦思巴奚之乱后,升任福建行省平章政事,成为福建省最高行政长官。③ 陈友定长期为元朝作战,但是,他的势力主要在汀州路,后来渐渐发展到邵武路、建宁路、延平路,至正二十四年建分省于延平路,是他在福建山区势力的反映。一直到至正二十六年陈友定任福建行省平章政事,他的势力才统治福州。所以,至正二十六年以前,福州的福建行省所为各事,都与陈友定无关。当时福建行省由朝廷直接管辖。至正二十年,福建行省在贡师泰的主持下,开始向北京运输粮食,每年有几十万石。④ 但都与陈友定无关。例如,至正二十三年漳州分省罗良运输粮食到辽东便是一例。

自至正二十年之后,福建省每年都向朝廷运粮,在有些年份,大都不缺粮,

---

① 吴朴:《龙飞纪略》卷二,元至正二十三年,陈佳荣、朱鉴秋编著:《渡海方程辑注》,第205页。
② 谷应泰:《明史纪事本末》卷六,太祖平闽,中华书局1977年,第84页。
③ 关于陈友定的事迹,可参见徐晓望:《福建通史·宋元卷》,福建人民出版社2016年。
④ 宋濂等:《元史》卷一八七,贡师泰传,第4296页。

福建行省便以"盐赋十之六，杂易一切供上之物"。在京师派来的户部尚书主持下，行省官员"严法以防奸市平估以通懋迁，远近闻之，商贾交集，不数月得绫、絁、紬、锦、绮、缯、布、丝、枲十数万"，随后运至大都。① 由此可见，从福州给大都运粮食，在至正二十年以后已经成为福建行省的一个惯例，还在陈友定在汀州路、建宁路、延平路苦战之时，福建行省便这样做了。陈友定于至正二十六年升任福建行省平章事，至正二十八年（即洪武元年）战败，他真正在福州管事前后仅两年。这两年中，他北上与明军作战，南下与罗良作战，无暇暖席，在福州时间不多。所以，不是陈友定为元大都进贡粮食，而是陈友定任福建行省平章事之后，长期不在福州，元朝行省仍然按照惯例给元大都进贡粮食。元代福建的海运船队十分庞大，行省官员曾向朝廷报告："三月中当先发一百船，赴都呈报。"② 可见，元朝在福建的运粮船数量很多。总之，元末福建为朝廷输送粮食与钱物，主要是元朝福建行省官员的功劳，大都与陈友定无关。

第三节　元朝对澎湖台湾的经营③

元代的瑠求是不是台湾？或者说是台湾的哪一个地方？彭湖巡检司设置于哪个年代？这都是一直有争议的问题。近年以来，有几条相关史料发现，细读之下，有所心得，愿展示于此，以求教于同好。

一、吴志斗与杨祥争议考

元朝发兵瑠求，是元朝经营海外的一件大事。《元史·瑠求》记载："世祖至元二十八年九月，海船副万户杨祥请以六千军往降之，不听命，则遂伐之。朝廷从其请。继有书生吴志斗者，上言生长福建，熟知海道利病。以为若欲收附，且就彭湖发船往谕，相水势地利，然后兴兵未晚也。冬十月乃命杨祥充宣

---

① 贡师泰：《玩斋集》卷六，送李尚书北还序，第47页。
② 李士瞻：《经济文集》卷三，上中书左丞相，文渊阁四库全书本，第5页。
③ 徐晓望：《元代瑠求及台湾、彭湖相关史实考》，《福建师范大学学报》2011年，第4期。

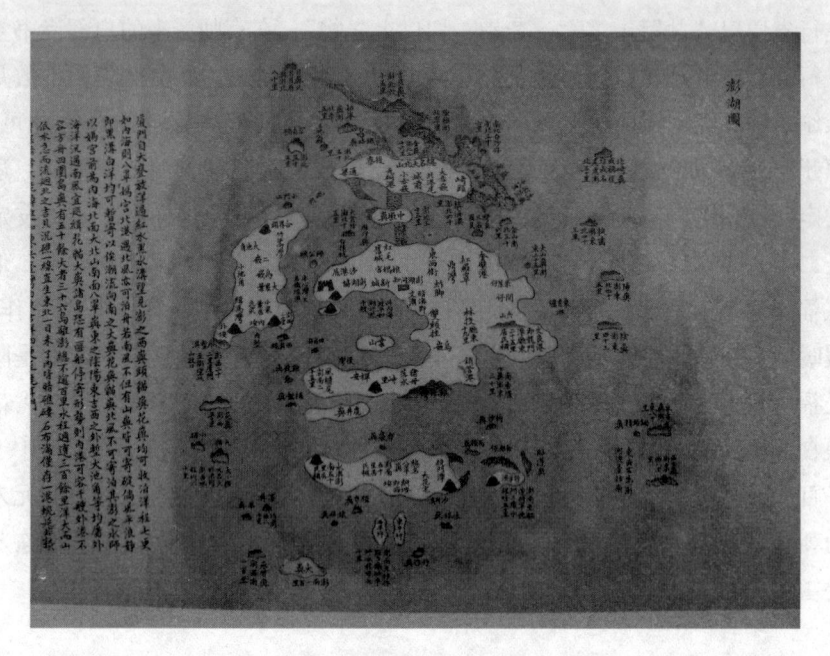

图 3-2 清代初年的澎湖地图①

抚使，给金符；吴志斗礼部员外郎，阮坚兵部员外郎，并给银符。往使瑠求。"可见，因闽人吴志斗的建议，元朝改变了直接以武力攻打瑠求的方式，改派吴志斗先行说服，希望不动刀兵，便让瑠求前来进贡。以上是《元史》旧有的记载。《长乐县志》中有吴志斗的传记："吴志斗，沙京人。道术震京师。至元间，太后病暑，召入宫，令其降雪为凉，雪立降盈尺，授以礼部员外郎。会副万户杨祥请伐琉球，志斗请先招抚之，帝从其议。乃遣杨祥、阮鉴，同志斗往招抚。"② 如其所说，吴志斗实际上是福建长乐的一名道士。他以道术闻名于北京，在北京各教竞争的背景下，为道教长分不少。后来他成为元朝礼部的官员，因而会与杨祥等人讨论关于出兵瑠求一事。

我在张之翰的《西岩集》中发现一条史料，有助于认识吴志斗与杨祥的争议。张之翰有一首名为《送吴泉阳使琉球》的诗："建安郡东有琉球，八百年不通中州。天清风静曾极目，依稀但见云烟浮。人言此地足奇货，上请便欲一鼓收。吴君生长闽海曲，独谓何足烦戈矛。九重许辨非与是，折渠不倒不肯休。

---

① 此图录自清乾隆三十九年至六十年（1774—1835 年）的《中华沿海形势全图》的局部，见北京大学图书馆编：《皇舆遐览——北京大学图书馆藏清代彩绘地图》，中国人民大学出版社 2008 年，第 250 页。
② 李驹等：《长乐县志》卷二八，吴志斗传，第 1028 页。

朝堂诸公为动色，一书能止百万之貔狖。诏令彼往君亦往，其意岂与陈张侔。海神不惊水安流，明年事了登归舟。看书竹帛垂千秋。"① 诗中的闽人吴泉阳奉命出使琉球（瑠求），他应当就是《元史》中提到的闽人吴志斗，"志斗"应是他的名，"泉阳"是他的号。吴志斗是闽人，"泉阳"一般指泉州南部的晋江县地区，他取这个名号，说明吴志斗到过晋江一带。张之翰的诗揭示，杨祥主张发兵瑠求，其目的是想掠夺海外的财富。吴志斗挺身反对，在朝廷上面折杨祥，并说服朝廷大臣支持他的主张——先派人游说瑠求，若瑠求不肯进贡，再派军队压服瑠求。

我们知道，元朝是中国历史上最崇尚武力的一个朝代，为什么朝廷大臣会接受吴志斗的建议？这是因为，此前元朝两次征日本都遭到失败，十万以上的元朝军队大都葬身海外。忽必烈愤于远征军大败，下令沿海各省造船，准备第三次远征日本。由于元朝计划造船数量极多，造成沿海各地民众极大的压力。在众臣的劝导下，忽必烈最终取消了这一计划。不料才过了十年左右，又有人主张海外扩张，老百姓的不满是肯定的。吴志斗正是在这一背景下敢于和杨祥争论，要求先行招抚瑠求。应当说，吴志斗这种以和平为上的海外政策，是一种明智的政策，也是合理的要求。所以，忽必烈答应了他的要求。吴志斗早就担任了礼部员外郎，此时受命出使瑠求。吴志斗以一介道士因法术而升任礼部员外郎，他敢于承担出使瑠求一事，可能是想衣锦还乡吧。吴志斗是一个能说会道的人。张之翰咏吴泉阳："九重许辨非与是，折渠不倒不肯休。朝堂诸公为动色，一书能止百万之貔狖。"从这两句诗来看，当年吴志斗还和对手在朝廷上进行辩论，将杨祥驳得哑口无言，其风采令人怀想。在这一背景下，张之翰为其赠诗送行，以壮行色，则是可以理解的。其时，还有另一个人也给吴志斗赠诗，他就是元代名臣赵孟頫。

赵孟頫的诗集中，有一首《送吴礼部奉旨诣彭湖》的诗："为国建长策，此行非偶然。止戈方见武，入海不求仙。朱绂为郎日，金符出使年。早归承圣渥，图像上凌烟。"② 赵孟頫称赞吴志斗的主张是"为国建长策"，这是有见识的观点。赵孟頫并盼望吴志斗能够成功回来，建功立业，成为凌烟阁上的名臣。对于反对征瑠求的传主，他大加赞扬："或上书谓征瑠求国及征江南包银，有诏集百官议而行之，公力请于上，为寝其事。"③

---

① 张之翰：《西岩集》卷三，送吴泉阳使琉球，文渊阁四库全书本，第3-4页。
② 赵孟頫：《松雪斋集》卷四，送吴礼部奉旨诣彭湖，第6页。
③ 赵孟俯：《松雪斋集》卷七，鲁国公谥文贞喀喇公碑，第26-27页。

张之翰及赵孟頫大力支持吴志斗,其实反映了朝廷上的文武之争。以赵孟頫为首的汉人儒臣,希望用儒家思想改造忽必烈,对外采取和平为主的政策。而杨祥则代表元代朝廷武将历来的观点,是通过战争取富。所以,他们往往轻率地发动对外战争,给民众带来极大的灾难。老百姓从心理都是希望和平的,所以,吴志斗的建言,让老百姓十分高兴,朝廷中的儒臣对他支持也是很大的。

赵孟頫在元朝的经历是十分奇特的。他原是宋朝宗室,宋亡之后居于民间,因才华过人,被元朝廷请出做官。赵孟頫于至元二十四年进入元朝廷,马上被任命为五品官职,超越官场许多人。忽必烈对其十分信任,有事经常咨询赵孟頫的意见。① 因赵孟頫的身份十分独特,他马上在汉人中引起注意,民众往往将其当作一面旗帜,知道只有他能为汉人说话。元朝的其他官员对此十分不安,他们见赵孟頫与忽必烈很亲近,很想将赵孟頫逐出朝廷。吴志斗建言招抚,肯定是赵孟頫在背后支持,否则他不会写诗送行吴志斗。他的成功,引起其他朝廷贵官的不满,赵孟頫对此十分明白。次年正月,赵孟頫突然要求外放地方官,并得到批准。从此,赵孟頫脱离中央朝廷,长期在地方做官。直到元仁宗上台,他才返回朝廷,仕至一品高官。

赵孟頫主动退出中枢是聪明的举动。因为,承担出使瑠求任务的吴志斗最终遭到武将集团的报复。《元史·瑠求》记载吴志斗及杨祥去瑠求的情况:

> 二十九年三月二十九日,自汀路尾澳舟行。至是日巳时,海洋中正东望见有山长而低者,约去五十里。祥称是瑠求国,鉴称不知的否?祥乘小舟至低山下,以其人众,不亲上,令军官刘闰等二百余人以小舟十一艘,载军器,领三屿人陈煇者登岸。岸上人众不晓三屿人语,为其杀死者三人,遂还。四月二日至彭湖。祥责鉴、志斗"已到瑠求"文字,二人不从。明日不见志斗踪迹,觅之,无有也。先志斗尝斥言祥生事要功,欲取富贵。其言诞妄难信。至是疑祥害之。祥顾称志斗初言瑠求不可往,今祥已至瑠求而还,志斗惧罪逃去。志斗妻子诉于官,有旨发祥、鉴还福建置对。后遇赦,不竟其事。②

以上记载表明,杨祥对吴志斗记恨在心,所以,他在寻找瑠求时仅仅遇到一些小挫折,就下令返航,置吴志斗的使命不顾。此时吴志斗若是同意杨祥的

---

① 陈高华:《赵孟頫的仕途生涯》,《陈高华文集》,上海辞书出版社2005年。
② 宋濂等:《元史》卷二百一十,瑠求传,第页。

"已到瑠求文字"，自己就有失职的罪名，因其未能招降瑠求就返航了。因故，吴志斗不肯签字，当夜吴志斗就失踪了，他明显是被杨祥暗算的。杨祥为何要暗算吴志斗？这是因为吴志斗能说会道，在朝廷上辩论，杨祥肯定不是对手，届时会被朝廷追以失职之罪。耐人寻味的是，元朝表面上要追究吴志斗死之案，最终还是因大赦放过杨祥，这反映了元朝嗜血的武将集团在对外政策中有更强的发言权。其时，赵孟頫已经退出中枢，朝廷中儒臣的势力大减。不久，元朝重又拾起海外扩张的政策，发起远征爪哇等战役。这时已经没有人阻挡了。

总之，吴志斗与杨祥之争不是个人意气，而是朝廷中文武众臣的派系之争。吴志斗死于出使途中是一个悲剧，也是儒臣集团失败的一个象征。其后，元朝再度发动新一波的海外扩张。不过，儒臣们的主张，具有深谋远虑的特点，它最终还是会影响朝廷政策。

二、元代的"汀路尾澳"考

元朝于至元二十八年（1291年）决定派舰队访问"瑠求"，其后，朝廷的官员来到泉州境内。至元二十九年三月二十九日，元朝的舰队在杨祥、阮鉴、吴志斗等人的率领下，自"汀路尾澳"出发，去探寻"瑠求"。关于元史中的"瑠求"是什么地方？史学界一直存在争议。我认为，解决这一争议最重要的还是探寻"汀路尾澳"在什么地方？明白了这个地方，才能进一步探讨"瑠求"问题。当然，这是一个往常未曾涉及的难题。

明初胡翰曾有一篇文章，涉及元代出使"瑠求"一事：

> 东南海中诸夷，国远而险者，惟日本；近而险者，则流球耳。……其后又议取流球，用闽人吴志斗之言，不出师而遣使往谕其国。留泉南者虽久之，讫不能达而罢。岂二国果不可制乎？亦中国未有以服其心也。[①]

这段文字中透露的一个重要信息是：吴志斗等人曾在"泉南某地"驻扎很久，最后才从"汀路尾澳"出发。那么，汀路尾澳在何地？明清时期的闽南文献中，查不到"汀路尾澳"。按照闽南人的语言习惯，港口可以称之为澳，"尾澳"是一种地形特殊的港口，在福建沿海的港口中，至今有一些港口被称为"尾澳"，例如，清初杜臻《粤闽巡视纪略》一书的卷四与卷五，记载福建沿海

---

① 胡翰：《胡仲子集》卷五，文渊阁四库全书本，第9—10页。

港口中：东山岛有井尾澳，惠安县有峰尾澳，平潭岛有晃尾澳，但是，其中找不到"汀路尾澳"。自元朝以来，闽南一带人口密集，当地人的文化得到很好的传播，所以，古代港口的名字不会在文化变迁中失去。因而，这个"汀路尾澳"应在闽南所辖外岛上找寻。

在元代文化名人赵孟頫的诗集中，有一首《送吴礼部奉旨诣彭湖》的诗，经方豪先生的考证，这首诗就是送给吴志斗的。① 全诗的引用可见上文。这首诗的诗名透露的消息是：吴志斗是"奉旨诣彭湖"。可见，吴志斗等人长久驻扎的"泉南某地"，应当就是彭湖（清以后称为澎湖）！也就是说，"汀路尾澳"是彭湖的一个港口。事实上，吴志斗向元世祖建议招抚"瑠求"之时，便提出："且就彭湖发船往谕，相水势地利，然后兴兵未晚也。"② 这也说明：元朝出兵的"汀路尾澳"是彭湖的一个港口。

汪大渊的《岛夷志略》介绍澎湖："岛分三十六，巨细相间，坡陇相望，乃有七澳居其间，各得其名。"可惜的是，他未记下"七澳"的具体名字。明代初年，朝廷将澎湖列岛的民众都迁至漳泉沿海。杜臻《粤闽巡视纪略》："明洪武五年，以其民叛服不常，大出兵，驱其大族徙置漳泉间。今蚶江诸处遗民犹存。"③ 其后，澎湖成为荒地，没有人烟。闽南人再次进入澎湖，则是在明中叶以后了，其间相隔一百多年。明万历二十六年，明朝在澎湖驻军，后被荷兰占据，引起双方冲突。荷兰人被迁至台南的北港。荷兰人在澎湖时，驱华人为其筑城，死亡率很高，当时的岛民很难生存下来。郑经统治台湾时，澎湖方才又有驻军与人口。闽南文化在澎湖得以传承至今。经历多次人口的变迁，清代澎湖的闽南人，不太可能传承元代彭湖的名字。

清代第一部《台湾府志》由知府蒋毓英撰写，编成于康熙二十四年。该书记载澎湖三十澳，其名为：娘妈宫澳、西垵仔澳、双头跨澳、东卫澳、西卫澳、鼎圆仔澳、红罗罩澳、湖东澳、湖西澳、龟壁港澳、小果叶仔澳、良文港澳、林投仔澳、烟墩仔澳、锁管港澳、峙内澳、瓦铜港澳、通梁港澳、镇海港澳、大赤坎澳、小赤坎澳、外堑澳、内堑澳、竹稿湾澳、辑马澳、八罩澳、大屿澳、花屿澳、东吉澳、西吉澳。④ 这部府志表明，清代澎湖列岛仍然保持着将港口称为"澳"的习惯，澎湖全部水澳达30个。又据黄叔璥的《台海使槎录》第二卷，澎湖南部的一个港口被称为"风柜尾澳"，它是蒋氏府志中被称为"风柜

---

① 方豪：《台湾早期史纲》，台北，学生书局1994年，第46页。
② 宋濂等：《元史》卷二百一十，瑠求传，第4667页。
③ 杜臻：《粤闽巡视纪略》卷六，文渊阁四库全书本，第2页。
④ 蒋毓英：康熙《台湾府志》卷三，叙川，厦门大学出版社1985年刊本，第33页。

仔"。如上图所示，它位于澎湖主岛的南部，往里是澎湖内港，总共可停泊帆船千艘。而其外侧，与虎井屿遥遥相望，是澎湖列岛的主要水上通道。"风柜尾澳"之名，保持了"尾澳"这一闽南的称呼习惯，从名字看，它最接近元代的"汀路尾澳"。从港口来看，澎湖内港可以停泊上千艘船只，处于内港南侧的风柜尾澳足以停泊数百艘船。元代的舰队长期停靠在彭湖，停泊在外港是很危险的，按照当地民众的习惯，冬天，所有的船只都要到澎湖内港停泊。看来元朝的舰队是选择内港的"汀路尾澳（风柜尾澳？）"作为停泊之处，春天之时，舰队便从此港出发，去探索"瑠求"所在地。

元朝水师长期驻扎在澎湖列岛，表明元代的澎湖不仅是"泉之外府"，而且是军事重镇，元军驻扎此地，震慑台湾海峡的海盗，对确保泉州航路的通畅具有重要意义。

三、元代瑠求即台湾考

确认汀路尾澳在彭湖，就可成为我们下一步研究的出发点。《元史·瑠求传》记载："瑠求在南海之东。漳、泉、兴、福四州界内。彭湖诸岛与瑠求相对，亦素不通。天气清明时，望之隐约若烟若雾，其远不知几千里也。西南北岸皆水，至彭湖渐低，近瑠求则谓之落漈，漈者水趋下而不回也。凡西岸渔舟到彭湖已下，遇飓风发作，漂流落漈，回者百一。"[①] 这一段记载表明，元代的瑠求距彭湖很近，天气晴明时，从彭湖可以隐约看到瑠求岛上的烟雾。这些"烟雾"，应是指人工烧火形成的烟雾。《隋书》记载瑠求之人垦地时，常常放火烧山，因此形成的烟雾上腾，数百里之外都能看到。如果这类烟雾经常升起，澎湖岛上之人就可以明确地判定：不远的海外，肯定有一处有人居住的岛屿。而且，这岛屿不会太小，否则，经常烧山，会将这岛屿的植被全部毁灭。元朝水师将领杨祥，应是根据这一点判定"瑠求"就在不远之处。《元史·瑠求》记载杨祥、阮鉴、吴志斗等人探寻瑠求的情况如下："（至元）二十九年三月二十九日，自汀路尾澳舟行。至是日巳时，海洋中正东望见有山长而低者，约去五十里。……遂还。四月二日至彭湖。祥责鉴、志斗已到瑠求文字，二人不从。"如果不论杨祥及吴志斗二人之间的争斗，细读这段文字，可知杨祥舰队三月二十九日从彭湖汀路尾澳出发，到达所谓"瑠求"后返回，四月二号即达彭湖，可见，杨阮吴的舰队探访"瑠求"，前后只用了四天时间！

由彭湖出发，四天之内来回，展开地图便可知道，他们所到达"瑠求"，只

[①] 宋濂等：《元史》卷二百一十，瑠求传，第4667页。

可能是台湾岛的一个部分，绝对不可能到达明代被称为琉球的冲绳群岛。其次要注意的是，杨阮等人的舰队是在农历三月底出发，四月底回到彭湖。这个季节正是台湾海峡风向不定的时候，主要以南风为主，但时有北风，所以，不论向北还是向南，都比较方便。不过因北风较少，南风较多，最好的方式是寻找北风出航，然后顺着日益强烈的南风返航。这一点也可得到有关"三屿"史料的证明。三屿进入中国人的视野是在宋代末年的《诸番志》一书，韩振华及杨博文校释《诸番志》，都认为"三屿"是在菲律宾群岛的北部。《元史》记载，元朝去"瑠求"的舰队到过"三屿"，而且还带着三屿之人陈辉到"瑠求"作翻译。《元史·瑠求传》中附有三屿小传："三屿。三屿国，近瑠求。世祖至元三十年命选人招诱之。平章政事伯颜等言臣等与识者议此国之民不及二百户，时有至泉州为商贾者。去年入瑠求军船过其国，国人饷以粮食，馆我将校，无它志也。乞不遣使，帝从之。"① 由此可见，杨祥的舰队中，至少有些船只到过三屿。这样看来，杨祥离开澎湖后，应是向东南方向航行，以故有些船只漂到三屿。此外，赵汝括的《诸番志》提到"三屿"时强调，中国商人到当地做生意，每一个港口"停舟不过三四日，又转而之他"；"其山倚东北隅，南风时至，激水冲山，波涛迅驶，不可泊舟，故贩三屿者率四五月间即理归棹。"② 请注意"贩三屿者率四五月间回棹"一事，杨祥的舰队驶向东南方向，很快就回航澎湖，而其时间，正是四月初。这样看来，元朝的舰队应是由澎湖出发，往东南方向的台湾南部航行；而其登陆地点是一片长而低的低山区域，此地最有可能是台南的七鲲身半岛；元朝派去了二百人的队伍，仍有三人被杀，被迫退回舰艇，说明当地的土著数量不少。

大德元年（1297年），元朝再一次经营台湾。《元史·成宗纪》记载："改福建省为福建平海等处行中书省，徙治泉州。平章政事高兴言泉州与瑠求相近，或招或取，易得其情，故徙之。"③ 该年十一月，"福建行省遣人觇瑠求国，俘其傍近百人以归"。④ 次年，元朝廷"遣所俘瑠求人归谕其国，使之效顺"。⑤ 按，元军在瑠求被杀三人，这对元军来说是一种侮辱。所以，高兴任福建行省平章政事后，要派军队到瑠求挽回面子。这表明，大德元年元军所登陆的地方，应当就是杨祥军队受小挫的地方。也就是说，元军所经营的瑠求，应当是台湾

---

① 宋濂等：《元史》卷二百一十，瑠求传，第4667页。
② 赵汝括：《诸番志》卷上，中华书局1996年，第144页。
③ 宋濂等：《元史》卷十九，成宗纪，第409页。
④ 宋濂等：《元史》卷十九，成宗纪，第414页。
⑤ 宋濂等：《元史》卷十九，成宗纪，第417页。

的南部。不过，因瑠求对元朝来说相当重要，所以，元朝最终决定以安抚为主，将一百多名被俘的瑠求人全部放回原地。这一百多名瑠求人回到故地，肯定会大肆宣传他们在大陆的所见所闻，也就将元朝的强大传达到瑠求，从而达到震慑瑠求的作用。

为什么说瑠求对元朝来说相当重要？这是因为，元代泉州市舶司是元朝重要的财政来源地之一。而泉州的繁荣，有赖于它的海外联系。古代将南洋分为东洋与西洋两部分，其根据是以福建至浡泥（今文莱）航线为中心，其理由是：从泉州或厦门出洋，乘正东风，可直驶浡泥，因此，浡泥之东的区域有苏禄、琉球等，而台湾（当时名为小琉球）也是属于东洋的。由于台湾海峡与南海盛行东北风与东南风，所以，从福建往东洋地区很不容易，其间必有逆风之旅。元代闽人去东洋的苏禄，一般是向东航行先到澎湖岛，然后从澎湖岛乘东北风南下，直达菲律宾群岛。若在半途遇到逆风，则有可能在台湾的南部停靠，所以，元代的《岛夷志略》诸书，都记载了"小琉球"的情况。台湾学者在澎湖及台南的考古表明，宋元时期，从澎湖到台湾南部，再到菲律宾群岛，存在着一条"丝瓷之路"。大量的元代瓷器出土，说明元代的澎湖是一个繁荣的中国商品转运站。① 元代闽船到吕宋群岛贸易，澎湖群岛是必经之处。"府外贸易，岁数十艘，为泉外府。"② 所以，元军有必要确保这条航路的安全。

其时，元军驻扎在澎湖，但在台湾并无驻兵，最多偶尔派舰队前去巡逻。为了确保航路的安全，最好是善待台湾南部的少数民族，使他们不要袭击过往舰队，并提供汲水、避风等方便。这是福建行省对瑠求采取怀柔政策的原因。应当说，元朝对称瑠求的怀柔政策最后是成功的，元代史料表明，元代晚期，泉州一带的民众已经可以在台湾岛上登陆。例如，在泉州任职的汪大渊曾经到过瑠求。据汪大渊《岛夷志略》记载：瑠求"地势盘穹，林木合抱。山曰翠麓，曰重曼，曰斧头，曰大崎。其峙山极高峻，自彭湖望之甚近。余登此山则观海潮之消长，夜半则望旸谷之日出，红光烛天，山顶为之俱明。土润田沃，宜稼穑。气候渐暖。俗与彭湖差异。水无舟楫，以筏济之。男子妇人拳发，以花布为衫"。元代台湾是商人的一个贸易点，"地产沙金、黄豆、黍子、硫黄、黄蜡、鹿、豹、麂皮。贸易之货，用土珠、玛瑙、金珠、粗碗、处州磁器之属"。③ 就此来看，元代大陆民众与台湾的联系远胜于宋代，宋代外来人很难在台湾登陆，

---

① 陈信雄：《宋元海外发展史研究》，台南，甲乙出版社1992年，第136页。
② 何乔远：《闽书》卷七，第179页。
③ 汪大渊：《岛夷志略》，琉球，第16-17页。

而元代客商可至台湾贸易，反映了双边关系的发展。

四、元朝设置彭湖巡检司的时间

巡检司是宋元时期设于海防、陆防要地的一种地方治安机构，它的主要工作是在境内经常出事的地区巡逻，搜捕盗匪，加强治安。宋代泉州府已在澎湖岛驻兵，元代澎湖列岛是福建百姓的居住区，汪大渊的《岛夷志略》介绍澎湖："岛分三十六，巨细相间，坡陇相望，乃有七澳居其间，各得其名。……地隶泉州晋江县。至元间立巡检司，以周岁额办盐课中统钱钞一十锭二十五两，别无科差。"① 其中"至元间立巡检司"一句，引起很大争议。这是因为，元朝有两个"至元"年号，前"至元"为忽必烈的年号，后"至元"为元末的元顺帝的年号之一，由于《岛夷志略》约成书于元顺帝至正九年，此前两个年号都已经使用过，所以就有彭湖巡检司究竟设于哪个至元年间的问题。对这一问题，台湾与大陆的学者有两种意见，荣孟源认为彭湖巡检司设置于前至元年间②；陈孔立进一步提出元代彭湖巡检司设立的时间应是在元世祖至元二十九年至三十一年之间③；张崇根则认为应是在前至元十六至十八年之间。④

台湾学者的意见不同，郑喜夫认为彭湖巡检司设置于前至元年间（1335—1340年）⑤，方豪分析相关史料后却提出：彭湖巡检司设立于后至元年间。⑥ 可见，这一问题有待讨论。

关于彭湖巡检一职，近年发现了多条史料，例如江浙人周草庭当过彭湖巡检。元代的学者刘仁本有一首《过枫亭驿和周草庭巡检韵就寄》："馈粮千里又南征，笑把弓刀拥将星。汗血沙尘前后骑，檄书烽火短长亭。天连闽海团团白，山遶彭湖点点青。遥想环峰三十六，将军晏坐对沧溟。"⑦ 这首诗点明彭湖巡检长驻彭湖，所以才会出现"将军晏坐对沧溟"的状况。

刘仁本还有一首名为《自东嘉与周草庭县尉同舟至括苍诗以送之》的诗："挐舟上括苍，同载得良友。秋日净宇宙，凉飙在林薮。地势行渐高，溪流缘下走。潭影日月寒，滩声风雨骤。篙师拽短缆，伛偻状如狗。险恶勿相角，前呵

---

① 汪大渊：《岛夷志略》，彭湖，第 13 页。
② 荣孟源：《彭湖设置巡检司的时间》，《历史研究》1955 年，第 1 期。
③ 孔立：《元置澎湖巡检司考》，《中华文史论丛》1980 年，第 2 期。
④ 张崇根：《台湾四百年前史》，九州出版社 2005 年，第 365 页。
⑤ 郑喜夫：《台澎最早的职官陈信惠》，台北，《中央日报》1972 年 7 月 4 日中央副刊。
⑥ 方豪：《台湾早期史纲》，台北，学生书局 1994 年，第 48 页。
⑦ 刘仁本：《羽庭集》卷二，过枫亭驿和周草庭巡检韵就寄，文渊阁四库全书本，第 7 页。

后挥手。来舟欲挽前，去者那肯后。复有叩舷人，得鱼时贯柳。青山为主宾，挂石还沽酒。白鹤下青田，啄以芝千亩。仙班傥可寻，宦路亦何有？君今去作尉，小邑仅如斗。况乃山水佳，武夷在其右。梅福有古祠，丹台遗药臼。须君一问讯，肯寄刀圭否？"①

阅读此诗可以知道，周草庭在任彭湖巡检的前后，还当过浙江省的括苍县尉一职，所以刘仁本作诗祝贺。据四库全书简目的介绍，刘仁本为元末方国珍时期的人，周草庭与其同一个时代，应当也是元末的人。

此外，元代学者屠性的诗中也提到了彭湖巡检。这首诗即为《送人赴彭湖巡检》："三十六岛邈彭湖，见说泉南天下无。花时小队旌旗出，处处春风啼鹧鸪。"② 屠性是元末著名的学者之一，他与宋濂、王祎等人为同门师兄弟。王祎在其《祭黄侍讲先生》一文中提道："维至正十七年岁次丁酉闰九月壬寅朔，越十有七日戊午，门人金涓、屠性、宋濂、王祎、朱濂、傅藻等，谨以清酌庶羞之奠致祭于元故侍讲修史先生黄公之灵。"③ 其中的宋濂、王祎都是跨越元明两代的著名文人，这说明屠性也是元末之人，而其送人之诗，当然也是写于元末。这都说明元代的彭湖巡检一直到元末仍有人任职。

有关彭湖巡检的史料，最出名的还是有关陈信惠的记录。郑喜夫发现乾隆《泉州府志》第五十四卷中的陈信惠传：

  陈信惠，字孚中，晋江人。初试有司不利，因学古文。后以才能应帅府辟，从平漳寇有功，授山魁、彭湖、卢溪三寨巡检，移南安主簿，升南丰州判官。省檄，摄同安令，转惠安，多惠政，调顺昌。寻以老疾致仕。号退翁，有《中斋》等集。

根据这个小传，陈信惠应是在元代担任过彭湖巡检，因而，陈信惠的历史引起大家注意。不过，这个小传并未说明陈信惠是生活在哪一个时代，是元初？还是元末？有人认为，认为这段文字中的"漳寇"，应为元代初年漳州著名的陈吊眼起义，陈吊眼起义最后被元将唆都、完者都、高兴等人镇压，而唆都、完者都以后都调到外省，因此，陈信惠应是跟随元将高兴平定漳寇，而后被高兴提拔，得以担任彭湖巡检等职。

---

① 刘仁本：《羽庭集》卷一，自东嘉与周草庭县尉同舟至括苍诗以送之，第17页。
② 屠性：《送人赴彭湖巡检》，顾瑛编：《草堂雅集》卷十三，文渊阁四库全书本，第11页。
③ 王祎：《王忠文集》卷二十三，祭黄侍讲先生，文渊阁四库全书本，第13页。

从已知福建文献来看，陈信惠的小传最早载于弘治年间的《八闽通志》："陈信惠，字孚中，晋江人。初试有司不利，因学古文词。后以才能应帅府辟，从钱帅平漳寇，累功授山魁、彭湖、芦溪三寨巡检，转南安主簿，升南丰州判官。省檄摄同安尹，转惠安，多惠政。调顺昌县，寻以老疾谢事。自号退翁，有《中斋》等集。"①

这段史料涉及的最大史实是"平漳寇"。元代最出名的"漳寇"是陈吊眼起义，所以，许多人以为陈信惠相关史料中的"漳寇"即为陈吊眼。实际上，元代的漳州是反元势力的根据地，整个元代，漳州民众反抗朝廷的事例非常之多。以元末而论，李志甫起义爆发于后至元三年（1337年），元朝调动数省军队前来镇压，李志甫退入山区，一直坚持到至元六年才失败。因此，陈信惠史料中的漳寇，也有可能是李志甫。其次，《八闽通志》的陈信惠小传，明确说提拔他的是"钱帅"，可见不是元初平定陈吊眼起义的统帅高兴。从陈信惠的一生的历史来看，他早年考过科举，失利之后改学古文辞。这一段历史说明，他进入仕途时年纪不小了；元代的科举是在中叶以后才举行的，元初就没有科举制，所以陈信惠应为元末之人。另据《泉州府志》的记载，他是元代最后一任惠安县尹②；而其前任陈孚中任职于至正二十四年（1364年），此时距明军统一福建只有四年，如果陈孚中任职两年，后由陈信惠接任，陈信惠任惠安县令就应是至正二十六年。至正二十八年，明朝统一福建。陈信惠在任惠安县令时，还得到调职顺昌县令的任命，可见，他这一任惠安县令，约在至正二十六年到二十八年之间。由此来看陈信惠一生的履历，他在协助"钱帅"平定"漳寇"（可能是李志甫）之后，立有功勋，因而得授山魁巡检司、彭湖巡检司、芦溪巡检司等职，再任南安县主簿、南丰州判官、同安县尹、惠安县尹等职。在调顺昌县尹之时，因老退休。可见，陈信惠一生任过七个职务，都是下层小官，如果每个职务任期三四年，他在官场就有二三十年了。可见，他应是在至元六年（1340年）平定李志甫起义后得授巡检司官员的。由于他第一个职务是山魁巡检，他的第二个职务彭湖巡检司应是在三年以后。这样看来，陈信惠任彭湖巡检应是在元顺帝后至元末或是至正初年。

在陈信惠史料中提到的山魁巡检司和芦溪巡检司也引人注目。手头有一本"闽南芦溪黄清源"写的《绿水随笔》，黄先生是南安人，这说明芦溪即在南

---

① 黄仲昭等：弘治《八闽通志》卷六七，第589页。
② 黄任等：乾隆《泉州府志》卷二七，职官，上海书店2000年影印清光绪本，第33页。

安。"泸溪桥，元大德六年僧法助建。以上俱县北。"① 可见，元代的芦溪巡检司，应当就在南安县北的泸溪桥所在地。《泉州府志》记载："都巡寨，在县东三都潘山。绍兴间置，元至顺间徙于泸溪桥，改为泸溪巡检。明洪武二十年徙于惠安之獭窟屿。今泸溪故址尚存。"② "至顺"为元文宗年号，起于公元1330年，至公元1333年，共有四年。此时距元世祖最后一年的至元三十一年（1294年）已经有36年之久，很显然，任过泸溪巡检的陈信惠不可能是元世祖时期之人。至于山魁巡检司，有关史料更多。吴海的《闻过斋集》记载，元代大儒林泉生之父"中顺公为按察书佐，入居郡城，后为泉州山魁巡检"。③ 但山魁巡检司设于何时、撤于何时？都未见到相关史料。明代晋江王慎中与同安洪朝选为好友，他有两首诗涉及"山魁"这一地名。其一为："洪芳洲（即洪朝选）相送至山魁客舍"，其二为"山魁途次与芳洲分手"④，这都反映"山魁"即在晋江与同安之间，不可能在台湾。

　　详细分析陈信惠的史料可知，他是元代末期的人。在这方面，方豪先生是对的。不过，台湾学者就此认定元设彭湖巡检司是在后至元年间，则有些问题。因为，陈信惠等人何时任彭湖巡检及元朝何时设立彭湖巡检实为两回事。陈信惠、周草庭在元末任彭湖巡检，并不意味着元初不可能有彭湖巡检一职。《岛夷志略》说澎湖："地隶泉州晋江县。至元间立巡检司，以周岁额办盐课中统钱钞一十锭二十五两，别无科差。"⑤ 仔细分析这段话，会觉得澎湖的设置十分奇怪，因为，虽说彭湖隶属于晋江县，但元代彭湖只设立了一个军事机构——巡检司！按照正常的体制，彭湖归属晋江县管辖，应设立都里制度，如晋江的其他地方，设置了某都某里。元代彭湖只设巡检司，说明它是一个"军管区域"，因而，彭湖巡检司应是为了军事目的才设置的。通过以上分析，我们知道，元初以彭湖为根据地经营瑠求。从元朝决定发兵瑠求的至元二十八年九月，到军队出发的至元二十九年三月二十九日，元军大队在此驻扎半年之久！因此，元军很有必要在彭湖设立一个机构管理当地百姓，我想这就是元朝设立彭湖巡检司的原因。而其下令设置彭湖巡检司的长官，应当就是掌握彭湖元军实权的宣

---

① 郝玉麟等：雍正《福建通志》卷八，桥梁，南安县，第26页。
② 黄任等：乾隆《泉州府志》卷十二，公署，第28页。
③ 吴海《闻过斋集》卷五，故翰林直学士奉议大夫知制诰同修国史林公行状，文渊阁四库全书本，第3页。
④ 王慎中：《遵岩集》卷七，"洪芳洲相送至山魁客舍"，"山魁途次与芳洲分手"，文渊阁四库全书本，第19页。
⑤ 汪大渊：《岛夷志略》，第13页。

抚使杨祥。《元史·世祖纪》记载："命海船副万户杨祥、合迷、张文虎并为都元帅，将兵征瑠求。置左右两万户府，官属皆从祥选辟。"① 可见，当时元朝曾经授予杨祥设置官员的权力。在这一背景下，应是杨祥倡建彭湖巡检司之官职。而其时间，应是孔立先生所说的至元二十八年九月前后。

其次，还可从元朝在彭湖所收盐税来看。据《岛夷志略》记载，元朝设立彭湖巡检司之时，也制定了彭湖的税收："盐课银中统钞一十锭二十五两。"就《元史·食货志》的记载来看，元朝一共发行三种货币：中统钞、至元钞、至大钞，元仁宗时期废除了至大钞，而中统钞和至元钞一直使用到元末。元朝的货币通货膨胀很快，元初的钞票基本单位"锭"，相当于五十两银子，元末只相当于一两银子上下。因此，元朝若是元末才确定彭湖的盐课银，那么，"中统钞一十锭二十五两"仅相当十两多的白银，聊胜于无。其时彭湖人口甚多，税收不可能这么少。元初中统钞的价格比较接近中统钞的原始价格，如果在元初征收"中统钞一十锭二十五两"，可能就是接近本价的五百二十五两银子。对一个拥有万人的渔岛，这一征税额是合理的。因此，元朝所定彭湖税收，应是在忽必烈在位时期的至元年间。如果说彭湖巡检司之设与征收盐课同时，那么它的设立应为元代前期的至元末年。

有关周草庭、陈信惠任职彭湖巡检的史料表明，元代在澎湖实行"流官"制度，陈信惠是晋江人，周草庭应是浙江人，他们都到彭湖做过官。一般地说，中国朝廷在边疆多实行土官制度，在内地才实行流官制度，彭湖流官制度的实行，表明元朝对彭湖的控制是成功的。刘仁本的《过枫亭驿和周草庭巡检韵就寄》一诗说："馈粮千里又南征，笑把弓刀拥将星。汗血沙尘前后骑，檄书烽火短长亭。"② 说明周草庭巡检还曾被调到福建来参加平定反元起义的战斗。彭湖巡检司活动范围之广，出人意料。既然彭湖巡检司的官兵可以到西面来参加战斗，他们也有可能到东面的台湾巡逻。这样看来，方豪先生推测彭湖巡检司的巡逻范围涉及台湾，并非完全没有道理，但有待史料证明。

综上所述，元朝对瑠求的政策，因文武两派的斗争几经反复，最后因维护航路的需要，采取了以安抚为主的政策，从而达到保证东洋航路安全的目的。同样，为了维护航路的安全，元朝在彭湖设立巡检司，加强对彭湖的控制。元军出兵瑠求就是以彭湖为其基地的。元代的彭湖巡检司兵力，曾被调至福建沿海参加战斗，这说明彭湖巡检下辖的乡兵活动范围很广，不排除他们到过台湾

---

① 宋濂等：《元史》卷十六，世祖纪，第350页。
② 刘仁本：《羽庭集》卷二，过枫亭驿和周草庭巡检韵就寄，第7页。

的可能性。

五、元朝对台湾的经营

大德元年（1297年），元朝再一次经营台湾。《元史·成宗纪》记载："改福建省为福建平海等处行中书省，徙治泉州。平章政事高兴言泉州与瑠求相近，或招或取，易得其情，故徙之。"① 该年十一月，"福建行省遣人觇瑠求国，俘其傍近百人以归"。② 次年，元朝廷"遣所俘瑠求人归谕其国，使之效顺"。③

如其所述，元朝这一次经营台湾（瑠求）实际上是很成功的，他们在台湾登陆，俘虏其中近百人回到大陆。次年，他们将这些瑠求人送返原地，这就建立了双方的关系。元代后期，在泉州任职的汪大渊曾经到过琉球。汪大渊的《岛夷志略》记载琉球：

>地势盘穹，林木合抱。山曰翠麓、曰重曼，曰斧头，曰大崎。其峙山极高峻，自彭湖望之甚近。余登此山则观海潮之消长，夜半则望旸谷之日出，红光烛天，山顶为之俱明。土润田沃，宜稼穑。气候渐暖。俗与彭湖差异。水无舟楫，以筏济之。男子妇人拳发，以花布为衫。地产沙金、黄豆、黍子、硫黄、黄蜡、鹿、豹、麂皮。贸易之货，用土珠、玛瑙、金珠、粗碗、处州磁器之属。④

汪大渊对台湾的描述出自亲历，很有价值。关于汪大渊所登的峙山是台湾的哪一座山，人们有许多猜测，最多的是玉山。因为，只有台湾最高的玉山才能满足"极高峻"这一特点。不过，哪个时候汪大渊可能进入台湾腹地登上玉山吗？这又是许多人怀疑的。令今人困惑的是：元代汉人对台湾的知识，因明代初年实行迁徙澎湖人口回大陆的制度而断裂。《岛夷志略》所列：翠麓、重曼，斧头、大崎、峙山等山名，在明清时期是什么山？我们无法知道。不过，汪大渊所言琉球的地形物产特征，则可证明它就是台湾。

其一，汪大渊说琉球是："土润田沃，宜稼穑"，并种植黄豆和黍子。在中国东方岛屿中，澎湖群岛和冲绳群岛都是土壤非常贫瘠的地方，"土润田沃"的只有台湾。此外，冲绳群岛很早就种植水稻，倒是台湾种植水稻的例子很迟才

---

① 宋濂等：《元史》卷十九，成宗纪，第409页。
② 宋濂等：《元史》卷十九，成宗纪，第414页。
③ 宋濂等：《元史》卷十九，成宗纪，第417页。
④ 汪大渊：《岛夷志略》，琉球，第16-17页。

出现，早期台湾只能种植黄豆、黍子，不出意外。

其二，汪大渊说从澎湖可看到琉球的山，而且感觉不远。所谓："自彭湖望之甚近"。澎湖群岛与台湾很近，从澎湖群岛看到的琉球，只能是台湾，不可能是冲绳群岛。

其三，从物产来说。汪大渊说琉球出产：沙金、黄豆、黍子、硫黄、黄蜡、鹿、豹、麂皮，这都符合台湾的特点。据日本学者研究，冲绳群岛是没有黄金的，东南诸岛只有台湾有黄金出产。其次，硫黄、鹿皮等物也是台湾的特产。

其四，就运输工具而言，汪大渊口中的琉球"水无舟楫，以筏济之"。这也是台湾的特点。元代冲绳群岛已经能自造大船，曾经有一艘大船漂到温州，在《温州府志》中有记载。台湾物产丰富，当地人以鹿为食，不需要出海捕鱼，所以，虽然台湾面海，当地人却不制造船只，这就是"水无舟楫，以筏济之"来历。直到《明史·鸡笼传》，仍然说台湾原住民以筏为渡河之具。

以上四点应是元代琉求（琉球）即台湾的铁证。其他方面，例如，汪大渊说琉球是："气候渐暖。"就气候而言，冲绳群岛较冷，和泉州相比更为暖和的只有台湾南部。"男子妇人拳发，以花布为衫"，也是台湾一些少数民族的特点。以上种种，都可证明汪大渊所说的琉球是台湾本岛。

福建民众很早就和台湾土著有商业往来。元代福建商人常到琉球贸易："贸易之货，用土珠、玛瑙、金珠、粗碗、处州磁器之属。"[①] 大德年间，元军进入瑠求，虏获近百人，后又将他们放归瑠求，此后双方关系应是平和的。就此来看，元代大陆民众与台湾的联系远胜于宋代，宋代外来人很难在台湾登陆，而元代客商可至台湾贸易，反映了双方关系的发展。

小　结

元朝的海洋开拓给人留下很深刻的印象。元朝的统治者将天下所有的地方都看作是自己的牧场，南下征服闽粤之后，便有向海外扩张的打算。至元十五年，福建行省的唆都便提出在安南、占城、真腊、缅甸建立行省的计划。元朝的使者很早就航行于南海各地，要求南海各国向元朝进贡，不愿前来进贡的爪哇和扣留元朝使者的占城，都遭到元军的讨伐。然而，元朝军队大都来自北方，不熟悉南方的地形也不适应南方的气候，所以，包括唆都自己，大部元军折损

[①] 汪大渊：《岛夷志略》，琉球，第16—17页。

于海外，最终停止了海外扩张。不过，元朝大胆向海外出兵，灭掉海外多个国家，也使南海诸国遭受震动，闽粤到东南亚的商人因而受到较高的待遇。

元朝统一中国之后，大力发展海运，南方沿海的江浙省受命将赋粮运到北方。元代中叶的福建隶属于江浙省，所以也要承担一部分的海运。元朝灭宋之后，便掌握了许多船只，元朝官员指挥这些船只沿海北上，这对沿岸港口的繁荣具有重要意义。当时福建船只所承担的任务主要是为东北的元朝军队提供粮食，闽船北上，一直到大连一带的港口，也有一些会到北京的海上门户：天津卫。随着海运的发展，福建的商船应是在这一时期建立了与北方港口常年不断的联系，因而在天津建立了天妃宫，该庙后来成为天津提名第一的民间信仰，这反映南方驶来的船只是天津开埠的重要因素。元朝末年，江浙一带被红巾军占领，至正二十年，元朝派贡师泰入闽，开始将福建的赋粮运到北方，因此，元代晚期福建仍有船只北上天津，为濒临灭亡的元朝续命。回想此前至元十四年，元朝使者贡师泰南下浙江，从浙江运米数十万石到北方港口，受到元朝的表彰。该年福建大饥，贡师泰所运粮食，若是南下救济福建饥民该有多好！

元朝的海上活动，进一步开拓了福建与东洋的关系。根据澎湖群岛及台南港口发现宋元之际的陶瓷，表明元代福建商船经常到澎湖及台南沿海，这一条商道向南延伸，便可抵达菲律宾北部，诸如三屿、麻里鲁（马尼拉）都有福建商人往来。为了保护这条商路并向东南发展，元朝派出使船探航瑠求，元代的瑠求应是指台湾南部区域，尽管文武之争导致使船出了问题，但是，随着时间的推移，元朝与瑠求的关系得到改善。仔细分析汪大渊《岛夷志略》有关"琉球"的记载，可知其曾经登上台湾南部的高山，向东看太阳升腾的美景，可见，当时的商人已经能够进入台湾本岛了。在对澎湖的管理方面，我赞成元朝前期就在澎湖设立巡检司的观点。元代澎湖的渔业已经很发达，除此之外，澎湖还是福建商人与台湾及吕宋群岛贸易必经的停靠点，元朝加强对澎湖的管理是有理由的。

第四章

泉州市舶司与福建的对外贸易

元朝重视对外贸易，泉州市舶司的建立甚至早于福建行省。市舶司主要业务是管理海商，并对进出泉州的海商与番商抽税。元代的市舶司管理制度来源于宋朝，和宋朝制度相比，渐有较大的变化。这些变化，体现了朝廷对市舶司的重视和掌控。

第一节　泉州市舶司的地位与制度

泉州市舶司是元朝最大的市舶司，元朝的市舶司制度，首先是基于泉州市舶司管理而制定的，它的制度变化，每每影响元朝其他市舶司。

一、元代泉州市舶司的地位

泉州市舶司是元朝最早设立的市舶司。元军南下福建，约于至元十三年（1276年）底进入泉州，至元十四年二月，元朝因北方发生叛乱，将福建的元军主力调回。一直到八月份，北方形势稳定，位于浙江的元军主力方才再次南下，十一月再次进入泉州。据《元史·食货志·市舶》记载，元朝是在至元十四年就设立了泉州市舶司，那么，泉州市舶司是建于至元十四年初，还是至元十四年末？按照《元史》的记载："十四年立市舶司一于泉州，令忙古得领之。"[①] 忙古得是元朝大将，至元十三年元军进入杭州，便是由忙古得任都督。他于至元十四年夏率军进入福建，附后占领福州与泉州。忽必烈让其掌管泉州市舶司，应当是在他进入泉州之后，所以，泉州市舶司建立于至元十四年的年末。

泉州市舶司建立于至元十四年的年初还是年末，其实涉及元朝对蒲寿庚的

[①] 宋濂等：《元史》卷九四，食货志二，市舶，第2401页。

使用。蒲寿庚在宋末掌管泉州市舶司，于至元十三年末迎接元军入泉。若泉州市舶司建立于至元十四年初，就说明元朝有意让蒲寿庚继续管理市舶司，但真实情况并非如此，泉州市舶司设立于至元十四年末，而且元朝还让蒙古大将忙古得直接管理市舶司！它表明元朝对市舶司特别看重，将其从宋朝降将蒲寿庚手中夺来，任命蒙古籍官员管理。不过，对坚决拥护元朝的蒲寿庚，元朝也有奖赏，就是在至元十五年三月，"诏忙古得、唆都、蒲寿庚行中书省事于福州"。① 蒲寿庚任福建行省左丞。当时的福建行省正职是平章政事，这一职务应是由忙古得担任，他的副手是右丞和左丞，因此，蒲寿庚是福建省排名第三号的人物。为时不久，元朝又撤销了福建行省，年底改设泉州行省，蒲寿庚大概又返回泉州了吧。这一调整，好像是将蒲寿庚摆布一番，待他回到泉州，泉州市舶司已经不属于他管了。所以说，元初泉州市舶司的实际掌权者是蒙古人，他们不是不相信蒲寿庚，而是觉得泉州市舶司太重要，必须由自己的人掌握。不过，泉州市舶司内的官员大都原来是蒲寿庚的部下，他的影响仍然会保存。事实上，蒲寿庚在泉州仍然是作威作福。

元朝于至元十四年底建立泉州市舶司之后，又抢在年末"立市舶司三于庆元、上海、澉浦，令福建安抚司杨发督之"。② 这条命令表明江浙三座市舶司一度受福建安抚司管辖，其原因应和人员调配及制度统一有关。这也说明元初泉州市舶司的地位独特。而后还有杭州及温州市舶司建立。元代广东市舶司的设立史无明载。按照元朝的习惯，元军进入广东之后，会接受宋朝原有的一套制度。考元军于至元十三年便进入广州，宋代的广东市舶司应当延续下来。不过，这时宋朝二王朝廷还在，后来还进入广东沿海活动，设立厓山行朝。元朝对广东的统治要到消灭厓山行朝后才会巩固，这是至元十六年的事。大约在至元二十三年之后广东市舶司见诸文献。至元二十一年，元朝设市舶都转运司于杭泉二州，这一规定抬高了杭泉二州市舶司的地位。至元三十年时，元朝共有："泉州、上海、澉浦、温州、广东、杭州、庆元市舶司凡七所。"不过，后来进行了一番合并，"温州市舶司并入庆元，杭州市舶司并入税务"应当就是至元三十年的事。大德二年"并澉浦、上海入庆元市舶"。总之，元代设置市舶司较为稳定的地方是泉州、广州和庆元。庆元即为宁波在元朝的称呼。元代三大市舶司中，又以泉州市舶司的地位较高。③

---

① 毕沅等：《续资治通鉴》卷一八三，第1029页。
② 嵇璜、曹仁虎等编：《续文献通考》卷二十六，市籴考，市舶互市，文渊阁四库全书本，第14页。
③ 宋濂等：《元史》卷九四，食货志二，市舶，第2401—2403页。

121

元代泉州市舶司的管辖机构经多次调整。有时由泉州省或是福建省直接管辖，有时划归朝廷直属机构泉府司。有时将泉州市舶司合并于其他提举司，有时干脆撤销。因此，《元史》中有关市舶司的记载不少。例如：

至元十八年，"罢福建市舶总管府，存提举司"。①

至元二十一年九月，"并市舶入盐运司，立福建等处盐课市舶都转运司"。②

至元二十二年正月，"诏立市舶都转运司"。③

至元二十二年六月，"庚午诏减商税，罢牙行，省市舶司入转运司"。④

至元二十三年八月，"以市舶司隶泉府司"。十二月，"复置泉州市舶提举司"。⑤

至元二十四年闰二月，"改福建市舶都漕运司为都转运盐使司"。⑥

以上数例是关于市舶司是否独立机构的调整，有时将其合并入转运司，有时独自存在。其时福建设省，而福建省所辖机构多所，因此有合并的需要，将几个有关财政的机构合并一处，方便管理。不过，因福建省的税收较少，后来元朝廷将福建省降为福建宣慰司，而泉州市舶司往往由朝廷的泉府司直接管辖。泉府司是朝廷的财政机构，它在各省的分支就是行泉府司。有时朝廷会将各省的市舶司划归行泉府司管理。

至元三十年，"行省行泉府司市舶司官，每年于回帆之时皆前期至抽解之所，以待舶船之至。先封其堵，以次抽分，违期及作弊者罪之"。⑦

元贞元年闰四月，"诏禁行省、行泉府司抽分市舶船货，而同匿其珍细者"。⑧

至大二年，"罢行泉府院，以市舶归之行省"。⑨

以上这些变革，反映了元朝管理上的困难。中央设置的泉府司应是在北京，管理市舶司只能由其派出机构行泉府司管辖，而行泉府司要管辖七处市舶司也有很多困难，若是每一个设市舶的城市设一个行泉府司，那么，行泉府自己成为市舶司，倘若几个城市都设一行泉府司，仍然不好管理。最后，行泉府院自

---

① 宋濂等：《元史》卷十二，世祖纪九，第251页。
② 宋濂等：《元史》卷十三，世祖纪十，第269页。
③ 宋濂等：《元史》卷十三，世祖纪十，第272页。
④ 宋濂等：《元史》卷十三，世祖纪十，第277页。
⑤ 宋濂等：《元史》卷十四，世祖纪十一，第292、294页。
⑥ 宋濂等：《元史》卷十四，世祖纪十一，第297页。
⑦ 宋濂等：《元史》卷九十四，食货二，2402页。
⑧ 宋濂等：《元史》卷十八，成宗纪一，第393页。
⑨ 宋濂等：《元史》卷二三，武宗纪二，第510页。

行撤销，市舶司由行省自行管辖。

不过，虽然管辖市舶司的机关会有变化，但市舶司的运营不会停止。鉴于多种原因，市舶司对商人的管理是相当严的。

二、元代市舶司制度的变化

元朝成立市舶司之后，对下海贸易管理很严。"诸市舶金银铜钱铁货、男女人口、丝线缎匹、销金绫罗、米粮军器等，不得私贩下海，违者舶商、船主、纲首、事头、火长各杖一百七，船物没官，有首告者，以没官物内一半充赏，廉访司常加纠察。"① 这一法律，是将百姓对外贸易全部垄断起来，私自出海贸易定性非法。

元朝继承宋代的市舶司制度，也有相应的变化。首先是降税。宋代市舶司的税收很高，"旧蕃商之以香药至者，十取其四"。② 元至元二十年，"定市舶抽分例舶货精者取十之一，粗者十五（取一）"。③ 这一税收比例比之宋代已经减少了。但是，精明的商人发现：泉州市舶司与其他几个市舶司不同。"唯泉州物货三十取一，余皆十五抽一。"就精细的香料而言，泉州的税收要比其他诸港少三分之二！因此引起了其他港口的羡慕，纷纷要求改变。从而迫使元朝廷于至元二十六年允许所有的港口都实行三十抽一的税则。④ 实行这税则后，商人的负担明显下降了，在那个时代应是诸国最低的税收。这应是番商蒲寿庚等人在福建行省做官所起的作用。不过，元朝廷没有让低税制一直延续下去，延祐元年制定的"抽分则例"规定："粗货十五分中抽贰分，细货拾分中抽贰分，据舶商回帆已经抽解讫物货，市舶司并依旧例，于抽讫物货内，以叁拾分为率，抽要舶税壹分，通行结课，不许非理刁蹬舶商，取受钱物，违者计赃，以枉法论罪。"⑤ 可见，元中叶的税收还是蛮高的。

元代官府资本公开介入市舶司贸易，这是元朝的特点。宋代出外贸易的商人，大都是私商。官府不介入商人的贸易，只是抽税。可是，元代各个对外贸易港口，都有国家出资的贸易船只。至元二十一年，"官自具船、给本、选人入番，贸易诸货。其所获之息，以十分为率，官取其七，所易人得其三。凡权势

---

① 宋濂等：《元史》卷一百四，刑法，第2650页。
② 李心传：《建炎以来系年要录》卷一百八十三，绍兴二十有九年秋七月，文渊阁四库全书本，第20页。
③ 宋濂等：《元史》卷十二，世祖纪九，至元二十年六月，第255页。
④ 宋濂等：《元史》卷十七，世祖纪，第372页。
⑤ 佚名：《通制条格》卷十八，关市，第231页。

之家，皆不得用已钱入番为贾，犯者罪之，仍籍其家产之半"。① "国家出财资，舶商往海南贸易，宝货赢亿万数。"② 这种情况在宋朝是见不到的。元代泉州市舶司拥有可以出外贸易的商船。浙江人王艮任职于江浙行省："会朝廷复立诸市舶司，艮从省官至泉州，建言：'若买旧有之船以付舶商，则费省而工易集，且可绝官吏侵欺掊克之弊。'中书省报如艮言，凡为船六艘，省官钱五十余万缗。"③ 可见，泉州市舶司造船是为了提供给舶商贸易。为了确保官本船的利润，有时官府会禁止民间商人下海贸易。"延祐元年复立市舶提举司，仍禁人下番。官自发船贸易。回帆之日，细物十分抽二，粗物十五分抽二。"④ 不过，元朝的官本船也允许商人搭载。"其诸番客旅就官船卖买者，依例抽之。"⑤ 汪大渊年轻时"尝两附舶东西洋。"⑥ 舶商的利润相当可观。至元二十六年"市舶司岁输珠四百斤，金三千四百两。诏贮之以待贫乏者"。⑦

按照元朝的制度，原来是不允许权贵经营下番船，怕影响国家的收入。不过，随着时间的推移，元朝渐渐无法坚持这一点。例如：元统二年十一月戊子，"中书省臣请发两艘船下番，为皇后营利"。⑧ 可见，当时元朝的皇室也会有自己的下番船只。元代的权贵逐渐渗透市舶司贸易，元朝干脆规定："诸王、驸马、权豪、势要、僧道、也里可温、答失蛮诸色人等下番博易到物货，并仰依例抽解。如有隐匿，不行依例抽解，许诸人首告，取问是实。"⑨ 以权谋私在元朝是惯例。元朝出使海外的使者往往会兼营商业："诸下海使臣及舶商，辄以中国生口、宝货、戎器、马匹遗外番者。"⑩ 这使元朝颜面尽失。元朝廷不得不下令："诸使海外国者不得为商。"⑪ 并让监察机关监督出外的使船，"从廉访司察之"。⑫

元代的海禁。由于官府的利润受到私人贸易的竞争，元朝有时会禁止私人

---

① 宋濂等：《元史》卷九十四，食货志二，第 2402 页。
② 吴澄：《吴文正集》卷六十四，元荣禄大夫平章政事赵国董忠宣公神道碑，文渊阁四库全书本，第 10 页。
③ 宋濂等：《元史》卷一九二，王艮传，第 4370 页。
④ 宋濂等：《元史》卷九十四，食货二，第 2403 页。
⑤ 宋濂等：《元史》卷九十四，食货志二，第 2402 页。
⑥ 汪大渊：《岛夷志略》，张翥序，第 1 页。
⑦ 宋濂等：《元史》卷十五，世祖纪十二，第 319 页。
⑧ 宋濂等：《元史》卷三十八，顺帝纪一，第 824 页。
⑨ 佚名：《通制条格》卷十八，关市，第 231 页。
⑩ 宋濂等：《元史》卷一百五，刑法志，第 2687 页。
⑪ 宋濂等：《元史》卷十九，成宗纪二，第 405 页。
⑫ 宋濂等：《元史》卷一百五，刑法志，第 2687 页。

海上贸易。《通制条格》记载："延祐元年七月十九日钦奉圣旨节该：中书省奏：在前设立市舶下番博易，非图利国，本以便民，比闻禁止以来，香货药物销用渐少，价直陡增，民用阙乏，乞开禁事。准奏。仰于广东、泉州、庆元复立市舶提举司，杭州依旧立市舶库，知专市舶公事。"① 按，延祐年间已经是元代中叶了，按其语气，此前肯定实行过海禁，所以才会有开禁一事。《元史》习惯地只记开禁，不记海禁之日，这让人很头痛。其实，早在元成祖至元二十二年八月戊辰，元朝就有"罢禁海商"之令②。以意料之，此前似有禁止海商之事，后来才有"罢禁"之说。③ 元朝的海禁只是禁止民间商人出海，若这一制度能够得到完全实行，官府通过垄断市舶司，就可得到更多的利润和税收。然而，这一制度违背了市舶司设立数百年的规矩，肯定受到商人的抵制和反弹，于是，海禁之令多次变化。

迄至元成宗之时，又有这样的记载："大德七年……以禁商下海，罢之。"④ 琢磨此句，当时是有禁止海商下海的政策，所以会因此罢免一些与海运有关的机构。此后，延祐元年七月"开下番市舶之禁"，"敕下番商贩，须江浙省给牒以往，归则征税如制。私往者没其物"。⑤ 但这一政策也未能持久。元英宗继位后，"罢市舶司，禁贾人下番"。⑥ 为时不久，这一政策又有变化，至治二年春，"复置市舶提举司于泉州、庆元、广东三路，禁子女金银丝绵下番"。⑦ 官方在海禁方面的政策摇摆不定。"至治三年，听海商贸易，归征其税。泰定元年，诸海舶至者，止令行省抽分。其大略如此。"⑧ 为什么实行海禁？这是因为，元代官府总是嫌私人出海贸易的船只过多，导致总利润下降。"又往时富民往诸番商贩，率获厚利，商者益众，中国物轻，番货反重。今请以江浙右丞曹立领其事，发舟十纲，给牒以往，归则征税如制。私往者没其货。"⑨ 以上市舶司的兴废，反映了官府与民间利益的矛盾，官府企图垄断，但其垄断往往造成市舶司总收

---

① 佚名：《通制条格》卷十八，关市，第230-231页。
② 注意，此处"罢禁海商"，中华书局本列为八月份之事，但四库全书本列为九月戊辰之事，《续通志》《续文献通考》《资治通鉴后编》皆为九月戊辰。和四库本相比，中华书局本此处漏了一大段文字，且将八九月间事排错了。
③ 宋濂等：《元史》卷十三，世祖纪十，第279页。
④ 宋濂等：《元史》卷九十四，食货二，2403页。
⑤ 宋濂等：《元史》卷二五，仁宗纪二，第566页。
⑥ 宋濂等：《元史》卷二七，英宗纪，第601页。
⑦ 宋濂等：《元史》卷二十八，英宗二，第621页。
⑧ 宋濂等：《元史》卷九十四，食货二，第2403页。
⑨ 宋濂等：《元史》卷二百五，奸臣传，第4578页。

入的下降，财政紧张的官府，很快会感到入不敷出，只好恢复原来的市舶司制度。

海禁有时会因政治上的因素而发生。至元二十九年夏，"以征爪哇暂禁两浙、广东、福建商贾航海者，俟舟师发后从其便"。① 为了外交上的利益，元朝也会调整海禁对象。例如，元朝曾经出兵攻击日本，两国处于敌对状态。然而到了元代中叶，元朝却对日本开放海禁，日本船只开始出现于中国沿海。元朝下诏："日本舶商至福建博易者，江浙行省选廉吏征其税。"② 元末日本商船往往到浙江与福建贸易，以黄金交换铜钱，元朝对此并未禁止。

元朝针对某项物资的禁令，更多是考虑元朝的经济利益。元朝发行纸币，但要靠金银兑换来支撑纸币的地位。元朝建立后，民众一度以为金属货币没有用，大量用之于对外贸易，官府也介入这种贸易。"十九年又用耿左丞言，以钞易铜钱，令市舶司以钱易海外金珠货物，仍听舶户通贩抽分。"③ 然而，铜钱的大量外流，导致纸币失去依托，渐有贬值之势。于是，元朝又开始禁止铜钱出口。此外，金银的外流，元朝一向是禁止的，因为，这会导致元朝的纸币下跌。元成宗继位后，"禁舶商毋以金银过海"。④ "禁诸人毋以金银丝线等物下番。"⑤《元史·刑法志》规定："诸商贾收买金银下番者禁之违者罪之。""诸海滨豪民辄与番商交通贸易铜钱下海者，杖一百七。"⑥ 但是，这些法规都无法挡住金银外流的趋势。元代的纸币制度使中国失去大量的金银，这是一个具有潜在威胁的问题。

其实，元朝禁止出口的东西还有很多。成宗元贞三年六月戊午，"申禁海商以人马兵仗往诸番贸易者"。⑦ 元仁宗时期的禁令相当明晰："金银、铜钱、铁货、男子妇女人口、丝绵、段疋、销金、绫罗、米粮、军器，并不许下海私贩诸番。违者，舶商、船主、纲首、事头、火长，各决壹佰柒下，船物俱行没官。若有人首告得实，于没官物内壹半充实，重者，从重论。仰本道廉访司严加体察。"⑧ 如果以上禁令得以完全实行，元代出口货物只剩下瓷器等杂货了。实际上，丝绸之类的奢侈商品，根本没有理由禁止。官府的严禁，只会使商人进行

---

① 宋濂等：《元史》卷十七，世祖十四，第363页。
② 宋濂等：《元史》卷三十二，文宗纪一，第719页。
③ 宋濂等：《元史》卷九十四，食货二，第2401页。
④ 宋濂等：《元史》卷十九，成宗纪二，第405页。
⑤ 宋濂等：《元史》卷二一，成宗纪四，第448页。
⑥ 宋濂等：《元史》卷一百五，刑法志，第2687页。
⑦ 宋濂等：《元史》卷二十，成宗纪三，第428页。
⑧ 佚名：《通制条格》卷十八，关市，第231页。

海外贸易时付出更多的成本。

官府禁得有理的是人口买卖。据《通制条格》一书，当时的泉州商人甚至将蒙古人都卖到西亚去了：

> 至元二十八年六月初一日，钦奉圣旨：泉州那里每海船里，蒙古男子妇女人每，做买卖的往回回田地里、忻都田地里将去的有，么道听得来。如今行文书禁约者，休教将去者。将去人有罪过者。么道圣旨了也。钦此。①

文中的"回回田地里""忻都田地里"分别指西亚穆斯林地区和印度地区。看来当时人口买卖相当严重，所以官府才会出面禁止吧。

第二节　元代与福建贸易的海外港市

元代福建对外贸易的空间拓展表现在：第一，福建和传统贸易国的关系得到巩固，商业网络联系更为密切；第二，与福建贸易的海外港市更多了，新的航路一直延伸到南亚和西亚的口岸。

一、福建和传统贸易国的关系得到巩固

元代权贵都想通过海上贸易聚敛财富，对海上贸易看得很重。虽说元朝屡屡对外出兵，但民间贸易往来仍然畅行。东亚及东南亚诸国都需要和中国往来，双方关系密切。宋本咏道："琉球真腊接阇婆，日本辰韩濊貊倭。番船去时遗矴石，年年到处海无波。"② 这首诗咏及的港市散布在东南亚和东北亚，都是闽浙港口通商的对象。

真腊是东南亚以"富贵"闻名的国家，到真腊贸易的闽粤商人很多。元代真腊辖地广阔，赴真腊的商人及使者要从湄公河三角洲的河口城市真蒲进入内河航道。《真腊风土记》载："自入真蒲以来，率多平林丛木，长江巨港，绵亘数百里。古树修藤，森荫蒙翳，禽兽之声，杂沓于其间。至半港而始见有旷田，

---

① 佚名：《通制条格》卷二七，杂令，第285页。
② 宋本：《舶上谣送伯庸以番货事奉使闽浙》，乾隆帝等：《御选元诗》卷五，乐府歌行三，文渊阁四库全书本，第21页。

绝无寸木，弥望芃芃，禾黍而已。"① 真蒲离真腊的国都很远，使船溯流而上，进入湄公河支流洞萨里河，沿河上溯为洞萨里湖，渡过洞萨里湖之后，再往上游航行不远，就是被称为人类四大文明古迹的"吴哥窟"。元代的吴哥并未被丛林淹没，它是一座生气勃勃的都城，以富丽堂皇著称于东南亚。到过真腊的汪大渊说：

> 州南之门，实为都会，有城周围七十余里，石河广二十丈，战象几四十余万。殿宇凡三十余所，极其壮丽。饰以金璧，铺银为砖，置七宝椅，以待其主。贵人贵戚所坐，坐皆金几。岁一会，则以玉猿、金孔雀、六牙白象、三角银蹄牛罗献于前。列金狮子十只于铜台上，列十二银塔，镇以铜象。……造裹金石桥四十余丈。谚云："富贵真腊"者也。②

出使真腊的周达观也有类似的记叙：

> 州城周围可二十里，有五门，门各两重。惟东向开二门，余向皆一门。城之外皆巨濠，濠之上皆通衢大桥。桥之两旁，共有石神五十四枚，如石将军之状，甚巨而狞，五门皆相似。桥之阑皆石为之，凿为蛇形，蛇皆九头。五十四神皆以手拔蛇，有不容其走逸之势。城门之上有大石佛头五，面向四方。中置其一，饰之以金。门之两旁，凿石为象形。城皆叠石为之，高可二丈，石甚周密坚固，且不生繁草，却无女墙。城之上，间或种桄榔木，比比皆空屋。其内向如坡子，厚可十余丈。坡上皆有大门，夜闭早开，亦有监门者，惟狗不许入门。其城甚方整，四方各有石塔一座。曾受斩趾刑人亦不许入门。
>
> 当国之中有金塔一座，旁有石二十余座。石屋百余间，东向有金桥一所。金狮子二枚，列于桥之左右。金佛八身，列于石屋之下。金塔之北可一里许，有铜塔一座，比金塔更高，望之郁然。其下亦有石屋数十间。又其北一里许，则国主之庐也。其寝室又有金塔一座焉。所以舶商自来有"富贵真腊"之褒者，想为此也。③

---

① 周达观：《真腊风土记》，山川，第140页。
② 汪大渊：《岛夷志略》，真腊，第69页。
③ 汪大渊：《岛夷志略》，真腊，第43-44页。

真腊出产的主要商品有：翠毛、象牙、犀角、黄蜡、降真香、豆蔻、画黄、紫梗、大风子油。其中翠毛是一种翡翠鸟的羽毛，天蓝色，将其置于金饰之间，十分漂亮。黄蜡是一种细腰蜂的分泌物，可用于燃烧，在真腊起了蜡烛的作用。闽粤商人购买黄蜡，"每一船可收二三千块，每块大者三四十斤，小者亦不下十八九斤"。"降真香生丛林中，番人颇费砍斫之劳，盖此乃树之心耳。其外白，木可厚八九寸，小者亦不下四五寸。豆蔻皆野人山上所种。画黄乃一等树间之脂；番人预先一年以刀斫树，滴沥其脂，至次年而始收。紫梗生于一等树枝之间，正如桑寄生之状，亦颇难得。大风子油乃大树之子，状如椰子而圆，中有子数十枚。胡椒间亦有之，缠藤而生，垒垒如绿草子，其生而青者更辣。"① 真腊物产丰富，许多物产不见于中国，因而得到商人的欣赏。

中国输出真腊的商品很多。"其地不出金银，以唐人金银为第一，五色轻缣帛次之。其次如真州之锡腊，温州之漆盘，泉处之青瓷器，及水银、银朱、纸札、硫黄、焰硝、檀香、草芎、白芷、麝香、麻布、黄草布、雨伞、铁锅、铜盘、水珠、桐油、篦箕、木梳、针。其粗重则如明州之席，甚欲得者则菽麦也，然不可将去耳。"② 以上商品几乎包括中国一切适用的手工业产品。当时中国的手工业是世界上最好的，所以，各种手工业制品在东南亚与印度洋沿岸国家都很畅销。

元代的越南国王是来自中国的陈日煚，他是福建长乐县人，原姓谢。《闽书》介绍："元安南国王陈日煚，故谢升卿，闽人博徒也，美少年。亡命邕州。交趾相率闽人贸易邕界上，见升卿，异之，与偕归，纳为王昰女婿。昰老无子，死，王女主国事，因以与其夫。而升卿变姓名为陈日煚。"③ 从商业的观点看，这条史料中很值得注意的是：交趾的宰相会率一群闽人到广西邕州境内商场贸易。原来这位宰相也是福建人，所以，他周边都是福建人。有这一背景，他们见到福建老乡谢升卿会特别欣赏。谢升卿有文化，人长得漂亮，确实是做女婿的最佳人选。关于陈日煚的传奇，周密的《齐东野语》更为详细：

安南国王安南国王陈日煚者，本福州长乐邑人。姓名为谢升卿。少有大志，不屑为举子业。间为歌，诗有云："池鱼便作鹍鹏化，燕雀安知鸿鹄心。"类多不羁语，好与博徒豪侠游。屡窃其家所有以资妄

---

① 周达观：《真腊风土记》，出产，第141—142页。
② 周达观：《真腊风土记》，欲得唐货，第148页。
③ 何乔远：《闽书》卷一五二，蓄德志，第4489页。

用,遂失爱于父。其叔乃特异之,每加回护。会兄家有姻集,罗列器皿颇盛。至夜,悉席卷而去,往依族人之仕于湘者。……至永州久而无聊,授受生徒自给。永守林口亦同里,颇善里人。居无何,有邕州永年寨巡检过永,一见奇之。遂挟以南。寨居邕宜间,与交趾邻近。境有弃地数百里,每博易则其国贵人皆出为市。国相乃王之婿,有女亦从而来。见谢美少年,悦之,因请以归。令试举人,谢居首选,因纳为婿。其王无子,以国事授相,相又昏,遂以属婿。以此得国焉。自后屡遣人至闽访其家,家以为事不可料,不与之通。竟以岁久难以访问返命焉。其事得之陈合惟善金枢云。①

按,交趾即为安南国,安南会以一个闽人为宰相,以后又让他当国王,是因为越南人历来视自己为百越之一,与中国南方越文化有密切的关系,福建古称闽越,亦为百越之一。所以,古代的越南人对福建人有亲近感。元代的安南国在行政上虽然独立,但对中国文化还是很看重的。选择一个福建籍的国王,有利于吸纳中国文化。不过,元军侵略安南的事件发生后,安南国对北方来人防范甚严。商人通常不去安南国贸易:"惟偷贩之舟,止于断山上下,不得至其官场,恐中国人窥见其国之虚实也。"②

福建与东南亚国家的联系更为密切了。例如,文老古(马鲁古群岛)以出丁香闻名于世,当地进口多种中国商品,与中国的联系密切。他们盼望中国船舶到来,经常以母鸡生蛋多少占卜唐船是否会到了,会到多少艘?③ 在东西竺港,"番人取其椰心之嫩而白者,或素或染,织而为簟,以售唐人。其簟冬暖而夏凉,亦可贵也"。④ 这种专售中国商品的出现,建立在中国商人经常当地贸易的基础上,否则,当地人无法以此为生。

二、福建港口交往港市的增加

元朝在海外有巨大的影响。《岛夷志略》说:"皇元混一声教,无远弗届,区宇之广,旷古所未闻。海外岛夷无虑数千国,莫不执玉贡琛,以修民职。梯山航海,以通互市。"⑤ 元代和福建往来的国家与地区越来越多,将元代汪大渊

---

① 周密《齐东野语》卷十九,第9-10页。
② 汪大渊:《岛夷志略》,交趾,第51页。
③ 汪大渊:《岛夷志略》,文老古,第205页。
④ 汪大渊:《岛夷志略》,东西竺,第227页。
⑤ 汪大渊:《岛夷志略》,后序,第385页。

的《岛夷志略》和南宋赵汝适的《诸蕃志》作比较:《岛夷志略》所载和中国贸易的国家与地区有90多个,比《诸蕃志》多50多个。学者认为《岛夷志略》这本书是《岛夷志》的缩略本,原文记载的港口与国家会更多一些。例如,《岛夷志略》介绍暹罗湾的一些港口时谈到了苏洛鬲,随后介绍"针路":"自马军山水路,由麻来坟至此地。"其中提及的马军山、麻来坟,前文都没有介绍,应当是《岛夷志》变为《岛夷志略》而省略的港口。这类情况在《岛夷志略》一书中多次出现。此外,今本《岛夷志略》介绍南海的港口,并不是按照海路有序排列的,而是东一个、西一个,一下在菲律宾群岛,一下在暹罗湾、印度洋,看来是无知者抄录时打乱的,令人遗憾真本难见。尽管如此,《岛夷志略》还是保留了许多元代珍贵的史料,使后人得以叙述研究这个问题。

东洋海路的开拓。宋代闽商的贸易基本是往西走,到东洋贸易的较少。元代东洋贸易有了显著的增长。《岛夷志略》的开篇,就是东洋水路上的澎湖群岛和琉球(台湾),然后进入海外水域的三屿、麻逸,这是一条东洋海路。《岛夷志略》列出的东洋国家和港市还有:麻里鲁、遐来勿、尖山、苏禄、八节那间、文诞、文老古、古里地闷等等。今人考证,古里地闷位于亚洲东南极的小巽他群岛,与泉州相距遥远:"泉之吴宅,发舶梢众百有余人,到彼贸易。"[①] 不过,他们不适应当地的气候,因疾病伤亡的人极多。泉州商人能到此地贸易,反映了泉州商人的商业网络深入东南亚的每一个角落。

元代东洋海路对闽商的吸引力表现在:其一,班达群岛是香料产地,也是香料肉豆蔻的主产地;距离班达群岛不远的马鲁古群岛则是丁香的主产地,元代其地名为"文老古"。这两种高级香料离开原产地就生长不好,所以,历来只能到两岛购得最便宜的丁香和肉豆蔻。其二,东洋是重要的珍珠产地。汪大渊说:"此苏禄之珠,色青白而圆,其价甚昂。中国人首饰用之,其色不退,号为绝品。有径寸者,其出产之地,大者已值七八百锭,中者二三百锭,小者一二十锭。"[②] 有珍珠和丁香、肉豆蔻等项高级商品,难怪闽商趋之若鹜了。

在东南各岛中,文老古的发展值得注意。该地酋长与百姓十分关注中国来的船只。"地每岁望唐舶贩其地,往往以五梅鸡雏出,必唐船一只来;二鸡雏出,必有二只,以此占之,如响斯应。"琢磨这段话,可知一、二年中,会有一只或两只中国船前来当地贸易。再从文老古进口的商品看,当地人进口的商品相当多,而且多为中国货:"银、铁、水绫、丝布、巫仑八节那涧布、土印布、

---

① 汪大渊:《岛夷志略》,古里地闷,第209页。
② 汪大渊:《岛夷志略》,苏禄,第178页。

象齿、烧珠、青瓷器、埕器之属。"① 可见，因香料的出口，当地人可以进口多种百货，他们的生活水平较高，可能是东南亚最富庶之地。

按，文老古，在明代的西方文献中又称为马鲁古群岛，和班达（文诞）群岛一样，被称为"香料之岛"。马鲁古群岛的丁香以及班达群岛的肉豆蔻是世界上最畅销的高级食用香料。葡萄牙人发现这两座群岛，是欧洲人建立环球贸易体系的重要一环。实际上，从宋元史籍来看，这两个群岛很早就在中国人的贸易圈之内。元代闽商赴文老古和文诞两岛，有两条可走的线路。其一是从爪哇岛向东不远，就到班达群岛和马鲁古群岛了。另一种走法，应是从吕宋群岛南下，不要走多远，就到了文老古和文诞。令人遗憾的是，元代《岛夷志略》一书未载当时商人所走的海上线路，让人难以判断元代闽商赴香料群岛是走哪一条路。不过，从明代的《东西洋考》将美洛居（文老古）列入东洋水路来看，闽商赴美洛居或说文老古应是走东洋水路。东洋水路的建立，对世界性的香料贸易有重要意义。

福建与西洋诸国的贸易也大有拓展。宋代中国船舶出海，多在概称为"南海"的东南亚一带，而他们与中亚与西亚的贸易，则多以三佛齐港为枢纽进行交换。那个时代，位于苏门答腊的三佛齐是东亚贸易的中心。迄至元代，东方的贸易中心转到了泉州②，元代福建商人突破三佛齐海域，直航"回回田地里（阿拉伯地区）""忻都田地里（印度）"进行贸易。《马可波罗游记》记载："来自蛮子省（中国）的船只，带着铜作为镇船重物。而且又装运金线织成的锦缎、丝、薄纱、金银块以及许多马拉巴所没有生产的药材，他们用这些货物和这个省的商品作物物交换。当地有些商人把这些货物运往亚丁，再由亚丁转运到亚历山大港。"③ 元代的《革象新书》："舶商发于闽越，多往南海之西。西海遥遥，罕有去者。"④ 这应是元代前期的情况，元代中后期，去印度洋贸易的商人越来越多。据汪大渊所记，他所亲历的印度洋的国家与地区就有几十个。又如元朝使者抵达印度马八儿国时，该国相道："官人此来甚善，本国船到泉州时官司亦尝慰劳，无以为报。"因此，他们善待中国商人以为回礼。⑤ 从《岛夷志略》的记载来看，印度洋与中国贸易的港市颇多，诸如印度及其周边的特番里、曼陀郎、北溜、下里、高郎步、沙里八丹、金塔、东淡邈、大巴丹、土塔、华

---

① 汪大渊：《岛夷志略》，文老古，第 205 页。
② 李东华：《泉州与我国中古的海上交通》台湾学生书局 1986 年，第 209 页。
③ 陈开俊等译：《马可波罗游记》，福建科学技术出版社 1981 年，第 232 页。
④ 赵友钦撰：《革象新书》卷二，文渊阁四库全书本，第 18 页。
⑤ 宋濂等：《元史》卷二百一十，外夷传，第 4669 页。

罗、千里马、大佛山、须文那、小具喃、朋加剌、巴南巴西、放拜、马八儿屿、天竺，汪大渊对其有较详细的记载。他如阿拉伯湾的班达里、哩伽塔、天堂、层摇罗诸港，波斯湾的加里那、波斯离、挞捷那、甘埋里诸港，汪大渊都略有记载。从东非发现的元代中国瓷器看，中国的商船也到过东非海岸。《岛夷志略》记载的东非海岸港口有麻那里、加将门里、阿思里、马鲁涧、麻呵斯离、罗婆斯，可见，元代中国商人对东非诸港的认识已经有一定水平。印度洋大港消费的中国丝绸和瓷器较多，甚至中国的白糖也可在那里出售。例如，印度特番里港进口五色绅缎、锦缎，应为中国的商品。此外，印度洋诸港有许多物产吸引中国商人，例如印度西南的第三港出珍珠："舶人幸当其取之岁，往往以金与之易。归则乐数倍之利，富可立致，特罕逢其时耳。"① 印度的下里是胡椒产地："地产胡椒，冠于各番，不可胜计。椒木满山，蔓衍如藤萝，冬花而夏实。民采而蒸曝，以干为度。其味辛，采者多不禁。其味之触人，甚至以川芎煎汤解之。他番之有胡椒者，皆此国流波之余也。"② 中国商人还会给印度洋国家带去东南亚的商品，例如吕宋群岛一带的麻逸布③、香料、肉豆蔻等。来自考古界的证明不容忽视。波斯的希拉格夫及设拉子两座港城的遗址里，发现很多龙泉瓷。对肯尼亚港口城市的发掘使我们知道："龙泉窑瓷器是输往该地区的最主要品种，约占总量60%。而元代至明初是其输入高峰。"④ 这都反映中国商人与印度洋周边港口的联系已经相当密切了。此外，远在西极的欧洲国家的商人、旅行家也常涉足福建，例如，意大利人马可·波罗、和德里、马黎诺里、摩洛哥旅行家伊本·巴图塔都到过泉州并留下了游记。

　　福建与东北亚诸国的联系值得关注。元代东北亚海外的国家有：朝鲜、日本、瑠求诸国。不过，元代的瑠求在什么地方，学术界一直有争议。大致而言，元明之际的"瑠求"应是东海岛屿共用的名字，从冲绳群岛到台湾诸岛，都被大陆人含糊地称为"瑠求"。宋本有一首诗咏道："琉球真腊接阇婆，日本辰韩瀔貊倭。番船去时遗矴石，年年到处海无波。"⑤ 可见，元朝与琉球还是有来往的。不过，元代的冲绳列岛，应是"婆罗公"辖下，不一定名叫瑠求。万历

---

① 汪大渊：《岛夷志略》，第三港，第288页。
② 汪大渊：《岛夷志略》，下里，第267页。
③ 汪大渊：《岛夷志略》，特番里，第250页。
④ 沈琼华：《13、14世纪龙泉窑之输出》，中国国家博物馆水下考古研究中心等：《福建平潭大练岛元代沉船遗址》，科学出版社2014年，第203页。
⑤ 宋本：《舶上谣送伯庸以番货事奉使闽浙》，乾隆帝等：《御选元诗》卷五，乐府歌行三，文渊阁四库全书本，第21页。

《温州府志·番航》记载了一条往事：元朝中叶，有一条海船遭遇台风失控，飘到温州岸边："元延祐四年六月十七日，黄昏时分，有无舵小船在永嘉县海岛中界山，地名燕宫飘流。内有一十四人，五人身穿青黄色服，九人并白衣。内一人携带小木刻字，长短不一，计三十五根，上刻圈画不成字样，提挈葫芦八枚，内俱有青黄白色成串硝珠。其人语言不辨，无通晓之人。本路彩画人形船只图，差官将各人起解江浙行省。当年十月中书省以事闻，奉旨寻访通晓语言之人，询问得系海外婆罗公管下密牙苦人氏，凡六十余人，乘大小船只二艘，欲往撒里即地面博易货物。中途遇风，大船已坏，惟十四人乘小船飘流至此。有旨命发往泉南，候有人往彼，便带回本国云。"[1] 这一批即非日本、亦非台湾的"婆罗公"手下，当为冲绳人，这是日本学者的研究成果。在这段文字中尤其值得注意的是：江浙省最终找到了翻译的人，说明当时有商人到过冲绳，否则不会有人听懂冲绳的语言。这一点也被考古证明。例如，冲绳胜连城遗址发现了不少元青花瓷片，在冲绳岛还发现了比较完整的元青花瓷器。[2] 这都证明元朝商人已经进入冲绳群岛的海域。

福建与朝鲜半岛的联系见于记载的不多。元代朝鲜半岛的政权向大都进贡，其贸易大都走陆路，所以，海上贸易不显著。其实，当时朝鲜半岛的商船经常南下贸易，浙江的普陀山是其经常往来的地方。实际上，在东南各省都发现过高丽青瓷，表明朝鲜半岛的商品曾经在东南各省销售。新安船上发现过三件产于朝鲜半岛的高丽青瓷，它应是船上较高级人员使用的器物。

日本与中国的贸易也集中于浙江的庆元港，当时日本市场需要中国的铜钱。日本商人做得最多的贸易是派商船到中国口岸用黄金购买铜钱。于是形成了从日本九洲到浙江普陀山的航线，由福建出发的商船时常北进朝鲜、日本。1975年在韩国新安发现的海底沉船经考证，它是一艘由福州港出发的商船，其目标可能是日本的博多港。

出土器物中，可以看到徐三那、元子柒等商人的名字。有一件龙泉窑青瓷划花花卉盌，盌底刻着"使司帅府公用"字样。另一件看来是铜权的器物上刻有"庆元路"的字样，看来是一艘官本船，也有私商搭乘。新安船中所载畅销于吕宋而不见于日本的瓷器说明，这艘船有可能到了日本之后，还会南下吕宋群岛，再回到福州或是泉州。

---

[1] 刘芳誉等：万历《温州府志》卷十八，番航，中国书店"稀见中国地方志汇刊"，第18册，第528页。

[2] 长谷部乐尔：《日本出土的中国陶磁》，东京国立博物馆1975年；转引自：中国硅酸盐学会编：《中国陶瓷史》，文物出版社1982年，第355页。

图4-1 出土于韩国新安的元代福建沉船模型，摄于晋江博物馆

新安沉船还出土了18600多件磁器，其中青瓷类10652件，白瓷5120件，黑釉432件，杂釉2256件，仿钧釉（即乳浊釉）183件，磁器之外，还有金属器715件，石材类47件，其他558件，共计19963器物。此外还有铜钱28吨，紫檀木1012根。① 青瓷类中，龙泉县的青瓷就有3000多件。② 新安沉船中还发现了带有日本"东福寺""钓寂庵""松菊得"等标识主人的货签，表明这是一艘原来要驶向日本的商船，不幸迷失方向在朝鲜半岛新安沉没。③ 新安沉船上打捞出28吨铜钱！说明当时中国与日本之间的铜钱贸易规模巨大。

---

① 陈擎光：《元代福建北部及其邻近地区所输出的陶瓷器——试论新安沉船以福州为出口港》，张炎宪主编：《中国海洋发展史论文集》第三辑，"中研院"三民主义研究所1988年，243-282页。
② 中国硅酸盐学会编：《中国陶瓷史》，文物出版社1982年，第336页。
③ 沈琼华：《13、14世纪龙泉窑之输出》，中国国家博物馆水下考古研究中心等：《福建平潭大练岛元代沉船遗址》，科学出版社2014年，第205页。

第三节　元代福建的海商和番商

元代福建的海商可分为本土商人及番商两部分，他们是泉州市舶司主要管理对象。元朝是泉州商人极盛的时代，他们的通商网络已经扩张到东非："中国之往复商贩于殊庭异域之中者，如东西州焉。"①

一、元代福建的番商

元朝很乐意招徕远方的商人到中国贸易。"每岁招集舶商，于番邦博易珠翠香货等物。及次年回帆，依例抽解，然后听其货卖。"② 实际上，市舶司主要任务就是对番舶抽税。"市舶。皇朝平定江南，幅员既广，贡赋益伙，于是泉州、上海、澉浦、温州、庆元、广东、杭州邻海诸郡，与远夷著民往复互易。舶货因宋制，细物十分而取一，粗物十五分而取一，以市舶官主之。其发舶其回帆，必著其所至之地验其所博之物，给以公文，为之期日。而所入之货尝以万计，其法至详密矣。"③ 总的来说：元代市舶司沿袭宋朝，但有所调整。《元史续编》一书总括元代市舶司的税收：

> 立诸路市舶司。泉州一，蒙固岱领之。庆元、上海、澉浦各一，令福建安抚使杨发督之。凡舶货十分取一，粗者五分抽一。其发舶回帆，必著其所至之地于公牒，而为之期。每岁招舶商于番邦，博易诸香货珠翠等物，回帆依例抽解，方听货卖。……最后增杭、广、温三州市舶司，通七所。抽分之外，又三十分税一。又最后则细物十分抽二，粗物十五分抽二。其市舶司或隶泉府院，或属行省，或直隶都省。其抽分杂禁多不能载。④

因泉州市舶司是元代最大的市舶司，常有外国到泉州进贡。贡师泰之诗："海商到岸才封舶，番国朝天亦赐骖。"⑤ 至元十八年九月，朝廷规定："商贾市

---

① 汪大渊：《岛夷志略》，后序，第385页。
② 宋濂等：《元史》卷九四，食货志二，市舶，第2401页。
③ 赵世延等：《经世大典序录》，苏天爵：《元文类》卷四十，元杂著，第25页。
④ 胡粹中编：《元史续编》卷一，第14页。
⑤ 贡师泰：《玩斋集》拾遗，泉州道中，第12页。

舶物货已经泉州抽分者，诸处贸易，止令输税。"① 一些海商为了免除税收，仍然有瞒税的现象。"昔温陵有海商漏舶，搜其橐中，得火鼠布一疋，遂拘置郡帑。"② 可见，番商若是瞒税，惩罚很重。

泉州与福州都有外籍海商，泉州尤其多。"泉南佛国天下少，满城香气栴檀绕。缠头赤脚半蕃商，大舶高樯多海宝。"③ 泉州发现的元代蕃客墓刻石，数以百计。泉州丁硕德的祖父节斋公来自苏州，后来经营苏州与泉州之间的贸易。其家谱记载："元季江南方乱，硕德公商贩于外，往来苏泉之间，未有定居。"④ 蒲寿庚家族集政治权力与经济实力于一身："泉之诸蒲，为贩舶作三十年，岁一千万而五其息，每以胡椒八百斛为不足道。"⑤ "泉人避其熏炎者十余年。"⑥ 个别不肖子弟十分嚣张："贾胡及恶少年挟帅臣之威，肆行市区。与文学掾分争，挝之出血。"⑦ 番商发财的不少。蒲氏女婿回教徒佛莲，"其家富甚，凡发海舶八十艘"。他死了后，仅留下的珍珠即有一百三十石。⑧ 元世祖至元三十年二月之时，有一个巨商向皇帝献珠被拒。"回回伯克玛哈玛迪沙等，献大珠邀价钞数万。帝曰：珠何为，当留是钱以赒贫者。"⑨ 不过，忽必烈的子孙就不如他了：《元史·武宗纪一》记载，至大元年九月："壬戌，太尉脱脱奏：'泉州大商哈合只铁即剌进异木沉檀可构宫室者。'敕江浙行省驿致之。""戊寅，泉州大商马合马当的进珍异及宝带、西域马。"⑩ 这两位直接向皇帝进贡海外奢侈品的色目商人，其财力雄厚可想而知。元末，福建有一"番商以货得参省，势震中外，胁户部令下四场盐引自为市"。⑪ 这些番商过着极为豪华的生活，"满市珠玑醉歌舞，几人为尔竟沉酣"。⑫ 不过，他们大量定居泉州、福州等城市，对福建的

---

① 宋濂等：《元史》卷十一，世祖纪八，至元十八年九月，第234页。
② 周密：《齐东野语》卷十二，火鼠布，第17页。
③ 释宗泐：《全室外集》卷四，清源洞图为洁上人作，文渊阁四库全书本，第15页。
④ 丁衍忠：《扳谱说》，晋江《陈江雁沟里丁氏族谱》，引自马建钊、张菽晖编：《中国南方回族古籍资料选编补遗》，民族出版社2006年，第76页。
⑤ 方回：《桐江集》卷六，乙亥前上书本末，宛委别藏本，第105册，第374页。转引自廖大珂：《福建海外交通史》，福建人民出版社2002年，第72页。
⑥ 何乔远：《闽书》卷一五二，蓄德志，第4496页。
⑦ 宋濂：《宋景濂未刻集》卷下，元同知婺州路总管府事赵侯（良胜）神道碑铭有序，文渊阁四库全书本，第20页。
⑧ 周密：《癸辛杂识续集》卷下，文渊阁四库全书本，第29-30页。
⑨ 宋濂等：《元史》卷十七，世祖纪十四，第371页。
⑩ 宋濂等：《元史》卷二二，武宗纪一，第502-503页。
⑪ 黄任：乾隆《泉州府志》卷四一，卢琦传，上海书店2000年影印清光绪本，第54页。
⑫ 贡师泰：《玩斋集》拾遗，泉州道中，第12页。

海外贸易还是有利的。他们的价值在于有广泛的海外联系。伊本·白图泰的游记中提道"巨商来看望我，其中有舍赖奋丁梯卜雷则"，"他是我去印度时曾借钱给我的一位商人，待人甚好"。① 伊本·白图泰是来自北非的一位商人，他能得到泉州巨商的贷款，反映了番商之间商业网络的力量。泉州番商也有自己的首领："西域那兀纳者，以总诸番互市至泉。"② 番商也有经营失败的时候。元末泉州形势混乱："始则海运之夫，蕃船之商，终则因海运、蕃船而为盗。皆由逐什一之利，终不免为盗贼之归。"③ 这是说元末来自海外的财物最终被海盗抢劫，这里包括番商和本地海商的财物。

另外要注意的是：泉州番商虽然势大，但本地商人仍然有其发展空间。林睦斋"承藉先人蓄积之资，尝以客航泛海外诸国"。④ 所谓"客航"，意为外来船，也就是说，林睦斋曾经寄身于一艘外来船，到海外诸国做生意。泉州的《学前李氏分支家谱》记载了生活于元末的泉州商人林间："是时，元纲解纽，夷人据泉。干戈相攘，狱讼繁兴，而岁又荐饥。公尝散积以济之，活人者多。夷人虽暴，不敢有犯者，多惧公之德耳。"⑤ 可见，商界自有其潜在的规则，即使在混乱的元末，这些规则在商界也得到尊重。

二、元代福建的本土海商

元代福建海商有番商和本土商人，虽然本土商人一度受到压制，迄至元末，仍然有较大的发展。吴澄有"海商家在中土，其往必复"⑥ 之论，可见，中土海商还是很多的。

元朝《通制条格》一书对法律的分析，涉及诸多的商舶人员。"海商不请验凭，擅自发船，并许诸人告捕，舶商、船主、纲首、事头、火长各杖壹佰柒下。""海商每船募纲首、直库、杂事、部领、梢工、碇手，各从便具名呈市舶司申给文凭，船请火印为记，人结伍为保。"⑦ 这两条规定一方面反映了元朝对外贸海船人员的严厉，另一方面反映了外贸海船的组成。一艘外贸商船，会有

---

① 白图泰：《伊本·白图泰游记》，马金鹏译本，宁夏人民出版社1985年，第551页。
② 阳思谦等：万历《泉州府志》卷七五，台湾学生书局影印明万历刊本，第1824页。
③ 张之翰：《西岩集》卷十三，议盗，文渊阁四库全书本，第4页。
④ 泉州《荣山李氏族谱》，第十九世，处士睦斋林公传，清光绪二十五年手抄本，吴文良、吴幼雄：《泉州宗教石刻》，第270页。
⑤ 叶恩典：《明冠带琉球通事林易庵及其家史考略》，《泉州文史研究》第二集，中国社会科学出版社2006年，第140页。
⑥ 吴澄：《吴文正集》卷六十四，元荣禄大夫平章政事赵国董忠宣公神道碑，第11页。
⑦ 佚名：《通制条格》卷十八，关市，第231、235页。

两组人员。其一是船舶原主人和其手下人员：船主、部领、火长、梢工、碇手，其中火长应是导航员，而部领应是水手长，其他人员一望而知。其二是租船的商人，其中有舶商、纲首、直库、杂事等人。舶商是出钱的货物主人，纲首应是船上众商的首领，直库应是负责财务。分工明确，合伙及雇佣关系清晰，便能组合成功的团体。泉州海商能在宋元时期发展壮大有其原因。

　　元代福建的城市中商人云集，其中以泉州商人最为典型。当时人说泉州"郡民多逐末利"①。可见，泉州人的风气与他处不同。"泉为宝货之府，大商巨室，犬牙而居。"② 阮维则论泉州："温陵向南通海舶，贩宝诸番共为客。经年越险入风涛，往返那复计身劳。"③ "温陵有任大公者，家有四舶。"④ 释大圭有一首诗赠给一个叫曹吉的商人："君今浮舶去，因识远游心。衣食天涯得，艰难客里禁。春帆连海市，暮鼓起香林。一笑归来好，高堂寿百金。"⑤ 这反映了泉州商人的观念与理想。闽中海商极有冒险精神："矧此贾舶人，入海如登仙。远穷象齿徼，深入骊珠渊。大贝与南琛，错落万斛船。取之人不伤，用之我何愆。"⑥ 蒲寿宬咏商人："海贾不爱死，适值骊龙眠。深渊顷刻命，平地千丈川。丈夫岂无志，固为儿女煎。彼美头上粲，它人口中涎。鲛人一滴泪，不肯随漪涟。眼见悬珠人，明月逢缺圆。"⑦ 也有外省商人到泉州经营的例子。例如，杭州商人张存幼"至元丙子后流寓泉州，起家贩舶。越六年壬午回杭自言于蕃中获圣铁一块"。⑧《岛夷志略》的作者汪大渊是江西人，他常年在泉州经商，并从泉州出发，到过世界上许多地方，是一名成功的商人。

　　当时南海的国家对中国手工业品依赖极深，很欢迎华商到本土贸易。真腊人善良："土人最朴，见唐人颇加敬畏。"真腊的妇女非常能干："国人交易，皆妇人为之，所以唐人到彼，必先纳一妇人者，亦利其能买卖。"⑨ 中国商人在海外娶妻，共同经营，是一种普遍的现象。在占城，中国船到码头之后，"舟载女

---

① 林弼：《林登州集》卷八，送孔叔原长泉山书院序，第9页。
② 宋濂：《宋景濂未刻集》卷下，元故朝列大夫同知婺州路总管府事致仕赵侯（良胜）神道碑铭有序，第20页。
③ 阮维则：《泉南义士行》，卞永誉：《式古堂书画汇考》卷二十九，文渊阁四库全书本，第40页。
④ 周密：《癸辛杂识别集》卷上，王积翁，第30页。
⑤ 释大圭：《梦观集》卷三，曹吉，文渊阁四库全书本，第5页。
⑥ 熊禾：《勿轩集》卷七，上致用院李同知论海舶，文渊阁四库全书本，第14页。
⑦ 蒲寿宬：《心泉学诗稿》卷一，明月篇，第7页。
⑧ 陶宗仪：《辍耕录》卷二十三，圣铁，文渊阁四库全书本，第20页。
⑨ 周达观：《真腊风土记》，贸易，第146-147页。

人登舶，与舶人为偶。及去，则垂涕而别。明年，舶人至，则偶合如故。或有遭难流落于其地者，则妇人推旧情以饮食衣服供其身。归则重赆以送之，盖有情义如此。"① 占城的情况，其实是越南很普遍的民俗，他们的小贩和劳动者主要是妇女，男人由妇女供养，不要从事田间劳动。时当元代，中国男人到占城也享受同样的待遇。中国的工匠在国外也很受欢迎。真腊的富人喜欢请中国匠人制造的矮桌、矮床，这都要请中国工匠制造。因此对中国商人十分友好。

元代的海商长年离家成为当时的社会问题。万德躬的《退宫人引》说到一位年纪稍大出宫的女子，被嫁给一位海商，但是，她的命运令人同情："一为商妇始自怜，十年不见回番船。"② 元代的诗人往往同情那些独守空闱的女子。例如大堤曲："赎身再嫁海商妇，海商岁岁入南番，空房夜夜相思苦。"③ 陈高的《商妇吟》："嫁夫嫁商贾，重利不重恩。三年南海去，寄信无回音。妾身为妇人，不敢出闺门。缝衣待君返，请君看泪痕。"④

然而，许多人葬身海上波涛，无法回家，那是更大的悲哀。明初高启的《温陵节妇吟》所吟对象是"泉州陈氏妇，夫泛海溺死，守志"。

妾家温陵近南浦，嫁得良人业为贾。良人长年爱远游，不敢新妆映门户。
贩宝遥闻去百蛮，朝朝海上望青山。不仁无那蛟龙横，漂没孤舟不得还。
君非渡河老狂父，波涛如山何不顾。寻尸便欲赴穷渊，膝下娇儿谁与哺？
十载空闱守寸心，沧溟水浅恨情深。愿身不化山头石，化作孤飞精卫禽。⑤

这是一个历史故事，又是泉州常见的社会问题。因而泉州历史上会有"望夫塔"之类的传说，缠绵悱恻，传播久远。

有一些人因各种问题无法归家。例如，元朝征讨爪哇的士兵就有百余人留在了印尼群岛的勾栏山。《岛夷志略》记载这一事件：

勾栏山。岭高而树林茂密，田瘠谷少，气候热，俗射猎为事。国初军士征阇婆，遭风于山下，辄损舟。一舟幸免，唯存钉灰。见其山多木，故于其地造舟一十余只，若樯柁、若帆若篙，靡不具备，飘然

---

① 汪大渊：《岛夷志略》，占城，第55页。
② 万德躬：《退宫人引》孙原理汇辑：《元音》卷十一，文渊阁四库全书本，第25页。
③ 曹文晦：《大堤曲》，顾嗣立编《元诗选二集》卷十九，文渊阁四库全书本，第2页。
④ 陈高：《不系舟渔集》卷三，文渊阁四库全书本，第31页。
⑤ 高启：《大全集》卷八，温陵节妇吟，文渊阁四库全书本，第19-20页。

长往。有病卒百余人不能去者，遂留山中。今唐人与番人丛杂而居之。男女椎髻，穿短衫，系巫仑布。地产熊、豹、鹿、麂皮、玳瑁。贸易之货，用谷米、五色绢、青布、铜器、青器之属。①

其中飘然长往者，应是成为商人了。

泉州商人也有很成功的例子。王彝的《泉州两义士传》记载了孙天富、陈宝生二位泉州商人结伙航行海外的事迹。②

孙天富、陈宝生者，皆泉州人也。天富为人外沉毅而含弘，宝生性更明秀，然皆勇于为义。初宝生幼孤，天富与之约为兄弟，乃共出货泉，谋为贾海外。天富曰：尔母一子，惟尔，吾不忍尔远尔母，涉海往异域，吾其代子行哉！宝生曰：吾母即若母也，吾即远吾母，惟君以为母，吾行又何忧焉！于是两人相让，乃更相去留。或稍相辅以往。至十年，百货既集，犹不稽其子本，两人亦彼此不私有一钱。其所涉异国，自高句骊外，若阇婆、罗斛与凡东西诸夷，去中国亡虑数十万里。其人父子、君臣、男女、衣裳、饮食、居止、嗜好之物，各有其俗，与中国殊。方是时，中国无事，干戈包武库中，礼乐之化，焕如也。诸国之来王者，且骊蔽海上而未已。中国之至彼者，如东西家然。然以商贾往，不过与之交利而竞货，两人者虽亦务商贾，异国人见此两人者，为人有特异也，自王化被海外，且及百年，中国之人至彼，如此两人者，亦不多也。此两人者乃身往其地，而亲其人，使其人皆见而信之，有切于所传闻者。两人异姓也，长为兄，少为弟，如同气然。异国人曰：彼兄若弟，非同胞者，吾同胞宜何如？宝生至言其母事，则泣，天富亦母事宝生母，每慷慨为诸国人言其事，辄欷歔乃已。异国人曰：我与彼，皆人也，人谁无父母、夫妇、子孙者，两人客万里，裔夷动必服中国礼俗，言必称二帝三王周公孔子，又能道今国家圣德神功文章礼乐与凡天下之人材，异国于是益信吾中国圣王之道，海内外可共行也。异国有号此两人者，译之者曰泉州两义士也。中国之贤士大夫闻之，亦皆以为然云。天富字惟善，宝生字彦廉，

---

① 汪大渊：《岛夷志略》，交栏山，第248页。
② 王彝：《王常宗集》续补遗，文渊阁四库全书本，第5页。参见：陈高华《元代泉州舶商》，《元史研究论稿》第429页。

141

今居吴之太仓，方以周穷援难为务。宝生母事别有陈节妇传。妫蜼子曰：余读周书王会篇，夷之国众矣，而皆纳贡周邦。孔子周人也，欲居九夷，然未往也。今孙陈氏以商贾往，且犹重乎彼，岂其读圣王书，慕义而行之，不然何其居夷而能是也。古语曰：放之东海而准，余于孙陈见之矣。至正二十五年八月蜀郡王彝生制。①

泉州两义士在元明之际非常有名，他们根在泉州，寓居江南的城市，经常到海外经商，一生航行数十万里，踏平波涛，相互扶持，引起所在国的重视，被视为中国商人的典范。孙天富、陈宝生二人还有一个巨商朋友——朱道山，他是元末著名的商人，也在江浙一带活动。"朱君道山，泉州人也。以宝货往来海上，务有信义，故凡海内外之为商者皆推焉，以为师。时两浙既臣附，道山首率群商入贡于朝，上嘉纳道山之能为远人先，俾居辇毂之下。"② 朱道山率群商向朱元璋进贡，一时得到嘉赏，体现了泉州商人在政治上的灵活。

其他各地的商人也在发展。元代刘仁本曾有题为《闽中女》的四首诗咏福州商人。他自己做了说明："闽之人泛海入番十余年不归，其妻诉之。述其言为赋"：

闽中女儿颜色娇，双双鸾凤织鲛绡。织成欲寄番船去，日日江头来候潮。
海南番舶尽回乡，不见侬家薄幸郎。欲向船头问消息，荔枝树下买槟榔。
当时郎著浅番衣，浅番路近便回归。谁知却入深番去，浪逐鸳鸯远水飞。
象犀珠翠海南香，万里归来水路长。薄幸又从何处去，十年海外不思乡。③

这四首诗说明，元代福州常有发往海南方向的"番船"，而福州商人的活动也到了东南亚诸国。

莆田人征仲坚"远舶海邦，阅八寒暑"。④ 他们的财力雄厚。以兴化路的豪商来说，他们拥有一支庞大的船队，"大舶二百艘"，小船不计其数。⑤ 总的来说，宋元是中国商人与番商共同发展的时代，福建商人从唐五代时期进入海上贸易，先是在东亚水域发展，例如，北宋时闽商在朝鲜的发展十分惊人；其后闽商在东南亚水域的发展也很快，许多港口都出现了福建商人。迄至元代，在

---

① 王彝：《王常宗集》续补遗，泉州两义士传，第5-7页。
② 王彝：《王常宗集·补遗》送朱道山还京师序，第6页。
③ 刘仁本：《羽庭集》卷四，闽中女，文渊阁四库全书本，第33-34页。
④ 洪希文：《续轩渠集》卷十，故济南征君墓铭，文渊阁四库全书本，第12页。
⑤ 贡师泰：《玩斋集》卷十，福建都元帅奏差潘积中墓志铭，文渊阁四库全书本，第9页。

越南永福省白鹤县白鹤村有一座白鹤通圣观，该观有一个元代福清道士许宗道铸造钟，其上载有1276年许宗道与一些宋商人至越南的资料。① 这反映了越南华商的发展。苏尔梦认为，元代前期东南亚的安南、占城、真腊都有华人团体。② 从汪大渊的《岛夷志略》一书中得知：当时的中国商人已在印度洋一带活动，西至东非、西亚海岸。从总体上而言，他们已是一支十分成熟的海上贸易力量。明代福建商人成为丝绸之路上的主要的贸易集团，不是偶然的。

第四节　元代福建的进出口商品

元代的中国是东亚首屈一指的"工业国"，因而有许多商品可供出口。东南亚国家消费众多的中国商品，出人意料的是：这些国家并不是只有富人才消费中国的商品，实际上，中国初级工业品在东南亚诸国销路很好，主要供给中下阶层。东南亚国家也向中国输出香料、染料、棉布等商品，这类贸易对双方都有极大的好处。

一、元代福建的出口商品

元代中国周边国家的经济发展水平大都落后于中国。就以较为富裕的爪哇国来说，该国"地产胡椒、苏木"，"婚娶多论财……与中国为商，往来不绝"。③ 元军侵略爪哇，却发现没有什么可以带走的东西："梢工满载槟榔果，征夫烂醉椰子酒。""蟳蚌虾蟹玳瑁螺，芭蕉豆蔻皆可口。"④ 这都说明，元代东南亚的一些国家，民众的生活水平比之中国有落差。这类国家若是能够进口中国的商品，普通民众可以提高生活水平。再以王宫相当华丽的真腊来说，虽然在海外有"富贵真腊"之名，但是，真腊普通百姓的生活较为简陋。周达观在真腊观察当地社会："寻常人家，房舍之外，别无桌凳盂桶之类，但作饭则用一瓦釜，作羹则用一瓦铫。就地埋三石为灶，以椰子为杓。盛饭用中国瓦盘或铜盘；羹则用树叶造一小碗，虽盛汁亦不漏。又以菱叶制一小杓，用兜汁入口，

---

① 苏尔梦：《试探元初流寓东南亚的宋朝遗民》，李庆新主编：《海洋史研究》第二辑，北京，社会科学文献出版社2011年，第264页。

② 苏尔梦：《试探元初流寓东南亚的宋朝遗民》，李庆新主编：《海洋史研究》第二辑，北京，社会科学文献出版社2011年。

③ 周致中：《异域志》卷上，爪哇国，陆峻岭校注本，中华书局2000年，第25页。

④ 方回《桐江续集》卷二十六，为张都目益题爪哇王后将相图，第14页。

用毕则弃之。虽祭祀神佛亦然。又以一锡器或瓦器盛水于旁，用以蘸手。盖饭只用手拿，其粘于手者，非水不能去也。"① 以上记载表明，在中国人看来，真腊普通百姓的生活有因陋就简的味道。这是因为，真腊等东南亚国家还未实现完全的定居，他们经常转换定居点，就连房子，也是就地用竹子搭建的。因此，他们使用的固定器皿不宜过多，手工业也很难发展。尽管如此，他们还是要用中国的瓦盘或是铜盘盛饭，做饭要用瓦釜，吃饭要用瓦罐盛水洗手。很显然，这是可以用中国磁器取而代之的。这是中国商品畅销东南亚的原因。

真腊的富人消费水平较高。"饮酒则用镴注子。若府第富室，则一一用银，至有用金者。国主处多用金为器皿，制度形状又别。""地下所铺者，明州之草席，或有铺虎豹等皮及藤簟者。近新置矮桌，高尺许。睡只以竹席卧于地。近又用矮床者，往往皆唐人制作也。夜多蚊子，亦用布罩，国主内中，以销金縑制为之，皆舶商所馈也。"② 可见，他们生活水平改善后，也少不了中国的蚊帐、草席。他们的金银酒器算有特点，实际上不如中国的瓷器好用，所以，随着生活水平的提高，他们可以进口中国的瓷器。总之，元代中国经济比东南亚诸国大约领先一个身位以上。这是中国手工业产品在海外畅销的原因。

以下表4-1是《岛夷志略》记载东南亚各国进出口商品的情况。

在表4-1中，我将东南亚诸港进口的商品分为四类：丝织品、棉布类、金属、杂货。

丝绸仍然是元代中国输出的主要商品，其绚烂花式是华贵身份的象征。因此，凡是发展程度较高的国家，都会进口中国丝绸，例如爪哇、真腊及缅甸的一些国家。其主要消费品有：五色丝、青缎、红绢等。丝织业中，将蚕丝与麻丝、棉丝混纺的布匹叫着丝布。它最早出现宋代。宋代的《诸蕃志》称之为"色丝布"。而后"色"字被省略，简称丝布。《岛夷志略》记载元代采购丝布的国家与港市有：真腊、针路、八都马、淡邈、八节那间、三佛齐、文诞、班卒、文老古、古里地闷、须文答剌、喃巫哩、千里马等13个港市，虽说其时印度一带也有丝布生产，例如须文那③，但主力应是中国。

---

① 周达观：《真腊风土记》，夏鼐校注本，中华书局2000年，第165页。
② 周达观：《真腊风土记》，夏鼐校注本，中华书局2000年，第165-166页。
③ 汪大渊：《岛夷志略》，须文那，第314页。

第四章 泉州市舶司与福建的对外贸易

表 4-1 《岛夷志略》所载东南亚各港市进口商品种类

港名	进口磁器	进口丝织品	进口棉花、棉布	进口金属	进口杂货
三屿	青白花碗		小花印布	铜珠、铁块	
麻逸	青白处州瓷器、瓦坛		五彩红布	鼎、铁块、牙锭	
无枝拔		红绢	西洋布	铁鼎	
龙涎屿					
交趾		诸色绫罗匹帛	青布	金银	牙梳、纸札
占城	青磁花碗、烧珠之属		色布	青铜、铁	酒
民多朗		红绢	阇婆布、青布	金银首饰	
宾童龙			印花布	铜鼎、斗锡	漆器、酒
真腊	黄红烧珠			银	
丹马令	青花白碗	丝布、龙缎、建宁锦	红布、甘埋布	金银	
日丽			花布、小印花布、五色布	铁块	鼓
麻里鲁	磁器盘、处州磁、水坛、大瓮		青布	牙锭、铁鼎	
遐来勿	青器、粗碗	红绢	占城海南布、五色布	铁线、铜鼎	木梳、篦子
彭坑	磁器	诸色绢	塘头市布、阇婆布	铜铁器	漆器、酒
吉兰丹	青盘、花碗、红绿烧珠		占城布		琴、阮、鼓、板

续表

港名	进口磁器	进口丝织品	进口棉花、棉布	进口金属	进口杂货
丁家卢	青白花磁器	小红绢	占城布	斗锡	酒
戎	青白花碗、磁壶、瓶、紫烧珠		巫仑布	铜、花银、铁条	漆器
罗卫	青白碗、五色烧珠	狗迹绢（锦的波斯语）	棋子手绢、	金、锡、贝子	
罗斛	青器		花印布	花银、铜鼎	海南槟榔
东冲古刺	青白花碗、大小水埕	青缎			盐
苏洛鬲	青白花器、水埕、大小埕		海南巫仑布	银、铁、铜鼎	
针路	五色烧珠、大小埕		花布、青布	铜条、铁鼎、铜珠、铁鼎	鼓
八都马		南北丝、丝布、草金缎、丹山锦、山红绢	甘里布	花银、赤金、铜、铁鼎	矾
淡邀	黄硝珠、粗碗、青器	丝布	西洋布	铜鼎	麒麟粒
尖山	青碗、大小埕瓮	红绢、锦	佛南主布	牙锭、铜铁鼎	鼓乐
八节那间	青器、埕瓮	青丝布		铁器	土粉、紫矿
三佛齐	红硝珠	丝布、色绢	花布	铜铁锅	
啸喷	五色硝珠、磁器、瓦瓮、粗碗			铜铁锅、牙锭	

续表

港名	进口磁器	进口丝织品	进口棉花、棉布	进口金属	进口杂货
浮泥	硝珠	色缎		赤金、白银、铁器	牙箱
遛	硝珠、青白花碗	色绢、青缎	青布	水银、铜铁	
爪哇		花、宣绢	诸色布	铁器、金银	药
重迦罗		红绿绢、色缎	海南占城布	花银	
都督岸				铜铁鼎	盐
文诞（班达群岛）	青磁器		水绫丝布、花印布		乌瓶、鼓、瑟
苏禄	青珠、处器		八都剌布、麻逸布、八都剌布	赤金、花银、铁条	
龙牙犀角	青白花碗	绸绢衣、花色宣绢	小印花布、土印布、		
苏门傍	大小水晶	丝布	巫仑布	铜鼎	
旧港	门邦丸珠、四色烧珠、处瓷、大小水晶瓮		五色布		白糖、涂油
龙牙菩提	红绿烧珠		青白土印布	铁鼎、牙箱锭	麒麟粒
班卒	瓷器		土印布	铁鼎、铁条、赤金	
蒲奔	青瓷器、粗碗、大小埕瓮		海南布	铁线	

续表

港名	进口磁器	进口丝织品	进口棉花、棉布	进口金属	进口杂货
假里马打	青色烧珠		阇婆布、八都剌布	硫磺	珊瑚珠
文老古	烧珠、青瓷器、埕器	水绫、丝布	巫仑八节那涧布、土印布	银、铁	象齿
古里地闷	碗	西洋丝布、色绢	木棉、占城布	银、铁	
龙牙门	处瓷器	青缎	花布	铁鼎、赤金	
灵山	粗碗、烧珠			铁条	
东西竺	青处器、粗碗		青布	花锡	胡椒、蔷薇水
花面	粗碗			铁条	
淡洋		西洋丝布、五色缎	青布	赤金、铁器	
须文答剌	青器	五色绢	青布	铜器	蔷薇水、樟脑、黄油伞
钧栏山	青器	五色缎		白铜、金银、铁器	谷米
大乌爹	瓦瓶			铁条、铜线	鼓板
万年港			土印花布		
乌爹	青白花碗	五色缎、白丝		金银	丁香、豆蔻、茅香、鼓瑟
喃巫里	青白花碗	红丝布		金银、铁器	樟脑、蔷薇水、

第四章　泉州市舶司与福建的对外贸易

在中国的纺织业里有"金染缸"之说，不论是丝绸还是棉布，印染的布类商品价格要贵过白坯布一倍以上。中国出产的棉布染色成青布，它在东南亚的许多港口都有市场。青布之外，还有红布、红绢等商品，在东南亚市场销售不错，这在当时应为高技术的中国商品。而结构复杂的锦缎位于纺织品的最高层，由于价格的原因，不是所有的国家都可消费的，输出量不多。只有那些富裕国家，例如浡泥国："以五彩帛系腰，花锦为衫。"① 可见，该国消费锦缎较多，应当进口丝绸也多。不过，从总体而言，东南亚诸国消费的丝绸不算太多。元代消费中国丝绸的国家，主要应是阿拉伯地区和印度。

元代东南亚的市场上中国丝织品也受到印度棉布的冲击。从《岛夷志略》的记载来看，明确进口丝绸的只有：真腊、遐来勿、丁家卢、罗卫、东冲古剌、八都马、淡邈、尖山、八节那间、三佛齐、浡泥、爪哇、重迦罗、都督崖、文诞、苏门傍、班卒、文老古、龙牙门、须文答剌、交栏山、特番里、班达里、大八丹、加里那国、土塔、加将门里、波斯离、挞吉那国、须文那、小具南、朋加剌、放拜、大乌爹国、马八儿屿、里伽塔、天堂、天竺、甘埋里、乌爹国、南巫里等41个港市国家，在《岛夷志略》记载的99个港市中，仅占五分之二。与之相对应，仅东南亚国家就有41个港市进口棉布类制品，约占统计总数55个的五分之四。可见，南海绝多数港口都有棉布的进口。以真腊来说，居民使用棉布甚广。"自国主以下，男女皆椎髻袒裼，止以布围腰。出入则加以大布一条，缠于小布之上。布甚有等级，国主所打之布，有直金三四两者，极其华丽精美。其国中虽自织布，暹罗及占城皆有来者，往往以来自西洋者为上，以其精巧而细美故也。"② 在这里要注意的是：元代中国还只有东南数省生产棉布，能够供给出口的应为青布和海南布。海南布外销多个国家，反映了当地棉产业的实力。难怪黄道婆的纺织术来自海南岛。青布需要以蓝靛为染料，中国这方面的技术较为成熟。以中国人的爱好来看，青布符合中国的重视玄青色的自然观，多数应出自中国。至于青布的产地，也许有人会想到江南城镇，不过，元代江南棉布业刚刚兴起，大量出口不太可能。其时纺织业最盛之地，其实就是泉州，宋代就有泉州布匹出口了，福建历来以生产靛青闻名，所以，出口的青布应当主要来自福建。其他如塘头布，应当也是出自中国。不过，塘头这个名字太普通，东南许多地方都有塘头这个地名，最出名的应是常熟的塘头镇，塘头布也许就是当地出产的。至于五色布是否中国所产？现在还不好说。中国生

---

① 汪大渊：《岛夷志略》，浡泥，第148页。
② 周达观：《真腊风土记》，服饰，第76页。

产比较多的应是红布,这从红绢在东南亚很畅销可以看到,当时中国人擅长染红色,所以会有红绢出口。不过,中国人染色用的红色颜料来自泰国的苏木,不排除东南亚民众也会染红布。至于印花布的产地,应当说分布很广。东南亚许多国家会用蜡染的方式制作印花布,尽管中国也会用这种方式,但是,元代的中国,棉布的生产不多,可供出口的印花布不会太多吧?印花布更多的应是东南亚港市之间的交易。东南亚港市各类布匹繁多。有占城布、巫仑布、八都剌布、麻逸布、阇婆布、甘里布、西洋布等等,分布东南亚各个港口。其中如占城布在东南亚至少有四个港口进口,八都剌布也有三个港口进口,各港自行交易的布匹之多,还挺让人惊讶。不过,这些布匹都进入汪大渊《岛夷志略》的商品名单中,表明中国商人除了出口中国商品外,也在做东南亚各国之间的商品交易!这一点非常重要!它说明中国商人到东南亚不光是为中国市场服务,进口与出口与中国有关的商品,还会为东南亚市场服务,促进各港的商品交换。这是常被人们忽略的一点。其实,它表明中国商人是东南亚各个港市的串联者,是东南亚商业网络不可离开的因子。

关于东南亚纺织品贸易还要说的一点是:在元代的国际市场上,尤其是东南亚市场上,棉布取代丝绸的趋势已经展开。其实,这也符合东亚纺织业发展的历史。宋元时期,棉布已经进入福建、广东等地,元末进入江南,明初朱元璋大力推广棉花种植,使民间多以棉布为衣。而棉布流行之后,许多地方的丝织业就退步了。明中后期的中原各地,大都栽棉纺布,传统丝织业衰退。以此来看东南亚诸港,宋元时期从丝织品到棉布的变化是不可抗拒的历史规律。

据《岛夷志略》的记载,各种青白磁是中国出口的主要商品。其中青磁应是指浙江、福建一带龙泉窑带绿色的磁器,白磁应是福建德化窑的产品。至于"青白瓷"或是"青白磁",一般理解是青磁与白磁的合称,另外一种可能性是指带有青花的白瓷,这就是景德镇瓷器了。不过,元代虽然有景德镇青花瓷出口,但其数量不多,当时出口瓷器主流还是浙江处州的青磁吧。

要注意磁器与瓷器之别。所谓磁器,是瓷器和陶器的统称,所以,《岛夷志略》中的磁器,兼指瓷器和陶器,不可全译为瓷器。陶器质地不如瓷器,表面只有简单的釉层,价格较便宜,有时更受百姓欢迎。至于那些不施釉彩的瓦器,往往用来制造大型容器,例如水缸、米缸等,有时可简称为瓦器。例如麻里鲁(马尼拉)进口水坛和大瓮,无枝拔进口瓦坛,尖山进口"大小埕瓮",八节那间进口埕瓮之属,啸喷进口瓦瓮之属,旧港和蒲奔进口"大小水埕瓮之属",都是各种规格的缸瓮。此外,进口粗碗的港市有:琉球、日丽、遐来勿、淡邈、啸喷、蒲奔、灵山、花面、淡洋等,可见,那些不假修饰的实用器皿很受欢迎的。

图 4-2　平潭海域出土的元代青瓷器，摄于福建省博物院

有些地方着重食用器皿，例如"青白花碗"，有些地方着重大型器皿，例如"瓦坛"。三岛进口"青白花碗"，无枝拔进口"青白处州磁器"和瓦坛。比较典型的是麻里鲁（马尼拉），此地生产食盐和酒浆，因而需要各种容器，他们欢迎中国的"青磁器盘、处州磁、水坛、大瓮、铁鼎之属。"[①] 在印度尼西亚海域发现的"宝龙号"所载龙泉瓷数量庞大。实际上，龙泉瓷在元代前后还走到了西亚的波斯湾和非洲东部肯尼亚等地。可见，实用器物在南海诸国最受欢迎。

关于元代出口中国瓷器和陶器要注意三点：其一，当时中国生产的各种容器有两种，瓷器是精品，价格较贵，陶器是平民用品，价格便宜。中国普通家庭往往是将瓷器用于待客，自用陶器。海外诸国也是这样，南海周边的民众更喜欢价格便宜的中国陶器，尤其是缸、瓮之类大型陶器，进口量较大。瓷器和陶器，古人统称为"磁器"，或作"甆器"，有些现代书将"磁器""甆器"都简写为瓷器，这是不对的。其二，所谓龙泉窑瓷器，是指中国东南以青白瓷为特色的一系列瓷窑，宋元时代主要分布于浙江、福建。由于福建经营海上贸易的人较多，多数出口的龙泉窑青白瓷器，实际上生产于福建诸窑。不过，当时

[①] 汪大渊：《岛夷志略》，马里鲁，第89页。

龙泉窑精品瓷还是由浙江南部的龙泉县生产。其三，龙泉窑最典型的产品是青瓷，白瓷是民间的新产品。宋代的《诸蕃志》提到白瓷的仅两处，分别是出口阇婆的青白瓷和出口浡泥的白瓷。但在元代的《岛夷志略》一书中，提到白瓷的时候就很多了。例如"青白花碗"七处、"青白花器"七处，虽说白瓷多数情况下与青瓷并列，但白瓷的迅速崛起不可忽略。白瓷产地以景德镇和福建德化窑为好。由于白瓷给人一种干净的感觉，在国际市场上更好销售。迄至明代前期，白瓷渐渐取代龙泉窑系列的青瓷，成为中国出口的主要瓷器。

比较《岛夷志略》与《诸蕃志》，作者发现元代福建输出的商品增加了几十种，但大类不变，主要是丝织品、陶瓷器、糖类、金属制品；从国外输入商品依然是：黄金、象牙、香料、珍珠、棉布、木材。但若细加分析，则可发现日用品所占比例大大增加了，在中国出口品中，除了丝绸、瓷器这类奢侈品外，陶器、金属制品数量越来越多，雨伞这类日用杂货出口颇多。而进口商品中，各种纺织品达几十种。因此元代福建对外贸易已不能说是纯粹的奢侈品贸易，家常日用品已在元代对外贸易中占有重要地位。其次，贸易量的增大还表现为贸易额大大增加。据刘克庄所写的《西山真文忠（德秀）公行状》，真德秀在任泉州知州的三年内，泉州所到番舶分别为18艘、24艘、36艘①。元代泉州所到番船超过此数，马可·波罗说他在泉州港看到数百艘大船，阿拉伯旅游家也说："余见港中，有大船百余，小船则不可胜数矣。"② 这都说明元代泉州中外贸易量比宋代要多。

元代中国的冶铁技术领先世界。据《岛夷志略》，南海国家进口最多的是铁锅和铜锅，在该书所载百来个国家地区中：简单标明进口"鼎"的有：麻逸和无枝拔，他们都感到中国铁锅的先进性。此外，海外从福建进口铁与铁块的有八个地区，进口铁器的有13个地区，进口铁条的有十个地区，进口铁钱的有两个地区，可见福建铁器畅销海外。

在上述矿产外，福建还出产铜。至元二十年（1283年），元廷派人到福建访铜矿，预备开采③，但不见下文。元代官方货币是大元钞，一般不用铜钱，所以社会上存在着大量的过剩铜钱。中国的铜钱大量输出海外，成为许多国家的交换货币。许多商人将铜钱改铸铜锅、铜器谋利。据《岛夷志略》，福建出口的铜仅次于铁，共有铜珠、铜鼎、铜器、铜锅、青铜、铜条、铜线、白铜等种类。

---

① 刘克庄：《后村先生大全集》卷一六八，西山真文忠公行状，四部丛刊本，第12页。
② 张星烺编注、朱杰勤校订：《中西交通史料汇编》第2册，《拔都他游历中国记》，中华书局1977年，第75页。
③ 嵇璜、曹仁虎等编：《续文献通考》卷二三，第21页。

其中白铜是铜与砷的合金,当时其他国家还不能生产。进口铜鼎的有民多郎、东冲古剌、苏洛鬲、淡邈、旧港、特番里等六个港市;进口铁鼎的有:麻里鲁、遐来勿、针路、龙牙菩提、班卒、龙牙门、金塔、东淡邈、天堂等九个港市;进口铜铁鼎两种的有:八都马、尖山、都督崖等三个港市。

蔗糖。蔗是东南亚的传统植物,从《岛夷志略》记载的情况来看,南海诸国大都有"酿蔗浆为酒"的习俗。以甘蔗榨汁制糖,看来是中国与印度等手工业较发达国家才有的。元代福建已经出现"白糖"。[1] 而《岛夷志略》也记载了苏门傍和大八丹进口白糖,土塔港进口糖霜,可能是中国的制品。

二、元代福建诸港进口的海外商品

《岛夷志略》一书也记载了东南亚各港市出口中国的商品,虽说这些商品多为初级加工的农产品,但对中国而言,不论是香料还是染料,都有重要作用。见下表4-2:

元代中国类似近代的"工业国家",出口东南亚的主要是丝绸、布匹、瓷器、陶器、蔗糖等手工业制品,而进口商品多为香料等消费品。福建商人居间贸易,获利不赀。

在海外国家中,使用铜钱的国家不少,例如爪哇国:"使铜钱,俗以银、锡、鍮、铜杂铸如螺甲大,名为银钱,以权铜钱使用。"[2] 东南亚还有些国家保留古老习俗,以贝壳为钱。其主要产地为印度洋的北溜,此地今为马尔代夫群岛的北部。过往商人往往以一船米交换一船贝子。这些贝子在缅甸和泰国以及非洲国家都被视为货币。不过,这些国家的大宗贸易也使用金银。元代输出金银是很多的,海外使用中国铜钱的国家还是少数,金银在所有国家都可使用。所以,闽商在许多地方只能用金银购买商品。以此看来,元代金银、铜钱的输出不在少数。不过,元朝入超过大,本朝流行的纸币也有外国使用。乌爹国"每个银钱重二钱八分,准中统钞一十两"。[3] 又如罗斛国:"法以贝子代钱,流通行使,每一万准中统钞二十四两,甚便民。"[4] 暹国"仍以贝子权钱使用"。

---

[1] 徐晓望:《福建古代制糖术与制糖业》,泉州,《海交史研究》1992年第1期。
[2] 汪大渊:《岛夷志略》,爪哇,第159页。
[3] 汪大渊:《岛夷志略》,乌爹,第376页。
[4] 汪大渊:《岛夷志略》,罗斛,第114页。

表 4-2 《岛夷志略》所载东南亚各港市出口商品种类

港市名	出口香料、染料	出口棉布	出口金属	出口食品及生物制品	出口杂货
三屿	黄蜡	木棉、花布		玳瑁、槟榔	
麻逸	黄蜡	木绵、花布		绿毛狗	
无枝拔			花斗锡、铅		
龙涎屿	龙涎香				
交趾	肉桂		沙金、白银、锡、铅	象牙、翠毛、槟榔	
占城	茄蓝木	打布	铜	红柴	
民多朗	茄蓝木	木绵花		乌梨木、麝檀、牛鹿皮	
宾童龙				象牙	
真腊	黄蜡、苏木、速沉香			犀角、孔雀、大风子、翠羽	
丹马令	降真香、黄熟香头			龟筒、鹤顶	
日丽	降真香		锡	龟筒、鹤顶	
麻里鲁	黄蜡、降真香	竹布、木绵花		槟榔	
遇来勿	苏木、沉速、打白香	木绵花	花锡		
彭坑	黄熟香头、脑子、粗降真			槟榔、玳瑁	

续表

港市名	出口香料、染料	出口棉布	出口金属	出口食品及生物制品	出口杂货
吉兰丹	上等沉速、粗降真香、黄蜡	木绵、	花锡	龟筒、鹤顶、槟榔	
丁家卢	降真、脑子、黄蜡			玳瑁	
戎	白豆蔻、黄蜡	木绵纱		象牙、翠毛	
罗卫	粗降真、黄蜡	绵花		玳瑁	
罗斛	罗斛香、苏木、黄蜡			犀角、象牙、翠羽	
东冲古剌	黄蜡、粗降真香、沉香		沙金	龟筒	
苏洛鬲	上等降真、片脑、沉速			玳瑁、鹤顶	
针路		竹丝布		芎蕉	
八都马	胡椒			象牙	
淡邈	胡椒				
尖山	黄蜡、粗降真	水绵花、竹布			
八节那间		单皮、花印布不退色、木绵花		槟榔	
三佛齐	梅花片脑、中等降香	木绵布		槟榔、细花木	
嘛喷	苏木				
浮泥	降真、黄蜡、梅花片脑			玳瑁	

155

续表

港市名	出口香料、染料	出口棉布	出口金属	出口食品及生物制品	出口杂货
暹	苏木		花锡	大风子、象牙、翠羽	青盐（晒成）
爪哇	胡椒	极细花木绵单、木绵花纱		绵羊、鹦鹉	
重迦罗		细花木绵单、木绵花纱		绵羊、鹦鹉、椰子	
都督岸	片脑、粗速香			玳瑁、龟筒	
文诞	肉豆蔻、豆蔻花、小丁皮				
苏禄	降真条、黄蜡			珍珠、玳瑁	
龙牙犀角	沈香、降真、黄熟香头			蜜糖、鹤顶	
苏门傍	翠羽、苏木、黄蜡			槟榔	
旧港	黄熟香头、金颜香、黄蜡、粗降真、中等沉速	木绵花		绝高鹤顶	
龙牙菩提	速香			槟榔、椰子	
班卒	中等降真	木绵花		上等鹤顶	
蒲奔				白藤、浮留藤、槟榔	
假里马打				番羊、玳瑁	
文老古	丁香				

续表

港市名	出口香料、染料	出口棉布	出口金属	出口食品及生物制品	出口杂货
古里地闷	檀木				
龙牙门	粗降真		斗锡		
灵山		木绵花		槟榔、荖叶	
东西竺		木绵		槟榔、荖叶、椰心簟	
花面				槟榔、荖叶	
淡洋	降真香				
须文答剌	脑子、粗降真		斗锡	鹤顶	
钩栏山		布匹		麂皮、玳瑁	
大乌爹	降真条、黄蜡	木绵		翠羽	猫儿眼睛、鸦鹘石
万年港	黄蜡	木绵、细匹布			
乌爹					
喃巫里	降真香			鹤顶、龟筒、玳瑁、翠羽	

在"针路","贝子通暹准钱使用"。① 安南国,"流通使用铜钱,民间以六十七钱折中统钞壹两。官用止七十为率"。② 元军进入爪哇国之后:"生金铜钱暨百宝。"③ 可见,当地也是使用铜钱。总的来说,元代海外使用铜钱的国家不少,或者在其国家货币中占一席地位。

小　结

元代福建的泉州市舶司能够超越岭南重镇广州的市舶司,有其重要的经济历史背景。元代的广东开发程度相对落后,尽管占地辽阔,元代广东的人口不足80万,很难支撑发达的工商业。而元代的福建,早在宋代就成为国内最发达的区域,经济文化处于一流水平。元代福建虽然一度遭到战争的破坏,但是,主要城市的工商业仍然强大。海外船只进入泉州,应可买到各类最好的中国商品,这是对外贸易中心转到泉州的经济背景。此外,从东亚贸易大局来说,元代的庆元港适宜从事东北亚的贸易,广州港适宜从事对南海贸易,位于上述两港中间的泉州港不论是对东北亚贸易,还是对南海诸港贸易,都有其方便之处,所以能成为四方番舶之汇。泉州的缺点是内腹不够阔,所以,随着对外贸易的发展,泉州最终输给广州、厦门等城市。不过,这都是后话了。元代的泉州是十分了不起的。

元代泉州的特点是官本船贸易。在唐宋时期,受到儒学的制约,市舶司被视为公共财产,理论上市舶司收入都归公有。当然,实际上市舶司贿赂盛行,只有少数官员能够守住节操。迄至元代,权贵资本公开渗透市舶司,许多下海船舶是以权贵资本为后台,其收获也是权贵资本获得大利。另一个特点是:权贵为了完全控制市舶司,经常发起对民间船舶的海禁。在他们看来,只有禁止民间船只到海外贸易,他们才能获得更大的利润。这种想法非常糟糕,在元代经常受到民众的抵制而无法实行。但在明代,海禁被官府奉为圭臬,从而对海洋社会造成极大的破坏。

元代的海商可分为外籍商人和本土海商。元代泉州番商的势力达到顶点,但是,他们的发展并没有窒息福建本土海商的发展。元代的福建海商不仅在南

---

① 汪大渊:《岛夷志略》,针路、暹,第126、155页。
② 汪大渊:《岛夷志略》,交趾,第50页。
③ 方回《桐江续集》卷二十六,为张都目益题爪哇王后将相图,文渊阁四库全书本,第14页。

海周边做生意，还远航印度洋和东北亚，纵横四海，快意远邻，实际上已经和番商共享海洋商业网络。这是明代前期郑和远航的前奏。

仔细分析元代福建商品进出口，福建输出的工业品较多，而且不限于奢侈品，普通工业品的输出也很多，进口商品则以香料和染料为多。所以，总的来说，元代中国在海外扮演工业国的角色，这是中国经济实力的反映。

第五章

元代福建的经济

福建在元朝以前,一直是国内较安定的地方之一,战争极少,这为经济的发展创造了条件。但在元朝统治福建的战乱中,福建农村经济遭受极大破坏,卢琦的诗咏道:"七月十五月正圆,中元遗俗知奉先。乱后人家生事薄,游兵逻卒犹喧阗。山乡路阻无纸钱,江村月落烹细鲜。新魂旧魂百战死,孤儿寡女双泪涟。"① 这是元代农村的典型情况。因此,从总体上而论,元代福建的农业经济不如南宋时期。

第一节 元代福建的农业

由于战争的影响,元代总人口比宋代稍减,因此,元代福建沿海的粮荒也不像以往那么厉害。相形而言,元代福建粮食自足比例提高,新的造田工程也就少了。

一、元代福建的粮食生产

古代中国是一个以农立国的国家,对统治者来说,发展农业是最根本的政策。因此,除了战争年间,中国历代的皇帝,每年总要颁布一些与农业有关的政令,尤其是在大战之后,都要对农民发布一些特殊政策,以扶植农业。中国的小农经济易受战争影响,但是,一旦和平降临,农民们凭着一把锄头就能恢复生产,所以,在元代中叶的和平环境里,福建农业经济还是过得去的。元代福建农业的问题是政府对农业关心不够。纵览元朝的历代帝王,只有忽必烈对农业最为关心,他曾设置劝农司,颁发《农桑辑要》等农书,要求地方官关心农业,但元代的地方官出生于儒者的较少,大多数人的心中,根本没有重视农

---

① 卢琦:《圭峰集》卷上,中元回家拜祭感怀,文渊阁四库全书本,第31—32页。

业的观念。因此，朝廷的重农政策在具体执行中被大打折扣。元代官员王恽承认："提刑按察使钦奉圣旨，所至劝课农桑，使职近缘巡历考照簿书，其耕播栽植之事，勤惰効率之方，大抵虚文多失实。"① 在这种风气下，许多本由官府承担的公共事业管理都成为空话。例如，唐宋时期，福建水利事业多依靠官府管理，宋熙宁年间，福清县崔知县"以岁科田户，鸣鼓兴筑，不至者罚之。邑司著籍，乃碑刻"。② 元代就缺乏这种好制度，许多水利因而失修。例如漳州："邑田多荒，君询其由，曰'旧有堰蓄水以灌田，今堰废，故田荒'。"幸亏，当地官员是个有心人："以义倡之，率先邑民筑石为堰，数日而成，连岁大稔。"③ 随着儒学的影响扩大，元代也出了一些好官员，至顺年间董祯任闽清县尹："为政和易清简……在官六年，遍流回归。"④ 总之，旧时代被称为循吏一类的人物，在元代还是有的，甚至在元末兵荒马乱的年代，也有个别官吏忠于职守。蒙古人迺穆太在至正末年管理南安县："当寇盗之际，调度转输，以给军饷，劳徕绥辑，以复流亡。"⑤ 可惜的是，元代这类官员太少了，所以，元代福建农业经济的恢复，主要靠农民自己的力量；由于小农缺乏组织性，许多大工程就无法进行了。

　　水利与围垦。元代福建人口下降，人口压力减轻，唐宋时代的大型围海田工程，在元代极少见。不仅如此，在水利方面，由于各种原因，许多地区原有的水利枢纽荒废。例如，福清的元符陂"溉田种千余石"，但在元代废坏，直到明建文三年（1401年）才修复。⑥ 漳州龙溪县的广济陂"溉田千有余顷"，也是在元代失修颓圮。⑦ 这些事例说明：一些前代修建的工程，由于管理不善，在元代渐渐失去效用。这也证明元代福建农业不如宋代。不过，为了维持生产的继续，各地也修复了一些水利工程，例如邹伯颜任崇安县尹之时："邑有宋赵抃所凿沟，溉民田数千亩，岁久，沟湮而田废。伯颜修长沟十里，绕枫树陂，累石以为固，沟悉抃复遗迹，而田为常稔，民赖其利。"⑧ 崇安县的傅公堤崩溃后"元达鲁花赤完者秃，首捐俸钱，倡民之尚义者修之"。⑨ 当地还有一座济川闸

---

① 王恽：《秋涧集》卷六二，劝农文，文渊阁四库全书本，第12页。
② 梁克家：《三山志》卷一六，版籍类，方志出版社2003年，第255页。
③ 林弼：《林登州集》卷一六，南圃记，文渊阁四库全书本，第2页。
④ 黄仲昭：弘治《八闽通志》卷三七，董祯传，第791页。
⑤ 黄仲昭：弘治《八闽通志》卷三七，迺穆太传，第803页。
⑥ 黄仲昭：弘治《八闽通志》卷二二，水利，第454页。
⑦ 黄仲昭：弘治《八闽通志》卷二三，水利，第480页。
⑧ 宋濂等：《元史》卷七九，良吏二，邹伯颜传，第4373页。
⑨ 黄仲昭：弘治《八闽通志》卷二二，水利，第464页。

于元初废坏,"元至治二年,邑宰刘沉祖乃相水所出之地,累石为闸,因旱涝而为启闭,民赖其利"。① 多数地方都依靠旧有的水利工程。例如莆田县:"莆为郡,滨海带山,少平壤,惟南北二洋坦然旷衍,为田数百万顷。"② 元代开创性的水利工程较少,莆田木兰陂分水工程可算一例。"元延祐二年,兴化路总管张仲仪复创斗门于陂之北岸,名曰'万金',而凿渠引水,以溉北洋延兴、孝义、仁德三里民田"③,这样,莆田北部平原也成为沃野。元代诗人柯举咏道:"壶山水绕恩波在,村北村南处处耕。"④ 元代福建最大的工程是南安万石陂工程,修成后"溉田万余顷"。⑤

粮食生产。元代福建的主要粮食作物是水稻和麦子。水稻生产与宋代大致相似,宋代引进福建的占城稻种,再次引起外省的注意。山东人王祯在其《农书》中写道:"今闽中有得占城稻种,高仰处绵宜种之,谓之旱占。其米粒大且甘,为旱稻种甚佳,北方水源颇少,惟陆地沾湿种稻,其耕锄薅拔,一如前法。"⑥ 有了占城稻耐旱的品种,就可以在旱地种植稻,这对开发山区颇有意义。种麦在沿海很广泛,兴化路境内"麻麦芃芃"。⑦ 谢枋得在建阳曾说:"四月麦熟胜秋收。"⑧ 可见,在福建农业中,麦子扮演的角色越来越重要。从生产工具来说,元代有关屯田的记载告诉我们:当时农民的主要工具是斧头、镰刀、锄头、铁爬、犁爬等,这与民国时期福建的农业生产工具相类似,锄头用于翻田,犁爬用于耕地,铁爬用于耘田,镰刀用于收割。从粮食产量而言,元代闽江下游的农田产量很高,"福建宪司职田每亩岁输米三石"。⑨ 三石米折成谷子,可得4.6石,虽然文后记载:福州百姓对这一空前的租额感到"不胜其苦",但它一度实行表明当时福州上田一年的亩产量在五至六石以上,否则根本不可能交三石米的粮租。不过,福建的这类肥田极少,大多数山区的田地只能种一季水稻,好的再种一季麦子,所以,多数农田的亩产量在一亩三石谷上下。

福建沿海肥田少,沙田多。尽管少数肥田能得高产,但多数沙田很难有收

---

① 黄仲昭:弘治《八闽通志》卷二二,水利,第464页。
② 林定老:《木兰陂重修协应庙记》,郑振满、丁荷生编:《福建宗教碑铭汇编·兴化府分册》,福建人民出版社1995年,第65页。
③ 黄仲昭:弘治《八闽通志》卷二四,水利,第491页。
④ 黄仲昭:弘治《八闽通志》卷二四,水利,第491页。
⑤ 陈寿祺等:道光《福建通志》卷三五,水利,第8页。
⑥ 王祯:《农书》百谷谱集一,上海古籍出版社1994年,第510页。
⑦ 周华:正统《兴化县志》卷二三,民国重刊本。
⑧ 谢枋得:《叠山集》卷三,谢面,文渊阁四库全书本,第21页。
⑨ 黄仲昭:弘治《八闽通志》卷三六,秩官,齐履谦传,第776页。

获,就整个地区而论,沿海粮食平均产量并不高。所以,元代福建沿海仍是缺粮的。不过,元代福建山区的人口大幅度下降,粮食供应得到缓和,山区各地都成为粮食有余的区域,如:"汀州居万山之中,其民不为他业,惟业农以生,虽以贫民,遇敛岁亦必有积聚。其地又无深溪大川,舟楫所不到,故谷价恒贱。"① 邵武路、建宁路、延平路的情况也类似汀州。沿海四路中,漳州路人少地旷,不会缺粮。福州路与兴化路在宋代有一度是缺粮区,元代因人口下降,生产发展,都有了变化。福州"终岁勤动,仅足给食"②,说明该地粮食大致可以自给。兴化原为人口最密集的区域,不过,经历了元初大屠杀之后,人口下降,粮食自给有余。泉州的情况与各地不同,元代的泉州是东方第一大港,城市人口众多,一向依赖外地粮食。释大圭的《南国》一诗咏道:"南国地皆赤,吾生亦有穷。丰年何日是,菜色万人同。海上舟频入,民间楮已空。犹闻谷价涌,开籴若为功。"③ 由此可见,当地粮食缺口很大,每年都要从外地运入大量粮食。从全省形势看,福建产粮区的余粮不足以弥补沿海区的缺粮,熊禾咏道:"闽地本硗瘠,山海相带绕,两耕不供餐,俭岁即有莩。"④ 这大致反映了元代福建粮食生产的真实情况。总之,元代福建由于人口的下降,沿海粮食危机得到缓和,但是,由于战争的影响,福建与沿海各地的粮食运输每每受到阻断,因此,元末的福建经常发生粮荒。

为了调剂丰年与灾年的粮食丰歉,元朝很重视粮仓的建设,尤其重视义仓。义仓原为宋代朱熹与一些儒生在闽北发明的粮仓管理制度,用以拯济灾荒。元朝建立后,起用了一些儒生,所以,他们的政策也受到儒生的影响。元世祖、元武宗、元仁宗都多次下诏书,要把朱熹创建的义仓制度推广到全国。元仁宗的诏书写道:"天下路、府、州、县于应置社处立之。社以五十家为率,第其户之高下,每岁收成之日,输谷于仓,以备嗣岁之歉而贷之食。及冬则取盈然。石入息一升,社长主之。"⑤ 在官方推动下,福建各地设置了许多义仓,仅福州路古田县即拥有432所。其他各县分别拥有几十所至数百所不等。然而,在元朝贪官污吏的操纵下,义仓很快演变为官吏压榨百姓的工具。按照义仓制度,管理义仓的人应为当地甲首,可是福建下层官吏却随意指派管理人,"某人当领

---

① 卢琦:《圭峰集》卷下,建言常平,第32页。
② 贡师泰《送李尚书序》,黄仲昭:弘治《八闽通志》卷三,风俗,第39页。
③ 释大圭:《梦观集》卷三,南国,第11页。
④ 熊禾:《寄张廉访》,见蒋易编:《元风雅》卷二十,江苏古籍社宛委别藏本,第586页。
⑤ 黄仲昭:《八闽通志》卷六一,恤政,闽县,第419页。

钞若干，某户当纳谷若干，吏辈从而渔猎之。受甲之赇，则移于乙，得乙之赇，则移于丙"。其次，行省颁发的义仓资本被下层官员层层刻扣，导致义仓成本大增，"而每石之费盖数倍于官本矣"。再次，一些官吏利用管理义仓的机会上下其手，有些官吏假义仓之名在民间强征粮食，"名曰官钱，实归私室"。遇到开仓放粮时，仓吏与"权豪势要之强有力者，往往诡立姓名，悉空其仓而粜之"，然后在市场上出卖赢利，百姓根本得不到实利。① 凡此种种手段，完全破坏了宋儒设置义仓的遗意，最终导致这一良好制度的废弃。义仓涉及民众的基本口粮，它的名存实亡，使许多农民在荒年时无以为生，元代福建农民大起义远胜宋代，与这一点是有关的。

二、元代福建的商业性农业

福建负山面海，除了粮食种植外，农渔民开发山地和海洋，例如泉州路："濒海者恃鱼盐为命，依山者以桑麻为业。"② 这就造成福建多种经营的发达。

元代福建的果品生产。诗人咏漳州："麦收正月尽，茶摘上元前；绿笋供春馔，黄蕉入夏筵。"③ 可见，当地各种物产极为丰富。

福建水果最有名的是荔枝与龙眼，福建沿海的荔枝种植十分广泛"漫天红锦荔枝林"④；兴化一带"荔支龙眼总婆娑"。⑤ 经过蔡襄《荔枝谱》宣扬之后，闽中啖荔成为人人向往的雅事，吴立夫《荔枝行》咏道："炎云六月光陆离，人在闽南餐荔枝，荔枝日餐三百颗。"⑥ 程钜夫也有荔枝诗"何人日啖三百颗"，"不知世上有甘肥"。元代闽中荔枝、龙眼畅销各地，"盐蒸蜜渍意可远"。⑦ 据《八闽通志》食货志，元代福州路要向朝廷进贡"锦荔枝二十万颗"，"锦圆眼二十万颗"。⑧

闽中柑橘是与荔枝相媲美的海内佳品之一，贡师泰的《兴化道中》一诗说到橘子："紫蔗百头金橘坡。"⑨ 他的《泉州道中》又说："玉碗霜寒凝紫蔗，金

---

① 卢琦：《圭峰集》卷下，建言常平，第30—32页。
② 佚名：《泉州路图册》，刘纬毅等《宋辽金元方志辑佚》，上海古籍出版社2011年，第438页。
③ 黄仲昭：《八闽通志》卷八三，词翰，第954页。
④ 戴表元：《剡源文集》卷三十，陆君采都日入闽，文渊阁四库全书本，第12页。
⑤ 贡师泰：《玩斋集》卷五，兴化道中，第17页。
⑥ 吴立夫：《渊颖集》卷四，荔枝行，文渊阁四库全书本，第32页。
⑦ 程钜夫：《雪楼集》卷二七，咏荔枝，第1页。
⑧ 黄仲昭：《八闽通志》卷二十，土贡第399页.
⑨ 贡师泰：《玩斋集》卷五，兴化道中，第17页。

丸露暖熟黄柑。"① 元代，福州路每年要向朝廷进贡柑二千二百颗、橙三千颗②。橄榄是闽中特产，贡师泰咏道："空庭橄榄树，直干上参天。时时风撼动，青子落阶前。"③ 这表明元代橄榄已成为民间房前屋后栽种的佳果。

　　元代福建引进最有名的水果是西瓜。中国北方很早就种西瓜，关于西瓜的引进，各书记载不同。元代王祯的《农书》记载：西瓜，"一说契丹破回纥，得此种归……北方种者甚多，以供岁计。今南方江淮闽浙间，亦效种"。④ 这是西瓜引进福建的最早材料。

　　鱼苗的贩运也许很早就有了，但在元代第一次见到记载。闽北的乡村有以塘养鱼的习惯，而其鱼苗，多从江西的江州等处贩来。周密的《癸辛杂识》记载了当时挑夫用水桶将鱼苗挑到福建售卖的逸事：

　　　　鱼苗。江州等处水滨产鱼苗，地主至于夏皆取之出售，以此为利。贩子辏集，多至建昌，次至福、建、衢、婺。其法作竹器似桶，以竹丝为之，内糊以漆纸。贮鱼种于中，细若针芒，戢戢莫知其数。着水不多，但陆路而行。每遇陂塘，必汲新水。日换数度。别有小篮，制度如前。加其上，以盛养鱼之具。又有口圆底尖如罩篱之状覆之，以布纳器中。去其水之盈者以小椀。又择其稍大而黑鳞者则去之，不去则伤其众，故去之。终日奔驰，夜亦不得息。或欲少憩，则专以一人时加动摇，盖水不定，则鱼洋洋然无异江湖，反是，则水定鱼死。亦可谓勤矣。至家用大布兜于广水中，以竹挂其四角，布之四边，出水面尺余，尽纵苗鱼于布兜中。其鱼苗时见，风波微动，则为阵顺水旋转而游戏焉。养之一月、半月，不觉渐大而货之。或曰初养之际，以油炒糠饲之，后并不育子。⑤

　　以上可见当时建州一带的养殖淡水鱼的鱼苗，都是来自九江一带，由人挑送到本土。这类跨越州县的人力运输，其成本惊人。

　　榨蔗制糖业。元代福建是国内有名的制糖中心，所制糖的种类有黑糖（红糖）、白糖、冰糖。

---

① 贡师泰：《玩斋集》拾遗，泉州道中，第12页。
② 黄仲昭：《八闽通志》卷二十，土贡第399页。
③ 贡师泰：《玩斋集》拾遗，偶成，第2页。
④ 王祯：《农书》百谷谱集之三，第522页。
⑤ 周密：《癸辛杂识别集》上，鱼苗，第5—6页。

关于黑糖的制法，元代的《莆阳志》有一段记载："黑糖，煮蔗汁为之，冬日蔗成后，取而断之，入碓捣烂，用大桶装贮，桶底旁侧为窍，每纳蔗一层，以灰薄洒之。皆筑实，及满，用热汤自上淋下，别用桶自下承之，旋取入釜烹炼，火候既足，蔗浆渐稠，乃取油滓点化之，别用大方盘挹置盘内，遂凝结成糖，其面如漆，其脚粒粒如沙，故又名砂糖。"① 这段文字将元代莆田一带的黑糖加工方法记载得很清楚，需要说明的是，往蔗汁中加灰去酸的技术是从海外引进的。

宋代福建生产的多是稀糖，所以，记载福建糖输出时所用的容器多是"坛"之类的器皿，怎样使稀糖凝固，中国蔗农为此费尽心思。根据现代制糖术的研究，稀糖不易凝固，是糖汁中的酸素在作怪，只有在糖汁中加入碱性物质中和蔗糖的酸素，糖分才能充分结晶。古代印度、西亚很早就知道制造固体糖的方法，其关键是加入碱性树灰。元朝统一福建后，在福建等地设置糖局，此时，"刚好有些巴比伦人来到帝廷，他们精通糖的加工办法，因此被派到这个城市来，向当地人传授用某种木灰精制食糖的办法"。② 《元史》记载，泰定三年（1326年）五月皇帝下诏："罢造福建岁供蔗饧，以西僧驰驿扰民，禁之。"③ 所谓"西僧"，即为西方的宗教人士，可见，福建糖局中确有西亚人，不过，他们因进贡扰民，而被罢免。但是，他们带来的技术流传开来，此后，福建所造糖多为固体，市场更为广阔。

黄泥脱色制白糖术。宋代福建已能生产白糖，然而，当时的脱色技术与凝固技术都不过关，所以，白糖产量不多。方志记载："初，人莫知有覆土法。元时南安有黄长者，为宅煮糖，宅垣忽坏，压于漏端，色白异常，遂获厚赀，后遂效之。"黄泥脱色法是一种简单有效的实用技术，它被发明之后，大大促进了福建的白糖生产，元以后，福建白糖行销世界，成为中国对外贸易中最畅销的商品之一。

冰糖。冰糖古称糖霜。莆田洪希文有一首《糖霜》诗："凳豆鲜明透水晶，南州气暖体寒凝，甘香远敌汉宫露，清洌难为凌室冰。齿颊一时增爽快，襟怀六月解炎蒸。玉环昨夜方中酒，渴肺相逢喜可胜。"④ 可见，当时的兴化冰糖质量良好。兴化至今仍是中国冰糖的主要产地，这条记载表明兴化生产冰糖的历

---

① 元代的《莆阳志》修于至正年间，今佚，其文多被兴化府县志引用。以上引文见林有年：嘉靖《仙游县志》卷一，土产，天一阁抄本。
② 陈开俊等译：《马可·波罗游记》第81章，福建科学技术出版社1981年，第191页。
③ 宋濂等：《元史》卷三十，泰定帝纪，第669页。
④ 洪希文：《续轩渠集》卷六，糖霜，第24页。

史悠久。

黑糖、白糖、冰糖等糖品的制造术表明，元代福建糖业制造术有很大发展，并且成为国内主要制糖基地之一。由于糖是一种人人喜爱的食品，市场广阔，所以，各种糖类一旦问世，便畅销国内市场，这也促进了福建糖业的发展。仙游县："沃衍之畴，则植蔗以为糖，春养其萌，冬实其干，伐者如水，束者如竹，入佳境解朝醒，虽醍醐膏露之滋，不足以比其浓，于是，刳木为槽，长歌相舂……灵砂日镕，万瓮竹络，千艘桂楫。"① 这些记载说明当时仙游的蔗糖生产规模较大。

建瓯北苑及武夷茶御茶园。

元代福建的商业性农业最为著名者还是茶叶。元代建宁路北苑茶名闻天下，王桢的《农书》记载："茶……闽、浙、蜀、荆、江、湖、淮南皆有之，惟建溪北苑所产为胜。"② 据记载，元初的北苑御茶园曾一度废弃，其原因是忽必烈为了招揽人心，免除福建等地的杂贡，北苑茶也在免除之列。然而，元蒙贵族来自游牧区域，日常所食以牛羊肉为主，为了帮助消化，他们每天都要饮用大量茶叶。蒙古人饮茶喜欢味道较浓的茶砖，而在茶砖类茶中，当然是以北苑的片茶为最好。因此，在忽必烈废北苑茶园之后的五年，统治者便下令北苑重新贡茶："大元混一区宇，安辑黎献。岁在丙子至元十有三载，江南始入职方，有司以前代贡赋之版来上。先皇帝加惠远氓，自正供外悉蠲之。建在遐壤，越五载而后锡贡。宰相制用如式，岁为斤止千，视前代之减额又逾半，上之不役志于享也。"大德年间，福建行省平章高兴指令建宁路官员修复北苑宫观设施，恢复了宋代规模。③ 卓元墅的《采茶歌》咏道："山之巅，水之涯，产灵草，年年采摘当春早，制成雀舌龙凤团。题封进入幽燕道，黄旗闪闪方物来，荐新趣上天颜开。"④ 可见，元代建宁路北苑仍生产贡茶，有一些茶书以为北苑的茶叶生产在宋末结束，这是错的。

武夷山御茶园距离建瓯的北苑御茶园尚有百余里。宋代武夷茶并不出名。但武夷山山高多雾，种茶之地多为松软的岩石，清泉流淌，非常适宜茶叶生长。当地人种茶、制茶，应当也有一些较好的茶叶。南宋时期道士葛长庚长期隐居武夷山，他的《武夷》一诗写道："仙掌峰前仙子家，客来活火煮新茶。主人遥

---

① 林亨：《螺江风物赋》，叶和侃等：乾隆《仙游县志》卷五一，艺文，上海书店2000年影印同治重刊本，第15页。
② 王桢：《农书》百谷谱集之十，第582页。
③ 熊禾：《勿轩集》卷三，北苑茶焙记，第12页。
④ 卓元墅：《采茶歌》，蒋易《元风雅》卷二八，第771–772页。

指青烟里，瀑布悬崖剪雪花。"① 葛长庚的新茶应是产于武夷山吧。由于武夷茶的质量较好，元代在武夷山设立了御茶园。董天工《武夷山志》对此有详细记载："元至元十六年，浙江行省平章高兴过武夷，制石乳数斤入献。十九年，乃令县官莅之，岁贡茶二十斤，采摘户凡八十。大德五年，兴之子久住为邵武县总管，就近至武夷督造贡茶。明年创焙局，称为御茶园。有仁风门、第一春殿、清神堂诸景，又有通仙井，覆以龙亭，皆极丹臒之盛。设场官二员领其事。后岁额浸广，增户至二百五十，茶三百六十斤，制龙团五千饼。泰定五年，崇安令张端本重加修葺，于园之左右各建一坊，扁曰茶场。至顺三年，建宁总管暗都剌于通仙井畔筑台，高五尺，方一丈六尺，名曰喊山台，其上为喊泉亭，因称井为呼来泉。旧志云，祭后群喊而水渐盈，造茶毕而遂涸，故名。迨至正末，额凡九百九十斤。"② 如其所云，当时的武夷山御茶园设有专职官员。于是，武夷山的御茶园与建安县的北苑齐名。《元史》记载："建宁北苑、武夷茶场提领所提领一员，受宣徽院札。掌岁贡茶芽。直隶宣徽。"③ 这个提领所提领是九品小官，但直接隶属中枢的宣徽院管辖。元代蒙古贵族喜欢饮用茶叶，而皇室之茶，大都来自北苑和武夷山御茶园。萨都拉在福建云际关咏诗："寄语陆鸿渐，我有武夷茶。"④ 其拥有武夷茶的骄傲心理，于此可见。后来，萨都拉在福建做官，有人连夜给他送茶："送茶将军扣门急，惊觉秋深梦一窗。半夜竹炉翻蟹眼，只疑风雨下湘江。"⑤ 夜半送茶、煮茶，诗人爱茶之心可知。可见，元代武夷茶具有盛名。武夷山御茶园对茶农来说是一个负担，但是，御茶园的存在，也为武夷山茶叶做了广告，从此，在建安的北苑茶之外，武夷山茶叶也开始扬名中国。

除了闽北的御茶园，福建各地都能生产土茶。例如莆田诗人洪希文说"莆中苦茶出土产"，有"龟山、石梯、蟹井"等各种名称，"龟山味香而淡，石梯味清而微苦"。⑥ 泉州诗人蒲寿宬《登北山真武观试泉》一诗记载，当时清源山的道士们狂热地引种茶叶：

---

① 葛长庚：《武夷》，曹学佺编：《石仓历代诗选》卷二百二十四，宋诗一百一，文渊阁四库全书本，第17页。
② 董天工：《武夷山志》卷九，御茶园，方志出版社1997年，第282-283页。
③ 宋濂：《元史》卷八十七，百官志三，第2206页。
④ 萨都拉：《雁门集》卷一，登云际题壁，文渊阁四库全书本，第34页。
⑤ 萨都拉：《雁门集》卷三，谢人惠茶，第42页。
⑥ 洪希文：《续轩渠集》卷三，煮土茶歌，文渊阁四库全书本，第6页。

图5-1 御茶园石刻，徐晓望摄

莫夸阳羡茗，在彼山之巅。莫夸惠山溜，试此山之泉。
不生陆鸿渐，渴死卢玉川。且共春风里，不斗社雨前。
雀舌最嫩弱，植耳嘉树一发如针然。灵苗合让武夷贡，清香不与罗浮专。
北山古丘神所授，以泉名郡天下传。置邮纵可走千里，不如一掬清且鲜。
人生适意在所便，物各有产尽随天。寒驴破帽出近郭，裹茶汲井手自煎。
泉鲜水活别无法，瓯中沸出酥雪妍。山中道士不识此，弹口咋舌称神仙。
从今决意修茗事，典衣买树莳井边。道士且莫颠，古人作善戒所先。
山中种茶一百顷，不如山下数亩田。饥餐渴饮无长物，何患敲门惊昼眠。①

在蒲寿庚的笔下，泉州北山的真武观的道士为茶叶而激动，纷纷种植茶叶。他不禁提醒道士们："山中种茶一百顷，不如山下数亩田。"诗句虽有夸张，但说明清源茶的种植始于元代。

总的来说，由于宋元时代福建海路通畅，当地的农产品可以通过海路销售到许多地方，所以，福建沿海农民往往种植各种经济作物，以谋取几倍以上的利润。商业性农业的过分发展，导致福建沿海缺粮，活跃的福建商人又从闽江上游及邻省运来粮食，以供沿海民众消费，这样，宋元福建与其他省份的区域

---

① 蒲寿宬：《心泉学诗稿》卷三，登北山真武观试泉，第7页。

分工已经初露端倪。

第二节 元代福建的手工业

元代福建农业生产虽然受到破坏，但城市经济还是很发达的，因此，元代福建的手工业生产水平颇高，交通事业也有一定发展。

一、元代福建的矿冶业、建筑业

福建矿产丰富。据《元史·食货志》，元代福建有延平、建宁二路产银。银矿受到官府与民间两方面的关注。元初，宋降官魏天祐曾奏请朝廷在福建开银矿，"发民一万，凿山炼银"①，他自己中饱170锭，一锭银为50两，就是说，魏天祐从中贪污8500两白银。他的行为引起同僚们的唾弃，朝廷却很欣赏他，至元二十六年（1366年）九月，元世祖忽必烈"诏福建省及诸司毋沮扰魏天祐银课"。② 然而，从其他材料看，魏天祐并不是真正地开矿，而是勒令原矿区百姓缴纳银税，所以，百姓叫苦连天，"往往贵市入输"。后来，福建闽海道肃政廉访副访使仇锷找机会弹劾魏天祐，把他赶下台。③ 不过，魏天祐下台并不表明福建无银矿可采。例如：松溪县遂应场银矿是福建历史上最大的银矿，它的开采期限上至南宋，下至明初，元代正是它鼎盛时期。当地民谣谓"三千买卖客，八万打银人"，其规模之大不难想象！若是官府不管理，这些银矿就属于民众了。

除了银矿外，福建还出产各种其他矿产，据《元史·食货志》，元代福建有延平、建宁二路产银，建宁、兴化、邵武、漳州、福州、泉州六路产铁，建宁、延平、邵武三路产铅、锡。其中，以铁的产量最大。元代福州路铁炉的实物税为57174.4斤。④ 从汪大渊《岛夷志略》中我们得知，海外从福建进口铁锅的有15个地区，进口铁与铁块的有八个地区，进口铁器的有13个地区，进口铁条的有十个地区，进口铁钱的有两个地区，可见福建铁器畅销海外。

在上述矿产外，福建还出产铜。至元二十年（1283年），元廷派人到福建访铜矿，预备开采⑤，但不见下文。元代官方货币是大元钞，一般不用铜钱，所

---

① 黄仲昭：《八闽通志》卷三九，魏天祐传，第827页。
② 宋濂等：《元史》卷十五，世祖纪十二，第325页。
③ 柳贯：《柳待制集》卷十，仇锷墓志铭，第6页。
④ 黄仲昭：弘治《八闽通志》卷二十，第412页。
⑤ 嵇璜、曹仁虎等编：《续文献通考》卷二三，第21页。

以社会上存在着大量的过剩铜钱。许多商人将铜钱改铸铜锅、铜器谋利。据《岛夷志略》，福建出口的铜仅次于铁，共有铜珠、铜鼎、铜器、铜锅、青铜、铜条、铜线、白铜等种类。其中白铜是铜与砷的合金，当时在其他国家还不能生产。漳州南山寺藏有一座大铜钟，铸于元延祐六年（1319年），钟的直径有1.15米，高1.84米，重650多公斤。[1] 这是一件可贵的铜铸艺术品。

水晶是非金属矿种，大德元年末（1297年）闰十二月甲子，"福建平章高兴言：'漳州漳浦县大梁山产水晶，乞割民百户采之。'"[2] 最近在漳浦发现了元代水晶场的碑刻，其中有"大发漳浦县吏率领人夫前交大良山王溪平采到水晶呈吉底成功"等字样[3]，由此可见，著名的漳浦水晶矿在元代大量开采。

建筑业。元代福建有多项重要建筑，邵武的钟楼建于至大年间，这是一座六角重楼："雕甍画栋，突兀霄汉，若非人力能为而有神为之者，诚一郡胜概也。"[4] 又如惠安的泰山楼，南平的清远楼、环演阁、宝章楼等，都是各城市著名的景观楼。[5] 其中，最大的要数福州谯楼，该楼于元泰定年间重修，"遂增筑两观，构重楼八楹，用石柱凡四十有四，高九十八尺，深八十一尺，广二百一十尺"[6]。所以，元明以后福州谯楼有"闽中第一楼"之称。

元代福建宗教建筑也很盛，许多大寺都重新翻修，殿宇金碧辉煌，佛塔高耸入云。现今保留下来最大的佛塔要数晋江石湖村的六胜塔。该塔建于后至元年间（1335—1340年），高31米，底围周长47.5米，共五层，全部以花岗石建成。是一座可与泉州东西塔媲美的宝塔。

城墙。宋代福建是朝廷的战略后方，战事较少，大多数城没有城墙。元代福建战争频繁，许多州县为了自保，都重修或是翻新了府县的城墙。例如建宁府城、浦城县城、泉州府城、同安县城、漳浦县城、龙岩县城、将乐县城、邵武府城、莆田县城等等，其中建宁府城周长九里三十步，浦城城墙广袤七里，都是大城。而泉州城高二丈一尺，周围三千九百三十八丈（折合二十六里多），东西城基广二丈四尺，外砌城砖，在各城中最为雄壮。[7]

陶瓷业。元代福建的陶瓷是海上丝绸之路上最畅销的产品之一，所以元代

---

[1] 中国佛教学会福建省分会：《福建佛教志二稿》，第二册，20世纪90年代初期油印本，第73页。
[2] 宋濂等：《元史》卷十九，成宗纪二，第416页。
[3] 王文径编：《漳浦历代石刻》，漳浦县博物馆1994年12月自刊本，第66页。
[4] 李正芳等：咸丰《邵武县志》卷一，古迹，邵武市方志委1986年，第54页。
[5] 黄仲昭：弘治《八闽通志》卷七三～七四，宫室志。
[6] 黄仲昭：弘治《八闽通志》卷七三，宫室志，第739页。
[7] 黄仲昭：《八闽通志》卷十三，城池，第242页。

福建陶瓷生产规模很大，德化、晋江等地区发现了许多元代的陶瓷窑遗址。德化屈斗宫古瓷窑长达57米，共有17间窑室，考古工作者在窑址里发掘出6800件瓷器与烧窑工具，主要品种有军持（一种水壶）、碗、瓶、杯等各式日用品，有的瓷器上还印有蒙古人头像与八思巴文。这类窑址还有很多，它是元代福建陶瓷业发达的见证。①

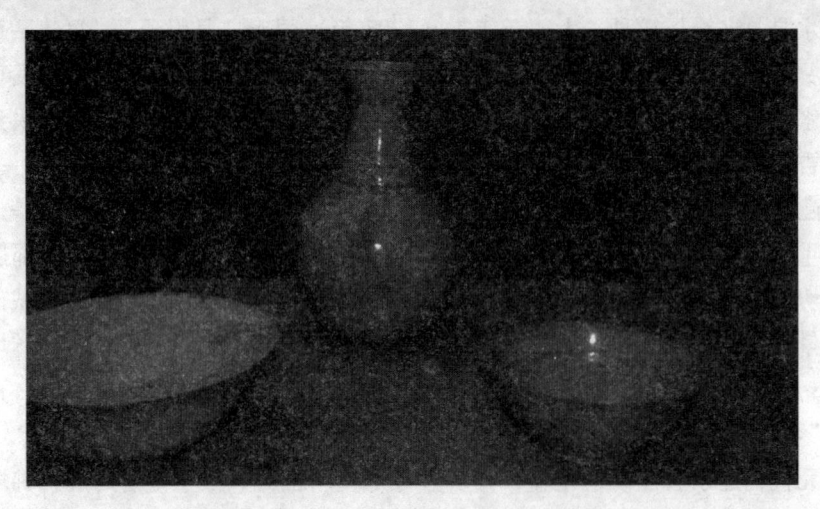

图5-2 元代德化窑白瓷器，摄于晋江博物馆

图5-3 元代平潭海域出土的青瓷盘，福建省博物院藏

---

① 李炳辉：《关于德化屈斗宫窑的我见》，载：《文物》1979年第5期。

二、元代福建的纺织业

元代福建纺织业可记述的主要是棉纺织业与丝织业两种。

棉纺织业。宋代福建的棉纺织业兴起，元代进一步发达，元明之际的陶宗仪说："闽广多种木绵，纺织为布。"① 这说明元代的棉花种植主要在福建与广东。元初寓居建阳的谢枋得有一首《谢刘纯父惠木绵布》的诗："嘉树种木绵，天何厚八闽……木绵收千株，八口不忧贫……洁白如雪积，丽密过绵纯，羔缝不足贵，狐腋难拟伦……剪裁为大裘，穷冬胜三春。"据谢枋得所说：由于棉花便宜，福建的普通老百姓也可穿棉布，这一事实说明元代棉纺织业正在民间普及。② 一些民众可以纺织业为生。尤溪县的施九泰妻卓氏："纺织勤劬以供衣食，教子成立。"虽然作者用辞简练，但可使读者知道，一个勤劳的织妇，可以靠手工纺织业品的售出，养活两个人达十几年。

福建的棉布在国内小有名气，元人胡三省说"自闽广来者，尤为丽密"，③ 它逐渐引起元代统治者注意。至元二十六年（1289年），元朝设立福建等五省木棉提举司，每年向百姓征收十万匹棉布，平均一省在二万匹左右。④ 杨靓任崇安县尹时，接到征收木棉布的命令，"时和买木棉布，限严数伙，旁邑甚苦之。（杨）靓区画有方，不扰而办"。⑤ 至元二十九年，元廷诏令江西行省（含福建）"于课程地税内折收木绵白布"。⑥ 可见，元廷对棉布的需求相当迫切，这给福建农民造成发展纺织业的压力。

丝织业。元代的福建是南方最重要的丝绸产地之一，元朝廷每年都要在福建征调大量的丝织品，所以，元代官员认为，在福建做官，"独以絺绣为劳"。⑦ 为了生产高级丝织品，福建行省在福州举办文绣局，专门生产丝织品。泉州也曾有类似的机构，元朝曾经"诏免福建岁输皮货及泉州织作纻丝"。⑧ 文绣局规模很大，范德机说："去年居作匠五千，耗费府藏犹烟云。"它的工匠都是民间调发的织工绣女："闽州土俗户不分，生子数岁学绣文，围绷坐肆集男女，谁问

---

① 陶宗仪：《南村辍耕录》卷二四，黄道婆，中华书局1959年，第297页。
② 谢枋得：《叠山集》卷一，《谢刘纯父惠木绵布》，第1页。
③ 司马光等：《资治通鉴》卷一五九，胡三省注，上海古籍出版社1987年，第1053页。
④ 宋濂等：《元史》卷十五，世祖纪十二，第322页。
⑤ 范嵩等：嘉靖《建宁府志》卷六，杨靓传，第14页。
⑥ 佚名：《元典章》卷二六，科役，中国书店1990年，第432页。
⑦ 袁桷：《清容居士文集》卷二三，送闵思齐调闽府序，文渊阁四库全书本，第23页。
⑧ 宋濂等：《元史》卷十七，世祖十四，第373页。

小年曾识君。"① 这里记载了福州古代少年男女学刺绣的情况。他们成长后服役于元代福州的绣院，有时政府方面催得急，给男女工人造成很大压力："那更诛求使者急，鞭箠一似鸡羊群。古来闺阁佩箴管，今者女工征六军。"② 后来范德机作《闽州歌》讽刺文绣局男女杂作的习俗，朝廷感到有伤风化，关闭了文绣局。不过文绣局虽停，福州等地百姓仍要应付元朝廷对闽中丝织品无止境的需求，宦官伯颜在福州"催督绣段，横取民财"，结果被廉访使答里马奏免。③ 元末，朝廷皇室仍向福建机户、绣户订购丝织品，李士瞻在给建宁路阮参政的信中写道："外烦织造御用段匹一事，亦须先此派散机户。"④ 李尚书来到福建采购丝绸，"不数月得绫、绨、紬、锦、绮、缯、布、丝、枲十数万"⑤，可见，元末福建是元朝廷丝织品的主要来源地。尤其是闽绣在当时的名气很大，元太子曾经"命福建取绣工童男女六人"。⑥ 大德元年二月，元廷下诏书："减福建提举司岁织段三千匹，其所织者加文绣，增其岁输纳服二百。"⑦ 可见，元代福建丝绸之佳，有口众评。阿拉伯旅行家认为：刺桐城"出产绸缎，较汉沙及汗八里二城所产者为优"。⑧ 此文中的"汉沙"与"汉八里"即为杭州、大都二城，泉州丝织品可能超越杭州的丝织品吗？有许多学者怀疑这条史料的可靠性，然而，从元代福建丝织业盛况来看，这并非不可能的。

三、元代福建的制盐业

福建海岸线长达数千公里，制盐业一直是福建最重要的手工业。元代福建盐农使用煎盐与晒盐两种技术。

"煎盐"，即为煮盐。这是一种传统制盐法，流行于中国东南和东南亚国家。《岛夷志略》叙述南海国家和地区，"煮海为盐"一词出现了56次。可见这种古老的制盐法十分普及。关于宋元时代的煎盐法，《惠安县志》有如下记载："煎法，朔望前后，潮退卤壤遇烈日结生白花，刮而聚之，坎地为池，用芦衬底而坚筑之，复穴下为井，有窍相通，以芦管引之，取所聚卤花实于池，淋咸水，

---

① 范梈：《范德机诗集》卷四，《闽州歌》，文渊阁四库全书本，第2页。
② 范梈：《范德机诗集》卷四，《闽州歌》，第2页。
③ 黄仲昭：《八闽通志》卷三六，答里马传，第775页。
④ 李士瞻：《经济文集》卷二，与阮参政书，第16页。
⑤ 贡师泰：《玩斋集》卷六，送李尚书北还序，第47页。
⑥ 宋濂等：《元史》卷一七八，王约传，第4140页。
⑦ 宋濂等：《元史》卷十九，成宗纪二，第409页。
⑧ 见张星烺编注、朱杰勤校订《中西交通史料汇编》第1册，《拔都他游历中国记》，中华书局1977年，第75页。

循芦管下注井中，投鸡子或桃仁，或浮则卤可用，别为土斛灶，旁微高于灶，及泻卤其内，亦引以芦管，乘高注之于盘。盘编竹加蛎灰涂焉，大盘日煎二百斤，小盘半之。"煎盐法要用大量的燃料，所以成本较高。后来，福建盐民发明了晒盐法，"晒法亦为池与井，聚卤之咸者实于池，别汲海水淋之，渗漉入井。渗尽则斡去旧泥入新泥，就以井中水淋之。如是者再，则卤可用矣。乃运井水注盘中，盘以密石砌治，极坚，为风吹荡，故广狭不过数尺。一夫之力，一日亦可得二百斤"。①

晒盐法比之煎盐法最大的优点是节约燃料，"其工本钞，煎盐每引递增至二十贯，晒盐每引一十七贯四钱"。② 据此，晒盐成本比煎盐要低六分之一。

《元典章》记载：（福建）所辖十场，除四场以煎法为主外，"晒盐六场，所办课程，全凭日色晒曝成盐"。③ 仙游县"斥卤之滨，则煮海水以为盐荡，以信潮之汹涌，暴以朝日之曈昽"④，可见，仙游县的盐场以晒盐制法为主。

元代实行盐引制，元军进入福建的元世祖至元十三年（1276年），额定福建盐引产量为六千零五十五引，以后逐年增加，至元二十九年（1292年）为七万引，大德十年（1306年）为十万引，至大元年（1308年）最高，为十三万引。⑤ 每引售价于延祐元年定为三锭。十三万引就是三十九万锭了。这对福建民众来说是一笔巨大的负担。《元史·盐法志》批评："建、延、汀、邵仍旧客商兴贩，而福、兴、漳、泉四路椿配民食，流害迄今三十余年。本道山多田少，土瘠民贫，民不加多，盐额增重。八路秋粮，每岁止二十七万八千九百余石，夏税不过一万一千五百余锭，而盐课十三万引，该钞三十九万锭。民力日弊，每遇催征，贫者质妻鬻子以输课，至无可规措，往往逃移他方。近年漳寇扰攘，亦由于此。"⑥ 在江浙行省的要求下，元朝至至正三年免除福建增加的三万引盐额，全省盐额回到十万引。元代一引盐约为400斤，可见，元代福建食盐年产量约4000万斤，最高年份达5000多万斤。

元代仍是福建官营手工业兴盛的时代，多种手工业都受到官方严厉的管制。以盐业为例，福建的盐场都设有元官直接管理，每个盐场设从七品司令一员、从八品司丞一员、从九品管勾一员。盐场之上，还设有福建等处都转运盐使司，

---

① 张岳：嘉靖《惠安县志》卷五，天一阁景印本，第19页。
② 陈寿祺等：道光《福建通志》卷五四，元盐法，第17页。
③ 佚名：《元典章》卷二二，盐课，第382页。
④ 林亨：《螺江风物赋》，叶和侃等：乾隆《仙游县志》卷五一，艺文，第14页。
⑤ 陈寿祺等：道光《福建通志》卷五四，元盐法，第16-17页。
⑥ 宋濂等：《元史》卷九七，食货五，第2500页。

有正三品盐运使二员，下有同知、运判、经历、知事等官员，对盐业的生产运输等项管理得十分严密。① 元代福建这类对手工业的管理机构很多，除盐运使外，还有银铁提举司、木棉提举司、人匠提举司，等等。这些提举司大都直辖生产单位，如糖局、文绣局，元朝官局中有不少专业匠户，这些匠户没有人身自由，受到官吏层层剥削。例如，元代制盐灶户应得的工钱"恒半入奸吏"。元末，一位官员亲诣盐场，"虽一钱必手授"，"场民叹曰：我等煎盐老矣，今日乃尽得官本"。② 所以，元朝为了缓和矛盾，有时也向百姓让步，至元二十七年三月，朝廷下令："并福、泉二州人匠提举司为一，仍放无役者为民。"③ 然而，这种制度的彻底改革则要等到明代。

元代官局的主要服役者多是从民间调发的，范德机的《闽州歌》讽刺福州文绣局"今者女工征六军"，便是说福州文绣局调发福州女子服役。又如熊禾咏糖局"累累起夫役，蔗局供熬煎"④，也说明糖局的工人是从民间征调的。这种制度往往影响农民的生产，而且民夫常常得不到工价。所以，后人咏武夷山《御茶园》："君臣第取一时快，讵知山农摘此田不毛，先春一闻省帖下，樵丁荛竖纷逋逃。"⑤ 说的就是武夷山农民抵制御茶园徭役。这些都说明：自五代宋元以来的官营手工业制度，已经很难维持了。

总的来看，元代福建手工业不像农业那样受到战争的严重破坏，这可能是它拥有较广阔的海外市场的缘故，所以，一旦出现和平局面，福建的手工业就很快恢复了。其次，元代官僚贵族对消费品的渴望，无疑也促进了福建官营手工业的发展。但官营手工业对农民来说，是一项沉重的负担，所以受到农民的抵制，它已处在无法实行的边缘了。

第三节　元代福建的商业与城镇

元代农业相对衰败，但由于元朝的统一，商路畅通于亚洲大陆，所以全国的商业有较大的发展。福建地处沿海，海外贸易的发展尤为明显。泉州业已成

---

① 宋濂等：《元史》卷九一，百官七，第2313页。
② 贡师泰：《玩斋集》卷六，送朱元宾赴南靖县尹序，第37页。
③ 宋濂等：《元史》卷十六，世祖纪十三，第335页。
④ 熊禾：《春雨》，录自顾嗣立编：《元诗选·初集》卷十一，文渊阁四库全书本，第5页。
⑤ 朱彝尊：《御茶园歌》，载董天工《武夷山志》卷九，四曲，第284页。

为与亚历山大港相提并论的东方大港。

一、造船业及沿海交通

造船业。元代福建的航海业极盛，从而刺激了本地造船业的发展。元初忽必烈为征日本，诏令福建造船二百艘，实际完工五十艘。① 元中叶赵良胜任泉州掾之时："中书遣使者造海舟十五艘，期五十日成。"② 阿拉伯旅游家在其《游记》中记述中国船："中国船只共分三类……大船有十帆至少是三帆，帆系用藤篾编织，其状如席，常挂不落，顺风调帆，下锚时亦不落帆。每一大船役使千人，其中海员六百，战士四百……此种巨船只是中国的刺桐港建造，或在隋尼凯兰即隋尼隋尼建造。"③ 他的描述是否可靠呢？我们且看中方的记载。在福建任闽宪知事的著名诗人萨都剌咏道："三山云海几千里，十幅蒲帆挂秋水。"④ 可见，他乘坐的是一艘有十面风帆的大船。闽人为什么要造多帆大船呢？这是因为，古代的长距离航行不得不考虑季风的因素。以福州与北方天津港的联系而言，福建商船每年在春夏季节顺南风北上，每年秋冬乘北风南下。受制于风向，福建与北方每年只能往来一次。在这一背景下，商人考虑利益最大化，就会将商船造得大一些，争取在一年一次的航行中获得最大利益。元末，元朝统治的多数地区都被反元军队占领，福建是其不多的南方地盘之一。因此，元朝所需南方物资多由福建商船载运北上。而元朝的官员，也走海路到福建履任。长期往来，使闽人所造商船越来越大，于是出现了十桅大船。可见，不论中外材料，都证明元代福建可以造十桅大船。这类船舶载重量很大。元代苏州太仓的刘家港是闽粤浙苏航海文化的汇聚之地。"元时海运，千艘所聚。"⑤ 至元十四年周文英在苏州看到："刘家港南有一大港，名曰南石桥港。近年天然阔深，直通刘家港，见有船户杨千户范千户等三五千料海船于此湾泊，正系太仓嘉定南北之间。"⑥ 又如太仓殷九宰"元任海道万户，家造三巨舶，大者胜万石，中者八千，小者六千。岁以所得舶脚钱转往朝鲜市货，致大富"。⑦ 浙东沿海也有大船："又尝观富人之舶，挂十丈之竿，建八翼之橹，长年顿指南车，坐浮庋

---

① 宋濂等：《元史》卷十一，世祖纪八，第230页。
② 宋濂：《宋景濂未刻集》卷下，元同知婺州路总管府事赵侯（良胜）神道碑铭有序，第20页。
③ 《伊本·白图泰游记》，马金鹏译本，宁夏人民出版社1985年，第490页。
④ 萨都剌：《过嘉兴》，蒋易《元风雅》卷十三，第397页。
⑤ 归有光：《震川集》卷三，水利后论，文渊阁四库全书本，第13页。
⑥ 周文英：《水利书》，归有光：《三吴水利录》卷三，文渊阁四库全书本，第5页。
⑦ 郑文康：《平桥稿》卷十四，潘绍宗小君墓志铭，文渊阁四库全书本，第16页。

上，百夫建鼓番休整，如官府令。拖碇必良，綷縩必精，载必异国绝产。"① 这些大船的建造十分讲究："柂梢之木曰铁棱，或用乌蒌木，出钦州。凡一合直银五百两。其铁猫大者，重数百斤。尝有舟遇风下钉而风怒甚，铁猫四爪皆折，舟亦随败。极可异也。凡海舟必别用大木板护其外，不然则船身必为海蛆所蚀。"② 此外，熊禾等诗人也提到当时闽中有"万斛船"③。所以，伊本·巴图塔说中国有许多大船是可信的。元史专家认为元代中国海船载重达二百吨至三百吨的，并不罕见。由此可见，元代福建的造船业登峰造极。

沿海运输业。宋代因与北方的金朝、蒙古对立，南北商船来往海上有禁。元朝统一后，交通条件大为改善。李景文生活于元明之际，"航吴泛越，为泉巨商"。④ 也有人从浙江到福建。方回"革世后隶张万户为头目。因部粮船往泉南，至台境，值大风不行。遂泊舟山下，因取薪水登岸"。⑤ 从福建往北，钱塘江与长江口一带的港口常有福建船只来访。例如浙江定海港："定海邑当鄞海口，东接三韩，倭夷岛屿，南通闽广，番舶商贾之往来。"⑥ 又如长江口的太仓港："元至正十九年宣慰朱清、张瑄于此通海漕兼市易海番，遂成华市。"⑦《昆山郡志》说："朱氏剪荆榛，立第宅，招徕蕃舶，屯聚粮艘，不数年间，凑集成市，番汉间处，闽广混居。"⑧ "闽广混居"这句话表明：当地有不少福建人。至元二十九年（1292年），太仓天妃庙建立。元末往来广东福建的海舟，有时"达数千艘"之多⑨，令人惊讶。王恽在高邮看到："舟行半海商。"⑩ 这说明海商进入了扬州、高邮的运河一带。闽县郑晖孙在潮州任教时，"闻乡里大饥，常以潮之岁得廪禄，每舟载归而赈其里人，得活者百余家"。⑪ 这是由广东潮阳向福州闽县运粮。

元代初年，上海港也繁荣起来了。张之翰的《上海县学记》（元贞元年）：

---

① 任士林：《松乡集》卷四，送叶伯几序，文渊阁四库全书本，第23页。
② 周密：《癸辛杂识续集》卷上，海蛆，第44页。
③ 熊禾：《勿轩集》卷七，上致用院李同知论海舶，第14页。
④ 泉州《荣山李氏族谱》，第十九世，处士睦斋林公传，清光绪二十五年手抄本，吴文良、吴幼雄：《泉州宗教石刻》，第270页。
⑤ 周密：《癸辛杂识续集》卷下，第17页。
⑥ 刘仁本：《羽庭集》卷五，饯定海县尹汪以敬诗序，第27页。
⑦ 桑悦：《镇洋山记》，李端修、桑悦纂：弘治《太仓州志》卷十，文，清宣统元年汇刻本，日本藏中国罕见地方志丛刊续编，北京图书馆出版社2003年，第1页。
⑧ 杨譓：至正《昆山郡志》卷一，风俗，续修四库全书本，第2-3页。
⑨ 林弼：《林登州集》卷二十，逸士蔡君（明善）墓志铭，第14页。
⑩ 王恽《秋涧集》卷十三，第9页。
⑪ 林兴祖：《郑晖孙墓表》，张善贵辑《长乐金石志》，第119-120页。

"上洋襟江带海，生齿十数万。号东南壮县。"① "至元二十九年，以民物繁庶"上海改镇为县。② 上海宋末的市舶官为费榕，入元之后，他仍在元朝做官。"元初迁管军总管，镇守上海。沿海民船无所统或流为盗贼，榕请录编户而官领之，得海船数千，稍木数万，备国用。卒谥荣敏。"③ 上海既设市舶司，外籍商人也进入上海，"积善寺，在上海县治西北。……元至大间，有番贾航海南来，拜师立道上，自云慕师高德，以货宝一巨艘施之，不通姓名而去。立遂大拓旧规，请额为积善院"。④ 县署即设于市舶司之内，反映了市舶司在上海的重要地位。⑤ 县署即设于市舶司之内。⑥ 元初福建的泉州商人和福州的商人频繁到上海贸易，最初，他们也被当作蕃客抽以重税，其后，税收有所调整。"时客船自泉、福贩土产之物者，其所征亦与番货等。上海市舶提控王楠以为言，于是定双抽单抽之法，双抽者番货也，单抽者土货也。"⑦ 这一税收调整，反映当时从福建（泉州、福州）来到上海的货物众多，所以会形成一个问题，朝廷最终以轻税处之。按，旧时上海多有南货店，出售来自南方的各种商品，以上史料表明：至少在元代，福建商品就在上海码头的店铺出售。总的来说，元代福建与广东及江浙的海上交通都有发展。

元末大乱之时，海盗四起，这对海运打击很大。商人的货物往往落入海盗之手。"始则海运之夫，蕃船之商，终则因海运、蕃船而为盗。皆由逐什一之利，终不免为盗贼之归。"⑧ 福清县沿海"有盗号'净海王'，居海上十八年，劫掠不胜计。建大旗，舟中杀人，以长竿洞胸，鱼贯而沈之。截人发以为缆。官府坐视不问"。林泉生任福清州同知之时，擒获这名海盗。⑨ 陈有定于元末统治福建，"由福清平海上乌尾贼，海上人立碑颂之"。⑩ 这都说明元代福清沿海的海盗活动十分猖獗。最大的海盗其实是浙东的方国珍，他在元末横行于海上，

---

① 唐锦：弘治《上海志》卷五，建设志，弘治十七年序本，第2页。上。
② 唐锦：弘治《上海志》卷一，疆域志，第1页。下。
③ 赵宏恩等：乾隆《江南通志》卷一四一，人物志，松江府宦绩，文渊阁四库全书本，第1页。
④ 赵宏恩等：乾隆《江南通志》卷四五，舆地志，第8页。
⑤ 和珅等：《清一统志》卷五十八，松江府，文渊阁四库全书本，第3页。
⑥ 和珅等：《清一统志》卷五十八，松江府，第3页。
⑦ 王圻等：《续文献通考》卷二十六，市籴考，市舶互市，第14页。
⑧ 张之翰：《西岩集》卷十三，议盗，第4页。
⑨ 吴海：《闻过斋集》卷五，故翰林直学士奉议大夫知制诰同修国史林公（泉生）行状，第3页。
⑩ 郭造卿：《元平章陈有定》，黄宗羲：《明文海》卷四百二十六，文渊阁四库全书本，第17页。

曾经从浙江南下袭击闽江口的居民。后来，他的队伍发展到数十万人，盘踞浙江沿海区域，接受元朝招抚。迄至元代末年，倭寇侵入朝鲜半岛已经成为普遍的现象，而中国方面也遭到倭寇的袭击，从元顺帝至正十八年（1358年）八月开始，即有倭寇侵入山东沿海。① 福建沿海也有倭寇出现。按照同安县小登岛民众的传说，本岛闻人丘葵的著作，便是在元末被某个倭寇拿走的。

二、陆上交通与乡镇

元代福建省内交通的发展，反映在驿路及河道的整修等方面，桥梁与海船的建造也很有特色。元代福建的沿海运输已经很发达。

驿站与商路。驿站是中国历代王朝的传统制度，元统治者建立了一个空前庞大的帝国之后，极为重视驿站与道路的建设。他们整顿金朝、宋朝原有的驿站，添置马匹、人员、使跨越欧亚大陆的驿站联为一气。驿站虽为官方使用交通设施，但它的设置多与商路并行，这便有利于商路的维修与安全保障。位于闽北咽喉地区的崇安、建安二县，在元代分别造桥21座、24座。② 这些建设与元朝维护驿站有关。其他各县造桥数量也不少，崇安县元代造桥32座，莆田造桥16座，建安造桥20座，赛典赤在泉州等地造桥6座，"曰金鸡、曰南召、曰相额、曰营头、曰下辇、曰金溪，石梁板屋，连驾海涛，飞甍杰栋，平跨虹霓"。③ 元代最出色的大桥是福州万寿桥。万寿桥横跨闽江，连接福州与仓山岛，是福州通往南方的必经之路。这里江面宽阔，水势汹涌，宋代建的连舟浮桥屡被冲垮。"大德七年（1303年）头陀王法助奉旨建造石桥，募民财以佐费。自帅宪而下举欤助焉。"④ 关于王法助的身份，各书记载有异。雍正《福建通志》谓其为"头陀"，即带法修行的后备和尚，尚未正式剃度。民国《福建通志》则说他是泉州开元寺僧人。其实，从其名号保留王姓来看，头陀应是其本色，出名之后，最终被泉州开元寺剃度为僧吧。不过，元代名儒马祖常为其写的碑铭却说他很早就出家了："师王姓，法助，名也。世为泉南农家。母感异梦而生。生十二年而为沙门，又一年而受沙弥戒，又七十五年而殁。"这是个有争议的问题，但不是最重要，姑且置之。王法助在建万寿桥之前，已经是一位名僧。

---

① 宋濂等：《元史》卷四六，顺帝本纪，第964页。
② 黄仲昭：弘治《八闽通志》第二十七卷至二十八卷，桥梁，第335-349页。
③ 陈衍：民国《福建通志》总卷十，《福建津梁志》卷一至卷十。
④ 郝玉麟等：雍正《福建通志》卷八，桥梁，文渊阁四库全书本，第2页。

师所至，人争趋之。故居泉则有毗蓝庵、弥勒庵；居兴化则有嵩山院、宝塔院；居南安则有星聚堂、昆仑堂。凡为庵、为堂、为院、为亭、为塔、为陂、为埭、为杠、为大桥、为三门佛殿，总一百八十有六。状皆瑰诡殊绝，而南台万寿桥其尤巨者也。此其功甚大。先是师未殁之二年，仁宗皇帝赐玺书，加号引济大行禅师，帝师亦授衣一袭，为传法本。其所以宠赉光大之者，匪自今矣。

可见，在王法助捐建万寿桥之前，他已经是闻名于福建各地的名僧。他一生建造了186座公益建筑，在民众中享有很高的声誉。在这一背景下，他才能号召民众捐助建桥。很重要的一点在于：王法助倡建石桥得到朝廷的支持，因而得到许多捐款，还有官方的资助。然后开始动工修建万寿桥。马祖常记载：

粤闽之会城，三面距江，其水皆自高而下，石错出其间，若骑布兽，伏迅湍回洑，旁折千里，汇而为南台江。昔以舟栫比连大纚为浮梁以济。每潦涨，卒至则纚绝舟裂，于两碛民多溺焉。师将桥江以利涉者，先命弟子吴道可走京师，因圆通玄悟大禅师李公闻于上，天子嘉其意，诏师卒成之。既被命矣，众愈弗疑。于是大姓割其财，小夫奏其力，闽盐转运使王某且率其属合治之。不一年，得钱为贯者数百万。乃为墩二十八，植材木，砮密石纳木腹而基之。工未告具，而师化矣。后二年，其徒曰嗣土、法喜、法秀、德遇、嗣永实终成之。长一百七十丈有奇。仍积其赢资，及故端明殿学士王君某田之岁入，岸南北为亭，北岸之东为寺。御史中丞曹公扁曰：万寿桥，寺如桥之扁。①

但这项工程异常艰难，桥墩多次被洪水冲垮，后来，造桥工人先用竹木造成木䇮，中填石块，才建成桥墩。经过17年的努力，桥梁终于完工。王法助在修桥期间去世，由他的徒弟最后完成了这个工程。该桥有28个桥墩，上架石梁，桥总长170丈，是古代福建最大的桥梁之一。

元代福建人从山区到沿海，大都走水路。而闽中的水路之险在国内有名。刘埙说："予幼读南丰先生所作道山亭记，摹写闽地山川险恶之状，笔力精妙，

---

① 马祖常：《石田文集》卷十，敕赐弘济大行禅师创造福州南台石桥碑铭，文渊阁四库全书本，第13-15页。

宛如图画。殆似西汉文章，欧苏不能及也。然平时只作文字看，实未信其险恶果如此。至大辛亥赴官剑津。初入杉关，已见山岭崇峻，回首江西，如在平地，犹未觉其险也。自邵武城下发官船，历挐口驿、富屯长驿、顺昌县玉台驿，顺流赴剑。然后见溪滩湍激，石笋峭峻，舟行其间，时遭惊骇。予舟中因语孙儿：以道山亭记昔闻而今见之，其所历与记中所载无不合者。"①尽管这条水路很险，仍然成为闽江上下游往来的通道。闽县的郑晖孙任建宁路教授，听说家乡发生饥荒，便以俸禄换米，载回家乡，用以救济百姓。②

元代福建船工穿越激流的技术引人注目。黯淡滩是闽江上游建溪的一段河流，位于建安县与南平之间，大致是在南平东门外，上溯约有十里左右。这一段河流曲折，暗礁特多，水流湍急。乘船过黯淡滩，如在礁林中穿行，一个不小心就会翻船。船夫过这一段河流，每次都是生死一搏。旅人闻其大名，大都脸色一变，所以有"黯淡滩"之名。黯淡滩所在的河段，又是建宁府城通向延平府的必经之处，如果不走水路，改走陆路，便要翻越号称"三千八百坎"的山路。一上一下，虽然只有两天的路程，但要踩过七千多级石坎，要消耗巨大的体能。所以，许多人会乘船冒险过滩。卢琦的《黯淡歌》一诗便是谈自己的感受：

长滩乱石如叠齿，前后行船如附蚁。逆湍冲激若登天，性命须臾付生死。篙者倒卧牵挽劳，攀崖扶石如猿猱。十步欲进九步落，后滩未前前滩高。

上滩之难，难于上绝壁。虽有孟贲难致力，滩名况乃呼黯淡，过者攒眉增叹息。

下滩之舟如箭飞，左旋右折若破围。喧呼踏浪桌歌去，晴雪洒面风吹衣。飞流宛转乱石隘，奔走千峰如马快。海贾思家一夕还，传语滩神明日赛。下滩之易易如盘，走珠瞬目何可停。斯须长风吹浪破人意，朝可越兮暮可吴。

乃知逆顺有如此，逆者悲愁顺者喜。请君听我黯淡歌，流即须行坎须止。顺者不必喜，逆者不必忧。人间顺逆尽偶尔，且向溪山作壮游。③

闽江船工就是在这样充满礁石的河流上穿行，显示了优越的技术。

---

① 刘埙：《隐居通议》卷二九，地理，闽地险恶，第15页。
② 林兴祖：《郑晖孙墓表》，张善贵辑《长乐金石志》，第119-120页。
③ 卢琦：《圭峰集》卷上，黯淡歌，第33页。

除了南平黯淡滩,清流县的九龙滩也是著名的险关。元末,陈友定长年在九龙滩上游的汀州路作战,粮饷和军需要众下游的福州、南平运来。由于汀州通向南平之间的河道,以九龙滩最险,过往船只在九龙滩破损的很多。为了改善九龙滩的航运条件,陈友定派人整修九龙滩,凿掉一些最险河段的礁石,因而提高了九龙滩的通过能力。这对汀州北部诸县发展与下游的交通很重要。

元朝统治福建后,福建各地曾爆发大规模的反元起义,不过这些起义大多在山区,福建沿海城市基本未受破坏。元代,大量海外输入的商品经过泉州、福州等城市转运内地,而国内各地的商品也汇集到泉州、福州等城市。元末福建大饥,从广东方面运来粮食的海舟,"达数千艘"。① 可见,元代福建商品在国内的市场大为扩展。因此,作为海内外贸易交汇点的福建城市与市镇在元代仍有发展。闽清县的县前市,"宋元时,邑人贸易多萃于此。元季兵燹,市遂废"。② 建阳的杨坊镇,"阛阓数百家,商旅辐凑,货物萃焉。坊有巡检,弓兵五十号,为巨镇。一关之市,月有墟集,四村五落之民,各以其有无贸易于市。巡检出,则弓兵数十各执其物,前诃后拥,行者辟易,望之若神。至大间,有拽刺马舟者来巡检,每岁天寿圣节,追集乡都工商、技艺、僧道、俳优,虎豹狮象之群,神鬼傀儡之状,至百有余队。穷山深谷,扶老携幼,咸来观睹,充溢闾阎,填塞衢路,如是者累日而后散。若元夕则自人日已后,鳌山彩棚,斗试灯火,星毬月殿,灿烂炜煌;奇葩异卉,珍禽瑞兽,纷红骇绿,交翔而列跱;箫鼓沸天,歌舞隘路,百戏优杂,达曙未已。名都壮邑,或不能过也。数十年来,闾井萧条,人民凋耗,居货者弗积,行货者讳留,无复曩时之繁盛矣"。③可见,在元末战争发生前,建阳的杨坊镇还是相当热闹的。又如福清的海口镇,卢琦有《龙江山平远楼》一诗:"龙江居人稠,市井若城邑,陈君作江楼,尘杂不相及……长桥亘百丈,层塔崇七级。"④ 仙游县的枫亭市又名太平港,当地对外交通繁忙,"舳舻衔尾,风涛驾空,粒米之狼戾,海物之惟错,遐珍远货,不可殚名者,无不辐辏于南北之贾客"。镇上的"高赀富室,醉醴饱鲜",市镇也很热闹:"一哄之市,百货骈集,五达之逵,四方会通,千门楼阁而鳞叠,万室罗绮而尘红。"⑤

---

① 林弼:《林登州集》卷二十,逸士蔡君(明善)墓志铭,第14页。
② 黄仲昭:弘治《八闽通志》卷十四,地理,坊市,第264页。
③ 蒋易:《鹤田先生文集》第一册,送杨坊镇巡检序,建安杨氏藏手抄本,第52-53页。
④ 卢琦:《圭峰集》卷上,龙江山平远楼,第5页。
⑤ 林亨:《螺江风物赋》,叶和侃等:乾隆《仙游县志》卷五一,艺文,第12-13页。

元代中期的县城也很繁荣。宁化县,"市井近千家"①,邵武城周边有"铁器市"。② 延平城背山面水,别具风采:"楼阁近依山,上下市桥横。"③ 古田县城中,多由妇女经商:"插花作牙侩,城市称雄霸,梳头半列肆,笑语皆机诈。新奇弄浓妆,会合持物价。"④ 莆田县建学校的时候:"取巨植于福唐,砖石瓦甓市诸远,弗惮也。"⑤ 这都反映了地方市场的运作。

三、元代福州城市的发展

元代的福州城,早已是东南闻名的巨镇。洪希文称赞它:"民物富庶,实雄东南。"⑥ 许有壬说:"福州,闽海一都会,象犀珠珍之所聚。"⑦ 而唐元也有类似的说法:"闽海东南大邑,凡货财珠玑犀象之所储积,甲天下。"⑧ 可见,它也是一座以外贸出名的城市。元代雅琥的诗:"自古瓯闽国富雄,南琛不与职方通。江流禹画纵横外,山入秦封苍莽中。"⑨ 东南名城,大气磅礴,令人印象深刻。

元代南台万寿桥的修建极大地改变了南台一带的水系。福州水面的闽江被仓山岛割成白龙江和乌龙江,靠近台江市区的是白龙江。在万寿桥修筑以前,白龙江的南台一带是福州商品进出的水陆码头,不论从福建沿海及山区诸港航行而来的船舶,都在南台停泊,进行商品交换。福州所需要的商品是沿着曲折的白马河用小船再运入河港发达的福州内城水系。其中水部门是主要码头。但在横跨白龙江两岸的万寿桥修成以后,台江一带的水系发生巨变,导致福州各地的商港也发生变化。

万寿桥连接台江和仓山,其间河流急湍,无法打桩。为了修桥,工人在河底填了很多石头,每座桥墩都被巨大的石块包围。由于桥墩间距不太长,所以,桥墩之下形成了一条石梁,船舶无法通过。因此,大桥修成后,桥底便不能通

---

① 卢琦:《圭峰集》卷上,宁化县,第41页。
② 刘埙:《隐居通议》卷三十,大乾梦录,第6页。
③ 贡师泰:《玩斋集》卷四,延平,第35页。
④ 陈普:《古田女》,录自郑方坤辑:《全闽诗话》卷五,第69-70页。
⑤ 吴涛:《兴化路修涵江书院记》,郑振满、丁荷生编:《福建宗教碑铭汇编·兴化府分册》,第63页。
⑥ 洪希文:《续轩渠集》卷十,三山清泉寺檀越记,第8页。
⑦ 许有壬:《至正集》卷六二,福州路总管李公(惟同)墓志铭,文渊阁四库全书本,第6页。
⑧ 唐元:《筠轩集》卷九,送花伯玉赴闽闱序,文渊阁四库全书本,第13页。
⑨ 王应山:《闽都记》卷十四,郡南闽县胜迹,第146页。

航。此后的南台江面被分割成两片,一片是上游的南台,其市镇被称为潭尾。另一片是下游的台江。因海船无法直接进入南台水面。南台再也无法充当福建山区货物与沿海货物交换的码头。于是,从沿海来的船只要采购山区货物,只得沿乌龙江北上,直到洪塘镇码头停泊,在那里有从山区下来的货船。这一变化造成洪塘镇的崛起。元明时代,洪塘镇是福州山区商品与沿海商品的交换码头。来自沿海及山区的船舶,多数在洪塘镇一带停靠,或是到洪山桥停泊。许多山货在洪山桥上岸,然后走陆上道路直通西门,再后进入福州城。现在的西洪路,当年就是西门通向洪山桥的大路。

在万寿桥的上游,潭尾的水位因下游的石梁而上涨。吴海说:"延祐间始创石梁,水道壅遏,少有淫雨,则暴流泛溢。黄岗以上百里皆为巨浸,坏庐舍,损禾麻,无岁无之。"[①] 这是南台水面上涨造成的。水位上升,对周边农田不利,但对以商业为主的南台却有很大的好处,在潭尾码头之外,形成了一大片平静的水面,从上游下来的商船可以直接停泊此地的码头,非常安全。其时,南台的繁荣依旧。元代萨都拉有《初到闽》一诗咏及南台:"旧说榕乡好,来游鬓已丝。片云山对户,一雨水平墀。绿袖持蕉叶,丹林压荔枝。城闉南有市,灯火夜眠迟。"[②] 其后,从元朝一直到民国时期,南台成为福州的主要码头,从上游延平府、建宁府、邵武府、汀州府下来的商船,大都在南台的岸边停靠,南台因而成为福州最大的水上码头,商业极其繁荣。

万寿桥以下的河段成为海船停泊之处。不过,因万寿桥石梁的影响,台江水面和上游有个落差,在大规模清淤之前,台江河段似无法停泊大船。因此,当时的海船多停泊于三江口,此地有水道可以通向福州的水部门。不过,因这条水道过于狭窄,福州的外出码头渐渐从水部门移到城外的河口,今日南公园背后的河口路通桥一带也繁荣起来,并且被称为"新港"。其后,元代福州的官员多在新港乘船,然后趁潮水进入闽江水路。在这一背景下,福州水部门的天妃宫也就迁到新港了。总之,万寿桥的修建导致南台港的商业一分为三,除了南台继续往日的繁荣外,南台港的上游兴起了洪塘镇和洪山桥市,南台港的下游,南公园一带的新港兴起,水运发达。

四、元代泉州城市的发展

元代福建最大的海港城市要数泉州。泉州的地理形势优越,"夫泉南为郡,

[①] 吴海:《闻过斋集》卷三,郑公渡记,第20页。
[②] 萨都拉:《雁门集》卷四,初到闽,第16页。

元代福建史：1276—1368 >>>

控带番广，海舶之所集，珍货之所聚，视七路尤为要冲"。① 就汪大渊的《岛夷志略》的记载而言，泉州输出的商品，有许多来自国内各地，例如："处州瓷器"来自浙江，"建阳锦"与"建宁锦"来自闽北，"苏杭五色缎"来自江浙，"云南叶金"来自西南，"海南布"与"海南槟榔"来自海南岛。至于海外输入的各种珍宝、香料，更是通过泉州输往全国各地。所以，元代的泉州是中国对外贸易的枢纽。泉州的南关为番客居住之处，贸易繁荣，但没有城墙保护。元至正十二年，郡守偰玉立扩展泉州罗城，将南关城区包入泉州城。整修后的泉州城："周三十里，高二丈一尺，城东西北基广各二丈四尺，外甃以石。南基广二丈，内外皆石，为门七。"② 偰玉立修完城墙后，还改造了城周围的濠沟系统，打通东北角不通水的部分，从而使引入的晋江河水，环绕城的四周，萦回如带，可起排污及航行的作用。原有南关外的护城濠，因被新砌南城包围在内，成为内河。据说当年建筑了24座桥梁，以供周边市民交通之用。可见，元代泉州南关城区迅速扩展。这些桥梁现今仍然保留8座，即祖师桥、清真桥、井巷桥、叠芳桥、通津桥、鹊鸟桥、通汆桥、八兴桥。③

元代对外贸易的主要港口有四个：广州、泉州、宁波、乍浦。为何泉州能够保持中国对外贸易中心的地位？首先，这与其优越的地理条件有关。泉州面临台湾海峡，这里冬季盛行东北风，夏季盛行东南风，福建的海船不论要去东北亚的朝鲜、日本，还是去东南亚的国家，都很方便。在古代的木帆船时代，风向对于航行是非常重要的。虽说当时中国人已掌握了逆风航行技术，但就一般来说，逆风航行非常困难，尤其是大船，一定要顺风才好航行，以故，对于古代航海家，一定要选择风向便利的港口。在风向这一点上，广州港只适宜对东南亚贸易，因为广东在北风季节适于向南航行，而南风季节，帆船回到广东后，便很难再次出港。而宁波、乍浦这一类港口，最适应对东北亚贸易，它与东南亚贸易，往往要先到泉州等港口候风，所以，将元代各大港口与和泉州港相比，就可知元代的泉州地理条件优越，不论与东北亚还是与东南亚的贸易，泉州都是最好的中转站，因此，泉州也就很自然地成为衔接东南亚与东北亚贸易的中心，它的贸易也比他处更盛了。如果说其他港口都带有一定的地方性，元代泉州则是真正的世界大港。

---

① 李士瞻：《经济文集》卷一，与泉南左丞书，第14页。
② 阳思谦等：万历《泉州府志》卷四，规制志上，台湾学生书局1987年影印明万历刊本，第299页。
③ 国家文物局主编：《中国文物地图集·福建分册》，福建省地图出版社2007年，第342页。

泉州能成为中外贸易中心,还与福建物产丰富有关。元代时期的福建盛产白糖、丝绸、铁器、瓷器、棉布等商品,与福建相比,江浙有丝绸、瓷器但没有白糖,而且铁器、棉布的质量与产量都不如福建;广东与福建相比,丝绸、铁器、瓷器等商品无一不缺,广东的开发迄至清代才超过福建,在明以前,广东的手工业是十分落后的,所以,广东的输出品多从外地转运而来;福建位于江浙、广东、江西等三个南方物产最丰富省份的中心,不仅本身的物产丰富,而且从外省输入相对方便,大量外商被吸引至福建泉州等城市是有其根源的。

泉州云集大量外商也是其有利条件之一。自唐宋以来,泉州就是一个"船到城添外国商"的城市,元代泉州更是世界各地商人的乐园。以后在"宗教"部分我们还将说到元代泉州至少有七座清真寺,三座天主教堂,至少一座以上的婆罗门教寺院和摩尼教寺院。他们中间有阿拉伯商人、亚美尼亚商人、意大利商人、波斯商人、印度商人,由他们组成的世界商业网点,遍及欧亚非三洲,这是泉州海外贸易发达的基本条件之一。

元朝统治者重视海外贸易也是一项重要原因。元军进入泉州后,元世祖忽必烈鼓励泉州商人从事海外贸易,"每岁招集舶商,于蕃邦博易珠翠香货等物。及次年回帆,依例抽解,然后听其货卖"。[1] 宋代的市舶司制度在元代得到继承,而且,泉州港长期享受低税率制的好处,在七大市舶司所在地,"唯泉州物货三十取一,余皆十五抽一",因此引起了其他港口的羡慕,从而迫使元朝廷允许所有的港口都实行十五抽一的税则。[2]

由于这些原因,元代泉州取得很大发展,如泉州人庄弥邵说:"泉本海隅偏藩,世祖皇帝混一区宇,梯航万国,此其都会,始为东南巨镇。"[3] 马可·波罗说:"刺桐(泉州)是世界上最大的港口之一,大批商人云集这里,货物堆积如山,的确难以想象。"[4] 泉州市街十分繁华,吴澄说:"泉,七闽之都会也,番货、远物、异宝、奇玩之所渊薮,殊方别域,富商巨贾之所窟宅,号为天下最。"[5] 商业繁荣使泉州城市发展很快。"一城要地,莫盛于南关,四海舶商,诸蕃琛贡,皆于是乎集。"[6] 元末扩修泉州城,把南关也包括进去,使泉州城墙

---

[1] 宋濂等:《元史》卷九四,食货,市舶,第2401页。
[2] 宋濂等:《元史》卷十七,世祖纪,第372页。
[3] 庄弥邵:《罗城外壕记》,黄任等:乾隆《泉州府志》卷十一,第7页。
[4] 陈开俊译:《马可波罗游记》,第192页。
[5] 吴澄:《吴文正公集》卷二八,送姜晏卿赴泉州路录事序,第13页。
[6] 庄弥邵:《罗城外壕记》,黄任等:乾隆《泉州府志》卷十一,第7页。

周长扩张到 30 里长。①

总的来说，元代福建沿海的福州和泉州，都是东南著名的城市，在丝绸之路上也很有影响。

小　结

元代福建人口稍减，战争在福建南部的漳州、汀州长期延续，这都是元代福建经济略逊于宋代的原因。不过，元代福建的主要城市，例如福州、泉州及建宁府城都未遭到战争的破坏，所以，元代福建并未遭到类似北方城市毁灭性的打击。元朝对福建的统治稳固之后，经济也慢慢地恢复了。本章的叙述可让我们知道：不论是农业、工业还是商业，元代的福建经济都有一定水平。那么，这一时代的欧洲与中国相比如何？

近年国内有一学派一反传统，对中世纪的欧洲经济评价很高。他们认为，中世纪后期的意大利已经超过宋元时期的中国。其实，以中国之大，和中国相比，最好是整个欧洲。十三至十四世纪的欧洲，有许多地方尚处于游牧向农业的过渡时期，意大利之外，许多地区尚待开发，所以，应当将欧洲最好的意大利和中国最好的省份相比，而不是将意大利和整个宋朝、元朝相比，这才恰当。意大利国土面积为 30 万平方公里，元代最发达的省份是江浙省，大致相当今日之浙江省、福建省以及江苏、安徽两省长江以南的几个州，加上江西的饶州、信州，总面积不到 30 万平方公里，可见，两相比较是合理的。因本书内容的关系，此处不拟做详细比较。但从一个历史学家的感觉来说，元代的意大利的农业、手工业都不如江浙行省，甚至海上贸易和商业也不如江浙行省。宋元之际意大利商人马可波罗到达中国，对元代的纸币、煤炭以及泉州的对外贸易感到惊讶，表明在许多方面，意大利都不如中国，否则，他也没有必要为此感叹了。不过，由于地理条件的关系，意大利拥有的金银矿较多，因而意大利可以发行金币和银币，人均金银占有量应比中国多。所以，若以金银衡量国民人均产值，意大利是可观的。不过，从中国人的角度来看，意大利的物价也是昂贵的，一块银币，也就买几十个鸡蛋吧？在中国，一块银币可以买几百个鸡蛋。因此，元代江南的物质生活水平应高于意大利。这也是元代欧洲人向往中国的原因。

当然，在研究宋元福建经济时，也没有必要过于夸张。尤其是诗人的赞美

---

① 周学曾等：道光《晋江县志》卷九，第 183 页。

不可为据。宋代诗人咏泉州"城内画坊八十，生齿无虑五十万"①，这是没有底线的夸张。我曾研究泉州的古今市区，发现它的基本规模是在宋元时期奠定的，宋元泉州古城墙一直保留到民国时期，即使拆毁后，痕迹还是很清楚的。事实上，一直到20世纪60年代，泉州主要市区仍然在宋元古城墙范围之内！其时泉州市区人口不过二十多万！就这么大的地盘，宋元时代的泉州城区可能有一百万人吗？显然是不可能的。此外要考虑的是：元代的泉州是个园林城市，人口密集程度应当不如20世纪的60年代。所以，元代的泉州，虽然是世界著名的大港，但其城市人口，最多也不过20多万罢了。这是时代的限制，那个时代，人口上20多万的城市有多少？非常稀少！所以，能够有20多万城市人口，已经可以称为世界大都市了！没有必要将泉州城夸张到一百多万人口啊！

另外一个问题是中西城市比较。目前有人将宋元时期的中国与意大利相比，有些人认为意大利比元代中国发达。这是不对的。元代的意大利有几个20多万人的城市？威尼斯、佛罗伦萨、热那亚？这三座城市的繁荣是在元明时期。三大城市中，元代只有威尼斯有20多万人。佛罗伦萨、热那亚的最盛期都是在明朝建立之后。所以，元代的意大利城市无法和杭州、苏州的城市人口相比。因此，轻率说元代的意大利经济发展水平超过中国，不太可信。否则我们就无法解释元代马可波罗抵达中国后感到的惊讶！如果那时的意大利已经超过中国东南区域，马可波罗到中国是不会太吃惊的。除了城市外，那时的欧洲许多方面落后于中国。他们还不懂水稻种植，不知道棉布、瓷器的制作方法，因而要向中国人进口丝绸、瓷器。总之，元代中国经济尚领先于欧洲各个国家，这一点是无疑的。只是在文化方面，欧洲已经显示了它的不同。

---

① 王象之：《舆地纪胜》卷一百三十，泉州，陆守修城记，中华书局影印影文选楼影宋抄本，第6页。

第六章

元代福建的文化

如果说宋代是福建古代文化的顶峰，元代福建文化在国内的地位还是很高的。尤其是福建的书院，常被视为闽学的发源之地，得到官府的保护和重视。但因朝廷科举录取的闽人较少，所以，元代福建文人多从事文学创作，出现了杨载、陈旅等文化名人。民间的平话小说创作在福建萌芽，建阳书坊所刻书籍流行于全国各地，并外溢到朝鲜、日本等国。总之，元代福建文化虽然不再是全国中心，仍然是中国重要的文化基地。

第一节 元代福建的理学

自朱熹以来，福建形成了一支庞大的儒学研究队伍，他们以继承孔孟以来的儒学道统自居，在社会上产生很大的影响。这些学者的研究方法是注解儒家经典，借以阐发理学的哲学观念。入元之后，许多学者隐居讲学，潜心著书，屡有成果问世。

一、元代福建的经学研究

元朝尊重儒学的开端。蒙古在攻略诸国时有一个特点：尊重当地的宗教和信仰，以取得迅速巩固统治的效果。蒙古军队进入中原后，早在元太宗窝阔台二年（1230年）便承认孔子的合法地位，让孔子五十二代孙孔元措袭封衍圣公。但是，大规模的崇儒要到元仁宗之后才开始。元仁宗恢复了科举制，这对儒学发展有重要意义。元文宗至顺元年（1330年），元朝晋加封孔子之父叔梁纥为启圣王，颜子、曾子、子思、孟子等孔子四大弟子也被赐予封号。宋代的儒者，被选中的是二程中的程颢，他被封为豫国公。随着元朝走入它的晚期，越来越需要汉臣为其效劳。元朝对儒学先贤的祭祀，扩及闽学派诸贤。《延平府志》记载：

第六章 元代福建的文化

　　元至正十九年十一月，杭州路经历司提控案牍兼照磨承发架阁胡瑜具申浙江行省，其略曰：故宋龙图阁直学士谥文靖龟山先生杨时，亲得程门道学之传，排王氏经义之谬。南渡后，朱、张、吕氏之学其源委脉络皆出于时者也。处士延平先生李侗传河洛之学，以授朱熹，凡集注所引师说即其讲论之旨也；中书舍人谥文定胡安国闻道伊洛，志在《春秋》，纂为《集传》，羽翼正经，明天理而扶世教，有力于圣门者也。处士赠太师崇国公谥文正九峰先生蔡沈从事朱子，亲承指授，著《书集传》，发明先儒之所未及，深有功于圣经者也；翰林学士参知政事谥文忠西山先生真德秀博学穷经，践履笃实，以斯文为己任，当时伪学之禁因之而解。此五人者，学问接道统之传，著述发先儒之秘，其功甚大。况科举取士，已用胡氏《春秋》、蔡氏《尚书集传》，而真氏《大学衍义》亦备经筵讲读，是皆有补于治道者矣。俱应追锡名爵，从祀先圣庙庭。本省具咨，二十二年八月奏准五先生俱赠太师，杨时追封吴国公、李侗追封越国公、胡安国追封楚国公、蔡沈追封建国公、真德秀追封福国公。宣命福建行省访问各人子孙给付；如无子孙者，于其故所居乡里郡县学或书院、祠堂内安置施行。[①]

　　按，以上这段记载又见《元史·祭祀六》，此处写得更简略些。其要点为元朝尊奉朱熹之外的闽学派五人为道学正统，并给予封号。其中虽然没有朱熹，但受封诸人的贡献都与朱熹有关。例如，杨时是传道东南，开启朱、张、吕诸人之学；李侗是朱熹的老师，将二程的河洛之学传给朱熹；蔡沈是朱熹亲授的弟子，他的《书集传》贡献颇大；真德秀在政坛的活动，给南宋"伪学之禁"翻案。此外，胡安国的学问自成体系，他直接继承二程的学问，在《春秋经》研究方面有独到之处。这些人受封，似乎在为元朝晋封朱熹作准备。不过，因为流程的关系，元朝尊奉朱熹，从杭州一个名为胡瑜的小官于至正十九年十一月提出，到至正二十二年八月批准，用了近三年的时间。所以，元朝对朱熹的封号也推迟到至正二十二年。当年十二月，元朝给朱熹之父朱松的封号是"献靖"。其后又改封朱熹为齐国公：

　　　　聚贤之蕴载诸经，义理实明于先正；风节之厉垂诸世，褒崇岂间

[①] 孔自洙等修、吴殿龄等纂：顺治《延平府志》卷二一，稽古志，第611页。

于异时。不有巨儒,孰膺宠数。故宋华文阁待制、累赠宝谟阁直学士、太师、追封徽国公、谥文朱熹,挺生异质,蚤擢科名。试用于郡县,而善政孔多;回翔于馆阁,而直言无隐。权奸屡挫,志虑不回。著书立言,嘉乃简编之富;爱君忧国,负其经济之长。正学久达于中原,涣号申行于仁庙。询诸佥议,宜易故封。国启营丘,爰锡太公之境土;壤邻洙泗,尚观尼父之宫墙。缅想英风,载钦新命。可追封齐国公,余并如故。①

以上表明元顺帝至正二十二年十二月,元朝晋封朱熹为齐国公。从"涣号申行于仁庙"一句来看,早在元仁宗时期,元朝就给朱熹一定的嘉赏,奠定了他在儒学中的官方地位。迄至元顺帝后期,中原大部被反元力量控制,南方的福建省却一直拥护元朝,元朝在这时期给闽学派诸人封赏,其实大有深意。不过,这时反元力量已经形成大规模的运动,离元朝的灭亡已经不远了。

以上历史表明,元代初年实为儒学的低潮时期。然而,宋代极盛的儒学仍然在延续,尤其是对儒学经典的研究,以经学的形式存在。不少儒者为延续民族的文化传统仍在孜孜不倦地探索儒学的原典这类研究完全不是为了科举,值得尊重。

其实,从形式而言,朱熹等宋儒的研究是经学式的。儒家有十三经之说,在宋代得到充分研究的也只不过数部而已。正如元代的熊禾说:"秦汉以来天下所以无善治者,由于儒者无正学。儒者所以无正学,由六经无完书也。考亭夫子集其大成,平生精力在《易》《诗》《四书》耳。《仪礼》一书,开端未竟,九峰蔡氏犹未大畅厥旨,三礼虽有通解,缺略尚多,而勉斋黄氏、信斋杨氏,粗完丧祭二书,其授受损益精意,尚无能续。若《春秋》,则不过发其大义而已。"② 因此,熊禾等学者立志要完善朱熹以来的经学,他们广泛研究十三经,写出许多注释十三经的著作。以熊禾为例,他著有《易学图传》七传、《四书标题》一卷、《周易集疏》二卷、《三礼考略》二卷,其他还有《春秋通解》《春秋通义》《尚书口义》《四书集疏》《通鉴疑难》《小学集疏》等多种;宁德学者陈普著有:《仪礼注解》十卷、《孟子纂要》二卷、《四书集解》九卷,还有《学庸指要》《孟子图》《周易解》《尚书补微》《四书六经讲义》等等;邵武学者黄镇成著有《中庸章旨》二卷、《性理发蒙》四卷、《尚书通考》十卷、《周

---

① 宋濂等:《元史》卷七七,祭祀志六,第1923页。
② 李再灏:道光《建阳县志》卷十一,熊禾传,第433页。

易通义》十卷……他们以毕生精力倾注于经学，成绩斐然。据《福建通志》艺文志的辑录，元代闽人经学著作共有100多种，平均每年出产一种以上，可见，经学研究是元代福建儒学发展的一个特点。以下介绍几种重要的经学著作。

《周易本义附录集注》11卷，建安张清子著。"其书以朱子本义为主，以晦庵师友问答、易学启蒙及黄勉斋榦等六十二家之说为附录，卜子夏、王辅嗣、韩康伯、孔仲达、胡安定、石徂徕、邵康节、程明道、伊川、张横渠、司马温公、苏东坡、王荆公、吕东莱、张南轩、游定甫、杨龟山、杨诚斋等六十二家之说，而参以己说为集注。"①

《尚书通考》十卷，邵武黄镇成著。黄镇成认为自秦始皇焚书坑儒之后，儒家经典多缺，后人研究原儒，感到十分困难。《尚书》是记载先王事迹的书，通过该书研究以求得先王之"道"，是非常重要的。因故，黄镇成很重视《尚书》的研究和传播。他在讲学过程中，学生提出了许多问题，他都一一回答，后来集成一帙。在学生的要求下，他把这部《讲义》印出，这就是《尚书通考》一书。后人评价该书："《通考》纪《尚书》名物、度数，与夫七政九畴，六宗五礼，方州之贡赋、水土，律吕之长短忽微，皆著其说。说有未尽，复系以图。汇集诸家，而衷以己意，详且备矣。"据当时人记载，黄镇成著此书虽然参考了许多著作，但颇有心得。黄镇成自述他编书原则是："如旧图旧说已备者，不复赘出，其有未尽，则随条辨析焉。"因此，该书一出，即受到重视，元廷因而授他为江西儒学提举。②

《诗传旁通》十五卷，福州梁益著。这是一部专门研究诗经的著作。朱熹曾为《诗经》作传，但朱熹的《诗传》主要着重于作诗之意的研究，对《诗经》中名物训诂不足。梁益的书则在这一方面作文章，详注名物，引征广博。该书虽以发挥朱熹观点为主旨，但没有门户之见，对朱熹诗传疏忽之处，也有指出。③

《仪礼集说》十七卷，长乐敖继公著。《四库全书提要》对该书评价尚好。《仪礼》有汉代郑康成之注，但行文简约而多古代词汇，不易读懂，"继公独逐字研求，务畅厥旨，实能有所发挥，则亦不病其异同矣。卷末各附正误考，辨字句颇详，知非徒骋虚词者"。总之，这是一部认真下过功夫的经学著作。④

---

① 陈衍等：民国《福建通志》总卷二十五，《福建艺文志》卷二，经部，民国刊本，第1页。
② 李正芳等：咸丰《邵武县志》卷十六，经部，第517页。
③ 陈衍等：民国《福建通志》总卷二十五，《福建艺文志》卷四，诗类，第8页。
④ 陈衍等：民国《福建通志》总卷二十五，《福建艺文志》卷六，礼类，第6页。

元人经学研究的总体水平不高，这是由于元人尚未掌握清代学者训诂学的一套方法。南宋朱熹研究古人经典，着重于阐发古人的哲学思想，对经学研究十分粗略，他的《诗传》等书，颇受清人讥讽。元代学者对经学研究基本沿袭朱熹的方法，虽有进步，但成就不高。以上几部书在其时代是重要著作，但很少有得到清人首肯的。《四库全书总目提要》大致反映了清代考据学家的观念，他们对梁益《诗传旁通》、敖继公《仪礼集说》尚有部分肯定，但对元儒一致赞颂的黄镇成《尚书通考》一书的评语却是"芜杂"！可见，就清人的观点来看，元代闽儒的经学研究，规模虽大，成就有限，尽管在学术史上为后人做了铺垫，却没有特别的价值。不过元代闽儒的研究，表面是经学，实际是阐发理学的要义，若从这一角度去研究，元代闽儒的经学著作也许会显得更有意义。但是目前学术界对元代儒学的研究是极为初步的，许多皇皇巨著，尚未有人去尝试开拓。对他们做出充分的评价，看来是很久以后的事。

元代是闽学向北方传播的时代，在元朝以前，理学的根基在南宋境内，以福建的闽学为正宗。金朝辖区内虽有个别理学家，但他们的学术成就有限。元朝统一南宋过程中，俘虏了一些理学家，江西的赵复是黄榦嫡传弟子，元军攻占德安后，赵复全家人被杀，赵复从死人堆里爬出，狂呼行走，欲自尽，被元朝大臣姚枢发现，将他带到北方。此后，赵复与姚枢在燕京讲学，传播闽学。《元史·赵复传》说："北方知有程朱之学，自复始。"[①] 元人在理学方面成就不高，罕有创新，《元史》道学传中人物，大多是以传播程朱理学而出名的。元代理学传播中心在江浙一带，吴澄、许谦等名流辈出。福建原为理学中心，元代却少有闻人，这一方面是由于闽儒隐居于山林著书，国内学术界根本不知道他们的名字。另一方面，大多数学者专注于经学，在理学方面少有成就。所以《宋元学案》一书对元代闽儒的评价是"支离破碎"，这一评语可能有其局限性，但亦表明在后人的眼里，元代闽人在理学方面的贡献较少，影响也不大。

二、元代福建著名的理学家

元代福建理学家中，对后人较有影响的是熊禾、陈普、吴海等人。

熊禾号勿轩，宋咸淳十年（1274年）进士，他是朱熹的三传弟子，在理学、经学方面颇有造诣："幼而有志濂洛关闽之学，师事朱子门人。"宋末仕至汀州司户参军。宋朝灭亡后，他"束书入武夷山筑洪源书室，讲学其中，四方来学者云集，糙食涧饮，日以孔孟之道相磨"。12年后，局势渐趋稳定，熊禾返

[①] 宋濂等：《元史》卷一八九，赵复传，第4314页。

回建阳家乡，重振鳌峰书院，与学生共研六经。① 他在元代共隐居讲学33年，一生主要着力于经学研究，在理学方面的观点散见于《勿轩集》所收集的作品中。

熊禾的思想中有唯物主义的倾向。他接受张载的观念，认为"天地间一气而已"，"洪荒之世，气浮而为天者，不过茫茫一太虚耳……质凝为地者，亦不过一块土耳"。② 世界是由"气"变化而来的，这是中国古代唯物主义的命题。在天命与人的关系上，他认为人可制天命而用之："孔子罕言命，又曰不知命无以为君子，孟子不谓命，又曰得之有命，然则将孰从？盖命有二，以性言则理一而已，以气言则分有万之不齐，智愚贤否，一类也，富贵、贫贱、寿夭，一类也。以理制数，以性御气，愚可明，柔可强，勤之可以不匮也，仁义之可以得天爵也。修养之可以延年，为善之可以获福也。孰谓其不可变乎？"他承认"天命"是可以变的，但这种变化不是人变为神，而是人本性的扩张与延长，向好的方面转化。所以，人最重要的是守住本性："君子但当言理，不当言数，但当论性，不当论命，当然在我，适然在天。"③ 所谓"天佑善人"，就是这个意思。

针对宋末学者空谈"性命"的倾向，熊禾主张学以致用："一切无用之虚文悉以罢去，学问必见之践履，文章必施之政事，使圣人全体大用之道复行于世。"④ 他的理想是："使人通一经、治一事，边防、水利之类，靡所不讲……此有体有用之学也。"他对埋首于科举的士人十分反感："下土儒生方且角一日长技于万人场屋之战，其不为武夫健儿所揶揄者几希。"⑤ 也许是有感于宋末空谈误国的情况，他"每病今世之学者，议论徒多而践履益薄，词华虽工而事功益不竞"。⑥ 因而，他主张研究《大学》中知行合一的观念，注重于行："益求实事，不竞虚文。勉焉自力于躬行，切亦有志于世故。"⑦

从以上的论述看，熊禾是一个有思想的学者，也是朱熹后学中的佼佼者。

陈普。字尚德，号惧斋，世称石堂先生。他也是朱熹的三传弟子，宋亡之后，元行省官员三次邀他出任儒学教授，他都推辞不赴。陈普在家乡讲学，"以

---

① 陈衍等：民国《福建通志》总卷三十八，《福建儒林传》卷二，宋，第19-20页。
② 熊禾：《帝尧万世之功论》，转引自高令印、陈其芳《福建朱子学》，福建人民出版社1986年，第182-184页。
③ 熊禾：《勿轩集》卷一，赠熊云岫挟星术远游序，第24页。
④ 熊禾：《勿轩集》卷二，三山郡泮五贤祠记，第19页。
⑤ 熊禾：《勿轩集》卷二，跋谢春堂诗义后序，第11页。
⑥ 熊禾：《勿轩集》卷五，谢乡举论学，第2页。
⑦ 熊禾：《勿轩集》卷五，谢贡举启，第4页。

师道自任，四方来学者，岁数百人"。①《闽都记》载，他为了安置学生，"馆里之仁峰寺，至不能容"。"尝聘主建州云庄书院。熊勿轩延讲建阳之鳌峰。晚居莆田十八年，造就益众。"② 门下高足有韩信同、杨琬、余载、黄裳等人。陈普著有《石堂集》22卷，未收入四库，传本极少，人们对他的学术成就不甚了然。他在经学方面著作颇多，对易学研究尤深。他在理学方面的著作有《答谢子祥无极、太极书》《答上饶游翁山书》，前者演释周敦颐的《太极图》，后者宣传儒学的一些基本原理。据《福建通志》陈普传的介绍，他的核心观点是"性命、道德、五常、诚敬等字，在四书六经中如斗极列宿之在天，五岳四渎之在地，舍此不求，更学何事"？他这一得意之论是强调理学的基本问题，学者必须坚守基本论点，才能扩而展之。总之，他是一个对传播理学有贡献的理学家。他的学生有韩信同等人。李清馥的《闽中理学渊源考》云：

  韩信同，字伯循。福宁州人。幼颖悟，工诗文。既壮，受业陈石堂，遂刊落华藻，究心濂洛关闽之学。陈叹曰吾耄矣，得斯人，饮水俟命复何恨哉。延祐四年应江浙举，不合，归即杜门不出。自是四方书币日至，弟子请业者，户外屦满。著《四书标注》《书经疏文》《三礼》《易经旁注》《书解》《集史类纂》及诗文十卷。③

以上文字较为简约，《明一统志》记载："韩信同，宁德人。别号古遗。受学于陈尚德。隐居不仕，著《书经讲义》五百余篇，又《易经》《三礼旁注》《书集解》《集史类纂》。"④ 韩信同家乡的《宁德县志》评其人："大抵其学术经术，崇礼致，黜文艺，真知实践。其序先精四书，次及经史。"而其弟子甚至说，明初编成的《四书大全》多采其说。韩信同的著名弟子有林文拱、张以宁等人。

  元中叶的闽东受战乱破坏较少，受外来影响也少。尽管儒者已经失势，但闽东的山林仍然有一批读书人孜孜不倦地读书做学问。极为罕见。清代李清馥评论："宋季老成凋落，一二典型，抱道深山，如存硕果。求有教席声应之雅，不可以多数也。福宁僻在滨海，鼎革之后，弦诵不衰。诸贤犹能公其道以传其

---

① 卢建其修、张君宾纂：乾隆《宁德县志》卷七，陈普传，第403页。
② 王应山：《闽大记》卷十五，陈普传，第249页。
③ 李清馥：《闽中理学渊源考》卷四十，文渊阁四库全书本，第5页。
④ 李贤等：《明一统志》卷七八，文渊阁四库全书本，第48页。

人，以是知大贤过化之泽，所贻远矣。"①

吴海，字朝宗，号鲁客，闽县人。他生于乱世，一心治学，为人谦虚，闻过则改，名其书轩为"闻过斋"。元朝官吏如贡师泰、林泉生及蓝晦、王翰等名士，都重其为人，相与往来。所以，吴海虽未出仕，在当地名声很高。元亡后，他拒绝明王朝的征召，以隐士自居。在当时得到学林同人的赞誉。②

吴海以闽学正统自居，他主张崇道学而罢诸子百家，他有名的论点是："杨墨老佛诸书，六经之贼也；管商申韩诸书，治道之贼也；遗事外传，史事之贼也；芜词蔓说，文章之贼也，窃意上之人有王者作，将悉取其书而禁绝之。然后读书者得以专其力于圣贤之言，精其志于身心之学。"他主张整理天下诸书，除合乎儒道之书外，一切禁绝。"民不得辄藏，坊市不得利鬻……异书既绝，数十年之后，童稚生长，不涉异闻，其心志不惑。惟经史圣贤之言，人者为主。"③ 他的这种主张是最典型的文化专制主义，假使得以实行，比秦皇焚书还厉害。因此，连四库全书的编辑者，也认为他的议论过于偏狭。④ 从他这一主张中也可知道，吴海在学术上以尊崇正统道学为主，不会去吸收其他各种非道统理论，因而，除了阐述先贤理论外，他在学术上难有新的创造。吴海著有《闻过斋集》八卷，明清儒者称赞他"气质光明，学识醇正"，是朱熹闽学发展史上继往开来的人物。其实，他最多不过在延续闽学道统上有一点贡献而已。

由宋儒开创的闽学，进入元朝后开始向全国发展，就全国的形势而言，元代的儒学中心在江浙、在大都。福建原为闽学的基地，入元以后，许多学者隐于家乡著书，其成就尚待评价。可以肯定的是，元代福建儒学延续了宋代的经学，承前启后，它使明代初年福建的儒学处在一个较高的水平。一直到明代后期，读书人都认为读经要看闽人的成果，这就是元代福建儒者延续经学的高妙之处了。然而，从整体而论，如果说南宋时的闽北山林是全国学者向往的地方，同时也是全国的学术中心，那么，元代这一中心已转移到江南如诗如画的水乡，因为，同一时代，江浙出产的儒者要更多，而其影响是多方面的。

为什么元代中国的学术中心从福建向江南转移？这是一个地域文化学上的重要命题。我们知道：北宋中国的文化中心在中原的洛阳。南宋建都临安后，北方士人南下，中原已失去成为文化中心的可能。在南宋的南方诸路中，文化

---

① 李清馥：《闽中理学渊源考》卷四十，第5页。
② 张廷玉等：《明史》二九八，吴海传、《八闽通志》卷六三，吴海传。
③ 吴海：《闻过斋集》卷八，书祸，第4-5页。
④ 吴海：《闻过斋集》卷首，提要，第1页。

较为发达的仅是福建路、两浙路、江西路以及四川成都平原。四川在北宋人才济济,但在南宋时期,由于地处前线,文化成就不再像北宋那样灿烂。所以,南宋的文化中心很自然地落在东南三路。而东南三路中,浙江是都城所在地,政府对文化界的统制较为稳固,这对学术的百家争鸣是不利的。所以,南宋的学术多在山林地带展开,南宋著名的书院多在著名的风景区,这一方面反映了中国学术是山林文化的本质,另一方面是为了寻找一片自由议论的土地,而闽浙赣三省交界处,便云集了许多书院,其中有江西庐山的白鹿洞书院、铅山的鹅湖书院等等。闽北山林在今天看是一交通不便的地区,但在宋代,则是三省交通要道,而且是三省的山林文化中心,同时又是离前线较远的后方,所以,闽学在这里获得大发展不是偶然的。迄至元代,全国统一,首都迁到大都,江南不再是政府统治最严密的地区,于是,江南文化便在这一全国最富裕的土地上发展起来了。整个元代,江浙省会杭州成为学者云集之处,它对福建学子的吸引力很大。

元代福建多数时间只是江浙行省的一个宣慰司,因此,福建人才大多被吸引到省城杭州,这导致中国文化中心从福建转移到江浙一带。尽管如此,因闽学的巨大影响,福建儒学之发达仍然不可小视,因而带动了诸多文化方面的发展。总之,元代福建文化还是处于全国一流的水平。

元以后的江南,不仅是全国的经济中心,而且是交通中心,她在全国的地位恰如宋代闽北在南宋的地位,所以,她取代闽北成为全国学术中心,也是很自然的。

第二节　元代福建的文学

元代科举数量很少,闽中读书的热情大为消退。正如黄四如所说:"廿余年来,新进小生以科举不行而辍读;与刀笔相从事者不暇读;吟风月以为工者又他读。"[①] 可见,元代福建那些不安分的学生,转而吟诗作赋,在文史领域取得一些成就。

一、元初福建的遗民文学

将福建文学史带入元代的是元初的遗民文学,这些血泪浇铸的文字贯穿着

[①] 黄仲元:《四如集》卷二,东野书房记,文渊阁四库全书本,第23页。

爱国主义的主题，是中国历史上爱国文学的一个高峰。

宋代福建的经济文化处于其时代的最高峰，如果说宋代中国是世界上最发达的地区，福建则是中国各区域中文化最昌盛的区域之一。蒙古贵族统治中国之后，实行民族歧视政策，南人被视作四大等级中最低的一等，原来被视为社会上层的士人，此时沦为"九儒"，在社会各阶层排列上，列在"八娼""十丐"之间。加上元兵残酷的屠杀政策，使八闽许多名城化为灰烬，人民流离失所，饿殍遍野，目睹此景，谁能没有感伤？因此，元初闽中诗人流露出强烈的故国之思，他们的作品感人至深，在艺术上也达到了很高的境界。

元初的遗民文学是一个群体的创作，在诸大名家之外，佳作名篇，随处可见。我们不妨略拾几首：莆田陈文龙在抗元失利后做了一首《元兵俘至合沙诗寄仲子》："斗垒孤危势不支，书生守志定难移。自经沟渎非吾事，臣死封疆是此时。须信累囚堪衅鼓，未闻烈士树降旗！一门百指沦胥尽，惟有丹衷天地知。"[①]该诗流传出来，读者无不悲痛。宁德韩信同有《岳王墓》一诗，痛斥赵构与秦桧误国，他借岳飞之口说："九重茫茫隔天日，无由下烛臣愚直。臣愚万死不足惜，国耻未湔犹愤激。古坟埋冤血空沥，风雨年年土花蚀。"[②]诗歌的格调慷慨愤激。福州的德丰和尚则展现了另一种风格，他有《重阳》一诗："战尽今秋见太平，西风多作北风声，不吹乌帽吹毡帽，篱下黄花笑不成。"[③]德丰和尚是个怎样的人物不清楚，宋末元初，许多抗元失败的政治人物遁身空门，他大概就是这类人吧。他以北风比作元统治者，以民间流行北方的毡帽而取代宋人乌帽的变化，借喻元朝取代宋朝。诗人的感慨万千，他虽然像陶渊明那样隐居乡间，却永远不能像陶那样"采菊东篱下，悠然见南山"，沉痛的亡国之悲使他面对菊花却"笑不成"。该诗表面看委婉温柔，但其中所蕴含的悲痛，十分强烈深沉。类似这种风格的还有陈普《拟古》一诗："东方有乐园，开辟先柏皇。鸾凤为鸡鹜，麒麟为马羊。晨霞作朝食，太和为酒浆。土无干戈祸，人寿千年长。下视禹九州，有土皆战场。白日虎狼行，青天蛟龙翔。我欲为远游，沧海渺无梁。何年夸娥氏，移置天中央。"[④]诗中批判"白日虎狼行"的丑恶现实，表达了向往海外乐土的情感。这类诗作不胜枚举，说明元初福建的遗民文化在文化人中有其广泛的基础。以下研究元初遗民文学的主要代表人物。

---

① 陈文龙：《元兵俘至合沙诗寄仲子》，陈焯：《宋元诗会》卷五一，文渊阁四库全书本，第16页。
② 韩信同：《岳王墓》，陈焯：《宋元诗会》卷五五，第2页。
③ 陈衍：民国《福建通志》《福建高僧传》卷五，元，第1页。
④ 陈普：《拟古》，陈焯：《宋元诗会》卷五二，第1页。

谢翱。字皋羽，号晞发子，福建福安县人，后迁居浦城。谢翱生于宋淳祐九年（1249 年），宋元鼎革之际，他仅 27 岁。当时文天祥在南剑州聚兵抗元，他散家财，募兵数百人投入文天祥帐下，任咨议参军。文天祥抗元失败后，他逃亡江南，以诗文著称于世。① 元贞元年（1295 年），他得肺病而死，年仅 47 岁。

谢翱有志报国，无力回天，国恨家仇，凝于笔端，写下了许多瑰丽雄壮的诗篇。有一次，他路过杭州宋宫室的遗址，看到昔日金碧辉映的宫殿现已剩下了一堆堆断砖碎瓦，因而产生了无限感慨。在一个风雨潇潇的夜晚，他写下了《过余杭故内遗址》的组诗：

复道垂杨草欲交，武林无树著凌霄，野猿引子移来住，覆尽花间翡翠巢。
隔江风雨动诸陵，无主园池草自春，闻说就中谁最泣，女冠犹有旧宫人。
禾黍何人为守阍，落花台殿黯销魂。朝元阁下归来燕，不见前头鹦鹉言。
紫寒楼阁宴流霞，今日凄凉佛子家，寒照下山花雾散，万年枝上挂袈裟。②

这四首七绝隐晦曲折地表现了怀念故国的情感，文字雅美，风格哀婉，问世后，传抄的人很多，引起故宋学子文士无限的感叹。谢翱的散文也写得很好，他的《登西台恸哭记》是传世名作。该文是谢翱哭祭文天祥之后写下的，全文不过 700 多字，文章起首以唐名臣颜真卿比附文天祥，写自己与文天祥的公谊私情，以及文天祥蒙难后作者对友人的怀念，文中巧妙地穿插故国之思，情景交融，十分感人。明末黄宗羲曾为其作注。

谢翱的风格沉郁悲壮，《四库全书总目》说："南宋之末，文体卑弱，独翱诗文桀骜有奇气，而节概亦卓然可观。"③ 后代诗评家一致称赞他为"宋末诗人之冠"。④

郑思肖，福建连江人，号所南，字忆翁。他生于宋淳祐元年（1241 年），以后成为太学生。元军南下，他"叩阙上疏，犯新禁，众争目之"。宋亡，他隐居吴中，不娶妻，萧然一生。每年除夕，他必"望南野哭而再拜，乃返"。他对灭亡的南宋王朝怀有深厚的感情，《过徐子方书塾》一诗写道："不知今日月，

---

① 胡翰：《谢处士传》、宋濂《谢翱传》等见陆以载等撰：万历《福安县志》卷八，谢翱传，书目文献出版社 1991 年日本藏中国罕见地方志丛刊本，第 18-24 页。
② 谢翱：《过余杭故内遗址》蒋易编：《元风雅》卷二九，第 788-789 页。
③ 永瑢等撰：《四库全书总目》卷一六五，晞发集，中华书局 1965 年，第 1413 页。
④ 郑方坤编：《全闽诗话》卷五，谢翱，第 62 页。

但梦宋山川。"《题菊》诗云:"宁可枝头抱香死,不曾吹落北风中。"表现了民族气节。郑所南擅长绘兰,国亡之后,他画的兰花都没有根,有的人请教缘故,他说:"地为人夺去,汝不知耶?"他著有《一百二十图诗集》,歌咏汉族历史上有影响的人物,例如黄帝、尧、许由、吕望……其中显然有宣扬民族文化传统之意①。明末,苏州百姓淘井,发现一部署名郑所南的《心史》,该书装在一个铁盒内,所以又称《铁函心史》。该书的作者大胆揭露元代的民族压迫等种种不合理现象,诗文充满了反元思想和爱国情思,这与郑所南的心情是合拍的。但是,清人多怀疑该书为明人伪托。

中国的诗风一向崇尚温柔敦厚,唐诗博大,宋诗清丽,像元初遗民这种悲怆激扬的诗风,在元以前是罕见的。这当然与时代的变化有关。宋朝的沦亡,促使汉族知识分子思考民族与文化的前途,爱国主义成为文学创作的主旋律,从而也成为中华民族文学的一个优良传统,从这一个角度去看,元初的遗民文学成就极高,对后世的影响也极为深远。

二、元代中叶的闽中文学

随着岁月流逝,宋代遗民相继故世,迄至元代中叶,新一代诗人、文学家不再有宋遗民的强烈情感。但是,元朝中期一度的繁荣,使他们有良好的创作基础。由于严羽的提倡,追寻盛唐之风盛行,元代中叶的诗人表现出自己浓郁的特点。

元代文士着力于诗歌创作的有不少,这与元代科举制不发达有关。对大多数文人来说,政治上的飞黄腾达是可望而不可即的。他们在政治上没有出路,便吟诗作赋,投入文学界。程钜夫说福州:"闽为福附庸……士风之盛,五百年于此矣,科举废,后生无所事聪明,日以放恣诗书而刀笔,衣冠而皂隶小有材者溺愈深。"② 这其实也是时代的风气,元世祖忽必烈曾说:"高丽小国也,匠工弈技,皆胜汉人,至于儒人,皆通经书,学孔孟,汉人惟务课赋吟诗,将何用焉!"赵良弼也说:"宋亡,江南士人多废学。"③ 可见,元代废除科举制后,许多中国士人也把儒家经典丢在一边,而以吟诗作赋为荣,这种风气,以江南为盛,福建自不例外。以故,元代福建诗学尤为发达。莆田的洪岩虎、洪希文

---

① 郑方坤编:《全闽诗话》卷五,郑思肖,第63—66页;丘景雍等:民国《连江县志》卷二三,郑思肖传,连江县方志委1989年,第357页。
② 程钜夫:《闽县学记》,黄仲昭:弘治《八闽通志》卷八二,第931页。
③ 毕沅等:《续资治通鉴》卷一八四,第1033页。

父子居于万山之中,"朝晡盂饭,烧芋咬菜,相倡和,无愠色"。① 建安的刘边、虞韶、虞廷硕、毛直方组织了月泉吟社,分赋春日、田园杂兴诗。莆田有壶山文会,参加者有十三位名诗人,"月必一会,赋诗弹琴,清谈雅歌,以为乐"。② 邵武有黄镇成等老诗人组成的"真率会"。③ 元代的城市畸形繁荣:"温陵故文献邦,今尤为乐国,缙绅之所庐,冠带之所途,地又多名山水,能言之彦,颖然于决科外,致力为诗。"④ 这些频繁的文学活动,孕育了许多诗人,据《福建通志》艺文志记载,元代福建留有著作的诗人有:毛直方、方伯载、詹景仁、彭炳、虞韶、虞廷硕、刘边、林雷龙、方澜、危德华、王佛生、赵若、陈宜甫、林泉生、吕椿、蒋易、黄清老、黄镇成、苏寿元、陈旅、洪岩虎、洪希文、张以宁、释大圭、卢琦等人。《建宁府志》记载:"毛直方,字静可,建安人。宋咸淳中预荐,入元授徒讲学,士争趋之。有《聊复轩稿》二十余卷,尝编《诗宗群玉府》三十卷及《诗学大成》。后以教授半卷终其身。同邑虞韶,字以成。虞廷硕,字君辅。刘边,字近道,并勤撰述。韶集《小学日记切要故事》,廷硕集《历代诏令》四卷、《制诰》五卷、《古赋准绳》十卷,边尤工诗,《自家意思集》。"⑤ 又如:"蒋易,字师文,建阳人。宋笃信好学,工诗善属文。有《鹤田集》及编《元朝风雅》行于世。"⑥ 此外,浦城出了一名女诗人——李智贞,她的诗集名为《静方诗集》,陈旅为其作序,称赞她的诗"菁秀而温妥也"。⑦

　　元代闽中诗人崇尚盛唐诗风。这一风气的形成,与宋末元初的严羽、谢翱很有关系。关于宋诗的派别源流,后人有这样一番论述:"盖宋代诗派凡数变,西昆伤于雕琢,一变而为元祐之朴雅;元祐伤于平易,一变而为江西之生新;南渡以后,江西宗派盛极而衰,江湖诸人欲变之,而力不胜,于是仄径旁行,相率而为琐屑寒陋,宋诗于是扫地矣。"⑧ 在这一背景下,严羽首倡"诗宗盛唐"的口号,在诗界产生很大影响,可惜的是他自身的诗力较弱,未能很好地实践这一主张。元代诗人张以宁说:"邵武严氏痛矫于论议援据烂漫支离之余,亦以禅而谕诗,不堕言荃,不涉理路,一主于悟矣。然而生宋氏之季,其才、

---

① 郑方坤编:《全闽诗话》卷五,洪希文,第74页。
② 陈衍:民国《福建通志》总卷三九,《福建文苑传》卷五,元文苑,第4页。
③ 李正芳:咸丰《邵武县志》卷十七,风俗,第531页。
④ 张以宁:《翠屏集》卷三,桐华新藁序,文渊阁四库全书本,第49页。
⑤ 夏玉麟、汪佃修纂:嘉靖《建宁府志》卷十八,毛直方传,厦门大学出版社2009年,第519页。
⑥ 夏玉麟、汪佃修纂:嘉靖《建宁府志》卷十八,蒋易传,第519页。
⑦ 陈衍:民国《福建通志》总卷二十五,《福建艺文志》卷六十,元别集,第4页。
⑧ 陈衍:民国《福建通志》总卷二十五,《福建艺文志》卷六十,元别集,第3页。

其气、其学,类未能充其言也。君子惜之。"① 宋末元初能够实践严羽崇尚唐诗风格主张的是谢翱,他改变宋末诗人以议论入诗的风格,学习唐代"比兴"为主的手法,注重形象思维,为元代诗界开辟了一个新天地。《小草斋诗话》评述:"元诗所以一变乎宋者,谢皋羽之功也。"由于严、谢开创于前,深刻地影响了元代中叶福建诗人的诗风。以下初步探讨元代中期福建的几位名诗人。

黄清老,邵武人,泰定四年(1327年)进士,官至湖广儒学提举。他"为文典雅,诗有盛唐风",学者称之为"樵水先生"②。张以宁赞道:"若樵水黄先生,噫,其志于悟之妙者乎?盖先生之于诗,天禀卓而涵之于静,师授高而益之以超,由李氏而入,变为一家。"③ 可见,黄清老的诗卓尔不群。黄清老著有《樵水集》,今佚,蒋易《元风雅》中收录了他的数十首诗,今录其一,以见其风格。《访子威都事不遇》:

清晓携绿绮,来就夫君弹,夫君久已出,野水流花间。
石涧渡微雨,秋生湖上山。松阴坐永日,心与云俱闲。
人事有离合,白鸥聊共还。④

与黄清老齐名的黄镇成,同为邵武人,字元镇,自号存存子,学者称之为存斋先生。他是元代有名的学者,著有经学著作多部。年轻时,他两次参加科举考试,未中,便隐居乡间,并为其新居取名为"南田耕舍"。他以"南田耕舍"为题的数首诗,其一为:

离离南山田,采采山下绿。兹晨凉风发,秋气已可掬。
美人平生亲,零落在空谷。颜色不可见,何由踵高躅?
我耕南山田,我结南山屋。下山交桑麻,上山友麋鹿。
还肯过邻家,邻家酒应熟。

该诗表现了冲淡闲适的风格,郑潜称他为"恬退之士",其实不然,他还有一首同名的诗:

---

① 张以宁:《翠屏集》卷三,黄子肃诗集序,第11页。
② 李正芳:咸丰《邵武县志》卷十四,黄清老传,第415页。
③ 张以宁:《翠屏集》卷三,黄子肃诗集序,第11页。
④ 黄清老:《访子威都事不遇》,蒋易:《元风雅》卷十七,第495页。

> 种田南山下，土薄良苗稀。稊稗日以长，荼蓼塞中畦。
> 路逢荷蓧人，相顾徒嗟咨。我欲芟其芜，但念筋力微。
> 终焉鲜嘉谷，何以奉年饥。谁令恶草根，亦蒙雨露滋。
> 岂无力耕人，悠悠兴我思。①

该诗以田地比作朝廷，良苗比作贤人，恶草比作奸臣，他感叹朝廷中贤人少而奸臣多，他有志于除去恶草，但又年老无力，难有作为。《四库全书总目》第167卷评道："则镇成盖遭逢乱世，有匡时之志，而不能行，乃有托而逃，故诗多忧时感事之语。"

黄镇成精于写山水诗，清代诗人周亮工说："元季词人辈出，而邵武有黄镇成，诗多奇警。《秋声集》十卷，佳句迭出，如'王孙不归怨芳草，山鬼欲啼牵女萝。''鉙樾召雷秋雨足，瑶坛谒帝夜云高。''游山采药辞家早，扫石看云出洞迟。''青山尽处海门阔，红日上来天宇低。''花竹一家巢绝顶，烟尘九点认齐州。''潮来估客船归市，月上人家水浸空。'"②《四库全书总目》称赞他："格韵楚楚，颇得钱郎遗意，较元代纤秾之体，固超然尘壒之外也。"③

杨载，浦城人，仕至翰林国史院编修官。元代诗人盛称"虞、杨、范、揭"四大家，指得是虞集、杨载、范德机、揭傒斯四位诗人，杨载名列其二，诗名之盛，冠于江浙。"初吴兴赵魏公孟頫在翰林，得仲弘所为文，极推重之，由是文名隐然动京师，凡所撰述，人多传诵。"④杨载最早是以布衣的身份进入元朝的翰林院，任编修官，曾经参与《武宗实录》的撰写。"延祐初，仁宗以科目取士。载首应诏，遂登进士第。授承务郎同知浮梁州事。"最后官至宁国路总管府推官。"其文章一以气为主，博而敏，直面不肆，自成一家之立言。而于诗尤有法，尝语学者曰：'诗当取裁于汉魏，而音节则以唐为宗。'自其诗出，一洗宋季之陋，与虞集、范梈、揭溪斯齐名。世号虞、杨、范、揭。有诗集行于世。"杨载的成名作是《宗阳望月》："老君台上凉如水，坐看冰轮转二更。大地山河微有影，九天风露寂无声。蛟龙并起承金榜，鸾凤双飞载玉笙。不信弱流三万里，此身今夕至蓬瀛。"⑤这首诗沉雄典实，类似唐人风格，得到众多名家好评。

---

① 黄镇成：《秋声集》卷二，文渊阁四库全书本，第3、8页。
② 周亮工：《闽小记》卷四，黄秋声，福建人民出版社1985年，第76页。
③ 永瑢等撰：《四库全书总目》卷一六七，秋声集，第1445页。
④ 郑方坤：《全闽诗话》卷五，杨载，第79—80页。
⑤ 郑方坤：《全闽诗话》卷五，杨载，第79—80页。

杨载的天赋极高，与他同时代的诗人范德机说："仲弘之天禀旷达，气象宏朗，开口论议，直视千古，每大众广席，占纸命辞，敖睨横放，尽意所止，众方拘拘，己独坦坦，众方纡馀，己独驰骏马之长坂，而无留行。故当时好之者虽多……要一代之杰作也。"①《四库全书总目》赞道："载生于诗道弊坏之后，穷极而变，乃复其始，风规雅赡，雍雍有元祐之遗音。"② 总之，他是元中叶福建最好的诗人，也是国内有数的诗人。

陈旅，莆田人，字众仲，号荔溪。他出生于一个文学世家，自幼得父兄耳提面命，打下很深的文学基础。成年之后，陈旅在闽海一带小有名声。元朝廷官员马祖常使闽，见而奇之，将他带至京师。有文章泰斗之称的虞集对陈旅极为欣赏，叹曰："此所谓我老将休，付子斯文者。"自此，陈旅文名鹊起。元代名诗人萨都剌《赠陈众仲》诗云："江南少识陈众仲，阙下声名北斗齐。"③ 又有人说："元兴，以质治天下，国初之文盛不十年，而众仲之文满天下矣。"④ 显见，他是元代公认的重要文学家。著名学者苏天爵编辑《国朝文类》，这部总集收集了元代所有重要文学家的作品，"其时作者林立，而不以序属诸他人，独以属旅，殆亦知其文之足以传信矣"。⑤ 从今天来看，陈旅的古文确实有典雅、简洁的特点，让人挑不出一点毛病，遗憾的是缺少震撼人心的作品，这是宫廷文人共有的缺点。

陈旅论历代诗文，有一著名的论点：国势与文运是相互映照的。所谓国势盛，文运盛。在盛唐时期出现了李白、杜甫、王维等一代大师；在宋代鼎盛的仁宗与英宗时期，出现了欧阳修、三苏、王安石等巨匠。他认为，元代鼎盛时期，也应有自己的代表人物出现。人们赞颂元代中叶的"虞、杨、范、揭"四大家，便是将他们当作元代文学的代表人物。福建的杨载和陈旅，都是这一时代的顶尖人物，如果从形式上而言，杨载与陈旅都可作为元代文学的代表，然而，他们的作品相当精美，却缺少元初遗民文学那种真挚感人的情感，因而在文学史上的地位，远不如唐宋大师了。

三、元末闽中的诗文

元代后期福建文学已经相当成熟，开设诗会成为各地诗人的习惯。以莆田

---

① 陈衍：民国《福建通志》总卷二十五，《福建艺文志》卷六十，元别集，第4页。
② 永瑢等撰：《四库全书总目》卷一六七，杨仲弘集，第1441页。
③ 萨天锡：《赠陈众仲》，蒋易：《元风雅》卷十三，第397页。
④ 陈旅：《安雅堂集》林泉生序，文渊阁四库全书本，第2页。
⑤ 永瑢等撰：《四库全书总目》卷一六七，安雅堂集，第1446页。

为例：

>元季诸先辈相与结社，以文字为乐，号曰壶山文会。初会九人，曰：宋贵诚、方朴、朱德善、邱伯安、蔡景诚、陈本初、杨元吉、刘晟、陈观。续会者十三人，曰：陈惟鼎、李苾、郭完、陈必大、吴元善、方炯、郑德孚、黄性初、黄安、陈熙、方担、叶原。中其一人清源方外士也。月必一会。或赋诗、琴、弈、清谈、雅歌以为乐。一时风流文雅，有足尚者。[①]

这种风气有利于文学的成长。不过，到了元代末年，闽中战乱延续二三十年，生活于乱世的闽中诗人，目睹兵荒马乱年代里人性的扭曲，诗风转为沉郁悲凉。在这一时代，杜甫影响是很大的。元末福建重要的作家有释大圭、卢琦、张以宁、林弼、蓝智、蓝仁等，他们活跃于元明之际的诗坛，对明初闽中十子的诞生，起了承前启后的作用。

释大圭是泉州开元寺的僧人，但他作诗却不受佛家清规戒律的约束。他的《古意》八首抒写少妇在丈夫离乡后的孤寂之情，哀婉动人。泉州商人足迹遍天下，他们的妻子常年孤守春闺，释大圭注意到这一社会问题，因而，他对春闺的描写，更胜古代的宫怨了。他对古代侠客也很兴趣，《云榭》一诗写道："陈王成霸业，故国独斯台。寂寞千年恨，传呼五马来。秋风樟树老，残照石碑颓。旧事今谁说，天晴海色开。"[②] 该诗展现出一个气质豪爽的侠士的胸怀，其情趣与僧人大有区别。大圭在元末颇有诗名，人们称赞他"学博识端，为文似柳，为诗似陶"。[③] 其实，他的诗并没有陶渊明那种闲适，他的《僧兵行》一诗，描写僧人被征发当兵的苦恼，《哀惠廓上人》一诗咏叹一个僧人无辜被杀。面对元末泉州的灾荒，他多有吟咏。所以，他的诗风更接近于杜甫，《梦观集》中有许多诗篇可视为元末泉州的诗史。

惠安的卢琦曾任永春县尹，作为元朝的官员，面对理想破灭的无情事实，给他强烈的震撼。他笔下的景色多有一种凄凉的美。以下是他的《渡闽关》一诗：

[①] 郝玉麟等：雍正《福建通志》卷六六，杂纪，第60页。
[②] 释大圭：《梦观集》卷三，云榭，第2页。
[③] 释元贤：《泉州开元寺志》卷二，释大圭传，民国十六年本寺序刊本，第44页。

晓度分水岭，身在云雾中。手叩天上关，声落山下风。
雷霆走涧壑，神人过虚空。顷刻开万象，赤乌飞岭东。
白发下千峰，尽入怀袖里。振衣度闽关，洒作山下水。
仰观天有梯，俯视井无底。古来守关人，尽作山下鬼。
寒食百草青，春风吹不起。①

从景色的描写到人生逆顺的吟叹，卢琦心中的块垒都抒发出来了。卢琦诗中每有佳句。例如："潮生远浦孤帆小，雨过苍崖古木寒。""小桥跨涧村春急，老树吹花野店香。""暮云松径僧归寺，夜雨篷窗客在船。""门掩落花春去后，梦回残月酒醒时。""梧叶几番深夜雨，梅花一树短篱霜。"周亮工评道："元诗多纤弱，若圭斋者，实有唐调。"② 可见，卢琦的诗优于其他作者。但是，由于他风格的铸就，只能说他的诗更像中晚唐诗人吧。

龙溪的林弼是一个尊崇盛唐风格的诗人，他的《呈克明县尉》一诗咏道："长帆破浪出南溟，天际成山一发青。上国重来观壮丽，东州近喜洗膻腥。儒冠未际风云会，神剑常冲牛斗星。尊酒宜春楼上月，也胜细雨夜然灯。"③ 诗人通过对大海的咏叹，展示自己的报国襟怀，其风格与卢琦等人不同。林弼"有文词，著声闽浙间"④。宋濂称赞他"文辞尔雅"，又说"吾友王内翰品评闽南人物，谓元凯（林弼）为巨擘云"。⑤ 从这两位著名文学家的评价中，我们约略可知林弼在当时文坛的地位。

元末的福建诗人以古田张以宁号称巨擘。以宁字志道，是元朝的国子祭酒。他学唐人风格最有成就。我们且来看他的代表作——《题海陵石仲铭所藏渊明归隐图》："昔无刘豫州，隆中老诸葛。所以陶彭泽，归兴不可遏。……一壶从杖藜，独视天壤阔。风吹黄金花，南山在我闼。萧条蓬门秋，稚子候明发。岂知英雄人，有志不得豁。高咏荆轲篇，飒然动毛发。"⑥ 该诗豪爽雄健，直逼唐人。

张以宁的风格是多样化的，《洗衣曲》写道：

---

① 卢琦：《圭峰集》卷上，渡闽关，第13页。
② 周亮工：《闽小记》卷四，卢圭斋诗，第76页。
③ 林弼：《林登州集》卷六，《呈克明县尉》，第6页。
④ 黄仲昭等：弘治《八闽通志》卷六八，林弼传，第611页。
⑤ 宋濂：《文宪集》卷六，《使南稿序》，文渊阁四库全书本，第31页。
⑥ 张以宁：《翠屏集》卷一，题海陵石仲铭所藏渊明归隐图，第3-4页。

> 洗衣女郎足如雪，寒波晓浸鸦头袜。笑移纤笋整湘裙，素腕微鸣玉条脱。
> 罗衹泪粉痕斑斑，欲洗未洗沉吟间。波寒恐洗郎思去，不洗复恐旁人看。
> 红颜娟娟照清泚，只惜芳年驶如水。西风梦冷鸳鸯起，露滴红香藕花死。
> 洗衣洗衣复洗衣，小姑嗔妾归去迟。小姑十二方娇痴，此恨他年汝自知。①

该诗的主题是唐人惯写的闺怨，以宁在这首诗中展现了描写女性高度的技巧，从外形到内心世界，都十分细腻逼真，反映了其诗歌中艳丽的一面。

张以宁能娴熟地使用各种文体，如陈南滨说："其长篇浩汗雄豪似李（白），其五七言律浑厚老成似杜（甫），其五言选优柔和缓似韦（庄），兼众体而具之，信乎名下无虚士也。"② 陈璉对他的评价是："其五七言古诗及近体诸诗，沉郁雄健者可追汉魏，清婉俊逸者足配盛唐，盖可谓善学古人者也。"③

像张以宁这样一味模仿唐诗能否出现佳作呢？关于这一点，张以宁自己是这样说的："古其诗奈何？非徒古其词尔。诗者，性情之发也。性情古则诗古矣；性情不古，欲诗之古焉否也。"④ 所以，他强调要学唐人的诗首先要学唐人的品性，这是他胜过只懂从形式模仿唐人风格诸人的地方。但是，作诗贵乎真情，一味模拟古人之情便不是自己的真情，张以宁的诗，不能说完全没有真情，尤其当他在借古人之酒浇自己胸中块垒时，酣畅淋漓，意境深远。然而，作诗以拟古人性情为主，便给自己营造了一个新的无形枷锁，套用严羽的禅机，叫作"缺乏悟性"，因故，张以宁的诗终究不能进入中国历史上一流诗人之列。这也是元代诗人共同的缺点。

总的来看，元代福建产生了一批杰出的诗人，他们继承宋末严羽提出的"宗法盛唐"的口号，恢复了以比兴为主的主要创作方法，讲究形象思维，这便扭转了宋末诗人以议论入诗的风气。在元代诗坛上，谢翱、杨载、张以宁都有相当的地位，在他们影响下，元代诗坛慢慢兴起了崇尚唐诗的风气。此后，"诗宗盛唐"成为元明清三代诗人的价值基准，其影响直到近代。作为这一口号的首批实践者，他们的功过如何尚无定论，但他们在中国诗歌发展史上占有一定地位，却是毋庸置疑的。

元代福建出诗人是共识。元代浙江文人杨维祯在北京与张志道发生争议："论闽浙新诗。子肃数闽诗人凡若干辈，而深诋余两浙无诗。余愤曰：言何诞

---

① 张以宁：《翠屏集》卷一，洗衣曲同唐括子宽赋，第23页。
② 张以宁：《翠屏集》卷首，陈南滨序，第1页。
③ 张以宁：《翠屏集》卷首，陈璉序，第1页。
④ 张以宁：《翠屏集》卷三，李子明举诗集序，第12页。

也！诗出情性，岂闽有情性，浙皆木石肺肝乎？"① 张志道的说法肯定不对。不过这段故事反映了元代福建诗人在文坛上的地位是很高的。

元末建阳人蒋易编辑了一部名为《皇元风雅》的书，其作者蒋易于元末隐于武夷山。《福建通志》云："蒋易，字师文，建阳人。善属文，有《鹤田集》及编《皇元风雅》行世。"②《千顷堂书目》载《鹤田集》有二十卷。我在东京静嘉堂图书馆见过《鹤田先生文集》手抄本，为建安杨氏原藏。建安杨氏，即为明代著名宰相杨荣的家族。杨府藏书，保留至今，见之有意外之喜。《元风雅》今有宛委别藏本问世，是一部由元朝人选编的元朝人诗歌总集。最早的刊本出于元末的建阳书坊，问世后即得到元朝名家的引用。当时的建阳各类文集、诗集颇多，因而蒋易有条件选编元朝的诗歌总集。这也是建阳在元代文化地位的反映。

四、宋元福建的小说

中国通俗小说始于宋代的"说话"艺术，这已成为小说史研究者的共识。而"说话"艺术肇始于五代宋初，宋太宗好听人说故事，每天请人讲一则古代笔记小说类故事，以后结集成了《太平御览》这部巨著。"上有所好，下必甚之"，以故宋代城乡的说话艺术相当发达。南宋福建人刘克庄所著《释老六言十首》中，有"取经烦猴行者"之句，说的是，说话艺人在莆田农村讲孙悟空的故事，乡民听得如痴如醉。至于《梦粱录》一书提到杭州城有专门"说话"的艺人，更是大家所熟知的。在这一艺术流行的基础上，有些人将"说话"故事的底本刊行于世，便成了平话小说。从说话艺术的流行范围来说，古代浙江、江苏、福建都是"说话"艺术盛行的地方。至今福州、南平等地，仍然存在"讲平话"艺术。不过，前十几年，福州平话界受扬州评话影响，自称福州平话艺术是从扬州传来。一度将福州平话改称为"评话"。其实，早在宋元时期，福建就有了讲平话的艺术。其次，直到"文革"前，福建人都将说话艺术称之为"讲平话"。以我所见，20世纪60年代的南平市，还经常有人讲平话。其广告牌上明确写的是"平话"，而不是"评话"。平话不同于评话，评话是扬州艺术，而平话一直流传于福建城乡。据调查，闽北农村有一些四处流浪的说书艺人，他们在农闲季节走乡串户，以讲故事为生。每年冬季是说话艺术最盛之时。他们挑着行李来到预订说话的乡镇，在古庙或祠堂内摆开书场，一通锣过后，说

---

① 杨维桢：《东维子集》卷七，两浙作者序，文渊阁四库全书本，第6页。
② 郝玉麟等：雍正《福建通志》卷五一，蒋易传，第59页。

话就开始了。平话艺术应是这类流浪艺人的创造。

宋代流传下来的小说，以《大唐三藏取经诗话》最有名。该书被视为《西游记》小说的直接源头，该书中首先出现了系统的猴行者保护唐僧西天取经的神话，所以，很早就引起众人的注意。我认为该书使用福建方言，应是福建人的作品。那么，这部小说最早是由什么地方的人作的呢？这是个有争议的问题。在我们看来，这部小说中的一些语言明显是闽语，例如：《入大梵天宫第三》中有一句："法师曾知两回死处无？"结尾处用无字。著名的方言学家黄典城说："无字为疑问句是闽语特殊语法"，例句："能饮一杯无？""酒干倘卖无？"① 这种语法在福建之外极为罕见。可见，《取经诗话》作者应为闽人。该书中其他一些语言也带有闽语特点："寺中都无一人"，"借汝威光、同往赴斋否"，"我将为无人会使此法"，"虽有虎狼虫兽，见人全不伤残"，"次日入一国，都无一人"，"至今由怕"，"我今定是不敢偷吃也"这些文句，用北方话读，极为不顺，但用闽语来念，却很流畅，反映了作者与福建有不解之缘。此外，《取经诗话》中出现的蛇子国、白虎精都是福建民间传说中经常出现的形象。在外地的传说中，蛇是邪恶的力量，而在《取经诗话》中，蛇子国大小蛇皆有佛性，不伤人，这与闽人以蛇为图腾有关吧？关于虎的神话，福建民间也是很多的。不过，今人所知的《大唐三藏取经诗话》出版于张瓦子，鲁迅认为这应是杭州的版本。

元代的闽北应是讲平话艺术最发达的区域之一，元顺帝至正十一年（1351）三月壬戌，元朝廷曾经下旨福建，"征建宁处士彭炳为端本堂说书，不至"。② 这反映了元代建宁路的"讲平话"艺术相当出名。与此同时，建阳又是出版业最发达的区域，二者结合，就出现了刊印本的平话。因时代久远之故，今天保存下来的元代小说的出版资料极少。在明代初年朝鲜的《朴通事谚解》一书中，提到中国流行的一部小说名为《西游记平话》，其出版地不明。然而，宋元时期，福建商人常到朝鲜做生意，"建本文字"是他们必带的商品之一，所以，这部《西游记平话》也有可能是建阳书坊的产品。③ 孙楷第著《中国通俗小说书目》中，载有他在日本见到的元代建安虞氏书堂出版的通俗小说五种，都刻于元至治年间（1321—1323年），这些作品能流传至今，十分不容易。见表6-1：

---

① 黄典诚《晋唐古语在泉州》，《泉州文史》，第6期。
② 宋濂等：《元史》卷四二，顺帝纪五，第890页。
③ 徐晓望：《论瑜珈教与〈西游记〉的众神世界》，《东南学术》2005年，第5期。

表 6-1　宋元古话本小说版本表

年代	书名及卷数	刊刻者堂号
宋元之际	《大唐三藏取经诗话》	张瓦子
宋元之际	《西游记平话》	建本文字？
至治刻	《新刊全相平话武王伐纣书》三卷	建安　虞氏
至治刻	《新刊全相平话乐毅图齐七国春秋后集》三卷	建安　虞氏
至治刻	《新刊秦并六国平话》三卷	建安　虞氏
至治刻	《新刊平话前汉书续集》三卷	建安　虞氏
至治刻	《新刊全相平话三国志》三卷	建安　虞氏
至正十四年刻	《至元新刊全相三分事略》	建安书堂

由此可知，至少在元代，书坊已成为中国小说出版中心。从已掌握的线索看，随着材料的发现，这一中心的形成时代，有可能推到南宋。以上书坊出版小说的历史告诉我们，明代建阳书坊能成为中国小说出版中心，不是偶然的。明代早期的小说大多是书坊版，这是其历史渊源的自然延伸。

所谓"说话"，今人称之为"说书"，即用类似演说的方式讲述书本故事，听者要付一定的酬金。实际上，若从"说话"产生的历史而言，它比中国通俗小说更为悠久，宋代说话人仅是凭着史书上的史纲铺叙出生动的故事，而通俗小说是其后产生的。从平话的流行历史来看，自宋元以来福建城乡一直有讲平话艺术传播，福州的平话迄至今日仍流行于民间。由于一代又一代平话艺人的积累，原是纲要似的史册故事被平话艺人发展为精彩的小说，建阳一带的书坊老板发现平话的市场价值，便将这些平话以文字印出，这就是以上所见的五部平话。中国许多伟大的小说都经历过平话的阶段，《三国演义》《西游记》都是在《三国志平话》《西游记平话》的基础上加工润色而成的，建阳出版的平话小说在中国文学史上的地位就在于它是民间艺术的积累，并成为许多优秀小说的前驱，没有这一基础，是不会有《三国演义》《西游记》等优秀小说的。

第三节　元代福建的史地、科技、艺术

元朝是一个较为短促的时代，加上朝廷对学者的歧视，所以，福建学者在

各领域的成就都比不上宋代。然而，仍然有一些成果足以传之后世。

一、元代福建的史地之学

吕大圭是宋末元初的著名学者，他的传记记载：

> 吕大圭，字圭叔，南安人。少学于乡先生潜轩王昭，昭师陈北溪安卿，安卿师朱文公。世号温陵截派。居家授徒数百人，登淳祐七年进士，授潮州教授。累迁简讨崇政殿说书吏部侍郎。以操南音出知兴化军，以俸钱代输中户以下赋。着《莆阳拙政录》，德祐初元转知漳州军节制左翼屯戍军马。①

后来，吕大圭因抗元而被杀，传统史学界认为他是一个以身殉道的儒学完人。吕大圭是漳州陈淳的再传学生，有很好的经学基础。在宋末元初，吕大圭以"春秋学"闻名。《春秋》是孔子所著的一部历史著作，也被当作儒学的经典。战国秦汉时期，研究《春秋》的有三个学派，即"左传""谷梁""公羊"，其中公羊学以汉代谶纬理论解释春秋之事，为后世学者所讥。吕大圭是批公羊学的大将，但对"左传""谷梁"大为赞赏。他的著作有《春秋五论》《春秋集传》及《春秋或问》，其中《春秋或问》二十卷及《春秋五论》保存下来，被选入《四库全书》。主编《四库全书》诸臣对其有段评价：

> 大圭字圭叔，号朴卿，南安人。淳祐七年进士，官至朝散大夫行尚书吏部员外郎，兼国子编修实录检讨官崇政殿说书。出知兴化军，尝撰春秋集传，今已散佚。此《或问》二十卷即申明集传之意也。大旨于三传之中多主左氏、谷梁，而深排公羊。于何休解诘，斥之尤力。考三传之中，事迹莫备于左氏，义理莫精于谷梁，惟公羊杂出，众师时多偏驳。何休解诘，牵合谶纬，穿凿尤多。大圭所论，于三家得失，实属不诬。视诸家之弃传从经，固迥然有别。所著五论，一曰论夫子作春秋。二曰辨日月褒贬之例。三曰特笔。四曰论三传所长所短。五曰世变。程端学尝称五论明白正大，而所引春秋事，时与经意不合。今考或问之中，与经意亦颇有出入。大概长于持论而短于考实。然大圭后于德祐初由兴化迁知漳州，未行而元兵至。沿海都制置蒲寿庚举

---

① 李清馥：《闽中理学渊源考》卷三十一，第1-2页。

城降，大圭抗节遇害。其立身本末，皎然千古。可谓深知春秋之义。其书所谓明分义，正名实，著几微为圣人之特笔者！侃侃推论，大义凛然，足以维纲常而卫名教，又不能以章句之学锱铢绳之矣。①

吕大圭是宋元之际研究春秋学的名家，他的《春秋五论》精彩纷呈，常被后人引述。明代大儒丘浚转引他的观点：

吕大圭曰：古人制礼，尺寸不敢逾，毫厘不敢越者，夫岂强拂人之性情而以繁文末节为尚哉！经国家，定祸乱，而杜未然也。②

又如卓尔康说：

吕大圭氏曰：左氏熟于事，而公、谷深于理。盖左氏曾见国史，故虽熟于事而理不明。公、谷出于经生所传，故虽深于理而事多谬。二者合而观之可也。然左氏虽曰备事而其闲有不得其事之实，公、谷虽曰言理，而其间有害于理之正者，不可不知也。盖左氏每述一事，必究其事之所由，深于情伪，熟于世故，往往论其成败而不论其是非，习于时世之趋，而不论乎大义之所在。周郑交质，而曰信不由中。质无益也。③

再如清儒顾奎光的《春秋随笔》云："吕大圭论《春秋》有达例，有特笔。所谓特笔，则是非褒贬所在也。然亦须理会大处，不可苛细缴绕。如书天王狩于河阳，便是旋乾转坤之笔。左氏记事，直叙周郑交质，岂复存得君臣名分。"④可见，他的这些论述都是引人入胜的。总之，吕大圭是宋末元初福建省有代表性的历史学家、经学家，也是一个为国家勇于献身的人。

元代闽人留下的史学著作还有延平府的周祐所著的《边臣近鉴》。周祐为元至正九年（1349年）进士，参与了元末官府讨伐漳州李志甫的战争，事后他记载事件始末，便写成该书。元统治者对此书甚为嘉赏，将其交付国史馆。⑤

---

① 乾隆帝等：《钦定四库全书总目》卷二十七，经部·春秋，第33页。
② 丘浚：《大学衍义补》卷五十，文渊阁四库全书本，第19页。
③ 卓尔康：《春秋辩义》卷首三，文渊阁四库全书本，第26页。
④ 顾奎光：《春秋随笔》卷上，文渊阁四库全书本，第1页。
⑤ 陈衍等：民国《福建通志》总卷三十九，《福建文苑传》卷五，周祐传，第3页。

顾长卿是元末有名气的史学家，他是莆田人。"闻见该博，人目为书橱。用荐为福州路教授"。他与莆籍文学家陈旅是同乡，陈旅曾经入选国史馆，顾长卿写信批评他身在国史馆，不作辽、金、宋三史，"既而恐旅未能任，遂自为之"。元末，元朝开修前朝史，他被选拔为史官之一，但因对一些问题的评价与他人不合，郁郁寡欢，生病而卒。① 据王应山的记载，顾长卿实际上完成了宋辽金三史。② 不过，后人批评他著史未能坚持宋朝的正统地位，"不辨华夷正闰"，故其书未流行。这是很严重的批评。③ 而顾长卿的三部巨著今已不见，无法判断旁人言论的真假。

与顾长卿相比，郑钺一的工作更为默默无闻。"宋末，陈文龙守兴化军，死之。钺记文龙遗事甚悉。入元不复仕，与陈子修雠校通志，尽复夹漈之旧。作《孔子年谱》。"④

方志。纂修地方志在宋代已经成为风气。元代恢复和平之后，许多地方或是重印，或是新编，使一些新旧方志问世。例如连江县重印旧志之际，唐士冠为其写了序言：

> 《连江县志》，宋嘉定陶宰武所创也。咸淳间宋日隆增而修之。其山川人物，风土井社，河渠亩浍，以至赡学口口，纤细备载。锓之梓而藏之稽古阁，历年久而弊生焉。汶上李侯荣，甫来尹兹邑，百废俱兴，公家之事，知无不为。前教谕陈春伯，指陈旧事，请于省司，丞命校正。士冠得与直学陈长泰访求旧本，会集耆儒，互相订正。今取陶本成邑图并原序刻于卷首，以备参考。延祐丙辰夏五月敬书。⑤

可见，李荣、唐士冠等人一开始就是想为连江县保留文献，所以重印了宋末的《连江县志》。经过元仁宗推崇儒学之后，福建这些省份渐渐恢复了唐宋时代的文化常态，儒者在社会上的地位较高，他们也就有兴趣编纂新的地方志。元代末年，朝廷中枢的儒学之臣开始为宋朝、辽朝、金朝修史，要求各地献上方志，这对各地的方志编纂刺激很大。泉州路的上一本地方志修于宋代中叶的淳祐年间，迄至元朝后期的至正年间，已经有一百多年没有新志。乃至元朝廷

---

① 黄仲昭：《八闽通志》卷七二，顾长卿传，第712页。
② 王应山：《闽都记》卷十二，考四，第206页。
③ 王应山：《闽大记》卷四六，行事四，第591页。
④ 王应山：《闽大记》卷三十，郑钺一，第395-396页。
⑤ 刘纬毅等《宋辽金元方志辑佚》，第388页。

中枢要求各地献上方志,唯独泉州拿不出手。至正九年,深通儒文化的偰玉立任泉州路太守,"遂分命儒士,搜访旧闻,随邑编辑成书"。① 然后由著名的学者吴鉴领衔删改,编纂成《清源续志》二十卷,吴鉴为其作序。是年为至正十一年,即公元1351年。

在泉州修成《清源续志》的前后,元代福建新修的方志还有福州路的《三山续志》以及闽北建宁路彭舜臣修纂的《建宁志》,而邵武路有陈士元作《武阳志略》等,虽说这些方志都未能保留下来,但它对宋代与元代地方史事的记述,为明清方志沿承,起了不可替代的作用。

汪大渊的《岛夷志略》。汪大渊为江西人,在泉州定居多年,与官方人物多有交往。他常年往返于东西洋地区,亲历数十个国家。元代后期,泉州要编写《清源续志》,需要有一部介绍与泉州有来往的海外国家的专著,于是,在泉州的江西籍官员请汪大渊为其写一部《岛夷志》。汪大渊以亲身经历为主,描述了海外90多个国家和地区的风俗物产和贸易商品,具有很高的参考价值。此书发表时定名为《岛夷志略》,学者认为:《岛夷志略》只是《岛夷志》的一个节本,原书应有更多的内容吧。就已有的内容来看,当时的福建商人足迹遍涉太平洋、印度洋的许多地方,建立了广泛的商业网络。《岛夷志略》是中外交通史上的名著。

二、元代福建的科学家

元代福建著名的科学家要数陈普,陈普是著名的理学家,但他博学多才,"精天文地理之学,尝作铜漏,在闽中第一楼"。② 所谓闽中第一楼,就是福州鼓楼,清人记述:"相传鼓楼上,旧有刻漏壶,应时升降,不爽分秒……《福宁府志》又言:'宋末时,福安陈石堂普所作。'"③ 可见,陈普所制这一刻漏是一座高度精密的计时器,福州沿用数百年,用作打更的依据。又据元代赵由锡的《铜壶更漏记》,元代的刻漏是一组器物,元代福建尤溪县主簿金刚奴曾经"捐俸金,造铜壶四:一曰天地壶,二曰太平水壶,三曰小平水壶,四曰受水壶"。他"命阴阳官曾易观,按授时历法,推二十四气,按十二时辰,篆二十五箭,加减乘除,凑成一百刻。由是迟速有准,早暮无差,庶尽其详也"。④ 由此可知,元代阴阳官是州县负责历法的官员,他们对各地刻漏的制造与使用负责。

---

① 汪大渊:《岛夷志略》,第9页。
② 郑杰:《闽中录》卷八,天象赋,清光绪刊本。
③ 施鸿保:《闽杂记》卷九,鼓楼自鸣钟,第143页。
④ 洪清芳:民国《尤溪县志》卷九,尤溪方志委1985年,第540页。

在医学方面，福州有一个世代从事外科研究的医师世家。"医师郭氏，吾郡之良也，居闽县官贤里……其得攻疡术四世矣。疡，医世称外科，谓与内科不通，执是技者，不过辨其肿溃金拆之属，制其祝药劀杀之剂而已。于切脉审证，汤饮醪醴之用不与焉。郭氏谓疡虽外，实发于内，必先去其本，然后施疡治，以五毒五药次第攻调之。兼其内不独守其外，故举他医不能。虽居远村，然都邑之来迎者无虚日……他郡不远千里来致。"① 郭氏家族将内科与外科结合起来治疗痈毒之类的病，在医学史上是有意义的创举。福建中医，历来以治疗痈毒为特长，看来在元代就很有名了。其他医生中，延平路的廖文彬也很有名："质酷钝，日夜读医书，废寝忘食以求通晓。用药如神，尤好施人。称仁医。有司荐太医，辞。举医官，又辞，曰：吾性愚鲁，愿为散人。"②

三、元代福建的艺术

元代保留下来的文化遗产不多，其中福建的建筑艺术作品仍然是可观的。福州马尾区的罗星塔是著名的河口建筑。关于它的建造年代，有的说是元代的，也有人认为是宋代建筑。

泉州石狮的六胜塔。六胜塔建于石狮的金钗山之上，地表以上建筑有五层，其构筑式样类似泉州城内的东西塔，全部由花岗石砌成。并由石头雕成类似木建筑的榫卯、斗拱，搭成塔体。关于该塔的建造年代，明代的《泉南杂志》一书认为是宋代的。但该塔基座的石刻有"檀越锦江凌恢甫立"，"至元二年丙子腊月建"，可见，其奠基是在公元1336年。基础完工后，建造第二层差不多用了一年，石塔第二层有："岁次丁丑十月题"的刻字；第三层石梁上有"檀越凌恢甫鼎建，岁次戊寅十月题"；其后，建造者以两个月一层的速度往上修建。第四层石梁上刻："檀越凌恢甫鼎建，岁次己卯正月题"；第五层的石梁上刻："岁次己卯三月题，檀越凌恢甫鼎建"。可见，建造者前后用了四年完成这一建筑。

古塔的修建，使闽人掌握了石建筑艺术。古人用花岗岩块筑墙，选用石柱、石梁甚至是石墙取代木头，仅用厚瓦铺盖屋顶，这便形成了全石建筑。福建沿海的农村，常见这类花岗石建筑。但因其石头太多，住起来不如木头房舒服。全石建筑有时也出现在山区的多风地带，顺昌县宝山顶上的三圣庙便是这样一座建筑。由于今人不知其寺庙的性质，多称之为"宝山寺"，我进庙以后看到：大殿中央供奉的是"三济祖师"，三济祖师，又称三佛祖师。但其主神只是佛教

---

① 吴海：《闻过斋集》卷一，赠医师郭徽言序，第13页。
② 孔自洙等修、吴殿龄等纂：顺治《延平府志》卷二十，方伎传，第564页。

的边缘人物——头陀，他们是尚未剃度的带发修行者，小说中著名人物有《水浒传》中的武松武行者，《西游记》中的孙行者孙悟空。在福建的民间传说中，这些服侍僧人的行者比僧人亲民，往往具有比僧人更强的法力，喜欢帮助民众。因此，他们被民众称之为"通天大圣"。顺昌邵武一带，通天大圣崇拜极盛。因其尊号"通天"，所以当其信仰极盛的时代，教徒们在顺昌宝山顶部为其建造了一座三济祖师庙，有便于"通天"之意。这座建筑很大，全是石头建筑，从山顶向下蔓延，而其大殿建于接近山顶的一片平地。大殿中梁有一段石刻："维大元至正二十二年癸卯岁七月廿八日乙未良日己卯时募众鼎建上祝"由此可知该庙建于元末的1362年。其中位于宝山顶的建筑应当是毁于雷击，现在已经成了一片废墟，仅剩一座石砌的南天门，位于离山顶不远的地方。幸好大殿建筑，尚且保存。

图6-1 福州马尾镇元代（一说宋代）筑成的罗星塔，筑塔技术类似乌塔，简洁耐用。它是马尾港的代表性建筑，起着航标的作用

宝山三济祖师庙是一座由石墙、石栋、石梁构成的全石建筑，它位于山顶，此地多雨潮湿，常有雷电，只有石建筑才能保存至今。建造庙宇的工匠，用石头雕成类似木头的卯榫，再将其拼接在一起，这是很困难的工作。今人看到石头构成的卯榫，精巧地将梁柱连成一体，从而承受屋顶梁柱的重压，让人赞叹古人的巧思。若将这座庙宇比之沿海的建筑，它比较类似泉州东西塔顶部的卯榫结构，与普通的闽南石屋不同。闽南石屋大都是石砌的墙体，而用木头的梁柱，然而，宝山三济禅师庙的梁柱也是石头修凿的。可能是因为造价的缘故，这座有石头卯榫的石头房屋在福建独此一家。

福州闽江上的万寿桥。万寿桥位于福州台江与仓山之间的江面上，原为连舟浮桥，这里江面宽阔，水势汹涌，浮桥屡被冲垮。元大德七年（1303年），泉州开元寺僧人王法助倡建石桥，在朝廷支持下，他募捐数百万贯，开始动工修建。但这项工程异常艰难，桥墩多次被洪水冲垮，后来，造桥工人先用竹木造成木筏，中填石块，才建成桥墩。经过 17 年的努力，桥梁终于完工。该桥有 28 个桥墩，酾水 29 道，上架石梁，桥总长 170 丈，南北各造一座亭，是古代福建最大的桥梁之一。①

图 6-2　晚清照片上原建于元代的福州万寿桥，至 20 世纪末拆毁，已经使用七百多年，它是福州通往南部诸州必经之地。

福清寺海口镇的瑞岩山麓，现存一座巨大的石雕弥勒佛像。这座弥勒佛像是由整块巨石雕刻而成。据文献记载，该佛像始雕于元至正元年（1341 年），到明洪武元年（1368 年）才完工，前后经历二十八年，主要工程完成于元代。石像通高 6.4 米，宽 8.9 米，厚约 8 米。弥勒佛盘腿坐地，脚穿芒鞋，手拿念珠，袒胸露臂，笑口大开，似在劝世人凡事想开，莫要烦恼。弥勒佛代表了佛教开朗的一面，乐观的人生态度，心宽体胖的造型，腹前腿上还有三座小和尚的像，让人一见无忧。应当说，这是一尊成功的艺术造型。

泉州清源山保留了两处重要的元代佛像。一处是碧霄岩的三世佛像，三尊佛像并立，一尊为过去佛，又称燃灯古佛，位于左侧；一尊是今世佛，即释迦牟尼；右侧是未来佛，即弥勒佛。岩石上现在的石刻表明，三世佛的建造与元代的蒙古籍官员有关。而三尊佛像腰细、肩宽、隆胸，造型带有犍陀罗艺术特点，传至元代，这类佛像大都由喇嘛教信奉者建造。它的存在，反映了泉州佛

---

① 陈衍等：民国《福建通志》总卷十，《福建津梁志》，第一卷-第十卷。

图 6-3　福清元代石雕佛像

教的多元特点。

　　清源山另一处佛像是弥陀岩的阿弥陀佛像。该佛像建造于元末的至正二十四年，通高五米，宽两米，厚一米一，是一座立姿像。佛像身高体胖，面庞圆润，赤足而立，目光坚定，思维深邃，具有汉传佛教风格。这是有代表性的元代艺术佳作。

　　元代福建的画家作品保留很少，但有一些文献史料记载。延平路有伍元如等人：

　　　　伍元如，工山水，爱作烟云出没、竹木变怪之势。
　　　　郑铿，将乐人。嗜学工诗，尤长于画。铿痤，黄镇成怀之以诗。①

邵武路的李中明相当出色：

　　　　李中明，邵武县人。工山水图绘。里人黄镇成以布衣推重于时，推毂中明甚力。尝题其秋山小景云：家在夕阳三峡口，人行秋雨两岩

---

①　孔自洙等修、吴殿龄等纂：顺治《延平府志》卷二十，方技志，第 564 页。

219

间。不知何处堪图画，移得柴门到楚山。①

元代闽北屡出画家，迄至明代，闽北有多人被选入皇家画院，这是有历史传统的。

在福建沿海，福州的李夫人和在莆田生活的吴元善都是著名的画家。

> 李夫人者，宋状元黄朴之女也。元人画兰，盛推雪窗，而不知李夫人之兰。李能文章，尝自叙所作兰云："予家双井公以兰比君子，予父东野公甚爱之。每女红余暇，聊写其真，以备幽闺之玩，非以此求闻于人也。"②

黄朴是宋朝绍定二年的状元，福州候官人。出生于这样的家庭，李夫人会写文章，会画画，实不奇怪。她画的兰，应属于文人画。

> 吴元善，建安人。元末，弃官居莆，续壶山文会，尤工画。③

总的来看，宋元是福建文化大发展的时代。尤其是宋代的各个学科领域，无论是理学、文学、史学、书画、天文学、医学、法医学，都有闽人卓越的创造。诸如杨时、罗从彦、李侗、朱熹、蔡元定、黄榦、真德秀、陈淳、柳永、蔡襄、张元幹、刘克庄、郑樵、袁枢、宋慈、苏颂等人的名字，一直是中国传统文化的骄傲。如果说宋代的经济文化达到这一时代的高峰，那么，福建文化又是宋代文化的顶峰之作。经过宋代的大发展之后，福建一跃为中国文化最发达的区域之一，这一地位至今不变，而奠定这一地位是在宋代。

元代是中国文化发展的低潮时期，在漫长的战争中，宋代积累的物质文明财富都受到严重的破坏。因此，即使是在元代的盛期，也没有盛世的局面。短促的元朝没有造就李白、杜甫那样的伟人，也没有造就唐宋八大家那样的文化名人。福建文化界在元代的沉寂，与这一点是有关的。但是元代的福建，毕竟是理学盛行过的地方，有出产文士的传统，所以，其时代的福建，在刻书业方面，在书院建造方面，都领先于国内其他地区，在理学道统的延续方面，也有

---

① 郝玉麟等：雍正《福建通志》卷六一，伎术，第9页。
② 王应山：《闽都记》卷五三，李夫人传，第717页。
③ 王应山：《闽都记》卷五三，李夫人传，第717页。

自己的成就。因而，福建被同时代的人称之为"海滨邹鲁"。总的来说，元代的福建文化，在其时代是较好的，但其成就远不如宋代。

第四节 元代福建的教育、科举、刻书业

元代初年的战争，对福建造成极大的破坏。以泉州为例，元末吴鉴说："国朝混一区域，至元丙子，郡既内附，继遭兵寇，郡域之外，莽为战区。虽值承平，未能尽复旧观。"① 泉州之外，兴化路、建宁路等地都遭受重创，福州路稍好一些。打击更大的是：元代的制度和宋代不同，元朝重视佛教等外教更胜于儒学。尽管元代中叶元仁宗开始推崇儒学，但因制度的关系，元代儒学的发展不如宋代，这就影响了福建各项文化事业。元代的福建是东南诸省书院文化较发达的区域，但在科举方面，由于朝廷的名额限制，元代福建被录取的进士人数不多。

一、元代福建的学校与书院

在宋元之际的战争中，福建各地书院经常成为元军的驻扎营地，遭到严重破坏。一些书院和私家藏书楼还被战火焚毁。"丙子戊寅间，兵蹂其半，盗藏其半，然后叹藏书之难。"② 据《八闽通志》的《学校志》，在宋末元初毁于兵燹的学校有：闽县县学、古田县学、永福县学、崇安县学、政和星溪书院、惠安县学、龙溪县学、漳州龙江书院、龙岩县学、将乐龟山书院、龙溪县学、沙县凤冈书院、光泽县学、福宁州长溪县学等14座学校③。其次，在战乱期间，学校的学田大批沦没，例如，建阳庐峰书院原有学田300亩，"元初，其田为有力者所夺，书院亦圮"。④ 学田是书院经常性经费的来源，没有学田，书院便没有经费，许多书院因故停办。再次，在元初战乱中，军事压倒一切，元代统治者还未考虑到在战乱区域施行"文治"措施，儒者在社会上的地位很低，谢枋得借"滑稽之雄"的口说："我大元制典，人有十等，一官二吏，先之者，贵之也。贵之者，谓有益于国也。七匠、八娼、九儒、十丐，后之者，贱之也。贱之者谓无益于国也。嗟乎，卑哉，介乎娼之下、丐之上者，今之儒也。"元朝选

---

① 汪大渊：《岛夷志略》，第8页。
② 黄仲元：《四如集》卷二，东野书房记，第23页。
③ 黄仲昭等：《八闽通志》卷四四~四五，学校。
④ 黄仲昭等：《八闽通志》卷四四，学校，第10页。

拔官员不专用儒生，科举制迟迟未复，儒生失去了政治上的前途，在社会上的地位自然下降了。据谢枋得介绍，建宁路有科举士20000余户，儒者600人，但是，他们受到学官的剥削，"学官似尊贵实卑贱，禄不足以救寒饿，甚者面削如、咽针如、肌骨柴如曹类啁啾相呼而谋曰：'我国朝治吏法最严，管僧食僧、管医食医、管匠食匠，御史按察不敢问。岂不曰：时使之然、法使之然……吾徒管儒不食儒，将坐而待毙乎'？椎肌剜肉于儒户，不足则括肉敲髓及乡师"。结果造成"儒不胜其苦，逃而入僧、入道、入医、入匠者什九"。① 按照元朝的等级制度，当时的儒者若当上和尚、道士、工匠，也算升了等级，所以，儒生纷纷转入其他行业。这些都是元初福建儒学教育衰落的原因。

然而，以上情况并未延续很久。随着战乱结束，局势稳定，儒学教育重又得到重视。《元史·儒学二》："宋亡，世祖初得江南，尽求宋之遗士而用之，尤重进士。"② 后来，元世祖重用许衡、姚遂等儒者，使儒士在朝廷中有一定影响，因而儒者在社会上的地位渐渐上升。不少人进入仕途，有一定的影响力。"元世吾闽以儒业显者固不乏人，然延平张氏实启而先之。张氏升以童子入胄监，遂敭历中外，官至儒学提举。"③ 元仁宗延祐年间（1314—1320年），儒者还获得与僧道同等的免役特权。程钜夫说"天朝嘉惠学校，隶名者复其身，德行文学必由此选"，可见，当时还从学校中选拔了一些人才做低级官吏。这些优惠待遇虽不如宋代，但它对普通百姓仍有吸引力。元代的理学在思想界地位仍然很高，对元朝廷产生很大影响的许衡、姚遂、程钜夫等人，都以继承朱熹道统自命。福建是朱熹闽学发源地，所以受到元代大儒的特别关注。随着局势趋向稳定，在闽官员与儒士都着力于恢复学校，发展儒学教育。例如，闽县县学焚毁后，初步修复了礼殿与西斋："元贞二年（1296年）春，教谕韩君挺特寔来，以兴复为己任，谋于予（程钜夫），乃谕县官劝学子协力图之。鸠工度材，修废补缺，缭以重檐，护以阑楯，新像设绘从祀，而庙始严，会讲有堂，易桷与瓦。置二斋，设小学，而学始备。"④ 他们还着力恢复由名儒开创的书院，建阳考亭书院原为朱熹讲学之处，元代儒者将它视为"闽之阙里"，极为重视。"至元二十五年（1288年），郡判官方逢辰重建书院。邑令郭瑛又增辟之，复相与规划，增田至五百亩有奇，供祀之余，以赡师生生廪饩，名曰义学。"行省下属官员专门请出朱熹三世孙朱沂任书院山长，朱沂死后，朱熹四世孙朱春继任。

---

① 谢枋得：《叠山集》卷六，送方伯载归三山序，第31-32页。
② 宋濂等：《元史》卷一百九十，儒学二，第4334页。
③ 林弼：《林登州集》卷十，送张玄略之夷陵校官序，第1页。
④ 程钜夫：《闽县学记》，黄仲昭等：《八闽通志》下册，卷八二，第931页。

学校的老师有元初大儒熊禾与魏梦牛。① 总之,在元初战乱中焚毁的学校与书院大都在元中叶修复。

元代福建还新增了一些学校,例如建阳的化龙书院:"文公(朱熹)门人刘韬仲曾孙省轩刘君应李之所建也。刘君自少谨厚庄重,博习修洁,登咸淳中进士,官授之林郎,入元隐遁,为乡学所称。"他认为:"士大夫幸有薄田畴,与其私吾子孙,曷若举而为义塾,聚英材?"于是,刘应李捐家产之半建化龙书院讲学,"廪给课式,悉仿州县法,春秋校艺以礼。屈邑佐或乡之中第者司其衡尺,日讲月肆,则君自主之,青衿来游,莫不竞劝也"。②《建阳县志》记载:"刘应李……入元不仕,退与熊禾、胡一桂讲道洪源山中,共居一十有二年。建化龙书院于莒潭,聚徒授业,学者云集。所著有《翰墨全书》《易经精义》《传道精语》《旧志》。"③ 据《八闽通志·学校志》,福州瓜山义学、崇安文定书院、同安浯江书院、南胜县学、沙县豫章书院、莆田忠门义学等等,都是元代新修的。元代后期的林泉生说:"今国家表彰理学,凡文公旧所讲习之地,悉为立学设师,弟子员闽中最盛。"④ 这说明宋末福建的学校在元代后期都陆续重建了。近人考证:元代全国书院共有4百余所,其中江浙省有167所⑤,约占总数的2/5,全国最多。当时福建宣慰司隶属于江浙省,据《八闽通志》的学校志统计,元代福建学校、书院有五六十所,在江浙诸地中最多。所以,元末贡师泰说:"书院遍天下,而闽中为盛。"⑥ 可见,元代福建儒学教育迅速恢复到宋代的水平,在国内占有一定的地位。

元代的民间义学也在和平时期恢复。长乐的陈仲文以辞章闻名:"尝与族子洁建义学于蓝桥林壑中,自是乡之子弟知所向焉。"⑦ 元代长乐又有陈有霖:"筑乡约堂于蓝田书院之旁,中祀先圣,以朱、吕二先生配。朔望举行蓝田乡约,择乡之长老为约正,集邻里子弟讲学其中,时人名之曰义学。尝与欧阳佐往来论学,尚书贡师泰为作义士记。"⑧ 泉州晋江的刘氏家族于延祐年间重修义学。"每岁捐租谷三百石,以为塾之廪。择子弟廉干者,司其出纳,使师有岁俸,生徒日膳春秋二丁及俸给、膳羞之费外,有余赀储以待用。三岁科诏下,

---

① 黄仲昭等:《八闽通志》卷四四,学校,第10页。
② 熊禾:《化龙书院记》,李再灏等:道光《建阳县志》卷十六,第609-610页。
③ 李再灏等:道光《建阳县志》卷十一,第434页。
④ 林泉生:《大同书院记》,黄仲昭等:《八闽通志》卷八三,第951页。
⑤ 王颋:《元代书院考略》,《中国史研究》,1984年第1期。
⑥ 贡师泰:《勉斋书院记》,黄仲昭《八闽通志》卷八二,第932页。
⑦ 李驹等:《长乐县志》卷二六,陈仲文传,第979页。
⑧ 李驹等:《长乐县志》卷二六,陈有霖传,第996-996页。

有能应选者，以是津遣之。有登名荐书，欲会试于京者，悉罄其所有以与之。由是而取高科、蹑膴仕者，每应一任，则必捐俸禄，以为塾廪之助；官愈高，廪愈厚，则是塾可与吾族相为终始矣。"①

元代闽中儒学水平较高。当时人讲到闽中的儒学，大多持尊重的态度。林弼在《送董文昭教浦城序》一文中谈到建阳、浦城、龙溪诸县的儒学：

> 自洛学既南徽国朱文公集诸儒之大成道学之明炳如日星矣。真文忠公虽后出而能发明朱子之学，若读书记大学衍义诸书至今为学者所宗，为有国所崇，方之孟氏明夫子之道。盖世虽异而事略同焉。建之浦城实文忠之故里也。文忠公之学家传人诵非一日矣。故论道南之渊源，则始于剑而盛于建，而浦城又建之一理窟也。皇上重于育才，于学官必慎择焉。吏部既试其才，必覆试于礼部，以观其学，然后授以教职。盖以师道之在是，而模范之必正也。予友董文昭，种学积文，亦既有年，今年冬以有司之荐，来京师礼部试。其文吏部上之，遂以为浦城教谕。予忝礼曹，因其来别，告之曰。文公先生昔守吾漳，北溪陈先生安卿实得其传，文公晚岁四方弟子益进，公倦于讲说，惟使质于安卿公，但首肯而已。文昭生北溪先生之里，而游文公之乡，教文忠公之邑，益当思所为教，以无愧于前修，以无负于皇上，至意庶乎人材，可成而教职可称也勖之哉。②

朱熹地位的提高有利于闽中儒学教育的发展。而闽中儒学教育确实有一套自己的办法：

> 学于是塾者，必以六经为本。先读《大学》，以观古人为学次第，而求其入德之门；次读《论》《孟》，以观圣贤之格言大训，而求其旨约之方；次读《中庸》，以观圣神功化之极致，而求其性命□□□□六经可得而明，而大本立矣。又参周、邵、程、张、朱、吕之遗言绪论，以培植其根株。又旁搜广取屈、宋、班、马、韩、柳、欧、苏之文，以发畅其枝叶。幼而学之，壮而行之，则上不负圣朝崇儒尊经之意，

---

① 丘葵：《芝山刘氏书塾记》，郑振满、丁荷生编：《福建宗教碑铭汇编·泉州府分册》，福建人民出版社 2003 年，第 50 页。
② 林弼：《林登州集》卷十，送董文昭教浦城序，第 6—7 页。

下有以慰父兄之望。此则西桥翁之心也。①

经过如此严格的训练，走出私塾和儒学校的闽士，在国内相当有名。事实上，自宋以来，学者读经，都要看闽士注释的版本，这是朱熹遗泽后人的地方。元朝对于朱熹的评价，随着时间推移越来越高。至正二十二年，朝廷给朱熹"齐国公"的封号。《元史·祭祀六》表彰朱熹云：

圣贤之蕴载诸经，义理实明于先正；风节之厉垂诸世，褒崇岂间于异时。不有巨儒，孰膺宠数。故宋华文阁待制、累赠宝谟阁直学士、太师、追封徽国公、谥文朱熹，挺生异质，早擢科名，试用于郡县，而善政孔多；回翔于馆阁，而直言无隐。权奸屡挫，志虑不回。著书立言，嘉乃简编之富。爱君忧国，负其经济之长。正学久达于中原，涣号申行于仁庙。询诸佥议，宜易故封。国启营丘，爰锡太公之境土；壤邻洙泗，尚观尼父之宫墙。缅想英风，载钦新命，可追封齐国公，余并如故。②

元代福建的教育水平仍然是较高的。例如古田县："古田在昔，提封之广，居民之众，邑里之华，文物之盛，盖彬彬焉。"③永福县"簪缨星罗，弦诵风行，髫龀有文，农工知义"。④尤其值得注意的是：一些原来被视为落后的区域，文化水平也大有提高，如松溪县，"其地虽褊小，而士习为最盛，逮入皇朝，治教休明，人材尤彬彬焉"。⑤在外省人眼中，福建仍是文化昌明的地方，"千载而下，号称邹鲁"。⑥"建安，朱子讲学之地，东南邹鲁也。"⑦兴化路在宋初的战争中破坏较大，然而，战事平息后，经过一二十年的恢复，莆田儒学教育再次兴起。为了重建府学中的道化堂，莆田各阶层有钱出钱，有力出力。"士辍衣食余来助，不足继以学禀。闽为滨海，故部使者周重臣，至是亦以禄

---

① 丘葵：《芝山刘氏书塾记》，郑振满、丁荷生编：《福建宗教碑铭汇编·泉州府分册》，第50页。
② 宋濂等：《元史》卷七七，祭祀六，第1923页。
③ 吴海：《送郑训导序》，见黄仲昭《八闽通志》卷四，风俗，第40页。
④ 黄仲昭等：弘治《八闽通志》卷四，风俗，第40页。
⑤ 黄溍：《文献集》卷七下，松溪县新学记，文渊阁四库全书本，第28页。
⑥ 贡师泰：《玩斋集》卷七，重修福州治记，第28页。
⑦ 贡师泰：《玩斋集》卷六，送曹季修赴建宁路儒学教授序，第44页。

助。郡将僚掾视禄等差,间亦有助。"① 不久,莆田县学人又重修涵江书院:"维时郡侯吕公君政捐俸为倡,贤士大夫与诸生翕然从乐助。"② 兴化路官民为修建学校热情捐资,应是兴化路在元代仍然能够成为儒学重镇的原因。也打下了明代兴化府科举事业的基础。这种情况,应在福建各地都有体现。《元史·儒学二》:"朝廷以东南儒学之士,唯福建、庐陵最盛。"③ 元代大名士袁桷《赠黄教授归闽中》诗咏道:"壶山束银笔,秀色倚车盖。其人清且明,十室九冠带。林郑陈方刘,祥云布卿霭。"④ 这些都说明元代福建教育水平有口皆碑。

元代闽中书院在元末战乱中再一次受破坏,吴海说:"兵兴以来,他郡邑学宫,或毁或哆鞠为茂草。博士僦居民舍……弦诵寥然。其存者不过为士卒之营垒矣。"⑤ 据《八闽通志》第44—45卷学校志的记载,元末福建被焚毁的学校有古田嵩高书院、蓝田书院、螺峰书院、魁龙书院、东华精舍、兴贤斋、西斋、建宁府学、建安县学、浦城县学、建阳云谷书院、义宁精舍、松溪县学、崇安县学、同安大同书院、安溪县学、长汀县学、宁化县学、清流县学、连城县学、南平县学、将乐龟山书院、沙县谏议书院、泰宁县学、建宁县学、光泽云岩书院、仙游县学等27所!破坏之惨,更甚元初,个别书院元初才修复,此时重又焚毁,而许多书院经历这次兵燹后,再未修复,这是福建文化事业的重大损失以后由于种种因素的影响,一直到清代,福建学校再未能达到宋元时期的繁荣,这与明清福建文化相对落后是有潜在关系的。

因宋朝的灭亡,元代初年的儒者遭受重大打击。然而,自元朝中叶以后,儒者积极参与政治,显示了比其他宗教人士更为丰富的经验以及面对危机成熟的应对方式。所以,元朝中后期的政治渐渐倚重于儒学。儒学在朝廷地位的改善,也使福建这样重视儒学的省份具有较高的地位。不过,这一转换是一个渐进的过程。

元代的学官制度。元朝以行政官员管理学校,这套制度我们称之为学官系统。元朝在各省设立儒学提举司,其官员为儒学提举,有正副二员。其职务是掌管地方学校"祭祀教养钱粮之事,及考校、呈进著述文字"。⑥ 州郡一级设有

---

① 宋眉年:《兴化路重修儒学道化堂记》,郑振满、丁荷生编:《福建宗教碑铭汇编·兴化府分册》,第60页。
② 吴涛:《兴化路修涵江书院记》,郑振满、丁荷生编:《福建宗教碑铭汇编·兴化府分册》,第63页。
③ 宋濂等:《元史》卷一百九十,第4335页。
④ 袁桷:《清容居士文集》卷三,赠黄教授归闽中,文渊阁四库全书本,第21页。
⑤ 吴海:《闻过斋集》卷一,送龙江书院山长叙,文渊阁四库全书本,第9页。
⑥ 宋濂等:《元史》卷九一,百官志,第2312页。

儒学教授、学正、学录各一员，负责各方面的事务。元代书院的校长名为"山长"，许多著名书院的山长都由学官选派。例如：建阳考亭书院的山长朱沂，就是由谢枋得、熊禾等人向建宁路学官推荐，并由他们委任的。元代的学官制度沿袭宋代，但有重大变化，宋代的学官是清贵之职，地位很高。元代却把学官当属吏，元末贡师泰指出："我国家统一海内，首崇学校，以厉风化，州郡咸设教授，其职视前代为益重。然而典州郡者亦尝知教授之为重乎？为教授者亦自知所以为重乎？不知其为重，故州郡辄以属视，教授不自知其所以重，故教授亦甘以上官事州郡，此学校所以日坏而风化所以日隳也"。"于是勾稽出入之防愈密，奔走逢迎之礼愈谨，而先王建学立师尊贤养老之初意，遂不可复振矣。"① 同类的批评常见："闽昔号多士，兵燹将四十载，郡邑尚政刑，而不言教化。学官论钱谷，而不言诗书。"②

事实上，元代的学官有不少是从刀笔吏中选拔的，他们对儒学不很精通，但对官场一套奉承拍马之术却深有研究，所以，他们自甘供高官驱使。由他们执掌学政，学校是很难搞好的。然而，元代福建也有不少著名儒者被选拔为学官，如傅定保、林泉生、黄清老等，他们在位时都能做一些发展教育的事。最大的问题在于：元代的书院多由官府赞助重建，老师由官府聘请，所以，书院的自由讲学之风已不可再见。所以，元代福建虽然拥有许多书院，但在儒学方面的成就却远不如宋朝。

二、元代福建的科举

元代初年没有实行科举制，这对福建儒生打击很大。黄四如说："廿余年来，新进小生以科举不行，而辍读；与刀笔相从事者不暇读；吟风月以为工者又他读，间知课儿灯火，寻行数墨而不知其所以读。"③ 宋代福建那种热情读书的习俗已经不见了。不过，元朝可以通过"荐辟"等方式收纳人才。以陈旅来说，他少年时跟外祖父学习，《元史·儒学传》记载：

> 稍长，负笈至温陵，从乡先生傅古直游，声名日著。用荐者为闽海儒学官。适御史中丞马雍古祖常使泉南，一见奇之，谓旅曰：子馆阁器也！胡为留滞于此。因相勉游京师。既至，翰林侍讲学士虞集见

---

① 贡师泰：《玩斋集》卷六，送曹季修赴建宁路儒学教授序，第43—44页。
② 黄仲文：《连江学记》，丘景雍等：民国《连江县志》卷二一，祠祀志，连江县方志委1989年，第325页。
③ 黄仲元：《四如集》卷二，东野书房记，第23页。

其所为文，慨然叹曰：此所谓我老将休，付子斯文者矣。即延至馆中，朝夕以道义学问相讲习。自谓得旅之助为多。与祖常交口游誉于诸公间。咸以为旅博学多闻，宜居师范之选。中书平章政事赵世延又力荐之，除国子助教。居三年，考满，诸生不忍其去，请于朝，再任焉。元统二年，出为江浙儒学副提举。至元四年，入为应奉翰林文字。至正元年，迁国子监丞，阶文林郎。又二年卒，年五十有六。①

可见，他担任的多种职务，都与儒者高官的赏识与推荐有关。与中国历代朝廷由儒者垄断相反，元代佛教、道教与伊斯兰教等多种宗教，都在朝廷中有势力，所以，儒者相互支持，互相引援。陈旅因为有才被看中，因推荐而成为翰林学士。不过，元朝的翰林学士不掌权，是真正的文学侍臣，因此，他只能在国学里当助教，不像明代的翰林学士那样参政。

元代由"荐辟"出名的儒士最著名的是延平路的神童张升。"张升，字伯起，顺昌人。幼颖悟不群，八岁能诵五经，且以诗名。九岁，膺荐赴省，省臣奇之，以神童闻于朝，卒业胄监。年十二，除秘书省正字，累官至江南等处儒学提举，阶奉议大夫。"②按，唐代福建进士徐寅在朝廷最大的职务也只是"秘书省正字"，张升在元朝仅十二岁就当秘书省正字了。他是元代福建省最出名的儒者，但他的最高官职也不过是"江南等处儒学提举"，这是一个省级官职。

元代理学家在朝廷的活动颇有成果，在他们的倡导下，儒学的地位不断提高，于元代中叶恢复了科举制。不过，元代的科举对参加科举的人有名额限制，每届考试仅允许300人参加，这300个名额分配给四种人，其中蒙古75人，色目75人，汉人75人，南人75人，看似平等，实际上，无论蒙古人还是色目人，在中国本土的数量都很少，其中，江浙省仅有28名。③所以，这一划分对蒙古人及色目人较为有利。看元代后期的史实，福建省高官有不少蒙古人和色目人，和这种名额分配制有关。元代科举不如前代的原因在于：首先，举行科举的次数不多，总共只有16届；其次，每届科举考试仅录取数十人到百余人，16届科举考试共录取了1139名进士，其数量无法和宋明清三朝相比；再次，元代平均每届考试仅录取71名进士，除了蒙古人、色目人约占一半名额后，剩给汉人、南人的也就三四十名，其中江浙行省是科举考试较好的地区，就算每届有十来

---

① 宋濂等：《元史》卷一百九十，陈旅传，第4347页。
② 孔自洙等修、吴殿龄等纂：顺治《延平府志》卷十六，张升传，第494页。
③ 宋濂等：《元史》卷八一，选举志，第2021页。

名录取，分配到福建宣慰司也就三四名了。这和宋代科举考试福建每科都有大几十到上百人中举相比，不可同日而语。

元代福建进士最出名的除了杨载外，还有林兴祖。林兴祖是罗源县人，至治二年（1322年）进士。进入仕途后，担任过黄岩州同知，铅山州知州。在铅山除去一个制造伪钞的恶霸，因而出名。后来调任道州路总管，赴任途中借兵平定一股企图袭击道州的反叛军。他在道州总管任上以清廉闻名，平息了当地民众的不满情绪，在乱世中维持了当地的和平。林兴祖是收入《元史·良吏传》的人物。

由于元代的《科举登名录》已经散佚，元代福建各地的科举人数都是福建省自行统计的，各书差异很大。例如，清代雍正年间编的《福建通志》载入的元代进士只有33人，但陈衍修撰于民国的《福建通志》科举志所收集的元代福建进士有一百多人。懂得元朝科举的名额分配制度，就可知道雍正《福建通志》的记载应当更可靠些。而民国《福建通志》的一百多名元代进士，则可能是参加过元代科举考试的人。当然，能进入元代的科举考试圈也很不错了。

按照民国《福建通志》的记载，元代福建进士最多的是福州路，共计45人，建宁路33人，兴化路15人，延平路11人，泉州路3人，漳州路2人，汀州路2人，邵武路2人，另有一人籍贯不明，总数为114人。就地域分布而言，北部胜于南部是很明显的，福州路在录取名额极少的背景下，还有45人中举，体现了福建首府的风范；建宁路在宋代是闽学的根据地，迄至元代，仍以书院之多闻名天下，有33人中举是其实力的反映；兴化路仅三个县，而考中科举的人却排在第三位，显示了当地科举发达的悠久传统；延平路共有11人中举，位于中游地位；而西南部战乱频生的邵武、汀州、漳州等三路，各路只有二位中举，其实不出意料之外；只是在宋代有"海滨邹鲁"之称的泉州，却只有三人中举，实在不可思议！元末林弼说："夫泉在闽号繁庶，郡民多逐末利，裔夷杂糅，惟浮屠是崇。逐末利则学不力，崇浮屠则学以惑。"[①] 就此而论，元代泉州人主要致力于经商致富，在宗教上对佛教的兴趣更大于儒学。可以想象：对泉州人来说，元代极低的科举录取率是一项非常不合算的投资，他们中的大多数人都不愿把精力浪费于科举，而是情愿在惊涛骇浪中谋求高额利润。这反映了泉州人独特的个性。

元朝官员中的多数并非科举人士。李世熊指出："元世铨衡，特异唐宋，刀笔率躐儒绅之上。""且元之仕进多歧，以学校出身者数等，以荐举策名者亦数

---

① 林弼：《林登州集》卷八，送孔叔原长泉山书院序，第9页。

等，他则捕盗入粟，工匠舆隶皆得入班资，又安能晰其仕途之清浊乎？"对元朝高官来说，那些在官府服役的刀笔吏也许是更好的后备官，因此，元朝福建底层官员来自汉人的也不少。李世熊研究宁化县的《伍氏族谱》，发现元代伍氏任小官的人数不少。例如新建县簿伍龙，剑浦簿伍顺，柳州教授伍继旻，辛邑簿伍坚叟，国子监学录伍玄龄，闽县丞伍景忠，国子监学正伍继贤，寻源县丞伍顺童，大使伍福俊，大理评事伍琳；同安县尉伍禄等。① 但是，关于这些人怎么当上官，没有记载。按照李世熊的估计，这些人进入仕途的道路很杂。元代朝廷高官汉人较少，这是其一旦发生叛乱便根基不稳的原因。

由于朱熹遗教的影响，元代福建文化仍然很发达，是国内的刻书中心。在其他领域也占有一定地位。

三、元代福建的刻书业

继宋朝之后，元代福建仍然是刻书业发达的地方，建阳书坊之名享誉一天下。由于建阳书坊的亲民性，中国最早的长篇小说平话也在这里萌芽，这是开创性的成就。

元代刻书业的形势发生巨变。宋代建阳是与成都、杭州并列的三大刻书中心之一，迄至元代，杭州与成都都在战乱中趋于萧条，刻书业不振。在建阳县内，麻沙镇自宋末以来，屡遭战乱的冲击，例如，宋端平元年六月，"建阳县盗发，众数千人。焚劫邵武、麻沙、长平"。② 在宋末元初的战乱中，位于交通枢纽的麻沙镇已经无法安居，许多刻书家离去，因而，元代麻沙刊本默默无闻。然而，麻沙附近的崇化书坊，因在深山内，躲过了元初战争的破坏，元代和平局面出现后，书坊刻书业一枝独盛，几乎独占图书市场。

元代建阳书坊所印书籍内容十分广泛，从《勿轩集》中可知，熊禾曾为书坊刊印的《孝经大义》《史纂通要》《农桑辑要》《翰墨全书》《童竹涧诗集》等书作序，仅这几部书便散布于经史子集四大类。科举类书也是出版的一个要点，陈栎说："继获睹书坊所刊会试程文内有科录程试。"③ 元代书坊还是小说出版中心，孙楷第著《中国通俗小说书目》中，载有他在日本见到的元代建安虞氏书堂出版的通俗小说五种，都刻于至治年间（1321—1323年）④。元代统治者崇信佛教，在僧人的倡议下，福建行省长官行中书平章事亦失迷黑发起重印

---

① 李世熊：康熙《宁化县志》卷三，选举志，第218-219页。
② 宋濂等：《宋史》卷四一，理宗纪一，第802页。
③ 陈栎：《定宇集》卷十，上秦国公书，文渊阁四库全书本，第5页。
④ 孙楷第：《中国通俗小说书目》，作家出版社1958年。

佛教《毗卢大藏》。该书共有6117多卷，宋代福州的东禅寺与开元寺曾刻过两套版本，分别用了60多年才完成。元代《毗卢大藏》的刻印由建阳县后山报恩寺担任，一直到元代中期的延祐年间才完成，共印了100套，分送一百大寺，史称《延祐藏》。《延祐藏》被行省官员安排在建阳的报恩寺刊刻，其原因不言而明，因为，建阳是当时中国的版刻中心。

如前所述，南宋时期建阳的刻本质量大大提高，从而被藏书家视为不可多得的精品。迄至元代初年，书坊刻本仍然享有盛誉。在藏书界有元初版本等同于宋版之说。书坊著名刻书家中，以得到乾隆皇帝关注的余志安勤有堂最为著名。清宫藏有元代书坊余氏勤有堂刊本《千家注杜诗》，乾隆皇帝对此书爱不释手，他发现宫内还有其他刻有勤有堂字号的藏书，便下令福建官府为其调查余氏"勤有堂"印书的情况。保存至今的勤有堂所刻《千家注杜诗》《书蔡氏传纂疏》《书蔡氏传旁通》《朱子说书纲领》《四书通》《国朝名臣事略》《唐律疏议》等等，都是著名的善本。其中《四书通》一书本是官府交印的书籍。元朝泰定三年，江浙儒学提举杨志行以胡炳文《四书通》一书大有功于朱子，"委令赍付建宁路建阳县书坊刊印，以广其传。为此来兹书府，承志安余君命工绣梓，度越三稔始克就"。① 可见，余志安为刻此书花了三年时间，其质量超越一般的坊刻本是有理由的。

"刘氏翠岩精舍"是另一家著名的书坊堂号，其创办者刘君佐原为麻沙人，咸淳六年（1270）进士，宋末迁于书坊定居。他刻的《诗集传》《广韵》《渔隐丛话》等书，都以精致闻名。其他还有不少善本得到藏书家的重视，例如：叶氏广勤堂刻的《王氏脉经》《千家注杜诗》；建阳郑天泽宗文堂刻的《静修先生文集》；建阳蔡氏刻的《诗学集成》；郑氏集成堂刻的《事林广记》；刘氏日新堂刻的《伯生诗续编》《汉唐事笺对策机要》《诗经疑问》《朱子成书》；虞氏务本堂刻《赵子昂诗集》；建安朱氏与畊堂刻《续宋编年资治通鉴》；陈氏余庆堂刻《续宋中兴编年资治通鉴》；麻沙某书坊刻《韦苏州集》等等。② 大致来说，元代刻本，除了官刻外，几乎都是建阳书坊所为。

---

① 张存中：《四书通前言》，原载四库全书本胡炳安《四书通》序，第7页。
② 林申清编：《宋元刻牌记图录》下编，北京图书馆出版社1999年。

表 6-2　元代闽北版本一览表①

年代	书名与作者	刻书者堂号
延祐元年（1314）	孟子集注十四卷，朱熹撰	麻沙万卷堂
	王状元集百家注分类东坡先生诗二十五卷附东坡纪年录一卷，王十朋	建安万卷堂
至正间	春秋诸传会通二十四卷，李廉	崇川书府
	新编西方子明堂炙经八卷	熊氏卫生堂
至元二十六年（1289）	易学启蒙通释二卷	熊禾武夷书堂
	续资治通鉴十八卷，李焘	建安朱氏与畊堂
至元三年（1337）	四书章图纂释二十卷	富沙碧湾吴氏德新书堂
后至元二年（1336）	程朱二先生周易传义十卷易图集录一卷	碧湾书堂
至元二十六年（1289）	资治通鉴二百九十四卷目录三十卷	魏天祐
	大广益会玉篇三十卷新编正误足注玉篇广韵指南一卷	建安蔡氏
至正间	通鉴纲目大全五十九卷	杨氏清江堂
	皇元风雅三十卷，蒋易（武夷山人）	张氏梅溪书院
	古今事文类聚前集六十卷后集五十卷续集二十八卷别集三十二卷新集三十六卷外集十五卷	云庄书堂
天历三年（1330）	新刊王氏脉经十卷，王叔和撰，林仪校	广勤堂

---

① 林申清编：《宋元刻牌记图录》上编，北京图书馆出版社 1999 年；杨绳信：《中国版刻综录》，陕西人民出版社 1987 年。

续表

年代	书名与作者	刻书者堂号
	千家注分类杜工部诗二十五卷，徐居仁	广勤堂
	针灸资生经七卷目录二卷，王执中撰	广勤书堂
至正二十六年（1366）	太平惠民和剂局方十卷，陈师文	高日新堂
	指南总论三卷，许洪撰，增广和剂局方图经本草药性总论一卷	高日新堂
至元十八年（1281）	朱文公校昌黎先生集四十卷	（刘氏）日新书堂
泰定元年（1324）	新编事文类要启札青钱五十一卷	日新书堂
后至元六年（1340）	揭曼硕诗集三卷，揭溪斯	日新堂
至正八年（1348）	春秋胡氏传纂疏三十卷，汪克宽	刘叔简日新堂
元统三年（1335）	广韵五卷，陈彭年等撰	日新书堂
至正十二年（1352）	诗集传通释二十卷纲领一卷外纲领一卷，刘谨撰	刘氏日新书堂
至正二十七年（1367）	新笺决科古今源流至论前集十卷后集十卷续集十卷，林駉撰	书林刘克常
至正二十七年（1367）	新笺决科古今源流至论别集十卷，黄履翁撰	书林刘克常
	续添是斋百一选方二十卷	建安刘承父
至正二十七年（1367）	新编孔子家语句解十卷	刘祥卿家塾
大德十年（1306）	汉书一百二十卷	刘震卿
至正七年（1347）	诗经疑问七卷，朱倬撰；附编一卷，赵惪撰	书林刘锦文
至正九年（1349）	联新事备诗学大成三十卷，刘祯	书市刘衡甫

233

续表

年代	书名与作者	刻书者堂号
至正二十三年	楚国文宪公雪楼程先生文集三十卷附录一卷	建阳刘氏书肆
延祐元年（1314）	周易传义十卷	刘君佐翠岩精舍
泰定四年（1327）	诗集传附录纂疏二十卷诗序附录纂疏一卷纲领附录纂疏一卷，胡一桂撰	刘君佐翠岩精舍
泰定四年（1327）	语录辑要一卷，胡一桂辑	刘君佐翠岩精舍
天历二年（1329）	新编古赋解题前集十卷后集八卷	刘君佐翠岩精舍
至正十六年（1356）	广韵五卷，陈彭年撰	翠岩精舍
	书集传六卷，蔡沈著	麻沙刘氏南涧书堂
	广韵五卷，陈彭年等撰	余氏双桂堂
至正十一年（1351）	诗集传名物钞音释纂集二十卷，罗复	双桂书堂
泰定四年（1327）	新编四书待问二十二卷，肖镒	建安虞氏务本堂
后至元元年（1335年）	赵子昂诗集七卷	虞氏务本堂
至正六年（1346）	新编四书待问二十二卷，肖镒	虞氏务本堂
	增刊校正王状元集注分类东坡先生诗二十五卷，王十朋	虞平斋务本书堂
至正十一年（1351）	春秋诸传会通二十四卷，李廉撰	虞氏明复斋
至正十一年（1351）	春秋诸传会通二十四卷，李廉撰	虞氏南溪精舍
至正十一年（1351）	四书经疑问对八卷，董彝	建安同文堂
大德八年（1304）	增注太平和剂局方三十卷	建安余志安勤有书堂
至大四年（1311）	分类补注李太白诗二十五卷	余志安勤有书堂

续表

年代	书名与作者	刻书者堂号
皇庆元年（1312）	集千家注分类杜工部诗二十五卷	余志安勤有书堂
元统三年（1335）	国朝名臣事略十五卷，苏天爵	余志安勤有书堂
至正三年（1343）	汉书考证后汉书考证不分卷	余志安勤有书堂
延祐五年（1318）	书集传辑录纂注六卷朱子说书纲领辑录一卷，董鼎撰	余氏勤有堂
	故唐律疏议三十卷，长孙无忌撰，纂例十二卷，王元亮撰	余志安勤有书堂
致和元年（1328）	三辅黄图六卷	余勤有书堂
天历二年（1329）	四书通二十六卷，胡炳文撰	余志安勤有堂
至正元年（1341）	新刊类编例举三场文选庚集八卷辛集口卷，刘贞辑	余氏勤有堂
	蜀汉本末三卷，赵居信撰	建安詹塾
大德年间	古今源流至论前集十卷、后集十卷、续集十卷、别集十卷	詹氏建阳书院
至正十七年（1357）	阴阳备用选择成书十二卷	建安玉融书堂
	皇元风雅后集六卷，孙存吾辑	李氏建安书堂
后至元六年（1340）	纂图增新群书类要事林广记	郑氏积诚堂
	大广益会玉篇三十卷新编正误足注玉篇广韵指南一卷	建安郑氏
至顺元年（1330）	静修先生文集二十二卷	宗文堂
	太平惠民和剂局方十卷，陈师文；	宗文书堂郑文泽
	指南总论三卷，许洪撰	宗文书堂郑文泽

235

续表

年代	书名与作者	刻书者堂号
大德六年（1302）	经史证类大观本草三十一卷	宗文书院
至正二十八年（1368）	豫章罗先生文集十七卷	沙阳豫章书院
皇庆元年（1312）	宋季三朝政要五卷附录一卷	建安陈氏余庆堂
	续资治通鉴十八卷	陈氏余庆堂
至元五年（1339）	世医得效方二十卷，危亦林辑	建宁路官医提督陈志
延祐二年（1315）	毗卢大藏经六千一百十七卷	建阳后山报恩寺万寿堂陈觉琳

由于元代建阳书坊的地位独一无二，元初熊禾骄傲地说："眷我考亭之阙里，实为崇化之书林，渊源可渐，文献足征，二帝三王以来之道，至此大明，四书六籍而下之文，靡所不备……光天薄海，无地不有其书。"① 建阳出产的书籍销路极好，乃至熊禾说："书坊之书，犹水行地"②，"书籍高丽日本通"③，可见，建阳之书行销东亚各国。

小 结

元代中国文化的历史任务是在动荡的历史中保住自身文化的根本，应当说，元代的儒、释、道三教人物都做到了这一点。事实上，由于元朝三教并重的统治方针，佛教和道教都曾显赫一时，儒教在元代不像佛道二教那么显赫，但更为坚韧绵长。早在成吉思汗时代，耶律楚材便将儒学带到了元朝的朝廷，忽必烈则是重视儒学的一个统治者，选拔了一些儒者，传播了儒学。迄至元仁宗时

---

① 熊禾：《勿轩集》卷四，建同文书院上梁文，第9页。熊禾的这篇文章又载于民国《建阳县志》。县志作者认为熊禾是南宋遗民，所以将作者署为"宋熊禾"，因此许多人把这篇文章当作宋代的史料。其实，同文书院建于元代，所以，此文著于元朝统一福建之后。
② 熊禾：《勿轩集》卷四，建阳书坊同文书院，第2页。
③ 熊禾：《勿轩集》卷四，建同文书院上梁文，第10页。

期，恢复了历代流行的科举选士制度，虽说选拔的数量比宋代减少很多，但这一制度重现，给予基层儒者希望。其实，元朝越到后期，对儒学的重视不断加强。其根本原因在于：在统治者看来，儒学选拔出来的人才和其拿出的政治主张更为靠谱一些吧。不过，元朝本质上是一个重视武力的朝代，虽然每次选举都会选拔一些儒者，但这些儒者多位于下层机构，罕有当高官的儒者。因此，他们为元朝做出的贡献，也只是稳定社会基础吧。元代末年，元朝派出使者到兴化路，寻找陈文龙的子孙，想通过表彰陈文龙，激发元代儒臣效忠国家的雄心。然而，元朝的使者到了兴化之后，尽管声势很大，陈振龙子孙却没有一个人应征。元朝重儒学，实在太迟了。元末朝堂尽是争权夺利之辈，没有一个擅长策划的战略人才，这和他们文化素质不行有关。

  元代福建的行政机构中有一些儒学人才。他们进入福建之后，将闽中看成闽学故地，尽力恢复闽中的学校和书院，因此保存了儒学一脉。元代福建常有儒者被选拔为书院的山长，还有不少书院继续教学，因而保存了宋代儒学的主要力量。由于闽人在学术界的地位，元代建阳书坊执出版业之牛耳，因杭州、成都等城市受到较大的破坏，元代建阳的地位更加高尚。由福建出版的麻沙本流行天下，在亚洲各地都有影响。多行业的文化建设使福建成为元代儒学较发达的地方。元代的福建儒者政治上飞黄腾达的不多，他们大都在野读经，不仅延续了闽学的道统，在经学研究方面还是有成绩的。元明之际，学者公认：读经要看闽人的书，这是宋元以来福建经学地位的延续。此外，由于科举很迟才重办，而且录取的数量较少，多数文人没有出路，便从事文学创作。元代福建的文学之士中，有些人是闻名全国的。例如谢翱、郑思肖，都是遗民文学的代表人物；迄至元代中叶，杨载的诗，陈旅的散文，都是元代的顶尖水平；元末的张以宁和卢琦等人，也是诗歌界的翘楚。元朝还是讲史小说萌芽的时代，各种平话在建阳书肆出版，保留至今的还有五六种。虽说这些小说写得不怎么样，但是，这是一种注定在明代大发展的文学体裁。

  元朝福建多数时间隶属于江浙行省管辖，这导致那些中举的文人，都要到杭州的江浙行省报到。许多人因而定居下来，成为本地居民。这使闽中人才大都归宗于江浙一带，随之而去的是文化中心的地位。自此以后，中国的文化中心便位于江浙区域，多数领域，总是由江浙文人打头。在福建境内，仍然有一些学者在活动。尤其是元代末期，福建行省再次出现，许多忠于元朝的文人避难闽中，这使闽中文化略有发展。总之，尽管元代中国文化中心已经从福建转移到江浙一带，但闽人在各个文化领域仍然保持着强大的力量，使其诸多文化领域显示传统的力量。

第七章

元代福建的宗教与信仰

元代福建佛教与道教相对发达，而外来宗教尤其耀眼。元代的妈祖信仰和民间信仰都具有影响。

第一节 元代福建的佛教及白莲宗

元朝统治者崇奉佛教，"自王公戚里百执事之臣，下逮黎庶，靡不稽首，向风奔走附集，以致其力"。① 因此，闽中佛教又进入一个高峰。

一、元代福建的佛教

宋元是福建佛教的高峰时期，人们对建寺供僧的兴趣很高。例如南安县龙水山的定光佛道场，"经戊寅兵火，无存。阅二纪，里人林璹、沈必进、姚真佑募缘鼎建上方，比丘古禅、履元馨囊资，化众信以成之。增旧制十倍，靡中统钞壹万余贯。主缘僧慧莲。经始于大德癸卯（七年，1303年）之夏，迄事于至大戊申（元年，1308年）之秋"。可见，经过六年的重建，新的寺院比原来的旧寺规模要大了十倍，人们为此花费一万多贯的中钞。同为南安天柱岩的寺院，计有徒众178人，僧人开讲时，"听讲者有一千七八百人"。② 气氛热烈。对普通民众而言，当时的世界充满了冤鬼，只有佛教才能安抚他们，并超度他们进入祥和的世界。丘葵在晋江祥芝的时候：

> 道过塔山以北，弥望皆砂碛，遂风吹人，忽作鬼啸，篮舆呷轧，

---

① 黄溍：《黄学士文集》卷十一，衢州大中祥符寺记，四部丛刊本，第114页。
② 高朝散：《泉州五岩塔崖刻》，郑振满、丁荷生编：《福建宗教碑铭汇编·泉州府分册》，第590页。

仆夫困瘁，欲少憩而无所。忽睹华构翚飞，板凳罗立，如尘垄中涌出净界。有童子擎杯茶而进，余欣然接之，若惊禽之得深枝，奔兽之赴幽壑欤。少焉起，目其扁曰"金沙接待"，乃吾主翁西桥刘公所作也。问之庵僧，庵僧曰："此地鬼所寰，岁甲寅腊月二十四日，刘公命工来启宇，众鬼惊窜，嗄嗄有声，曰：'今兹为佛所，亟避之。'越明年乙卯正月既望毕工，作浮屠会以庆成，董之者杨君发、吴肖翁也。命永泰居之，备汤水以接济行人。"先是，寒暑之月，湮雨朝昏之际，往来者怅怅然无所依归，过此则惊惶疾走。今四方行者，优游自在。畏日如火，可以取凉；朔风惊沙，可以取燠；饥者得食，渴者得饮，劳者得息，倦者得休。孰不合口赞叹，以为无上功德。①

按照丘葵所写的情况，他应是走到晋江祥芝的海边沙滩。此地太阳直射，没有树木遮挡，海风呼啸而过，发出异常的声音。其实，这都是海边常见的情况。丘葵将其解释为冤鬼啼哭，是在抒发对人世的不满吧。然而，要解这个局，在当时人看来，就是要有佛教的神明来此超度众鬼，于是有了"金沙接待"这一佛教建筑。过往行人到此可以休息片刻。这是将人的世界与神鬼世界都混在一起了。然而，这就是元代民众的思维方式。所以，元代民众无论富贵还是贫贱，都崇尚佛教。

元代统治者好做佛事。王公贵族经常给佛寺施舍钱财，朝廷遇到大事，也常常下令全国的寺院诵经祈祷。在陈棨仁的《闽中金石略》一书中，有一篇《一百大寺看经记》②的元代遗文，据调查，该碑在泉州和兴化都有原碑保留。泉州的碑位于晋江县学内，而莆田残碑位于黄石镇重兴寺内。黄石镇之碑又名《吴国公看转大藏经功德记》。碑文记载的吴国公是元朝前期外交上相当有名的亦黑迷失。他是畏吾儿人，信仰佛教，多次出使域外。曾经在至元二十九年和元帅高兴一起率大军出征爪哇。后因军队丧亡过多而受到元朝的惩处。当然，这是一时的事。亦黑迷失老年时受封吴国公，可见其受朝廷重用。亦黑迷失于延祐三年（1316年）以个人的名义给天下重要寺院捐钱，供给诸寺念经之用，用以给皇帝和家人祈福。"一百大寺，各施中统钞一百定，年收息钞，轮月看转

---

① 丘葵：《金沙接待记》，郑振满、丁荷生编：《福建宗教碑铭汇编·泉州府分册》，第51页。
② 佚名：《一百大寺看经记》，郑振满、丁荷生编：《福建宗教碑铭汇编·泉州府分册》，第47-49页。

三乘圣教一藏。"① 其中被列入一百大寺的福建寺院有：二月份为皇帝祈福的福州开元寺；三月份为皇帝祈福的福州东禅寺、鼓山寺、兴化路大广化寺、大华严寺；四月份的兴化路龙华寺、光孝寺、囊山寺、能仁寺；五月份的泉州路承天寺、崇福寺、光孝寺、北藏寺；六月份的泉州路大开元寺、水陆寺、法石寺、延福寺；七月份的泉州路积善寺、西禅寺、香积寺、拓福寺；八月份的泉州开元寺、封崇寺、白沙灵应庵、兴化水陆寺、昭福寺；九月份的兴化长兴寺、泉州明心寺、福州西禅寺；十月份的福州路大报恩寺、雪峰寺又一藏，建宁后山万寿堂等等。福建寺院共计32次出现，几乎占了全国寺院的三分之一。可能是因亦黑迷失曾经在福建做官一段时间的缘故，福建著名大寺似乎都列入进去了。例如福州的大开元寺、鼓山涌泉寺、雪峰寺、东禅寺、西禅寺；兴化的大广化寺、囊山寺，泉州的大开元寺、承天寺、崇福寺、延福寺等等。而建宁后山万寿堂，可能就是建瓯著名的光孝寺吧。

　　佛教对元朝廷来说不是俗事，而是国家大事！为了加强对佛教的管理，元朝设立专管佛教的机构——宣政院，由喇嘛教大国师主管。宣政院下辖行宣政院、僧录司等与行政平行的各种机构。福建佛教长期属于江南行宣政院管辖。元末，元朝在江南的大部分领土失去，许多衙门迁到福建，江南行宣政院也迁到闽中。曾有人对福建有否设宣政院表示怀疑，但有史料表明：福建确有行宣政院。例如，《元史》记载：至元二十七年（1290年）五月，"福建行宣政院以废寺钱粮由海道送京师"。② 此外，《泉州开元寺志》的"紫云开士传"也记载：由于释大圭佛学精湛，"宣政檄师主承天寺"，其中"宣政"，应就是元末福建行宣政院。

　　行宣政院之下，福建各州都设有专管僧人的僧录司，僧录司主管者或为对佛学有一定修养的官员，或为著名僧人，僧录寺僧官还有权参与州县对有关僧人的刑事判决，所以，他们的权力很大。元代主要寺院的主持任命，应当与他们有关。例如，福州著名的雪峰寺延祐年间由名僧樵隐主持。樵隐入寺时，第一辨香是献给皇帝的："臣僧悟逸，今晨钦授圣恩，仍旧主持福州路雪峰崇圣禅寺。开堂之次，遥瞻金阙，上爇宝炉，端为祝延今上皇帝圣躬万岁万岁万万岁。"其后，是祝福中书省及福建道的各位掌权者。③ 此外要注意的是，元朝自

---

① 佚名：《吴国公看转大藏经功德记》，郑振满、丁荷生编：《福建宗教碑铭汇编·兴化府分册》，第64页。
② 宋濂等：《元史》卷四七，顺帝纪十，第978页。
③ 樵隐：《樵隐禅师晋院法语》，徐兴公纂辑：《雪峰志》附录，艺文，福州雪峰崇圣禅寺戊子年编印本，第171-172页。

忽必烈开始，便请喇嘛教僧王为国师，喇嘛教因而在内地很有势力。捐建福州万寿桥的王法助也曾与国师往来。"师未殁之二年，仁宗皇帝赐玺书，加号引济大行禅师，帝师亦授衣一袭，为传法本。"① 文中的帝师，应当就是喇嘛教国师。

　　由于元朝官方的扶持，加上佛教在民间还有相当基础，所以，元代福建佛教再度繁荣。许多宋季毁坏的寺院，重又修复。例如，福州的清泉寺荒废于宋末元初，"禅宫销歇，其租斛不供饘粥，寮舍不避风雨，僧行牢落，檀越芜秽，向之金碧，竟成瓦砾"。福州局势安定后，清泉寺很快重建。② 福州的文殊禅寺乃是"五代时闽王王氏创始也，当宋之季，有强宗据之以作室，寺遂废"。元初，文殊禅寺颓毁，至元甲午，"东谷禅师慧日慨然以起废为己责，遂度故址为寺"。经过几年的经营，他终于使文殊寺重又恢复了历史上的盛况。③ 一叶落而知天下秋，文殊寺虽是一个小小的例子，但它说明元代佛寺的重兴。确实，据地方志的记载，元代福建废寺大批重建，再现唐宋福建佛寺极盛的状况。以漳州来说：万历《漳州府志》云："漳州古称佛国，自唐以至于元，境内寺院至六百余所。"可见，元代是漳州寺院最盛期。除此之外，值得注意的是：元代一些大寺的发展，更是超出唐宋的规模。著名的宁德支提寺毁于黄华之乱，元世祖忽必烈知道后，下令澄鉴禅师主持重造。经过15年的经营，规模宏大的寺院再现于支提山上。④ 泉州开元寺为闽南最大的寺院之一，"历五代而至宋，旁创支院一百廿区，支离而不相属。至元乙酉（1285年），僧录刘鉴义白于福建行省平章伯颜，奏请合支院为一寺，赐额'大开元万寿禅寺'，明年延僧玄恩主持，为第一世，禅风远播，衲子竞集。复得契祖继之，垂四十年，食常万指"。⑤ 以十指为一人来算，开元寺在元代有上千名僧人，是为其历史上最昌盛时期。福建其他大寺的盛况亦不亚于开元寺。盖因福建寺院多有宏大的寺产，收入极丰；在宋代，福建寺院还要负担赋税，而元代这些赋税全免，寺院收入更多，所以，元代福建寺院之富更胜于宋代。元代，福建寺院主持了一些大型工程，福州著名的万寿桥即是元代名僧法助主持修建的。在建桥过程中，僧人上从皇帝那里得到拨款，下从老百姓募得数百万巨款，并领导民众完成了这一建设，他们的社会地位也就不言而喻了。其次，在僧人的倡导下，元代福建行省再次刊刻

---

① 马祖常：《石田文集》卷十，敕赐弘济大行禅师创造福州南台石桥碑铭，第15页。
② 洪希文：《续轩渠集》卷十，三山清泉寺檀越记，第8页。
③ 陈旅：《安雅堂集》卷八，福州文殊禅院记，第7页。
④ 崔嵸：《宁德支提寺志》卷三，重兴澄鉴禅师传，福建省地图出版社1988年，第29页。
⑤ 元贤：《泉州开元寺志》，建置志，第1—2页。

《大藏经》数万卷，称为"延祐藏"。该藏共印 100 多套，分藏中国 100 多个大寺。这些大工程都可反映元代福建佛教的实力。福建佛教之盛甚至影响了儒学，元明之际的学者林弼感叹泉州人："惟浮屠是崇。"① 从这位儒者的议论中，我们可看到元代佛教在闽中的地位。

元代的名僧有俊明、契祖、大圭等人。

俊明，连江人，俗姓阮，宋元之际主持过怡山西禅寺、鼓山涌泉寺、雪峰寺等著名大寺院，元廷赐其"佛鉴云照"之号。②

契祖，同安人，曾主持泉州开元寺二十八年，"达官贵人，至辄拜之，帝闻，赐佛心正悟之号。"③

释大圭，晋江人，泉州开元寺僧。他的佛学著作有：《梦法》1 卷、《梦事》1 卷、《梦偈》1 卷，还著有《紫云开士传》，记载开元寺历代名僧的学问事迹。④

云峰妙高，长溪县人，禅宗高僧。元初主持金陵蒋山，"十有三载，众逾五百"。⑤ 元世祖召集禅、教人物入京辩论，他亦赴京，但不受忽必烈欢迎。禅宗在元代是衰落的。

元代僧人的民俗化是个问题。赵良胜在泉州及兴化路任职时，遇到两件僧人之间的案件。"浮屠镜、空争长，镜击死瘖儿，诬之。儿忽苏，空执送官。官受赂，出镜罪。部使者以其牒下侯，镜狱遂成。越一年，摄莆田县事僧慧与子华竞，令人杀婴孩，中子华。吏入子华死。侯廉得实，白其冤。""桑门清、真共斗。清不胜，遂挞死人陷真，连坐者余百。侯独正清以法，余皆释之。"⑥ 这类案件闹到官府，确实不利于释门的形象。

元代的一些佛像表明西域的喇嘛教在福建也有影响。泉州清源山碧霄岩有巨大的三世佛雕像，像高 2 米，宽 2.5 米，共有三尊。这三尊佛像宽肩、隆胸、束腰、趺坐，据说是早期犍陀罗艺术特有的造型方式。其修造者在附近的岩壁上留下了石刻文字：

---

① 林弼：《林登州集》卷八，送孔叔原长泉山书院序，第 9 页。
② 陈衍：民国《福建通志》《福建高僧传》。
③ 元贤：《泉州开元寺志》开士传，第 42 页。
④ 元贤：《泉州开元寺志》开士传，第 44 页。
⑤ 释念常：《佛祖历代通载》卷二十二，云峰妙高，文渊阁四库全书本，第 26 页。
⑥ 宋濂：《宋景濂未刻集》卷下，元同知婺州路总管府事赵侯（良胜）神道碑铭有序，第 21 页。

透碧霄为北山第一胜概。至元壬辰（二十九年）间，灵武唐吾氏广威将军阿沙公来监泉郡，登兹山而奇之，刻石为三世佛像。饰以金碧，构殿崇奉，以为焚修祝圣之所。仍捐俸买田五十余亩，入大开元万寿禅寺，以供佛赡僧，为悠久。观其报国爱民之诚可见已。厥后岁远，时艰弗克葺治。至正丁未（二十七年）秋，福建江西等处行中省参知政事般若帖穆尔公分治东广，道出泉南，追忆先伯监郡公遗迹，慨然兴修，再新堂构，山川增辉，岩壑改观，林木若有德色，而冶于人乎。暇日，获陪公游，因磨崖以记。

可见，其建造者、修造者皆为蒙古人。元代的蒙古人信奉喇嘛教，所以，他们建造的佛像具有喇嘛教的特点。①

二、佛教密宗系列的普庵崇拜

普庵法师信仰是起于宋代，发展于元代的重要民间信仰。他出佛入道，由他传下的"青头法师"在福建、台湾等地具有一定的影响。

台湾研究民间信仰的前驱刘枝万等人很早就发现台湾民间给民众捉鬼除妖的法师有两大流派，一派是奉陈靖姑、李三娘、林九娘为祖师的"三奶派"，他们头系红布，被称为红头师公；另一派奉普庵为祖师，头系青布条，被称为青头法师。福建和台湾的学者很早就展开了对两派法师的研究。不过，因台湾学术传统及其在大陆学术界的影响，大都将这两大法师系统当作道教流派。例如，叶明生将普庵与道教清微派联系在一起。② 事实上，学者们也看到普庵生前为僧人的事实。例如，吴永猛称普庵为禅师，王见川对普庵禅师的生前事迹和死后的封赐进行了探讨。③ 我认为，我们应当超越传统思维的局限性，就现有史料来看，普庵是佛教人物，他不属于道教，而是属于佛教密宗的瑜珈教派。

普庵是宋代江西的一位禅密兼修的僧人。关于他的事迹，《江西通志》《佛祖历代通载》等书都有记载。《释氏稽古略》云：

---

① 吴文良原著（1957年）、吴幼雄增订：《泉州宗教石刻》，科学出版社2005年，第571-572页。
② 叶明生：《闽西北普庵清微等派调查》，杨彦杰主编：《闽西北的民俗宗教与社会》，国际客家学会，法国远东学院等，2000年。
③ 王见川：《普菴信仰的起源与流传：兼谈其与摩尼教、先天道之关系》，氏著：《汉人宗教、民间信仰与预言的探索》，台北，博扬文化事业有限公司2008年，第26—54页。

普庵寂感妙济真觉昭祝禅师，名印肃，生江西袁州宜春余氏。年六岁，梦异僧勉之出家。父母送之从寿隆院贤公受业。年二十七落发。越明年受具足戒。贤勉之读法华经。师曰："尝闻诸佛元旨，必贵了悟于心。"遂辞师游湖湘。谒牧庵忠禅师于大沩山。问："万法归一，一归何处？"忠竖起拂子，师遂有省。后归受业院。至是绍兴癸酉。有邻寺曰慈化，众请师住，无常产。师布衾、纸衣、粥食、禅定。一日阅华严经，合论说谒曰："捏不成团拨不开，何须南岳又天台。六根门首无人用，惹得胡僧特地来。"平居说偈曰："灵妙如如，不异太虚。造化万物，不碍方隅。"慕师之道而来者，师随宜而为说法，或书偈与之。有病患者，折草为药与之，受者即愈，灵应非一。由是鼎新梵宇。或问师修何行而得此？师画一画云："会么？"云："不会"。师云："上止不须说"。孝宗乾道五年七月二十一日示众曰："诸佛不出世，亦无有涅盘。入吾室者，必能元契矣。善自护持，毋令退失。"索浴更衣，跏趺而逝世。寿五十五岁，僧腊二十八。夏，塔全身于寺。累受恩敕封谥。师容貌魁奇，智性天发，法嗣黄龙牧庵忠禅师。①

如上所记，普庵的禅学层次很高，可以说是一个禅宗名僧。但其人也有不少神迹在民间传诵。"有病患者，折草为药与之，即愈。或有疫毒，人迹不相往来者，与之颂，咸得十全。至于祈禳雨旸，伐怪木毁淫祠，灵应非一。"②

其以灾患疾苦请，或书颂，或斛水与之，无不立验。有赴总管府首师妖者，巡司奉檄勾师。师至，见一龙乘云下，须臾风涛，白昼晦暝，巡司叩头谢，遣具以状奏府。府李姓者，善雷术，益信以为妖。遂抵院曰：借汝坛场施我法事。行之三日，雷无应。抱惭辞归。师云将天鼓相送。忽有雷从北方起，电雹交作，守投诚忏悔，乃止。师见人事旁午，乃离院潜入南山石岩下静坐。历三载无有知者。③

从普庵在民众中所传事迹来看，他是一个有法术的人，曾被官府视为"妖人"。这与张圣者的生前是一样的。但在当时的背景下，越是官府打击的巫师，

---

① ［元］释觉岸：《释氏稽古略》卷四，文渊阁四库全书本，第87页。
② ［元］释念常：《佛祖历代通载》卷二十，第27页。
③ 高其倬等：雍正《江西通志》卷一百三，仙释一，文渊阁四库全书本，第48页。

每每在民间有人信仰，官府打击越狠，民间信仰者越多。当其离世之后，他的事迹往往神化。"普庵咒"被视为有起死回生的效果。若得"传尸痨"，必须"请莲经并普庵咒镇念之"。① 在福州闽安镇的保安铺，历史上曾有一座普庵楼，当地人在《普庵禅师录》中摘抄了一段普庵显灵的事迹：

> 普庵，或名普菴。普菴坐于佛殿，背后普庵为临济十二世孙牧庵中禅师之法嗣，名印肃，号普庵，宋孝宗乾道五年入寂。初，师振化于袁州之南泉山，道场之盛，甲于天下。没后有灵，凡有祷者，其应如响。元朝加封大德慧庆之号。因之号曰：慧庆禅师。后元仁宗延祐年中南康沙门宗琮相姑苏城西五里许，创慧庆禅寺，建无量寿阁，祠佛及五百尊者像，阁后作普庵光明殿，安置普庵之佛像，士民翕然而求冥运云。

如其所云，普庵生前就以法术闻名，死后影响越来越大。苏州慧庆禅寺建成后，普庵信仰更是横扫江南，拥有广大信众。元朝有人说：

> 百年之前，袁州慈化寺僧号普庵师，得正觉法，了悟自性，作慈悯念，济度众生。住世之时，固已起人之尊慕，入灭之后，威灵气焰，震耀远近。信奉之者，跨越江淮，奔走祠下，一岁不知几千万亿人。僻在荒服，亦且航海梯山，而效布施，图刻像貌，家家而然。凡有天灾人祸，必叩普庵、普庵云。②

可见，到了元代，普庵已经被神化，有许多人信仰普庵。

元明之间，普庵得到朝廷的多次封赐。程文海的"袁州普庵禅师塔铭"说：

> 袁州大慈化寺普庵寂感妙济真觉昭祝禅师加谥慧庆。大德之四年冬十月乙酉以光禄大夫三藏普觉圆明广照法师布尔尼雅实哩，复加号其塔曰：定光灵瑞之塔。③

---

① 张介宾《类经图翼》卷十一，针灸要览十四，经针灸要穴歌，文渊阁四库全书本，第14页。
② 吴澄：《吴文正集》卷四十九，五峰庵记，第9—10页。
③ 程文海：《雪楼集》卷七，袁州普庵禅师塔铭，第23页。

朝廷将其抬得很高：

> 朕闻佛氏以空寂为宗，则凡学其道者，宁欲建名号殊称，谓以示天下后世哉！而国家非此无以昭尊德乐道之意也。朕自即位以来，闻袁州大慈化寺普庵寂感妙济真觉昭祝大德慧庆禅师印肃，绍临济之绪，超华严之境，德映当代，泽被方来。其道甚尊显，心切慕之，既累锡大谥，惟塔号未称，可加赐定光之塔。曰定光灵瑞之塔。主者施行。①

对普庵的崇拜在明清时期仍然延续。明永乐间，诏封普庵禅师为"至善弘仁圆通智慧寂感妙应慈济真觉昭祝惠庆护国宣教大德菩萨"。②

据《秘殿珠林》第二十三卷，清慈宁宫藏有《普庵禅师语录》一部。可见，普庵信仰深入皇宫。

元明之际的封赐反映了普庵禅师在民众之间的影响。《吴中水利全书》第五卷记载，吴江县有普庵港，湖广省的崇阳县："嘉靖初，山顶夜忽有光，土人因祠普庵禅师。"③ 陕西洵阳县的连尖山有普庵道场。④ 这说明普庵信仰东至三吴，西至陕西。黄叔璥的《台海使槎录》第一卷记载，农历十一月廿七日是闽台一带的"普庵飓"。在福建台湾民间，普庵流的青头师公是民间法师中的一大流派。他们与三奶派法师有竞争，但都属于瑜珈教系统。不过，福建民间的道教不很发达，许多除鬼捉妖的任务都由法师们承担，而不是道士。因此，久而久之，人们将法师们当作道士。王见川发现，明代的谢肇淛在《尘余》一书提到普庵化为道士为福清农家郑一观除猴妖的故事。⑤ 到了清代，瑜珈教法师完全取代了道士在闽台的地位，他们在民众视野里就是道士。这是台湾学术界长期将法师当作道士的原因。

以上论证了福建民间十分流行的青头法师起源于佛教的瑜珈派，这也许会出乎许多人的意料之外，因为，清以来，红头师公与青头师公在福建与台湾都被视为道士！从福建的历史看，巫师与道士都有本土的起源，但都受到佛教的冲击。中国传统的巫道文化历史上被视为淫祀，它的重要特点就是民众可以自

---

① 程文海：《雪楼集》卷四，加赐普庵禅师塔名制，第23页。
② 高其倬等：雍正《江西通志》卷一百三，仙释一，文渊阁四库全书本，第48页。
③ 迈柱等：雍正《湖广通志》卷七，山川志，文渊阁四库全书本，第35页。
④ 刘于义：雍正《陕西通志》卷十二，山川五，洵阳县，文渊阁四库全书本，第16页。
⑤ 王见川：《普菴信仰的起源与流传：兼谈其与摩尼教、先天道之关系》，氏著：《汉人宗教、民间信仰与预言的探索》，第48页。

造神灵,自古以来,巫道文化给中国底层社会增添了无数的神仙,就其本质而言,中国传统的巫道文化是一种多神教系统的文化现象,多神教最大的特点在于:它不像一神教一样排斥其他信仰!佛教的传入,对他们而言只是多了一些神灵,而且,"远来的和尚好念经",当人们苦于传统神灵无法解决问题时,他们会将视线投向新的宗教和信仰。唐宋之时,随着佛教深入福建城乡的每一个角落,闽人将自己的宗教热情投向这一外来宗教,他们相信从印度传来的梵文咒语有莫大的力量,可以改变人生。于是,他们向佛教禅密兼修的一些僧人请教法术,这就产生了受佛教影响的法师。这些法师并不出家,在民间施展法术,或是除妖,或是驱鬼,他们在民众心中就是巫师!事实上,宋以后的巫师不加入他们的队伍,很难赢得民众。所以,宋以后的巫师多为张圣公派下的红头法师,或是普庵派下的青头法师。清朝以后,这两大系统的法师都自称为道教!此外要说明的是,瑜珈教的庞杂,也使其受其他宗教的影响,摩尼教也可能渗透了瑜珈教!王见川发现:在澎湖列岛的小法师流传一个故事,这个故事将摩尼列入道教,说他亲受老子传授五雷大法,而后摩尼又传下闾山和普庵两个教派。① 由此可见,福建传统的巫道文化,糅杂各类宗教意识,非常庞杂。

三、元代福建的白莲宗

白莲宗是源出佛教的一个民间拜佛的流派,源出净土宗。它产生于东晋。"佛教入中土由东汉,始溢为莲教由东晋。"② "晋时庐山远法师惧夫代之信者弗笃,作为咏歌,以劝之由,是东林有白莲社,当时化焉。"③ 白莲宗盛行于宋元之际,最后引发了元末大起义,起义领袖韩山童便是白莲宗的人物。不过,因当代明史专家吴晗认为韩山童是明教人物,加上金庸的小说《倚天屠龙记》的影响,今人多数以为元末大起义是明教引发的,其首领皆为明教之人。实际上,元代的明教只在福建、浙江少数地区传播,真正具有全国影响的是白莲宗。对这个问题,杨讷的《元代白莲教研究》一书进行了专门研究④,取得良好的成绩。

白莲宗本质上是信仰佛教的一个民俗流派。它的早期发起者为东晋的僧人,不过,白莲宗允许民众在家自行修行,形成了自己的特点。如谢枋得论建阳的

---

① 王见川:《普菴信仰的起源与流传:兼谈其与摩尼教、先天道之关系》,氏著:《汉人宗教、民间信仰与预言的探索》,第49—51页。
② 刘埙:《水云村稿》卷三,莲社万缘堂记,第8页。
③ 卢琦:《圭峰集》卷下,东坡善应庵记,第15-17页。
④ 杨讷:《元代白莲教研究》,上海古籍出版社2004年。

白莲宗：

> 我闻上古之圣贤，初无二道。世有独行之豪杰，自立一宗，常言白莲不染尘世。若渊明以此自洁于晋宋之代，虽夫子岂能无取于沮溺之徒。流传至今，树立犹伟，众人毁裂，此独能褒衣而大冠，举世啜餔，此独不荤食而酒饮。语其道，则父子、夫妇，何尝殄灭彝伦。问其事，则士农工商，未始弃捐本业。况是本心之直指，尤于大事已无乖，虽托名西方佛法之依，亦不为东林僧舍之附。①

白莲宗的佛教特色是信仰佛教中的弥勒佛、观音、大势至三大神明，相信这些神明可以保佑自己。白莲道人童普兴说："至元庚寅秋，参政高公提军入长乐境，平九都乱。白莲道人童普兴得一生于万死中，既而为驱，又复生还。是虽参政公再生之造，亦惟佛力。故佛经有云：我若向刀兵，刀兵自摧折。我若向镬汤，镬汤自枯竭。乃今始信佛不妄语。"② 可见，在其人看来，自己能够从元初反元大起义中逃生，是因为佛教拯救了他。从教义而言，除了信仰佛教基本教义外，白莲宗也引入了儒家的孝义思想。例如：邵武和平里报德堂的张氏大力主张报父母之恩：

> 仁叔垂涕洟而告某曰：子知宁庵之义乎？予幼失怙恃，本生母义父收张氏孤教育之，使成人。本生母义父捐世，予无以酬恩，此庵之所以志予无涯之戚也。予幼诵蓼莪诗，未知其情之真恻今知之矣。子之生，亲之所以劬瘁也。予为赤子，饮乳于亲之怀者三年，乳皆亲之血也。乳之盈涸，由饮食之丰约，劳苦不可言。予为孩提，亲喜曰吾有儿矣，扪之，则察其肥瘠，而欣忧。畜之，则候其饥饱而饮食。予能行，可以免其提携矣，长之，则惟恐其气体之不壮。育之，则惟恐其德性之不敏。
>
> 自予有生以来，吾亲之心，无一日得宁者以子故。古之人以生为劳，以老为逸，以死为息。吾亲老而未尝佚，今其息乎，其心亦可以少宁乎？诗曰欲报之德，昊天罔极。终吾生无以报吾亲，言之则痛切，

---

① 熊禾：《勿轩集》卷四，莲社上梁文，第12页。
② 何梦桂：《潜斋集》卷十一，童道人立庵，第2页。

思之则闷绝。①

按，汉晋佛教刚传入中国时，因佛教主张出家，与家庭割绝，一度引起民众的反对。有关孝义问题更引起儒家的抗议。后来，佛教也纳入了孝义的观点。白莲宗信仰者对孝义观念的至诚表现，反映了这是一个融合佛教与儒学教义的流派，因而很受欢迎。

白莲宗另外一个特点是：信仰者不一定要出家，在家修行是该教所提倡的。所以，该教的传播不会破坏原有的家庭结构，信奉者很多。卢琦说："至正二十一年辛丑，予抵福清平南之东坡，至于善应庵。一日僧觉真暨优婆塞陈觉荣来谂曰：'是庵创于大德己丑，至元戊寅乃重建焉。'其事则陈何二师之经营，其教则东林遗法也。""庵故陈觉坚宅也，觉坚年甫壮，輒修净业，尝建安福庵后湾，厥有成规，乃出谒道，师之有轨。行者以究其道，既归思别度法宇，谓莫东坡若也。遂以宅为之。而居其族于旁里，不以混焉。"可见，这座善应庵原为陈觉坚的私宅，后来捐为白莲堂。善应庵中的几位道人靠地租生活："即以其余市田若干亩，课僮种艺，而取其入以食。盖觉庆主之，而觉真、觉荣与北山林某咸有力焉。"② 这种庵堂其实与普通人家差不多。邵武和平里也有一座白莲堂："张仁叔蓥本生母于邵武县和平里之鹤巢原，墓去故庐百步，有田四十亩，岁收禾三百秤。有蔬圃竹林，悉施以养莲社报德堂。佛者命周觉先主之，择其徒三人守冢。扁其庐曰'宁庵'。合考妣二亲而祠，春秋荐苹蘩，寒食洒麦饭，悉于田园收之。"③ 这说明元代有许多人家选择了白莲宗。

元代福建的白莲宗渐渐引起官方的注意。朝廷开始禁止福建的白莲宗。元朝官员编制的《通制条格》一书有一条批评建宁路的俗人道场：

至大元年（1308年）五月十八日，中书省奏：江西、福建奉使宣抚并御史台官人每，俺根底与将文书来，"建宁路等处有妻室孩儿每的一枝儿白莲道人名字的人，盖着寺，多聚着男子妇人，夜聚明散，伴修善事，煽惑人众作闹行有，因着这般别生事端去也。又他每都是有妻子的人有，他每的身已不清净，与上位祝寿呵，怎生中？将这的每合革罢了"。么道与将文书来有，俺商量来，将应有的白莲堂舍拆毁

---

① 谢枋得：《叠山集》卷三，宁庵记，第1—3页。
② 卢琦：《圭峰集》卷下，东坡善应庵记，第15—16页。
③ 谢枋得：《叠山集》卷三，宁庵记，第1—3页。

了，他每的塑画的神像，本处有的寺院里教放着，那道人每发付元籍，教各管官司依旧收系当差。已后若不改的人每根底，重要罪过。更其余似这般聚着的，都教管民官禁约。不严呵，教监察御史、廉访司纠察呵，怎生？么道。奏呵，奉圣旨：那般者，钦此。①

由此可见，自至大元年之后，元朝就在法律上禁止白莲宗了，尤其是建宁路的白莲宗，由官府点名禁止。但在实际上，元朝的许多法律规定都无法落实，有关白莲宗的禁令也是如此。不过，福建的白莲堂偏小，实际上很少发生反政府的事情。与其相比，外省却有些大型的莲堂。这类白莲堂往往成为教徒的聚会之所。"南北混一，盛益加焉。历都过邑，无不有所谓白莲堂者。聚徒多至千百，少不下百人。更少犹数十，栋宇宏丽，像设严整，乃至与梵宫道殿匹敌，盖诚盛矣。"② 某座堂馆聚集了大量的白莲宗信徒，便会形成较大的组织，这是它被元末富有造反精神韩山童等人利用为造反工具的原因。福建的白莲宗规模小，它只是一个民间的信仰流派，只有少数人卷入元末红巾军起义，多数元末福建农民起义与这个教派没有关系。

第二节 元代福建的道教与俗神崇拜

元代道教曾经盛行一时，丘处机等全真道首领都得到元蒙朝廷的供奉。南方的正一教也曾到北京作法，产生巨大的影响。总体而言，元代道教的地位虽然比不上佛教，但也兴隆一时。在这一潮流下，道教俗神影响颇大。

一、元代福建道教的衍变

元朝重视佛教、道教其实更胜于儒教，元代初年，许多儒者与宋朝官员都遁入道教，谢枋得隐居闽北时，曾向张天师推荐建安儒者周君震，周君震在元代"舍宅为道院，事玄帝如严君"。③ 谢枋得《贺蔡芳原判镇为道士启》一文，也是祝贺蔡芳原成为道士。④ 这造成元代道教的发展更胜于宋代。元代福建流播的道教宗派主要是正一道、全真道等教派。

---

① 佚名：《通制条格》卷二九，僧道，第335—336页。
② 刘埙：《水云村稿》卷三，莲社万缘堂记，第8页。
③ 谢枋得：《叠山集》卷二，与道士桂武仲，第28页。
④ 谢枋得：《叠山集》卷三，贺蔡芳原判镇为道士启，第35页。

表 7-1　元代闽北新建道院宫观表①

新建道院	新建时间	新建道院	新建时间
建安县崇福道院	元至正间建	建安县天堂庵	元时建
瓯宁隆兴观	元至正元年建	瓯宁县南昌宫	元初建
瓯宁县清真道院	元泰定元年建	瓯宁县集仙道院	元至正二年建
瓯宁县紫霞道院	元延祐二年建	浦城县朝元道院	元元贞间建
建阳县下玄真观	元大德元年建	建阳县延祐道院	元延祐三年建
建阳县混元道院	元至元间建	建阳县真武堂	元泰定元年建
松溪县延真观	元皇庆元年建	松溪玉枢道院	元至正十八年建
松溪县西霞道院	元至正间建	崇安县弥罗观	元延祐五年建
崇安县冲和道院	元时建	崇安县翠峦道院	元大德十年建
崇安县仁真精舍	元至大二年建	政和县玄真道院	元至正间建
政和县青华道院	元至正间建	南平县真武堂	元至正中建
将乐县明贞道院	元大德三年建	沙县玉华道堂	元至正二十年建
沙县白石道院	元延祐五年建	邵武县迎真观	元大德六年建
邵武县紫霞观	元泰定元年建	邵武县玉隆观	元大德中建
邵武县金山道院	元中统间建	邵武县崇玄道院	元至正间建
邵武县崇玄道院	元至元中建	邵武县旱山道院	元至元初建
邵武县中峰道院	元至正中建	泰宁县圣者庵	元至元中建
泰宁县龙兴庵	元延祐年建	泰宁县溪东道院	元大德中建
光泽县明贞观	元皇庆元年建	光泽县玉清观	元延祐中建
光泽县西清道院	元至正元年建	光泽县延康道院	元皇庆二年建

　　从上表 7-1 来看，在元代 90 多年期间内，闽北新建道院宫观达 40 所，元代统治福建的年限只有宋朝的三分之一，而所建宫观数量约相当于宋代，这说明元代闽北道教仍在发展中。

　　元代正一道在福建的影响日益扩大。正一道是江西龙虎山张天师流派的道教，它原为道教三大流派之一，元初，元世祖曾召见第 36 代天师张宗演，朝廷对正一派日益重视。元成宗大德五年（1301 年），朝廷封第 38 代天师张与材为"正一教主"，并统领江南阁皂山、龙虎山、茅山三大道派符箓②，从此南方许

---

① 黄仲昭：《八闽通志》卷七六、七七、七八，寺观。
② 宋濂等：《元史》卷二〇二，释老传，第 4526—4527 页。

多道士都归于正一道派辖下。福建道士中，张见独在正一派中较有名气。元朝名士袁桷的《送陈道士归龙虎山序》写道："往岁见福唐张君见独于京师，貌清气完，语简而意消，察其退静泊然无求者也。山中之人曰：'张君居室靓（静?）邃，滋兰艺松，藏善本书盈庋，督教其弟子，恂恂卑让，见之者，必知为其徒也。'"① 此外，还有一些闽籍道士在朝廷扬名。长乐道士陈义高为正一道张留孙的弟子。元世祖召见正一道主要人物，他是受封八真人之一。袁桷称赞："义高明朗通豁，器行环特，赠粹文冲正明教真人。"② 陈衍的《福建道士传》对他评价较高："早得仙术，元世祖召赐金币，归遇贫者，悉分与之。又精兵机，晋王北征，命从行。"③ 又如王与敬："号秋崖，福州人。少游湖海，参访高真，留雷州，遇亢旱祈祷，大应。城中妖兴，夜闻人马声，与敬治之，顿灭。朝廷宣赐至道玄应通妙法师。至大二年（1309 年），奉旨还山，护武夷冲祐观。"④ 这些道士都以术数闻名，他们应是正一派的。

宋代福建的清微雷法派流行一时，迄至元时，他们在闽北仍然很有影响。元代建安道士陈采著《清微仙谱》四卷。《四库全书总目》介绍：

> 《清微仙谱》一卷，附录三卷。元陈采撰。采，建安道士。是书自序：道教启于元始一，再传至老君，分为四派。曰真元，曰太华，曰关令，曰正一。十传至清微侍元昭凝元君，复合于一。元君，零陵女子也。继是八传至混隐真人南公，南公传雷囨黄先生，黄传之于采，因著是谱。其所序四派，传授亦不甚明了。大概今所云全真者，乃关令派；张道陵者，乃正一派。四派皆可以有清微之名。而采又白以会合四派，别为清微派也。后附道迹灵仙记一卷，上清后圣道君列记一卷，洞元灵宝三师记一卷，每卷各编为一致、一有、一有、二等号。盖自道藏抄出别行者也。两淮盐政采进本。⑤

如武夷道士彭日隆："彭日隆，崇安人。长未知学，闻读清净经有悟，信口吟咏，深有理致。尝自赞云：五五二十五，只管从头数。到底一也无，松梢月

---

① 袁桷：《清容居士集》卷二四，送陈道士归龙虎山序，第 16 页。
② 袁桷：《清容居士集》卷三十一，通真观徐君墓志铭，第 26 页。
③ 陈衍等：民国《福建通志》，《福建道士传》卷一，第 9-10 页。
④ 陈衍等：民国《福建通志》，《福建道士传》卷一，第 10 页。
⑤ 纪昀等：《四库全书总目》卷一四七，子部五十七，道家类存目，文渊阁四库全书本，第 34 页。

当午。居深微太和宫。元虞集为记。"①"彭日隆,别号隐空,崇安人居冲佑观。遇异人授雷法,祈祷皆验。后师黄雷困传清微道法,隐九曲溪上。"② 彭日隆的诗很有特色,他写武夷山道士:"两眉如雪照平川,歌罢香云满玉田。桂树西风山月白,一瓢黄露咽秋天。"③ 又如自号山雷子的周颐真,曾从开元观道士蔡术嗣灵宝法,"凡玄学运用,悉以易变通之"。④ 雍正《福建通志》记载:"周颐真,字养元,福清人。至元中徙永嘉,遇西蜀异人,授以隐书及壬遁。返闭之秘。岁旱请祷,每出雷电于袖中。有讦其左道者,捕之。颐真立桥侧,捕者不能见。自号山雷子。有洞浮老人集。"⑤ 但在元代,他们也逐渐纳入正一道派的旗下,武夷山的清微太和宫,便是由第38代张天师题额。据虞集的记载,武夷山的清微太和宫位于九曲溪的下游,福建省府官员魏天祐等人经常来游历。于是,当地富豪"詹氏、程氏、范氏、支氏发其私财以相隐空之作室也"。⑥ 清微太和宫的规模很大。

元代统一,南北道教交流,更为便利。全真道原来流传在北方,南宋时,福建境内有白玉蟾开创的南宗教派,从组织系统来看,原来南宗与全真道是没有关系的。宋末,玉溪子李简易在宋末作《丹经指要》一书,其中有《混元仙派图》,将王重阳所传的全真派系统与白玉蟾的南宗系统混为一统,通称全真派。从此,南宗被纳入全真系统。元代统一不少北方道士南下。在武夷山很有名的道士金志扬,本为浙江永嘉人,他出家后拜北方全真道士李月溪为师,后来,他返回南方,于元统癸酉(1333年)"复隐武夷山,居玉蟾之止止庵"。止止庵是元代全真教的重要据点之一,先后在此修道的道士不少。如王与敬,号秋崖,三山人,居武夷山,授号"至道元应通妙法师"。又如程斯道,居止止庵,元末诏至京,赐号通元子。程斯道之师林文能也是全真派南宗人物,他是福州人,"居大王峰顶,辞召不赴,赐号讲师"。⑦ 以上材料表明,元代武夷山确实有许多全真道士,福建的全真道派大多是从武夷山传下来的。

二、元代福建的俗神信仰

唐宋福建是佛道二教的鼎盛时代,民间因而创造了许多神明,这些神明在

---

① 郝玉麟等:雍正《福建通志》卷六十,方外,第18页。
② 乾隆帝等:《御选元诗》姓名爵里二,第33页。
③ 乾隆帝等:《御选元诗》卷七八,第27页。
④ 陈衍等:民国《福建通志》,《福建道士传》卷一,第10页。
⑤ 郝玉麟等:雍正《福建通志》卷六十,方外,第5页。
⑥ 虞集:《清微太和宫记》,董天工:《武夷山志》卷十四,第462页。
⑦ 董天工:《武夷山志》卷十八,方外,羽流,第595-596页。

元代继续得到祭祀。由于元代的时间较短，留下的史料不够充分，在这里就做一个元代福建俗神信仰概述吧。

慈济宫吴夲信仰。吴真人信仰起于宋代同安县与龙溪县边境的白礁、青礁，而后向周边传播。泉州晋江县的祥芝乡在元代建造了一座慈济宫。元代名士丘葵曾经出游晋江祥芝。

> 暇日，步其东偏，有宫巍然，目其扁，曰："慈济"，始知神其普祐帝君也。昔藐姑射之山，有神人居焉，吸风饮露，乘云气，御飞龙，能使物不疵疠，而年俗熟；又能磅礴万物，以为一世蕲然乎治。求之于今，帝君其神人也。西桥翁居此，道不梗，地不罅，民无恶疾，山无恶木，且将世世蕲乎治，独非人之无愧于神也与？然则是宫也，其犹在藐姑射山乎？宫创于大德丙午六月，有弘其堂，有邃其寝，两庑翼然，郎梲、丹垩、藻绘毛末无欠，皆西桥翁一力为之。庆成之日，邦人士和会，请塑翁像于左，以起其后子孙及邦人之敬，俾无忘其德。翁辞弗获，以人之感，神之庥，而诺之。①

这段文字的特点在于吴真人信仰的神化。宋代对吴真人的描述，大都是写其在生前如何为民治病，死后又是如何灵异。但元代泉州名士丘葵写吴真人，就直接讲他原为姑射山的仙人，而后下凡了。这种写法超脱以往的具体事实描述，更为高远。不过，丘葵笔下的吴真人仍然保有让人不生病的主要功能。另一点很显著的是：这座庙周边的信众主张为建庙者在神宫内建一座神像，让他成为神庙的一个部分。这种习惯在福建的神庙中常见，不过，通常主建者的神像很小，大都列于偏殿，能有一个专门的神龛就不错了。此处似有一个较大的建庙者像，比较罕见。这是民众对公共事业赞助者的一种奖赏。

邵武的张子冲常被人们以为是张三丰：

> 张子冲，号三丰。邵武礁下人，卖柴为业。常遇吕岩于建阳龙游桥上，归，遂弃妻儿，寄迹北胜寺。又创建翠云庵，居止无定处。明初禁左道甚严，县以为妖，械楔车中，解京，忽开车不见，惟破笠敝

---

① 丘葵：《芝山慈济宫记》，郑振满、丁荷生编：《福建宗教碑铭汇编·泉州府分册》，第44页。

衣而已。自后或隐或现，不知所终。①

《邵武县志》的记载会更详细些：

  张子冲，号三丰，俗名张邋遢，邵武勘下人。家贫，负薪养母。性好道，尝自言曰："一心无挂碍，愿见吕先生。"一日，樵采未归，有道人至其家，以饥告。其妻方炊秫酿酒，令食少许，道人遽尽食之，妻恚甚。道人命汲水满缸，投粒其中而盖之，拂袖去。顷之，子冲归，妻以告，视缸中，则酒且熟。心知其为纯阳也。追而遇诸山涧小桥边，凡两与之期，而后得度。母卒，殡于北胜寺，遂弃妻子，葺翠云庵居焉。踪迹无常，远近竞传其奇。县令以为妖，械至京师，及开槛车则不见矣。三丰异迹甚多，后不知所终。②

  按，各种书关于张三丰籍贯的说法不同，这是其中一种。他位于半人半仙之间，有各种有趣的传闻一般认为，元明之际张三丰在武当山当道士，明成祖朱棣想见他，张三丰隐身而去。后来，朱棣在武当山建立宏伟的道观，除了祭祀军神玄武大帝外，也是为了供奉张三丰。与张三丰相比，邵武的张子冲活动大都在邵武、建阳境内，似乎与武当山的张三丰无关。不过，邵武人张文瑾却认为二者就是一人。这类神仙故事很难断定真假，或许也没有必要断定真假，它显示了一种地方的文化传统，也反映了道教在民间的影响。

  元代闽人祭城隍的材料极少，但《邵武县志》留下了一则元世祖嘉奖邵武严田城隍的故事：

  郡县祀城隍神，制也。严田市之乡何祀焉？盖以神发灵显迹于斯乡也。昔宋之季，元遣总管黄万石招降诸郡，其时宋臣赵崇玘、张彭老在建宁，林起鳌在南剑，三人合兵拒之。万石败走邵武，道经严田，梦神告曰："宋不用征也，逢兔尽矣。"其后又遣也的迷失率兵入杉关，兵疾疫，逾月不能进，亦梦神告曰："必取严田市之水饮之，乃可愈。"又曰："宋亡不出三年，闽广自可得也。"迷失如神言，取水饮军士，疾果皆逾。迷失奏其事，世祖喜曰："曩者，尝梦一神告朕曰：'赵祥

---

① 郝玉麟等：雍正《福建通志》卷六十，方外，第21页。
② 李正芳等：咸丰《邵武县志》卷十四，仙释，第439页。

则灭,宋兴则亡;归山则没,入海则藏。'询其何人,则曰:'严田市之神'。是与朕梦同也。"其后宋改元祥兴,至三年果亡。遂敕邵武,于严田市建邑,既而未果。乃取宁万二、谌伯安两家地建庙,封神为城隍,像而祀焉,又并祀之于京都。此严田市所以别有城隍庙也。①

从这段材料看,严田之神原为无名之神,由于他预测了元朝代宋,所以元朝廷封他为城隍之神,并在北京祭祀。严田神的这一行为在明朝看来是不好的,以故,北京对严田神的祭祀未能延续到明代。但在邵武百姓看来,严田神不过是想使百姓少受灾难而已。"夫兴废者天也。神恒顺天而佑焉,岂惟佑元?屡屡告以宋亡之期者,盖欲稍缓攻战,而并免邵武之民之数罹于锋镝也。是神之佑邵武者,亦至矣。严田之乡,又安得而不祀乎?"因故,明代邵武百姓仍然祭祀严田之神,在他们眼里,严田城隍是一个爱护百姓的善神。

元代的儒者视城隍为官吏之神。林泉生任职福清州向城隍宣誓:

视事三日谒城隍祠,祝曰:惟神聪明正直,阴骘此邦。泉生不材,叨兹守土,愿持公恕之心,以拊凋瘵之民。耳目不逮,神其相之。敢有贪黩害政,神其殛之。洋洋在上,有感必通,一语不敢自欺。三年当如今日。又书'省己爱民'于斋壁以自警,于是持守益坚。②

在吴海的笔下,林泉生是一个实践儒家原则的好官。

长乐县的三皇庙是一种道教神明的祭祀建筑。它所祭祀的"三皇"如作者所说:

余惟民之初生,结绳而治,不知有神明之德,而伏羲氏兴焉。饮血茹毛,不知有耒耜之用、交易之利,而神农氏兴焉。风气未开,不知有舟楫、弧矢、车马、衣服、宫室之制,而黄帝兴焉。仲尼载之于易,既举其要者。而言三坟之书,阙而不录,至史迁三皇纪抑又详矣。嗟乎,仲尼以德,社稷以功,为天下郡邑通祀者宜也。三皇德侔仲尼,功迈社稷,通天下郡邑而祀之者,亦宜也。近制庙隶医学,春秋荐献

---

① 林士都:《严田城隍庙记》,李正芳等:咸丰《邵武县志》卷九,第227-228页。
② 吴海:《闻过斋集》卷五,故翰林直学士奉议大夫知制诰同修国史林公行状,第5-6页。

有司。①

如其所云，三皇庙祭祀的三皇是伏羲、神农、黄帝，都是华夏开族的英雄人物。在长乐县建立孔庙、社稷坛及天地坛之后，长乐官民便觉得要建立一座三皇庙，以祭祀华夏人的祖先。在那个时代是有特别意义的。由于神农氏被视为医药学的开拓者，三皇庙还被长乐县的医生药师看作祖师之神，予以特别关注。因医学牵涉到当地人的生老病死，所以是十分重要的，不可缺祀。

民间也会有些恶神。赵良胜任龙溪县尹时："俗尚鬼，垒石作祠，以奉紫衣神。黠民将为奸利，必杀犬来祭。侯投神江中，移其石以修孔子庙庭。"② 这种气魄很少见。

福建沿海的水部尚书崇拜。福建沿海民众信仰的水部尚书，其原型为莆田人陈文龙。陈文龙为宋末大臣，与文天祥一齐抗元，曾经固守兴化府抵御元军。《明一统志》记载："陈文龙，莆田人。能文章，负气节。咸淳五年进士第一，累官叅知政事。益王入闽称制，以为闽广宣抚使。讨平漳州、兴化。"③《昭忠录》记载他的抗元事迹：

> 冬十一月，降将王世强引元兵攻闽。端宗航海福州，守臣王刚中降。遣使徇兴化，文龙斩之，纵其副以还，复书世强、刚中，责以负国。且自署曰：理宗学生，度宗状元，德佑枢密，景炎宰相。元兵进攻，文龙遣其将设伏，捷于囊山寺前。帅大怒，大合水陆并进，先执其姻家，许自使致书诱降。文龙复焚书斩使。铁骑四合围城，文龙拒之，战不克，城陷被执。逼其降，不屈，咸凌挫之。文龙自指曰：满腹子节义文章，汝曹还忍相逼耶？众皆义之，乃执以如燕。在道数骂辱。送骑行至临安而卒。文龙既死义，系其母于福州之尼寺，卧病无医药，左右或感泣。母曰：吾今死无憾矣！但恨不一见吾儿。当与之共诉于地下耳。及卒，皆曰此母能产佳儿，为之敛葬焉。④

从以上评价中可以知道，陈文龙与其母亲都是被元朝汉人崇敬的人物。除

---

① 朱文霆：《新建三皇庙记碑》，张善贵：《长乐金石志》卷三，第121-122页。
② 宋濂：《宋景濂未刻集》卷下，元同知婺州路总管府事赵侯（良胜）神道碑铭有序，第20页。
③ 李贤等：《明一统志》卷七七，第49页。
④ 佚名：《昭忠录》，文渊阁四库全书本，第46页。

了他的母亲得到福州人善葬外，陈文龙死在杭州之后，杭州人在西湖边上为其建墓。墓距岳坟不远，后来加上明代前期名相于谦之墓，是为"西湖三忠"之墓。陈文龙死后，当时尚在广东流浪的宋朝廷下令表彰陈文龙。"讣闻，诏谥忠肃，赐庙号：昭忠。元至正间遣使李文虎至郡访求陈文龙子孙，将录用，无一应者。"① 不过，宋朝最后的皇帝虽然赐给陈文龙庙号，但在元朝的政治压力下，当时人们只能私下祭祀陈文龙吧。直到明朝建立后，为了表彰历史上为国家献身的英雄，才正式祭祀陈文龙。

福州最有名的陈文龙庙被称为尚书庙，原在台江港的岸边，今迁于解放大桥的桥头。我在庙内找到一块石碑，即《尚书公灵应记》，撰写者署名为"福建布政使杨廷桦"。碑文云："（明）太宗嘉公伟烈，特予褒封崇祀。始建庙于南台泗州，迄今三百余载。岁久就颓，典礼几弛。至康熙叁拾年，里人重建，堂庑稍新。乾隆拾叁年复募重建，规模尚壮。凡官斯土者，率躬诣致礼，悬匾表囗固囗有。乾隆贰拾玖年，抚宪定公题请祀典，春秋给祭银陆两。叁拾肆年，制宪徽公议拨款项捌拾两，谕乡囗囗随募随修，于是庙貌焕然。但面临台江，犹有潮汐冲没之患，嗣里人偕住僧慧海身任其事，协力募赀，买石铺囗，砌筑道岸肆拾余丈，直抵大江中。"② 碑尾署名是：福建布政使杨廷桦，立碑年代是乾隆肆拾柒年。

此碑叙述福州陈尚书庙的历史十分清楚，有助于解决一些传说的歧误。清代姚元之说："海船敬奉天妃外，有尚书、挐公二神。按尚书姓陈名文龙，福建兴化人。……明永乐中以救护海舟，封水部尚书。"③ 将姚元之所说比之碑文，可知姚元之多受民间传说之误。例如，姚元之却说陈文龙因救海舟被封为水部尚书，看了杨廷桦的碑文，使我们知道，明成祖是为了表彰陈文龙殉国才为其建庙祭祀。至于水部尚书之名的由来，肯定不是明朝封赐的，因为明清二朝宫廷中没有水部尚书一职，不可能给予水部尚书之封。陈文龙被称为水部尚书，是由于该庙最早建于福州城内的水部门（又作水步门），因而民众称陈文龙庙为水部陈尚书庙，将其简化，就可称陈文龙为"水部尚书"。久而久之，人们忘记水部尚书的由来，或以为陈文龙当过水部尚书，于是制造了明朝赐封"水部尚书"的神话。其实"水部"是地名。

明代的福州的水部门原为福州主要码头，明末清初，水部门的水道淤塞，

---

① 郝玉麟等：雍正《福建通志》卷四四，陈文龙传，第33页。
② 杨廷桦：《尚书公灵应记》，此碑立于福州台江尚书公庙内。
③ 姚元之：《竹叶亭杂记》卷三，中华书局1987年，第87页。

福州的码头南迁台江，陈尚书庙也搬到台江之边。由于"水部尚书"的名声十分响亮，百姓将其作为水神祭祀，往来福州的商船、官船上的人都要拜尚书公。出使琉球的船只都从台江出发，祭拜水部尚书是有必要的。这样，水部尚书陈文龙渐成为福州港口的水神之一，在民间具有一定的影响。

第三节 摩尼教在福建的传播

和佛教进入中土一样，摩尼教是一个中国化很深的宗教。然而，摩尼教传播不广，主要在福建、浙江两省流播。宋元时代是摩尼教的鼎盛时期，它的末路混同于佛教，与吃斋念佛的白莲宗尤其相像。

一、摩尼教的特点

元代泉州草庵的摩尼教遗迹闻名天下，它是宋元时期闽中盛极一时的摩尼教的产物。摩尼教主要流传于泉州与福州的沿海一带，对福建的下层社会产生了相当大的影响。早在20世纪20年代，著名的史学家陈垣先生、法国汉学家伯希和就开始了对泉州草庵的研究，而泉州的吴文良于40年代对草庵进行了调查，其后，庄为玑、林悟殊对泉州摩尼教的研究成果陆续问世，这使我们对摩尼教在福建的传播有了较为清晰的认识。

宋元福建摩尼教有以下几个特点：

第一，在方腊造反之前，摩尼教在福建等地是合法传播的。摩尼教取得合法地位，与其混入道教有相当关系。道教方面有《老子化胡经》一书，早期的道教传播者利用这一经书将佛教等西方宗教都说成是道教的分支，用以抬高道教的地位。佛教曾对道教这一说进行过反驳，但是，摩尼教采取的是另一种态度，他们自称教主正是道教开创者老子的化身，因此，当北宋大中祥符年间（1008—1016年）朝廷致力于编《道藏》一书时，他们为《道藏》提供了许多经典，"富人林世长赂主者，使编入藏，安于亳州明道宫"①，这使摩尼教取得了合法的地位。如陆游所说："假借政和中道官程若清等为校勘，福州知州黄裳为监雕。"② 白玉蟾曾其与弟子讨论过摩尼教："相问曰：乡间多有吃菜持斋以事明教，谓之灭魔，彼之徒且曰：太上老君之遗教，然耶？答曰：昔苏邻国有

---

① 释志磐：《佛祖统纪》卷四九，续修四库全书本第1287册，第22页。
② 陆游：《渭南文集》卷五，条对状，文渊阁四库全书本，第7-8页。

一居士，号曰慕阇，始者学仙不成，终乎学佛不就，隐于大那伽山，始遇西天外道有曰毗婆伽明使者，教以一法，使之修持。遂留此一教，其实非理"①。可见，在白玉蟾看来，摩尼教是冒名道教一种外教。一直到浙江的方腊造反，旬日之间攻下江南多数州郡，才使宋朝廷感到摩尼教有一强大的宗教组织，若是被人利用，会造成很大的影响。其后，朝廷开始严禁摩尼教。陆游说："自古盗贼之兴，若止因旱饿饥馑，迫于寒饿啸聚攻劫，则措置有方便可抚定，必不能大为朝廷之忧。惟是妖幻邪人，平时诳惑良民，结连素定，待时而发，则其为害未易可测。伏思此色人处处皆有，淮南谓之二桧子，两浙谓之牟尼教，江东谓之四果，江西谓之金刚禅，福建谓之明教、揭谛斋之类，名号不一，明教尤甚。……更相结习，有同胶漆。万一窃发，可为寒心。汉之张角，晋之孙恩，近岁之方腊者，皆是类也。欲乞朝廷戒敕监司守臣，常切觉察，有犯于有司者，必正典刑。毋得以习不根经教之文，例行阔略。仍多张晓示。见今传习者，限一月，听斋经像衣帽赴官自首，与原其罪。限满，重立赏，许人告捕。其经文、印板，令州县根寻，日下焚毁。仍立法，凡为人图画妖像及传写刊印明教等妖妄经文者，并从待一年论罪。庶可阴消异时窃发之患。"②

然而，正由于官府严禁，刑法过重，地方官反而不敢对民间的摩尼教大动干戈。庄绰的《鸡肋篇》说："事魔食菜，法禁甚严。有犯者，家人虽不知情，亦流于远方以财产半给告人。余皆没官。而近时事者益众……而又谓人生为苦，若杀之，是救其苦也，谓之度人。度多者，则可以成佛，故结集既众，乘乱而起，甘嗜杀人，最为大患。尤憎恶释氏，盖以戒杀与之为戾耳。但禁令太严，每有告者，株连既广，又当籍没，全家流放，与死为等，必协力同心，以拒官吏。州县惮之，率不敢按，反致增多。余谓薄其刑典，除去籍财之令，但治其魁，则可以弭也。"③ 可见，官府的严禁，未能制约摩尼教在民间的发展。

第二，福建各地参加摩尼教会的信众十分广泛。陆游说："闽中有习左道者谓之明教，亦有明教经甚多，版刻摹印，妄取《道藏》中校定官名衔赘其后，烧必乳香，食必红蕈，故二物皆翔贵。至有士人、宗子辈众中自言今日赴明教斋。予尝诘之：此魔也，奈何与之游？则对曰：不然，男女无别者为魔，男女不亲授者为明教。明教遇妇人所作食，则不食。然尝得所谓明教经观之，诞谩无可取，直俚俗习妖妄者所为耳。又或指名族士大夫家曰：此亦明教也。不知

---

① 白海蟾：《海琼白真人语录》卷一，《道藏》第 33 册，第 115 页。
② 陆游：《渭南文集》卷五，条对状，第 7-8 页。
③ 庄绰：《鸡肋篇》卷上，中华书局 1983 年，第 12 页。

信否?"① 由此可见，明教在福州拥有各阶层的信众，连士大夫、宗子等人物都参加明教会，"至有秀才、吏人、军兵亦相传习其神"②；而女性参加的相当多，释志磐的《佛祖统纪》引南宋洪迈《夷坚志》的记载："吃菜事魔，三山尤炽。为首者紫帽宽衫，妇人黑冠白服，称为明教会。"③真德秀、朱熹在其文集中都提道：泉州、漳州民间有许多"吃菜事魔"的人。他们建立摩尼教的寺院，吃斋念经，林悟殊称之为"寺院化的摩尼教"。1979年，考古学者黄世春在

图 7-1 晋江草庵出土的刻有"明教会"的黑瓷碗，摄于晋江博物馆

图 7-2 晋江草庵摩尼神像的仿刻，摄于晋江博物馆

草庵前面发掘出写有"明教会"的瓷碗，而同类残字瓷片达60多件，它说明草庵在宋代已是泉州明教会的聚集点之一。④ 元代前期，马可·波罗在福州时发现当地人信仰一种西方传来的宗教，其教义与基督教有相似之处，而其信徒在福

---

① 陆游：《老学庵笔记》卷十，文渊阁四库全书本，第3页。
② 陆游：《渭南文集》卷五，条对状，第7—8页。
③ 释志磐：《佛祖统纪》卷四九，第22页。
④ 黄世春：《福建晋江草庵发现'明教会'黑瓷碗》，《海交史研究》1985年第1期。

州路等地"有七十多万户",当时马可·波罗还以为这是基督教。法国著名中国学家伯希和判定:他们应是摩尼教(明教)徒。① 可见,元代摩尼教在福建还是相当兴盛的。

第三,摩尼教内部有等级组织。关于明教会的规矩和内部组织,南宋白玉蟾有如下叙述:"彼之教有一禁戒,且云尽大地山河草木水火皆是毗卢遮那佛身外面立地,且如持八斋、礼五方,不过教戒使之然尔。其教中一曰天王,二曰明使,三曰灵相土地,以主其教。大要在乎清净、光明、大力、智慧八字而已。然此八字,无出乎心,今人著相修行,而欲尽此八字,可乎? 况曰:明教而且自昧。"② 很显然白玉蟾对明教有偏见,但也可从中看到,明教内部等级分明。不过,关于其内部组织,各种书的记载不同,在福建做官的陆游说:"至有秀才、吏人、军兵亦相传习其神,号曰明使;又有肉佛、骨佛、血佛等号;白衣、乌帽,所在成社。"③ 又如庄绰所说:"其魁谓之魔王,为之佐者,谓之魔翁、魔母,各诱化人。且、望,人出四十九钱,于魔翁处烧香。翁、母则聚所得缗钱,以时纳于魔王,岁获不赀云。亦育金刚经,取'以色见我'为邪道,故不事神佛。但拜日月,以为真佛。其说经如'是法平等,无有高下',则以无字连上句,大抵多如此解释。俗误以魔为麻,谓其魁为麻黄,或云易魔王之称也。其初授法,设誓甚重。"④ 从以上史料来看,摩尼教在各地的组织情况不同,其骨干的名称也不同,而其共同点是有严密的组织,所以,能够发动大规模的起义。不过,在福建传播的摩尼教,一向是以和平为其特点的,福建历史上没有因摩尼教组织而发动的起义。元末福建的红巾军,都是从外省传入的。

第四,摩尼教有一些不同于中国习俗的习惯,引起士人的广泛注意。庄绰的《鸡肋篇》:"闻其法,断荤酒,不事神佛祖先,不会宾客。死则裸葬,方殓,尽饰衣冠,其徒使二人坐于尸旁,其一问曰:'来时有冠否'? 则答曰:'无',遂去其冠。逐一去之,以至于尽。乃曰:'来时何有?'曰:'有胞衣'。则以布囊盛尸焉。云事之后致富。小人无识,不知绝酒肉燕祭厚葬,自能积财也。又始投其党,有甚贫者,众率财以助,积微以至于小康矣。凡出入经过,虽不识,

---

① [英]阿·克·穆尔(Arther Christopher Moule):《一五五〇年前的中国基督教史》第三章:"刺桐的十字架及其他遗物",郝镇华译本,中华书局1984年,第164-165页。
② 白玉蟾:《海琼白真人语录》卷一,《道藏》第33册,第115页。
③ 陆游:《渭南文集》卷五,条对状,第7-8页。
④ 庄绰:《鸡肋篇》卷上,第11-12页。这段记载亦见于方勺的《青溪寇轨》,见:方勺:《泊宅编》附,中华书局1983年,第113-114页。

党人皆馆谷焉。人物用之无间，谓为一家，故有无碍被之说。以是诱惑其众。"① 庄绰又说："如不事祖先、裸葬之类，固已害风俗。"② 陆游则说："以祭祖考为引鬼，永绝血食；以溺为法水，用以沐浴。其他妖滥，未易概举。烧乳香则乳香为之贵，食菌蕈则菌蕈为之贵；更相结习，有同胶漆。"③

这些史料使我们知道：摩尼教是一种西亚传入的宗教，所以，有一些不同于中国的习俗，其一，以素食为主，素菜中的香菰、红蕈等食用菌价格因而上涨；其二为裸葬，死后去掉一切衣服，以白布裹尸；其三，以尿作洗浴之水。这本是游牧民族的习惯，因为，在半沙漠、半草原的西亚一带，食用水很难得，所以，游牧人养成了以畜牲之尿为洗浴之水的习惯，这一习惯随着摩尼教传入福建；其四，严厉排斥其他信仰，例如拜祖先、拜神佛等等。

第五，福建的摩尼教被称之为"明教"。从五代时期"清源都将"的故事来看，早在唐末五代，福建已经有了"明教"一词。明教的发源地是泉州与福州之间的福建沿海一带，其他各地的明教是从福建传出去的。如庄绰所说："事魔食菜，法禁甚严……而近时事者益众，云自福建流至温州，遂及二浙。"④ 不过，明教在北方的传播过程中，逐渐与白莲宗混同，变成一种民众的抗暴组织。明教徒屡屡发动起义，并在元代掀起了反元大起义，最后推翻了元朝，而明教教徒朱元璋建立明朝。

二、元代摩尼教的发展

元代，泉州摩尼教徒在安海华表山建了一座名为"草庵"的摩尼寺，寺的背后依托一块巨石为墙，巨石上有一块高1.52米、宽0.83米的巨型浮雕，其主题为一座跌坐的摩尼佛像，它与通常的佛教佛像有明显的区别，佛教的佛像大都是螺结似的头发，没有胡子，而草庵佛像的主人公长发披肩，颚下有须，其风格明显不同于佛教诸佛与菩萨像。对于这座摩尼像，《安海志》有较为详细的描述："庵门匾镌'草庵'二字，庵中，山势隆结一巨石，相传此石常现金容，因依其形浮雕摩尼光佛一尊，其周镌一圆圈直径约六尺之佛龛。佛身高五尺余，跌坐莲坛上，背后光圈射出道道波形毫光；佛相面庞圆润，眉弯隆起，双耳垂肩，两目明眸，发披两肩，身着宽袖僧衣，无作扣，胸前蝶结垂向两侧，双手

---

① 庄绰：《鸡肋篇》卷上，第11—12页。
② 庄绰：《鸡肋篇》卷上，第12页。
③ 陆游：《渭南文集》卷五，条对状，第7—8页。
④ 庄绰：《鸡肋篇》卷上，第11—12页。

掌心向上，置于膝上，神态庄严，别具风采。此像全身灰白，而脸部呈青草色，手部却现粉红，神化色彩，真乃天造地设。"①

摩尼教起源于波斯，西亚宗教一向反对偶像崇拜，所以，真正的摩尼教寺中，是没有摩尼之像的。然而，中国摩尼教徒崇拜摩尼像已经有很长的历史，何乔远说："至道中，怀安士人李廷裕得（摩尼）佛像于京城卜肆，鬻以五十千钱，而瑞相遂传闽中。"② 至道为宋太宗年号，时为公元995—997年。南宋时期陆游提到闽中摩尼教："伪经妖像，至于刻板流布。假借政和中道官程若清等为校勘，福州知州黄裳为监雕。"③ 可见，当时即有摩尼等像流播于民间。迄至元代，信众将其雕刻于崖上，从而成为现存唯一传世的摩尼像。

元代明教在民众中很有基础，草庵摩尼佛像边有两条元代石刻："谢店市信士陈真泽、真囗，立寺喜舍本师圣像，祈荐考妣早生佛地者，至元五年戌月四日记。""兴化路罗山境姚兴祖奉舍石室一完，祈荐先君正卿姚汝坚三十三旻、妣郭氏五九太孺，继母黄十三娘、先兄姚月涧四学出生界者。"④ 由此可知，为摩尼刻像建庙的是两家信众，分别来自晋江的谢店市与仙游的罗山境。近年以来，在莆田涵江区境内发现了刻有"清净光明、大力智慧、摩尼光佛"的石碑，下款为："都转运盐使司上里场司令许爵乐立"，经考证，这是一幅元代的碑刻。⑤ 这都说明摩尼教在福建沿海民间的传播。吴文良还在泉州发现了一条有关明教的石刻："碑文是用汉字、叙利亚字母拼写的突厥语写的，其文字内容经日本国顺天堂大学村山七郎教授认读，墓碑右边上那两行叙利亚字母拼写的突厥语的内容，与左边汉字'也里可温、马里、失里门、阿必思古八、马哈昔牙'的意思相一致，其汉文译文为'管领江南诸路明教、秦教等，僧侣先生教区的教长失里门先生的坟墓。"可见，当时元朝为管明教等宗教，设置了专门的官员。⑥

明以后摩尼教在闽中的蜕变。入明以后，摩尼教与明教都遭到朝廷方面的严禁，由于明教的传播曾使元朝这一武力最强大的王朝覆没，所以，明朝对明教之禁，非常严厉，远远超过宋代。这一时期泉州摩尼教的命运如何呢？人们

---

① 安海志修编小组：新编《安海志》卷十六，寺庵，1983年自刊本，第208页。
② 何乔远：《闽书》卷七，方域志，第172页。
③ 陆游：《渭南文集》卷五，条对状，第7—8页。
④ 注，草庵边的石刻有几个字很模糊，所以，各书记载略有不同。此处据石刻照片。见粘良图：《晋江碑刻选》，厦门大学出版社2002年，第228页。
⑤ 国家文物局主编：《中国文物地图集·福建分册》，福建省地图出版社2007年，第464页。
⑥ 吴幼雄等：《泉州史迹研究》，厦门大学出版社1998年，第192页。

在草庵附近找到一块石刻:"劝念:清净、光明、大力、智慧,无上至真摩尼光佛。正统乙丑年九月十三日,住山弟子明书立。"正统乙丑年即明英宗正统十年(1445年),可见,泉州的摩尼教在明代尚延续很长时间。不过,迄至明代后期,草庵已经荒废,隆庆年间的榜眼黄凤翔有《咏草庵》一诗:

> 琳宫秋日共跻登,木落山空爽气腾。
> 细草久湮仙桥路,斜晖暂作佛坛灯。
> 竹边泉脉邻丹灶,洞里云根蔓绿藤。
> 飘瓦颓垣君莫问,萧然一榻便峻嶒①。

可见,当时草庵已经完全被野草湮没了。考正统与隆庆之间,晋江一带发生的大事是倭寇入侵。约在嘉靖三十四年(1555年)到嘉靖四十四年(1565年)之间,倭寇对闽南的骚扰十分频繁,晋江沿海民众纷纷跑反,不得聊生。草庵的荒废应在此时。其后,随着人事更改,草庵虽然重兴,但已经被当作佛教的庙宇。民国时期,草庵重建,当地民众也是将其当作佛教寺院的。在学者进行研究后,僧人对此看法才有所改变,弘一法师曾为草庵题联:"石壁光明相传为文佛现影,史乘记载于此有名贤读书。"弘一此联中,出现"光明""文佛"二辞,应当都是指摩尼教。从弘一与草庵的关系来看,这座庙当时是属于佛教的。

摩尼教在历史上被称为最为多变的宗教,这是因为:摩尼教徒经常伪托其他宗教来传播自己的宗教。早在宋代,摩尼教便有冒充佛教与道教的历史。宋代释志磐的《佛祖统纪》说明教会"所事佛,衣白,引经中所谓白佛言世尊,取《金刚经》一佛、二佛、三四五佛以为第五佛。又名末摩尼。采化胡经乘自然光明道气飞入西那王界苏邻国中,降诞玉宫,为太子出家,称末摩尼以自表,证其经名二宗三际,二宗者,明与暗也,三际者,过去、未来、见在也"。② 以上引文所说的《化胡经》是历史上的一桩公案,约在佛教传入中国后,民间流传着《老子化胡经》一书,说老子西出潼关之后,化作自然光明之道气,到西方的某一国家,化为释迦牟尼佛,这就是佛教起源的原因。在佛教僧人看来,这是对佛教的侮辱,因此,佛教历史上有许多僧人著文反驳《老子化胡经》一书。但摩尼教对《老子化胡经》一书却采取不同于佛教的态度,它反而引用此

---

① 安海志修编小组:新编《安海志》卷十六,寺庵,1983年自刊本,第208页。
② 释志磐:《佛祖统纪》卷四九,第22页。

书来证明摩尼教的合法性，认为摩尼是老子的化身。其次，摩尼教也一直与佛教拉关系，把摩尼说成是"第五佛""白佛"。对民众而言，摩尼教与佛教、道教颇有相同之处，例如：以食素为主、有专门的寺院。我们注意到：无论是在元代还是明代，草庵等地的石刻的记载都表明：当地人将其崇拜的对象称为佛——摩尼佛，这说明当时的摩尼教开始融入佛教中去，它已经成为佛教的一个支派。调查发现：福州涌泉寺附近的山上有一块大石雕有57种佛的名字，为首者是"药上菩萨"，结尾处是"阿弥陀佛"，其间有三尊佛名与摩尼有关，它们是："摩尼幢佛""欢喜藏摩尼宝积佛""摩尼幢灯光佛"。这块石刻刻于清康熙甲戌（1694）年，由涌泉寺方丈道霈为霖主持。这也是摩尼教融入佛教一证。对当地信众而言，摩尼佛只是众佛中的一员。

此外，福州新近发现了一座摩尼教庙宇其名为："明教文佛祖殿"，该庙位于福州市台江区义洲浦西，今名为"福寿宫"，其实，民间都称其为"明教文佛祖殿"，殿上所拜之神为"度师真人"与"明教文佛"，其中明教文佛之塑像与草庵摩尼佛塑像极为相似。今该殿存有一座乾隆年间所铸铁元宝炉，其上有"度师真人，明教文佛，清乾隆庚戌年花月，本里弟子萧兆喜舍"。其次，该寺保留清代绘制的全景图轴，图轴也表明：庙宇主神为度师真人，明教文佛。[①] 福州福寿宫所祭祀的两位主神，度师真人之名像是道教，而明教文佛之名，则表明它与佛教的关系，这充分反映了摩尼教"百变宗教"的特点，但是，这也使其宗教特点日益模糊。

明清以来，福建民间广泛流行的斋会组织，这些斋会非佛非道，亦佛亦道，以吃素为其特征。现在看来，这些斋会，其源头不一定是佛教，也不一定是道教，更有可能是摩尼教。由于福建摩尼教大量融入了佛教，而佛教的斋会组织也很发达，所以，原先是摩尼教的斋会也就与佛教斋会混同，人们视其为佛教的斋会之一，其实未必。从这一角度看，摩尼教对福建下层社会的影响是巨大的。

---

① 李林洲：《福州摩尼教重要遗址——福州台江义洲浦西福寿宫》，《福建宗教》，2004年第1期，第44页。

第四节　元代福建的海外宗教

福建是一个与海外世界交往较多的省份，宋代居住于泉州港的海外商人，即将他们的信仰传入泉州，元代由于中西交通的贯通，一些西方人士进入中国，所以，在元朝境内，各种海外宗教流行。当时的泉州作为海外蕃客较多的地区，各种海外宗教十分发达，其中有伊斯兰教、景教、天主教等。

一、伊斯兰教

泉州伊斯兰教遗迹是海内外学术界研究的一个重点。自从张星烺先生于1925年考察泉州以来，对泉州伊斯兰碑铭的发现日益增多。福建省内的学者中，庄为玑、吴文良早在民国时期便展开了泉州伊斯兰教遗迹的调查与研究。其中吴文良的《泉州宗教石刻》一书，汇集了他几十年来搜集各种宗教石刻的成果，其后，又有福建省泉州市海外交通博物馆编的《泉州伊斯兰教石刻》一书，增补了有关伊斯兰教石刻的新发现。而2005年由吴幼雄主持，又出了《泉州宗教石刻》的增订本，字数近百万。这些成果都是非常突出的。

泉州是著名的穆斯林三贤、四贤墓所在的地方。明嘉靖四十一年泉州知府周道光在一篇纪游文章中提道：

> 泉州郡城之东为仁风门。门之外半里许，稍折而东南，遵湖冈行，望之垒肱郁肱，祥光瑞霭，隐隐呈露，其中若有真藏焉。问之土人，曰：'此灵山圣墓也'。考之郡乘不载，见于山叙者曰：'北山，府城之主山也。其东支为石壁、石头、圣姑、红虾诸山。'疑圣姑之名即此。盖自异域之教流入中土，有回回教者。其始祖不知何代氏姓，乐此丘而藏焉。余心异之，别驾关朱明公先期集同志者五六人，偕余往焉。入门，径路甚湫溢，登其堂，境界觉别，陟其巅，有鬣封者三，即圣墓也。墓之前，右有小阁，为礼拜所。左有疏轩，可憩。面西而南户，可以远眺。①

迄今留下的文献中，周道光是最早考察三贤、四贤墓的学人。其后，何乔

---

① 黄任等：乾隆《泉州府志》卷六，山川志，上海书店2000年影印清光绪本，第38页。

远也考察过位于泉州东郊的三贤、四贤之墓。他的《闽书》云：穆罕默德在世时，"门徒有大贤四人，唐武德中来朝，遂传教中国。一贤传教广州，二贤传教扬州，三贤、四贤传教泉州，卒葬此山。然则二人，唐时人也"。① 如果这一条记载可靠，伊斯兰教在其诞生之初，便已经传入福建。不过，泉州第一座伊斯兰教寺院始创于北宋初年，若说早在二三百年前就有该教先贤进入泉州，似乎很难成立。因此，多数专家都认为这条记载不是很可靠。② 实际上，唐代初年，泉州的政治中心还在南安县，那时的泉州湾海水一直侵入到南安县的延福寺之前，南安县以东，后来属于晋江县的大部分地面还是海湾。唐代晋江发生沧海桑田的变化，许多海湾被填为陆地，泉州的海港从南安向外延展。唐开元八年（720年），晋江县成立，此时距唐朝建立已经有一百多年。此后，泉州治所也转移到晋江，新的泉州海港应是在晋江城一带。就泉州首邑晋江的历史来看，唐初晋江许多地方尚为海湾，居民不多，因而也不太可能成为最早的伊斯兰教传播之地，所以，三贤四贤墓的创立时代不可能是唐代初年。当然，墓的主人应是最早到泉州的那一批伊斯兰教徒，仍然是值得纪念的。不过，其年代是晚唐、五代还是宋初？都有可能，但也无法确定。现有三贤四贤墓的基本格局是元代至治二年（1322年）重修时确定的，周边有阿拉伯文碑可以为证。因其地位重要，三贤四贤墓也被称为圣墓。该墓于1988年被列为全国重点保护文物，维修时扩大了周边建筑。

那么，伊斯兰教何时传入福建？历史上有各种说法。元代吴鉴曾为泉州撰写了《重立清净寺碑》，其文云："至隋开皇七年（587年），有撒哈八撒阿的斡葛思者，自大寔航海至广，方建礼拜寺于广州，赐号'怀圣'。"③ 按，穆罕默德创立伊斯兰教是在公元610年，而隋开皇七年是公元587年，很显然，在伊斯兰教创立的23年前，不可能有穆罕默德的信徒到中国来。而何乔远记录穆斯林的传说，穆罕默德出生于隋开皇元年。可见，吴鉴所载传说大概是将穆罕默德的出生年月与穆罕默德创教时间混为一体了。

考古调查表明：泉州第一座清真寺始建于宋真宗大中祥符二年至三年之间（1009—1010年），其名为圣友寺。④ 其时，泉州市舶司尚未成立，而泉州城内

---

① 何乔远：《闽书》卷七，方域志，第165-166页。
② 陈达生：《泉州灵山圣墓年代初探》，载福建省泉州海外交通史博物馆、泉州市泉州历史研究会编：《泉州伊斯兰教研究论文选》，福建人民出版社1983年，第167-176页。
③ 吴文良原著、吴幼雄增订：《泉州宗教石刻》，第17页。
④ 福建省泉州市海外交通博物馆编：《泉州伊斯兰教石刻》，宁夏人民出版社、福建人民出版社1984年，第3页。

已经有外来的番客居住了，其中必定有伊斯兰教徒，所以会有圣友寺出现。

图 7-3　泉州的三贤、四贤墓

图 7-4　泉州涂门街清净寺遗址

泉州在南宋时期渐渐成为海内外闻名的大港，到泉州贸易的外籍商人也多了起来，其中又以伊斯兰教徒为多。于是出现了"蕃客墓"。林之奇说：

> 负南海征蕃舶之州三，泉其一也。泉之征舶通互市于海外者，其国以十数，三佛齐其一也。三佛齐之海贾以富豪宅生于泉者，其人以十数，试郍围其一也。试郍围之在泉，轻财急义，有以庇服其畴者，其事以十数，族蕃商墓其一也。蕃商之墓，建发于其畴之蒲霞辛，而试郍围之力，能以成就封殖之。其地占泉之城东东坂，既翦薙其草莱，夷铲其瓦砾，则广为之窀穸之坎，且复栋宇，周以垣墙，严以扃钥，俾凡绝海之蕃商，有死于吾地者，举于是葬焉。经始于绍兴之壬午，

269

而卒成乎隆兴之癸未。试郌围于是举也，能使其榷罾卉服之伍，生无所忧，死者无所恨矣。持斯术以往，是将大有益乎互市，而无一愧乎怀远者也。余固喜其能然，遂为之记，以信其传于海外之岛夷云。"①

当时的海外市场以伊斯兰教徒为多。所以，葬于泉州蕃商墓的，多为伊斯兰教徒吧。随着教徒人数的增多，自然要增建清真寺。涂门清净寺是在这一背景下出现的，元代吴鉴曾为泉州撰写了《重立清净寺碑》，其文云："宋绍兴元年，有纳只卜穆兹喜鲁丁者，自撒那威从商舶来泉，创兹寺于泉州之南城，造银灯香炉以供天，买土田房屋以给众。"② 可见，该寺始建造于南宋绍兴元年（1131年）。值得注意的是：清净寺始创者来自波斯的撒那威城，此地民众擅长贸易，许多波斯商人都来自当地。同为南宋的清真寺还有泉州涂门外津头埔的也门教寺。如上所说，泉州建于宋代的清真寺至少有：圣友寺、清净寺、也门教寺。

元代重用色目人参政，而色目人中伊斯兰教徒最多，所以伊斯兰教在元代朝野颇有影响。周密说："今回回皆以中原为家，江南尤多。"③ 元末有人说："元氏失驭，而色目人据闽者，惟我泉州为最炽。"④ 现存泉州有关伊斯兰教的石刻达数百方，其中除了少数为宋代墓刻之外，大多为元代穆斯林教徒的墓葬遗物。波斯布哈拉人赛典赤·詹思丁的家族在朝廷十分显赫，其本人在忽必烈时任宰相25年。其子孙历任高官，其中有几位与福建有关。他的长孙伯颜任泉州的长官，次孙乌马儿也在福建行省做过官。1952年，人们在泉州通淮门发现一方石碑，其上文字云：赛典赤·杜安沙葬于回历702年，亦即元大德六年（1302年），许多学者猜想，其人是否赛典赤·詹思丁的后裔？这说明有赛典赤的子孙有葬于中国者。不过，泉州陈埭著名的丁氏家族是否与赛典赤·詹思丁有关，学界一直存在争议。有人在《泉州南门外陈江雁沟里丁氏族谱》中发现一条史料："我祖，自节斋公而上……不知其年自也。嘉靖丙申，伯父出所藏毅手书见示……蕃地蕃语，难于史册记也。其起句曰：赛典赤·詹思丁，回回人，其国言赛典赤，犹华言贵族也。仕元，拜平章政事，行省云南。"⑤ 这条族谱史

---

① 林之奇：《拙斋文集》卷十五，泉州东坂葬蕃商记，文渊阁四库全书本，第12页。
② 吴文良原著、吴幼雄增订：《泉州宗教石刻》，第17页。
③ 周密：《癸辛杂识续集》上，回回沙碛，文渊阁四库全书本，第26页。
④ 泉州《荣山李氏族谱》，第十九世，处士睦斋林公传，吴文良、吴幼雄：《泉州宗教石刻》，第270页。
⑤ 转引自：吴文良、吴幼雄：《泉州宗教石刻》，第45页。

料将自己的祖先托付元代宰相赛典赤·詹思丁，这类习惯在汉族族谱中也常见到。问题在于：按其记载，泉州陈江雁沟里丁氏应为陈埭丁氏的一个分支，而陈埭丁氏的族谱对丁节斋的记载与雁沟族谱不同。《陈埭丁氏回族族谱》记载：泉州陈埭丁氏的祖先是节斋公："始祖节斋公讳谨，字慎思。家世洛阳，因官于苏州而家焉。节斋公自苏货贾于闽泉，卜居泉城。生宋淳祐辛亥年八月十五时，卒元大德戊戌年七月廿五日戌时。"① 可见，丁节斋是宋元之际从苏州迁移到泉州的一名商人，似与赛典赤·詹思丁无关。丁节斋的子孙后来主要做泉州与苏州之间的贸易。

泉州著名的清净寺原建于宋代，后荒废，土地被人占据。直到元朝后期"至正九年，闽海宪佥赫德尔行部至泉，为政清简，民吏畏服"。所谓"宪佥"，应是指福建按察司内的佥事，这是一个管辖刑事及民事案件的官员。当地的伊斯兰宗教领袖夏不鲁罕丁抓住机会，派人上诉，加上得到泉州路达鲁花赤偰玉立的支持，索回寺院废址，然后"里人金阿里"捐钱重建，"一新其寺"。② 金阿里为泉州金氏家族的人，应是色目人之一。《八闽通志》记载的元末兴化路战事中，亦思马奚军的一名军官叫"金阿里"，看来就是此人了。《清源金氏族谱》提到金吉时说："公有子二人，长曰呵哩，次曰嘛念吻。呵哩先以陈柳之乱，介义徂征，死节于莆。"③ 可见，金阿里后来战死于兴化路。当时的军官都很有钱，他于生前捐钱建筑清净寺，是可以理解的。

元末亦思巴奚军统治泉州时期，由于其首脑都是西亚人，伊斯兰教更受到重视。那兀纳"即乔平章宅建番佛寺，极其壮丽，掠金帛亿积其中"。这一番佛寺有人认为是婆罗门教寺，其实那兀纳是伊斯兰教徒，他所建的"番佛寺"应为清真寺。④ 元末吴鉴说："今泉造礼拜寺增为六七。"⑤ 可见，元代当地清真寺不仅有修复者，还有新建者。考古发现元代泉州新建的清真寺还有南门的穆罕

---

① 丁毓龄：《陈埭丁氏回族历史上的商业活动》，陈埭回族史研究编写组：《陈埭回族史研究》，中国社会科学出版社1991年，第112页。
② 吴鉴：《元至正十三年三山吴鉴重立清净碑记》，此文载于《泉州府志》与后人所立《重立清净寺碑》中，参见福建省泉州市海外交通博物馆编《泉州伊斯兰教石刻》，宁夏人民出版社、福建人民出版社1984年，第9页。
③ 佚名：《元武略将军一菴金公传赞》，吴文良、吴幼雄：《泉州宗教石刻》，《清源金氏族谱》，第268页。
④ 努尔：《那兀纳与番佛寺》，见《泉州伊斯兰教研究论文选》，第115页。
⑤ 吴鉴：《元至正十三年三山吴鉴重立清净碑记》，此文载于《泉州府志》与后人所立《重立清净寺碑》中，参见福建省泉州市海外交通博物馆编《泉州伊斯兰教石刻》，宁夏人民出版社、福建人民出版社1984年，第9页。

默德寺，东门外东头乡至治年间的纳希德重修寺及无名大寺等等。① 这说明元代泉州伊斯兰教有很大发展。

图7-5　泉州海交馆藏的清真墓石及墓碑文字

元代清真寺的宗教活动罕见记载，但泉州清净寺尚存一块由元人吴鉴所撰的《重立清净寺碑记》，碑中记述了泉州清净寺的几个主要人物："夏不鲁罕丁都年一百二十岁，博学有才德、精健如中年人，命为摄思廉，犹华言主教也。益绵苦思丁麻合抹，没塔完里舍剌甫丁哈悌卜，谟阿津萨都丁。益绵犹言主持也。没塔完里犹言都寺也，谟阿津犹言唱拜也。"由此可知，元代泉州清净寺中有主持、都寺、唱拜之类的人物，它的活动情况可从中窥见一斑了。

元末泉州政坛长期被亦思巴奚军控制，关于亦思巴奚军的故事，我将在第十章中详细研究。简单地说，元世祖至元十九年二月，元朝"调扬州合必赤军三千人镇泉州"②，看来以后这支军队就扎根泉州了。元末的亦思巴奚军由乡勇组成，一般认为，这些乡勇多为合必赤军的后裔。不过，这支军队不大听元朝福建行省官员的指挥，所以，《元史》将亦思巴奚军的建立称之为"叛"。中肯地说，这是一支地方割据势力。亦思巴奚军在其鼎盛时代有多少人，一直没有直接的记载。他们中间的一支曾被调到福州，后来有九百多人乘船返回泉州。与此同时，另有一支亦思巴奚军长期在兴化路作战，泉州还要留一些人驻扎，所以，元末全部亦思巴奚军应当有三千人左右。至正二十六年之后，亦思巴奚军主力在兴化路作战，最终被陈友定所部元军歼灭，溃逃的士卒遭到兴化路军民的围剿，最后只有四名战士逃回泉州。看来战死于兴化军的亦思巴奚军会有

---

① 庄为玑、陈达生：《泉州清真寺史迹新考》，载《泉州伊斯兰教研究论文选》，第102-114页。

② 宋濂等：《元史》卷九九，兵志二，第2542页。

一二千人，这对泉州色目人是极大的打击。其后元军主力南下，攻占了泉州。

那么，元末陈友定军队进入泉州，泉州色目人遭遇如何？按照泉州地方《丽史》的说法：龚名安等军队联合城内的金吉等人偷袭泉州成功，然后在城里进行了报复。"是役也，凡西域人尽歼之，胡发高鼻有误杀者。闭门行诛三日，民间秋毫无犯。僧大奎大书彩旗联句云：'将谓一方皆左衽，岂图今日见王官。'福州军至，发蒲贼诸冢，得诸宝货无计。寿庚长子师文，性残忍，杀宋宗子，皆决其手。圹中宝物尤多，圹志石玛瑙为之，翰林承旨撰文，金陵人也。盛称元君恩宠，及归功寿宬文学智谋云。大抵犬戎叛乱，出其天性，而奸诡饰诬，或目文学所济，亦有之。凡蒲尸皆裸体，面西方。伊蒲悉令其五刑而诛之。弃其肉于猪槽中，报在宋行弑逆也。"①《丽史》一书撰于明朝嘉靖年间，虽然是当地人写当地历史，但不能排除其中的夸张的地方。以"凡西域人尽歼之"之句来说，实际上，与伊蒲合作的金吉便是一位西域人，他儿子金阿里捐建的清净寺保存至明清时期，可见，以金吉为首的金氏家族入明以后仍然存在。除了参加起义的金氏外，其他在泉州城内控回族各家族也都存在。主要有金、丁、马、铁、夏五大姓。蒲氏家族迁离泉州城的不少，仍在泉州居住的也有。著名的蒲日和曾经和郑和一起到三贤、四贤墓进香。这都说明，由于金吉等人率部投降，陈友定军队进入泉州之后，并未实行大屠杀。不过，他们对寺院和墓室的毁坏，看来是真的，而且很厉害。泉州南面的城墙建筑于明代初年，民国时期这段城墙被拆毁，出土了许多伊斯兰教徒的残缺墓碑，说明至少在明初之前，泉州经历了一次墓碑大破坏。这次破坏，应是陈友定所率元朝军队进入泉州造成的。在城东南的战斗中，挖掘了大量的穆斯林墓。泉州色目人后裔传说，城东的色目人村庄毁于明初的战争中。由于南下的一员明军将领被杀，明军怒而出兵清剿泉州城东南各乡。但是阅览明初的记载：南下明军攻克福州和南平之后，泉州、漳州等地的元朝官员，都是主动投降明朝，明军接收泉州、漳州、汀州等地，都没有发生战斗，所以，毁灭城东南色目人村庄的战斗，应当是元末发生的。如果说元军在打到泉州城下后，经历了一个月的作战，那么，破坏是不会少的。由于军官战死，元军又有报复心理，这次破坏就更可怕了。元末泉州城东的色目人村庄遭到清剿，诸如东岳山周边的金厝围、夏厝埔、苏厝山、色厝尾、铁厝围等村庄大都被焚毁，此地色目人纷纷逃窜，此后泉州城东不再有色目人大片聚集地。② 而色目人后裔大都散居于泉州城各城厢。

---

① 佚名：《丽史》，吴文良、吴幼雄：《泉州宗教石刻》，第269页。
② 吴文良、吴幼雄：《泉州宗教石刻》，第275页。

明朝统一后，因宋末蒲寿庚叛宋，曾下令禁止蒲氏子孙读书入仕。可见，当时福建的回族曾经受到一定的政治压力。但是，随着岁月流逝，这些禁忌逐渐被人们忘怀。查明代进士的姓氏，弘治五年福建乡试的林文迪榜，兴化府有一名为蒲宣的士人考中举人，但他是不是泉州蒲氏的后裔就不知了。此人后任唐县教谕。可见，明朝的所谓禁令，并没有延续很久吧，随着时间推移，多数人忘掉明太祖的这一禁令，所以蒲氏家族的人又可以进入仕途了。

明清以后，居住在泉州城内的回族各姓与汉族混居。"明初多相率反教或改姓他迁"，但是，仍有不少回姓家族在泉州存在，主要有郭、夏、蒲、葛、马、金、黄、丁八姓。尽管有少数家族出教，但坚持伊斯兰教信仰的家族还是有的。个别家族甚至有扩大的趋势："迄今虽入编户，然其间有真色目人者，有伪色目人者，有从妻为色目人者，有从母为色目人者，习其异俗。"[①] 这是说，回族人的母亲对子女宗教影响很大。"夫兄娶色目人，律以异习，或所不免。然泉郡中巨族，如金、丁、马、迭、夏五大姓，皆以妈氏异教，沿至十余世，犹不革者。"[②] 然而，到了明末清初，他们回族的色彩日益淡化。慢慢地失去文字，失去语言，失去习俗，乃至失去宗教。与汉族逐渐融为一体。

据近人的调查，泉州地区的回族以丁氏、郭氏最为突出，城内的金、马、铁诸氏色彩较淡。丁郭二氏昌盛的原因在于他们迁居乡村，子孙繁衍，一村一姓，拥有数千人，外来文化较难影响他们。其中泉州府惠安县的白奇郭姓回族，其祖先郭仲远于明洪武年间开族白奇，"曾建礼拜新寺，子孙尊奉回教。其教义为：'摒弃邪魔，回向清真，极务实理，不尚虚文。'凡遇父母丧事，应延请阿訇敬读天经（古兰经）"。[③] 至于泉州沿海的陈埭丁氏，今有万余人，号称万丁。据其族谱记载，在康熙三十八年（1699年）之前，该族的祭仪仍然有其回教特征，例如，其时族人丁清的《祭仪纪言》记载："予家世旧矣，于何家礼未定，祖从回教也。回教维何不用刚鬣（猪），不焚楮帛，相率西向而拜。"陈国强教授认为：这说明12世以前的陈埭丁氏仍然还奉行伊斯兰教。[④] 可见，伊斯兰在当地一直流传到明清时期。

---

① 泉州《荣山李氏族谱》，第十九世，处士睦斋林公传，吴文良、吴幼雄：《泉州宗教石刻》，第270页。
② 泉州《凤池李林族谱》，清嘉庆十二年手抄本，吴文良、吴幼雄：《泉州宗教石刻》，第271页。
③ 引自：黄天柱、廖渊泉《漫谈泉州地区阿拉伯穆斯林的后裔及其遗迹》，载《泉州伊斯兰教研究论文选》，第206页。
④ 陈国强：《陈埭回族的形成与历史发展》，《陈埭回族史研究》，中国社会科学出版社1991年，第21页。

福州的伊斯兰教遗迹有清真寺与伊斯兰教徒之墓，两者皆创于元代。福州安泰桥南的清真寺始建于元至正年间，其时民间俗称礼拜寺，明初改为真教寺，嘉靖年间毁于火，其后不久重建，建成于嘉靖二十九年（1550年）。其建筑至今保存。该寺内曾发现一块穆斯林墓碑，铭文汉文、阿拉伯文两种，阿拉伯文记载墓主是花剌子模人伊本·艾米尔哈桑·伊本·莫哈慕拉丁·胡阿吉。汉文为："奉政大夫福建等处行中书省左右司员外郎忽鲁不花之墓碑，至正二十五年八月吉日立。"可见，这是一个在福建做官的色目人。

福州西北的井边亭附近，现有伊斯兰教徒之墓，墓主为伊本·玛尔贾德·艾米尔·阿莱丁，或译：伊本·穆尔菲德·艾米尔·阿莱。其人葬于元大德十年（1306年）。清乾隆二年，福建总兵官陕西宁夏人马骥为其重修墓园。墓边石刻有："西域武公舍黑之墓，道光丙午年。"所谓"舍黑"即长老之意。从这些遗迹来看，福州在元明清时期一直有伊斯兰教徒活动，所以能多次修墓。迄今为止，福州的清真寺仍为宗教活动场所，据教徒所言，他们的祖先多来自西北，因做官流寓福州，从此定居于此。

邵武和平巷的清净寺始建年代不明，明代嘉靖年间的《邵武府志》谓："色目人建以奉其教。"色目人是元代的称呼，据此，邵武的清净寺应建于元代，但不可详考。至今寺之周围有马、苏、沙、范等姓回民，而清净寺亦保存完好。据其传说，邵武回民的祖先多为军人，他们在明代被调至邵武平乱，其后在邵武定居。

图 7-6　邵武清真寺内景

二、景教与天主教

景教。景教出现于中国的史册上是在唐代初年，它原是基督教的一个支派——聂斯脱利派，该教从公元 5 世纪以后，传播于西亚、中亚，并于唐太宗时传入中国。唐人称之为"景教"。景教在唐武宗灭佛时受到很大打击，以后流传于大漠之北的游牧部落中。元朝的统治民族蒙古人中，有些支系是信仰景教的。元代，景教随着蒙古官员的足迹进入长城以南，元朝统称景教与天主教为"也里可温"，设置"崇福司"专管也里可温教务。在福建境内，曾任福建行省平章的蒙古人阔里吉思是一景教徒①；1946 年泉州还发现一块有汉字的基督教碑，其正面是古叙利亚文，北面是汉字："大元故氏校尉，光平路阜平县，王苤道公至，正己丑七月念四日何□□志。"② 其主人来自河北阜平县，是一名军官。而泉州发现的许多景教墓碑表明：当时福建境内还有不少信仰景教的商人。这些墓碑大多以叙利亚文和中文两种文字合璧，表明墓主的身份多为汉化的蒙古人与畏吾尔人，如叶氏、朱延氏等。1984 年出土的一块墓碑，碑文作者是"管理泉州路也里可温掌教官兼住持兴明寺吴唗哆呢别＊思"③，内容借用了一些传教词句："于我明门，公福荫里，匪佛后身，亦佛弟子。无憾死生，升天堂矣。时大德十年岁次丙午三月朔日记。" 1959 年中国历史博物馆展示一块来自泉州的基督教古碑："管领江南诸路明教、秦教等，也里可温、马里、失里门、阿必思古八、马里哈昔牙。皇庆二年岁在癸丑八月十五日，帖迷答扫马等泣血谨志。"④ 该文中出现了也里可温、秦教等字样，应是指基督教。这表明泉州有专门管理也里可温的掌教官与其传教的教堂。

天主教。大约在明朝末年，进入中国的天主教士便发现在泉州一带有石刻的十字架遗物，于崇祯十七年（1644 年）出版的阳玛诺《唐景教碑颂正铨》记录了三方十字架碑刻，其一出土于泉郡南邑西山，其二出土于泉州仁风门外的东湖畔，其三出土泉州城内的水陆寺中。迨至 1906 年传教士又在泉州发现第四块古十字架碑刻，画图作二位有翅天使共奉十字架。这四块石碑的雕工都十分精细。⑤

经过多方面的研究，大致认定这四块石碑是元代的遗物，也是元代基督教

---

① 吴幼雄：《福建泉州发现的也里可温碑》，载《考古》1988 年第 11 期。
② 吴文良、吴幼雄：《泉州宗教石刻》，第 383 页。
③ 杨钦章：《泉州新发现的元代也里可温碑述考》，载《世界宗教研究》1987 年第 1 期。
④ 吴文良、吴幼雄：《泉州宗教石刻》，第 396 页。
⑤ 阿·克·穆尔：《一五五〇年前的中国基督教史》，第 85-89 页。

图 7-7　元代泉州的碑刻，摄于福建省博物馆

传入泉州的见证。据一些外籍文献，元代中国泉州有天主教系统的基督教徒，在天主教方济各会所藏的巴黎手稿中，有一封曾在泉州任职的主教写给他在欧洲昔日同事的信。这名主教中文译名为：安德烈·佩鲁贾，他在信中说："在大洋海岸有一相当大城市，波斯语称之为刺桐。城内有一富有亚美尼亚妇人，建一十分雄伟华丽的教堂，后来总主教将此教堂作为总教堂。此妇人生前自愿将此教堂交于哲拉德主教及其同伙修士。"哲拉德主教去世后，由帕莱格林继任主教，安德烈在此时来到泉州，他在城外的小树林中，"建造了一所舒适而华丽的教堂，堂内有各种办公室，足够二十位同事使用，另有四室，可供任何高级教士享用"。"此教堂，就其华丽舒适而言，全省教堂寺院无出其右者"。[①] 帕莱格

---

① 阿·克·穆尔：《一五五〇年前的中国基督教史》，第218—220页。

图7-8 元代泉州基督教碑刻，1939年出土于泉州东门月城

林主教故世后，安德烈继任主教，迁居总教堂。约在公元1346年左右，罗马教皇派出的使者马黎诺里在回程中到过泉州，他说：在刺桐，"方济各会修士在该城有三所非常华丽的教堂，教堂十分富足；有一浴堂，一栈房，这是商人储货之处"。① 但是，泉州的基督教信仰者明显是以欧洲商人为主，在安德烈主教的信中，曾提到有一位热那亚商人为其估计薪水的价值。安德烈在信的最后提道：泉州有"大量的异教徒受洗，不过，他们虽受洗礼，但并不按基督教义行事"。由于安德烈在前面提到过犹太人和萨克森（阿拉伯）人没有改宗基督教者，所以，这些受洗的异教徒明显是福建土著了，不过，他们的基督教信仰在天主教徒的眼里不够坚定，看来这一说法不错，明显的证据是：在元朝以后，泉州天主教的历史中断了数百年。总的来说，元代泉州是与北京并列的两大东方天主

---

① 阿·克·穆尔：《一五五〇年前的中国基督教史》，第289-290页。

图7-9 泉州残存的元代基督教石刻，摄于泉州海交馆

教中心，以故，教皇派往东方的使者，不是在北京驻跸，便是在泉州任主教，这说明泉州在远东天主教中的地位。

三、其他海外宗教

婆罗门教。婆罗门教是印度的主要宗教，后人又称其为印度教；它随着印度人的足迹传遍东南亚各地，今日的印度尼西亚与越南南部，都曾是婆罗门教传播的区域。元代的泉州汇聚了大量的外籍商人，自然会有印度商人，可惜缺乏文献记载。据吴文良、吴幼雄的《泉州宗教石刻》，泉州至今尚存许多以婆罗门教为主题的石刻，例如泉州开元寺大雄宝殿正门门楣上的一块石匾额，上刻有"飞天"之类的形象，人们认为它与印度教有关。开元寺百柱殿后面，有两根雕刻着婆罗门神话故事的柱子。更多的印度教石刻出土于泉州通淮门的城墙之下。这一段城墙原建于明代初年，民国时期，因城市的发展，泉州城墙渐渐被拆毁，因而出土了许多原在城墙内的石块，其中有一些原为印度教及伊斯兰教的石碑和石雕。一般认为，元末明初泉州发生过一场毁弃外教寺庙的运动，泉州东南面的各色寺院被毁，其残件被用作城墙建筑，深埋墙内。

日本大阪大学历史学家斯波义信曾经释读一块藏于厦门大学的泉州印度教石碑，原文为印度的泰米尔文，其碑文内容很有意思：

> 向庄严的褐罗致敬。愿此地繁荣、昌盛。时于释迦历1203年哲帝莱月（公元1281年4月），港主把伯鲁马尔，别名达瓦浙哈克罗·瓦帝格尔。由于察哈台——汗的御赐执照，据此，乃被庄重地把乌帝耶尔厮鲁迦尼——乌帝耶——那依那尔神灵敬请入座，并愿吉祥的察哈台——罕幸福昌盛。

来自东京大学的辛岛辛教授对这块碑的诠释略有不同：

> 向庄严的合罗致敬，原此地繁荣昌盛。时于释迦历1203年（公元1281年）奇帝来日（4-5）月的奇帝莱之日，圣班达·贝鲁马，别名达瓦·查库拉瓦蒂（尊称）蒙契嘎察伊汗的御赐执照，为了契嘎察伊汗的健康，建造了乌代耶尔·铁尔迦尼·舒拉代耶乐神的神像。[1]

按照辛岛辛的解释[2]，这块碑与《元史》上记载的马八儿国有关。马八儿国是元朝相当看重的国家，位于印度南部，操泰米尔语。该国曾向元朝进贡，元朝也曾派出使者到马八儿国交往。因马八儿国使者经常往来于泉州与马八儿国之间，他们在泉州建造自己的寺庙是合理的。事实上，碑文也表明：他们建这座庙与元朝皇帝有关，这与其使团的身份有关。不过，在元末明初反对海外宗教的浪潮中，这座印度教寺庙被毁了。庙内的雕像与石块散布各地，被移作他用。

犹太教。犹太教是以色列人的宗教，它随着以色列人的足迹走遍天下。中国的开封等城市有犹太教传播的遗迹，前引泉州天主教主教马里若里的信中，

---

[1] 以上两段译文引自吴文良、吴幼雄：《泉州宗教石刻》，第461页。
[2] [日] 辛岛辛：《十三世纪末南印度与中国之间的交流——围绕泉州泰米尔石刻与元史马八儿国》，汲古书院昭和六十三年版。转引自《泉州宗教石刻》，第461页。

图 7-10　晋江残存的印度教石刻，摄于晋江博物馆

曾提到当地有信奉犹太教的人，但详情不明。元代犹太人在朝廷上下都受到重视，他们大多经营金融业，所放高利贷被称为"斡脱"，所以，福建肯定会有他们的足迹。若干年前，一部名为《光明之城》的意大利小说被翻译到中国，作者冒称一个在宋末元初生活在泉州犹太人，以犹太人的口吻，讲述了一个在泉州发生的故事。关于该书是现代人写的，还是古人写的，一直有争论，多数人还是觉得它是一部今人撰写的小说，用以论证元代犹太人在泉州的生活，缺乏足够证据。

小　结

统治者对佛道二教的推崇，使佛道二教在元代继续发展。在月的迷失捐献的一百大寺中，福建寺院占了很大比重，这当然和月的迷失长期在福建做官有关，但也反映福建僧人在佛教界的重要地位。事实上，自宋元以来，福建寺院在佛教界的地位很高，元代这一特点已经很显著。元代福建佛教界的另一件大事是：在版刻业发达的建阳县，由建阳后山报恩寺万寿堂的陈觉琳主持雕刻了《毗卢大藏经》六千一百十七卷，因其于延祐年间出版，史称"延祐藏"。这是

281

中国雕版史上的一件大事，同时也是佛教史上的一件大事。在"文革运动"发生前，福建佛教第一名山鼓山涌泉寺普通僧人所用的佛经，既为延祐版本。惜在"文革"初期被焚毁不少。此外要注意的是：元代福建寺院是要交税的。"唆都请令泉州僧依宋例输税以给军饷。"① 这说明朝廷对佛教的优待不是无止境的。

福建道教值得注意的是：元代福建道教南宗或是全真教的发展不太显著，反而是道教正一教有很大影响。元代江西龙虎山的张天师在福建很有影响，他们多次晋见元朝皇帝，而且以"法术"震慑东南诸省。元代天师教的一个重要手段是向闽赣一带从事法术修炼的那一群人颁布道士执照。这一招是十分厉害的。因为，不止有倾向于道教的人士会去想办法拿道士执照，还有不少佛教人士也去拿道士执照。张天师来者不拒——假如你有法术的话。这样，民间来自佛教支派的一些法师便成为道士，从而展开了法术界道士化的运动。这一运动的延伸，导致普庵法师派下的僧人，渐渐以道士的面目出现，普庵派法师后来成为道士中的青头师公派；同样，以崇拜观音为主的陈靖姑法师派也成为"红头法师"流派的道士。这都是后话了。佛教支派的道化也发展到神明信仰领域，妈祖、关公之类的神明，原来都是属于佛教的，宋元之间，许多产自中国本土的佛教偶像逐渐被道教统化，成为道教神明。在闽台很有名的清水祖师，便是这样一位神明。总之，从事法术的僧人及佛教的民间神明，逐渐道教化形成一种趋势，道教因而成长起来。

元代福建宗教可分为本土信众的宗教和海外宗教两个部分。我这里将伊斯兰教、基督教和印度教、犹太教列入海外宗教，这是因为，元代福建信仰这些宗教的主要是外来人士，本土信众不多。至于佛教和摩尼教，虽然起源于海外，但到了元代，这些两大宗教的本土信众非常多。应当将其当作本土宗教来看待。福建的摩尼教很早就有明教的称呼，可是，明教在传播中，逐渐和同样吃斋的佛教白莲宗混为一谈，多数人无法区别明教与白莲宗。元末激发中原红巾军大起义的，实际上以白莲宗教徒为多。不过，起义的白莲宗和明教教徒，与福建的关系都不大。

总的来看，元代的泉州像一宗教博物馆，世界上流行的各大宗教，几乎都在泉州为代表的福建沿海留下痕迹，而且各种宗教的关系，从主要方面来说是和平相处的，在泉州城中，各种宗教的教堂、寺院林立，构成了奇异的景观。为什么在宗教战争盛行的中世纪，福建能成为各种宗教的共立的和平之土？这

---

① 宋濂等：《元史》卷十，世祖七，第211页。

与中国人的宗教观念有关。自古以来，中国人盛行道教与佛教，而这二种宗教都是多神教，多神教允许信徒崇拜多神，在这一定义的延伸下，中国人产生了宽容的宗教观。对中国人来说，多一种宗教就像多一种神，它的存在并没有什么不好。这种精神，被人们誉为"兼容并蓄"的文化观，而在中国的土地上，八闽大地也许是这种文化精神最盛的地方。在中国的北方，还曾发生过"会昌灭佛"之类的事件，域外宗教受到很大的打击。但古代闽人历来以"信巫好鬼"闻名于世，直到元朝以前，还没有排斥外教事件的发生。许多在其他地方受禁的宗教，照样在福建民间自由地传播，而且都拥有众多的信徒。元朝建立后，继承了中国传统的兼容并蓄精神，并给予各类宗教各种优惠待遇，使福建的各种海外宗教都发展到其顶点。那么，元明之际泉州为何会发生排斥外教的运动？这与宋元之际蒲寿庚及元末亦思巴奚军的割据有关。蒲寿庚掌握宋末元初泉州的经济力量，却不愿用以支援宋朝，而且残杀宋朝宗室一千多人；元末亦思巴奚军割据泉州不算，还介入福建沿海的内战，元末元军进入泉州消灭割据势力之后，进行一定程度上的清算，都是无法避免的。不过，这种清算仅限于宗教方面。明朝禁止蒲氏子孙参加科举考试，这是很轻的惩罚。比起海外经常发生的宗教战争，可能不足一道吧。

第八章

元代福建的天妃崇拜

宋元之间的改朝换代，不仅发生于人间，其影响也波及神灵世界。元朝为了标榜与宋朝不同，对宋朝以来的传统民间信仰进行了一番整顿，大多数在宋朝受封的神明都被放弃，只有少数宋代的神明在元代继续受到官府的崇信，湄州神女是其中少数几个在元代仍受重视的神明，她被封为天妃，其影响波及中国沿海各地，妈祖最高海神的地位进一步确立。

第一节 蒲师文与天妃封号的降赐

元世祖至元十五年（1278年），朝廷封"泉州神女"为天妃，这是妈祖信仰发展史上的一件大事。但是，学术界关于元代天妃之封，一直有争议，要回答这些争议，必须探讨元代制度等多方面的问题。

一、"天妃"称号的由来与封号

宋朝给湄洲神女的最高封号是"妃"，民间称之为"圣妃"，而元朝给湄洲神女的封号是"天妃"。圣妃之号可以授给藩王的夫人，而天妃的封号其意为"老天爷的夫人"，要比藩王夫人至少高上一个等级。其次，"妃"之号虽然高贵，但还是属于人间的封号，而"天妃"之号，则是人间所不敢享用的，专属于神灵世界。因此，天妃之号的授予，是妈祖崇拜发展史上的一个重要阶段。不过，关于元代册封天妃始于何时，各种史料的记载不一。《元史》记载，元世祖至元十五年，"制封泉州神女号护国明著灵惠协正善庆显济天妃"。[1] 但明代湄洲天妃宫照乘和尚所编的《天妃显圣录》中，记录了元世祖封天妃的制诰，其时间却是至元十八年，其文曰：

---

[1] 宋濂等：《元史》卷十，世祖七，第204页。

元世祖至元十八年，封'护国明著天妃'诏：制曰：惟昔有国，祀为大事。自有虞望秩而下，海岳之祀，日致崇极。朕恭承天休，奄有四海，粤若稽古，咸秩无文。惟尔有神，保护海道，舟师漕运，恃神为命，威灵赫濯，应验昭彰。自混一以来，未遑封爵，有司奏请，礼亦宜之。今遣正奉大夫宣慰使左副都元帅兼福建道市舶提举蒲师文册尔为'护国明著天妃'。于戏！捍患御灾，功载祀典，辅相之功甚大，追崇之礼宜优，尔其服兹新命，以孚佑我黎民，阴相我国家，则神之享祀有荣，永世无极矣。①

以上两条史料的矛盾不仅表现在时间方面，而且封号也有显著的不同。《天妃显圣录》所载的封号就是四个字"护国明著"，而《元史》所载封号除了"护国明著"四个字外，还有"灵惠协正善庆显济"八个字，一共 12 个字；一般地说：新朝廷给予的封号都是从少到多，元朝为何在刚刚统治福建之初，就给了天妃 12 个字的封号，这明显不合理。其次，"灵惠协正善庆显济"这八个字实际上是宋代给予圣妃的封号，元朝重复宋代的封号也显得不合理。而且，在元代后期的史料中，凡提到天妃封号的，都未再重复这八个字。因此，李献璋先生认为：以上来自《元史》及《天妃显圣录》的两条史料中，《显圣录》所载元世祖的制诰是可靠的，也就是说：元朝最早封赐天妃的时间应是至元十八年，而不是《元史》所记载的至元十五年。李献璋说：《显圣录》所载制诰中，有一句"自混一以来，未遑封爵"，若这一制诰产生于至元十五年，其时宋朝还未灭亡，不能说元朝已经统一，所以，《元史》十五年的记载可能是将其他史料弄混了。②

不过，元史专家陈高华却有不同意见："《元史》中本纪部分的记事，均以各朝实录为据写成，似难轻易否定。而且至元十四年元朝政府便在泉州、庆元等处设市舶司，至元十五年八月又诏福建行中书省官员通过'蕃舶'向'诸蕃国'传达：'诚能来朝，朕将宠礼之。其往来互市，各从所欲。'在这种形势下，加封天妃是完全可能的。也许可以认为，至元十五年确有加封之事，但是临时

---

① 照乘等：《天妃显圣录》，台湾文献丛刊本第 77 种，第 3 页。
② 李献璋：《妈祖信仰研究》，东京泰山文化出版社 1978 年，郑彭年译本，澳门海事博物馆 1995 年，第 104-105 页。

性的，至元十八年起，则正式加封。"①

我认为：陈高华先生的分析是有道理的，在传统正史的编纂过程中，本纪部分最受重视，而且都有历朝实录为据，所以，本纪的记事最为可靠。不过，要说清楚此事，还得从蒲寿庚家族说起。

蒲寿庚是外籍人士。宋末泉州市舶司管理不善，其原因是官吏贪污，便有人提议：不如干脆起用外籍人士管理市舶司。在这一背景下，蒲寿庚得到重用。他掌管市舶司多年。但在宋代末年，他却据泉州叛降元朝。元代有人说："昔者泉州蒲寿庚以城降，寿庚素主市舶，谓宜重其事权，使为我扞海寇、诱诸蛮臣服。因解所佩金虎符佩寿庚矣。"②可见，蒲寿庚在元朝极受宠信。元世祖重用蒲寿庚，其目的之一是让他招抚海外诸邦前来进贡，所以，至元十五年，元世祖"诏行中书省唆都、蒲寿庚等曰：诸蕃国列居东南岛屿者，皆有慕义之心，可因蕃舶诸人宣布朕意，诚能来朝，朕将宠礼之。其往来互市，各从所欲"。③为了让蒲寿庚等人卖力，元世祖还给他们升官，"参知政事唆都、蒲寿庚并为中书左丞"。在这一背景下，蒲寿庚之子蒲师文被派到海外去招抚诸邦，《岛夷志略》记载：

> 世祖皇帝既平宋氏，始命正奉大夫工部尚书海外诸蕃宣慰使蒲师文，与其副孙胜夫、尤永贤等通道外国抚宣诸夷。独爪哇负固不服，遂命平章高兴、史弼等帅舟师以讨定之。自时厥后，唐人之商贩者，外蕃率待以命使臣之礼。④

从以上文字来看，蒲师文远赴海外，应走了很多地方，所以才会得出"独爪哇负固不服"的结论。由此来看，至元十五年蒲师文出使，实际上是一次不亚于郑和的远航，他至少有几条大船组成的船队，拥有众多的水手与火长。若他想确保航行的顺利，一定要拜湄洲神女，在这一背景下，他向朝廷要求封赐湄洲神女为天妃，这就是很自然的了。不过，由于临行匆匆，许多事情未能考虑周到，所以，元朝给天妃的封号不很恰当，"制封泉州神女号护国明著灵惠协正善庆显济天妃"，除了"护国明著"四字是新的外，"灵惠协正善庆显济"八

---

① 陈高华：《元代的天妃崇拜》，澳门海事博物馆、澳门文化研究会：《澳门妈祖论文集》，1998年自印本，第28页。
② 《元史》卷一五六，董文炳传，第3673页。
③ 《元史》卷十，世祖纪七，第204页。
④ 汪大渊：《岛夷志略》，吴鉴序，第5页。

个字，都是宋朝旧有的。在宋元鼎革之际，新朝代总要表示自己与旧朝代不一样，革除一切宋朝的痕迹，被许多元朝大臣当作一件大事。在这一背景下，沿用宋朝的封号很不恰当。因此，待蒲师文回到泉州后，再到湄洲庙进香，就要考虑封号问题，将原有的封号删减几字，只留下元朝新增的"护国明著"之号，这都是应当做的。

据《岛夷志略》，至元十五年，蒲师文出使时的官职是"正奉大夫工部尚书海外诸蕃宣慰使"，至元十八年，他给湄洲庙进香时，其官职为："正奉大夫宣慰使左副都元帅兼福建道市舶提举"，可见，蒲师文回来后升了官。他以新的职称去湄洲庙进香，并宣布诏书，说明其对天妃封号的删减，都是得到朝廷同意的。

综上所述，我认为《元史》记载至元十五年的封号及《天妃显圣录》记载至元十八年的封号都是真实存在的。至元十五年元朝给予天妃封号，其原因在于朝廷派蒲师文出使海外，招揽海外诸国进贡。而蒲师文率领一支大船队，船队有许多水手，这些水手都是湄洲神女的信仰者，所以，蒲师文为了安抚众人，就向朝廷要求封赐宋代的水手保护神——湄洲神女。在这一背景下，元朝廷赐给湄洲神女新的爵位——"天妃"，以示与宋朝的不同。有了爵位，还要有相配的封号，因此有了"护国明著灵惠协正善庆显济"这12个字封号。但在元朝替代宋朝之初，一班在新朝福建省做官的南人对宋朝感情未断，因故，在他们起草的封号中，竟然沿用了宋代已有的八个字。由于元朝使用的汉官多为北方人，他们对南方事物并不熟悉，所以，他们也通过了来自福建行省的申奏。但到了蒲师文回国的至元十八年，元朝的官员对宋朝的情况已经很熟悉了，他们感到沿用宋朝封号的不妥，因而重新修订封号，将与宋代封号重复的部分删去，只留下"护国明著"四个字。

二、"泉州神女"封号的由来

关于天妃在元代的称呼，我们注意到："湄洲神女"在元代初期被称为"泉州神女"。湄洲在宋代隶属于兴化军莆田县，元代兴化军改名为兴化路，虽说莆田在宋以前长期隶属于泉州，但自宋元以来，二地各有州郡设置，宋代泉州与兴化军是并列的州郡级机构，元代的泉州路与兴化路也是并列的。将"湄洲神女"改名为"泉州神女"，似乎找不到理由。也有人认为：天妃诞生的宋太祖建隆元年，莆田尚归泉州管辖，"妈祖青少年时代生活在泉州的辖区之内，说妈祖为泉州人亦不为过"。① 所以，元朝直接称其为"泉州神女"。

以上分析虽然不无理由，但是，妈祖的诞辰究竟是哪一年，其实学术界并没有明确的结论。想来元朝朝廷的官员也弄不清"湄洲神女"的诞辰为哪一年？所以，元朝官员不可能知道妈祖的年轻时代莆田隶属于泉州，因此，元朝称"湄洲神女"为"泉州神女"，应当另有理由。

我认为："泉州神女"之号与元初泉州建省有关。元朝于至元十四年（1277年）控制福建，随即设立福建、广东道提刑按察司，这是一个具有省级地位的机构。至元十五年，福建升格为省，"诏蒙古岱、唆都、蒲寿庚行中书省事于福州，镇抚濒海诸郡"。② 这是元代福建省的由来。值得注意的是：蒲寿庚在其中占重要位置。然而，其时由于朝廷特别重视泉州，泉州数度建省。《元史》记载泉州路："至元十四年立行宣慰司，兼行征南元帅府事。十五年改宣慰司为行中书省，升泉州路总管府。十八年迁行省于福州路。十九年复还泉州。二十年，仍迁福州路。"③ 从以上记载来看，在元代统治福建之初，泉州设立了省级机构，与福建省并立，不过，泉州省的设立并不稳定。据《元史》的记载，泉州省建立后，时废时立，多次被福建省取代。经过多次废置与重建之后，元朝最终废除了泉州省。然而，在至元十五年至十八年期间，泉州省是存在的。现在不明白元代泉州省与福建省是如何分治的，看来其时莆田隶属于泉州省，所以，"湄洲神女"被称为"泉州神女"。

泉州省的设立与蒲氏家族很有关系。在泉州省之内，蒲寿庚家族以豪富闻名。元朝的统治民族蒙古人数量较少，一向利用色目人统治汉人与南人，蒲氏家族是元朝统治泉州的一大支柱，朝廷并想通过蒲氏家族在海外的关系统治海外诸国，在这一背景下，元朝多次同意在泉州建省。不过，自从元军从泉州发兵攻打占城国与爪哇国失利，泉州地位下降，蒲氏家族风光不再，泉州建省也就没有必要了。不管怎么说，蒲氏家族对天妃信仰的发展还是起了相当的作用。由于他们的存在，在历史上出现了泉州省的建置，"湄洲神女"因而得名"泉州神女"；其次，蒲师文的上奏，应是神女受封为天妃的重要原因。

不过，若将天妃之号的由来放到更为广阔的历史背景去看，元朝海运业的发展，才是天妃受重视的根本原因。据《元史》的记载，元朝有专门管辖海运的机构，其名为："行泉府司"，该司"所统海船万五千艘"，"自泉州至杭州立

---

① 许在全主编：《妈祖研究》，厦门大学出版社1999年，第4页。
② 毕沅等：《续资治通鉴》卷一八三，上海古籍出版社1987年，第1029页。
③ 宋濂等：《元史》卷六二，地理志，第1505页。

海站十五，站置船五艘、水军二百，专运番夷贡物及商贩奇货"。① 当时的水手、舵工及海上旅人都信奉天妃，这才是天妃信仰在元代发展的根本原因。所以，至元十八年封赐天妃的制诰说："惟尔有神，保护海道，舟师漕运，恃神为命。"在这种文化背景下，天妃信仰注定要大发展的。

第二节　元代的漕运与天妃的赐号

元朝廷的统治中心为元大都，原名燕京，是辽金二代的都城。元军进入燕京之后，将该城烧成废墟。后来，元朝统治者在燕京废墟之旁另建新城，很快发展为百万人的大城市，号称"元大都"。大都市的出现，使其依赖来自四方的粮食供应，而元代的赋税主要出自江南区域，因此，元朝要从江南运粮到北方。这是元代漕运兴起的背景。最早的漕运水手中有许多来自福建的人士，他们将源于福建的天妃信仰发展到北方沿海及运河一带。

一、漕运与天妃信仰的关系

《元史·食货志》对元朝的海运记载甚详。大约在至元十九年（1282年），朱清与张瑄②受命从事海运粮食，次年抵达直沽（今天津），所运粮食仅4600多石。其时，粮食运输还是以河运为主。直到至元二十四年，元朝始立行泉府司专掌海运，并以朱清与张瑄二人为主管。其后海运发展很快，《元史》记载："元自世祖用伯颜之言，岁漕东南粟，由海道以给京师，始自至元二十年，至于天历、至顺，由四万石以上增而为三百万以上，其所以为国计者大矣。"③ 据记载，元代从江南驶向北方港口——直沽的大船，平均每只载重1375石，每艘船约有100名水手，若每年运输四万石，要动用29艘船、2900名水手；若是每年运输300万石，则要动用2182艘船只、218200名水手！由此可见，这是规模极大的海运，其航程虽然比不上郑和下西洋，但所使用船只数量、水手人数都是

---

① 宋濂等：《元史》卷十五，世祖纪，第320页。
② 唐顺之的《稗编》卷一百七"朱清、张瑄海运"条记载："宋季年，群亡赖子相聚乘舟钞掠海上，朱清、张瑄最为雄长，阴勒部曲曹伍之。当时海滨沙民富家以为苦。崇明镇特甚。清尝佣杨氏，夜杀杨氏，盗妻子货财去。若捕急，辄引舟东行三日夜，到沙门岛，又东北过高句丽水口，见文登夷维诸山，又北见燕山与碣石。往来若风与鬼影，迹不可得。稍缓则复来，亡虑十五六返。私稔南北海道。"朱张二人后降于元朝，为其运输图书等物到北方。文渊阁四库全书本，第20页。
③ 宋濂等：《元史》卷九七，食货五，第2481页。

郑和远航的七八倍，在古代世界叹为观止。

　　对古人来说，不管做什么事都要神灵保护，元代海上漕运的规模如上所述，他们在海上经常遇到海险，元代官员说："今夫轻舠单舸以行江湖，尚有风涛不测之虞，翕倏殒生，身膏鱼腹，往往而是。而况重溟荡潏，万里无际，当其霾曀敛藏，天宇澄穆，然犹舂击震荡。若乃纤云召阴，劲风起恶，洪涛腾沓，快飙摧撞，束手罔措，虽有紫荆乌婪之舵，如以一线引千钧于山岳……触即瓦解，千夫怖悚，命在顷刻。"① 发生事故几乎是不可避免的："今沧海漕挽所谓船户者，国家虽捐金以顾募之，谓之水脚钱。然闻之万斛巨舰，崔嵬如山，势非不高且大也，遇风涛作时，掀舞下上，若升重云坠重渊，不啻扬一叶于振风耳。当此叫呼神明以救死瞬息，是非天朝厚福，则虽勇力机智超世绝伦，概皆无所施，直拱手耳。"② 当时海运之危险，于此可见。而且，元代的漕运多由官府负责，而官府的官吏大多是外行，因此，他们所主持的海运，每每发生事故，造成人员与财产的巨大损失。元代有一首《直沽谣》："杂沓东入海，归来几人在？纷纷道路觅亨衢，笑我蓬门绝冠盖。虎不食堂上肉，狼不惊里中妇。风尘出门即险阻，何况茫茫海如许？去年吴人赴燕蓟，南风吹人浪如砥。一时输粟得官归，杀马椎牛宴闾里。今年吴儿求高迁，复祷天妃上海船。北风吹魂堕黑水，始知滇渤皆墓田。劝君陆行莫忘莱州道，水行莫忘沙门岛。豺狼当路蛟龙争，宁论它人致身早。君不见，贾胡剖腹藏明珠，后来无人鉴覆车。明年五月南风起，犹有行人问直沽。"③ 可见，当时参加海运的人，葬身于大海的也不少，所以，有文人将其比之于剖腹藏珠的愚行。由于海运风险较大，对元朝来说，每一次海上漕运的完成，都值得庆幸，必须感谢海神的保佑；而每一次人员的重大损失，都有人归罪于官员对海神的不敬，于是，不管结局如何，元朝对天妃的祭祀越来越隆重，所给封号也越来越多。

　　当然，元代各地有许多海神，而元朝最终选择了湄洲神女，则与福建人在海运中的影响有关。早在宋代，福建人在海运中的势力就是有名的，宋代末年，张世杰率淮军拥宋末二帝从海路南下，他们在泉州强行没收蒲寿庚的大船。张世杰凭借这支船队活动于闽粤沿海。由于他们的海船多来自泉州，其中水手多为福建人，这是可以想象的。元朝的统治者来自大草原，本是不懂海洋的民族，

---

① 舍利性古：《灵慈宫原庙记》，李端修、桑悦纂：弘治《太仓州志》卷十，文，清宣统元年汇刻本，第24页。
② 郑元佑：《侨吴集》卷十一，前海道都漕运万户大名边公遗爱碑。文渊阁四库全书本，第12页。
③ 臧鲁山：《直沽谣》，宋公传编：《元诗体要》卷七，文渊阁四库全书本，第5—6页。

但在向南扩张的过程中，元朝建立了水师。元军顺长江水路东下攻占临安，水师发挥了很大作用。临安小朝廷投降后，元朝的水师日益强大。元军入闽，一路从陆路，另一路则从水路。益王离开福州时，在海上与元军相遇，恰逢大雾弥漫，两军未及交锋，益王与其部下从容离去。元军攻下兴化城时，俘获海船七千余艘，水上实力有很大提高。① 从此元军水师的水手中，兴化人占了多数。张世杰率部据守崖山，元朝闻知消息，派张弘范率水陆大军南下，张弘范的水师由海道袭漳州、潮州、惠州，一直到崖山，大败张世杰水师，这都说明元朝有一支庞大的水师。《元史》记载：至元二十六年（1289年）时，"行泉府所统海船万五千艘"。行泉府司是元朝户部专门管辖海运的派出机构，从其下辖海船达15000艘来看，元朝的海上力量极为强大。不过，元军的水手多为南宋旧人。所以，元朝官吏对他们不甚放心。至元二十六年（1289年），"尚书省臣言：'行泉府所统海船万五千艘，以新附人驾之，缓急殊不可用。'"② 这些从事海运的"新附人"，就是指那些被俘的南宋水手了，他们之中掌管驾船的多为福建人，其中以兴化人为多。朱清与张瑄在至元十九年从江南航行到直沽，至元二十四年后，朱清与张瑄大举北运粮食，他们所依靠的海船驾驶者，应当仍是行泉府司所管辖的"新附人"，也就是说，他们是一批在宋末元初被张弘范俘虏的南宋水手，其中又以福建人最为重要。因此，朱清与张瑄要让海运业顺利发展，就必须重用这批福建人，并重视他们的信仰。昆山、太仓的天妃庙，都是在朱清、张瑄率船队在这里驻扎之后才兴建的，而后成为当地主要海神庙，这反映了福建人的影响。

后来，朱清与张瑄二人因滥用权力而受到元朝廷抄家的处分，漕运一事由江浙行省管辖，武宗时，"江浙省臣言：'曩者朱清、张瑄海漕米岁四五十万至百十万。时船多粮少，顾直均平。比岁赋敛横出，漕户困乏，逃亡者有之。今岁运三百万，漕舟不足，遣人于浙东、福建等处和顾，百姓骚动。'"③ 这条史料说明：元代中叶，江南北运粮食已达三百万石上下，不得不从福建、浙江等地雇船运粮。又有一条史料记载：

至大三年，以福建、浙东船户至平江载粮者，道远费广，通增为至元钞一两六钱，香糯一两七钱。四年又增为二两，香糯二两八钱，

---

① 宋濂等：《元史》卷一六二，高兴传，第3804页。
② 宋濂等：《元史》卷十五，世祖纪，第320页。
③ 宋濂等：《元史》卷二三，武宗纪二，第528页。

稻谷一两四钱。延祐元年,斟酌远近,复增其价。福建船运糙粳米每石一十三两,温、台、庆元船运糙粳、香糯,每石一十一两五钱。①

可见,在元代的海中过程中,不仅早期有不少福建人,而后又雇用了大量的福建船只,闽人的天妃信仰渗入元朝的海运,也就不可避免了。而且,随着天妃信仰的发展,天妃得到的赐号越来越多。

二、"南海女神"与"广佑"封号

元代赐给天妃的封号,除了元初的"护国明著"之外,历代都有增赐。《元史·祭祀志》云:"惟南海女神灵惠夫人,至元中,以护海运有奇应,加封天妃,神号积至十字,庙曰'灵慈'。"② 不过,在讨论元朝所赐给的封号之前,有一个问题要解决——《元史》为何称天妃为"南海女神灵惠夫人"?所谓"灵惠夫人",这是天妃受封前的称呼。盖因湄洲女神在宋代被封为灵惠夫人,后又晋升为灵惠妃,所以,元朝在赠予"天妃"之号前,称之为"灵惠夫人"也是可以的。不过,宋代给湄洲神女的封号早已上升到"妃","妃"之前的封号也积累了十几字,但元朝一切除去不用,却只留下湄洲神女最初的封号,这表明元朝不想太重视宋朝的封号,尤其是"圣妃"之号,它与天妃之号太接近了!所以,元朝只留下宋朝所上最初的封号——"灵惠夫人",以突显元朝对"南海女神"的重视——晋封"南海女神"为天妃!

天妃出身的莆田沿海,即为台湾海峡一侧,而台湾海峡今公认为东海的一部分,为何天妃会被称为"南海女神"?这是因为,古代中国对南海与东海的划分与今人不同。古代中国人主要生活在黄河流域,在他们看来,长江以南的海洋就是"南海",所以,普陀山的观音被称为"南海观音",而普陀山在浙江沿海,离长江口不远,既然普陀山的海域已被称为"南海",莆田沿海被称为"南海",就更有理由了。这是"南海女神"之名的由来。

以上文字还使我们看到:天妃因保护海运多次受封,封号从"护国明著"开始,积至十余字。这一记载也可得到程端学《灵济庙事迹记》的印证:

> 皇元至元十八年封护国明著天妃;大德三年以漕运效灵,封护国庇民明著天妃;延祐元年封护国庇民广济明著天妃。天历二年,漕运

---

① 宋濂等:《元史》卷九三,食货一,第2365页。
② 宋濂等:《元史》卷七六,祭祀志五,第1904页。

副万户八十监运舟至三沙,飓风七日,遥呼于神,夜见神光四明,风恬浪静,运舟悉济。事闻,加今封。庙"灵慈"。①

程端学是元代著名的学者,《万姓统谱》记载:"程端学,字时叔,端礼弟。通春秋。至治中进士,仕为国子助教。动有师法,刚严方正,学者严惮之。迁太常博士。所著有《春秋本义辨疑》等书。"②可见,以其地位与学风,所言必有依据。因此,有些学者认为:元代前期天妃从朝廷所得封号,应以程端学的记载为准,程端学有记载的,是正确的;程端学没有记载的,就是后人伪造的。这种说法有道理,但也不能绝对化。

据《元史》,元朝在至元二十五年还给过天妃一次封号:"诏加封南海明著天妃为广佑明著天妃。"③李献璋指出:《元史》关于至元二十五年元朝廷所给封号的记载,"把应为'护国明著'的前封号误作'南海明著',甚为粗糙",而且,这个封号在程端学等人所列的封号里未见。因此,李献璋颇为怀疑至元二十五年"广佑"封号的可靠性。他猜测:"大概是对其他海神的加封混入了妈祖吧?"④

我认为,程端学对封号的记载,与其所掌握的史料有关。历史学界有一种说法:当代史最不好研究。其原因是:因档案保密等种种原因,当代人反而看不到当代的许多材料,所以,当代人叙述当代制度的来源,反而会有许多错误。对于程端学所列的天妃封号,也可从这一角度去看。毕竟元朝是蒙古人所建的朝代,蒙古人对汉人原有的政治制度不熟悉,在元朝建立之初,朝廷中起用的汉人不多,因而朝廷制度不全,当职官员不明制度的历史原委,有些制度相互矛盾,许多事情漏载,这都是可以理解的。因此,程端学的记载中没有至元二十五年"广佑"封号,只能从他没有看到这一封号去解释,不能由此怀疑《元史·本纪》原始记录的可靠性。可以作为旁证的是:在《续文献通考》一书中也有"广佑"封号的记载,"其后,(至元)二十五年六月又加封广佑明著天妃"。⑤《元史》与《续文献通考》是两种可信度较高的史书,有这两种史书记载,元代出现过"广佑"这一封号应是可以成立的。考之于史册,至元二十四年,元朝成立了专管海上漕运的"行泉府司",次年给天妃"广佑"的封号,

---

① 程端学:《积斋集》卷四,灵济庙事迹记,文渊阁四库全书本,第13页。
② 凌迪知:《万姓统谱》卷五三,文渊阁四库全书本,第17页。
③ 宋濂等:《元史》卷十五,世祖十二,第313页。
④ 李献璋:《天妃信仰研究》,第106-107页。
⑤ 嵇璜等:《续文献通考》卷七九,群祀考,第12页。

二者之间应有一定的关系。

关于至元二十五年的"广佑"封号，又一种说法是"显佑"之误。在《天妃显圣录》中，留存这样的记载：

> 世祖至元二十六年（1289年），加封"显佑"诏：制曰：惠泽调雨旸之序，镇四海而保无虞；祥光映风浪之区，护岁漕而克有济。忠贞卫国，慈惠宁民，先朝已著于纶褒，今日宜申其宠命，益誔徽号，允协金言。元祀报功，独超天极之贵；水行受职，永赞皇运之昌。祗服徽恩，懋弘宠贶，可嘉封"显佑"。①

至元二十五年天妃才封"广佑"，当然不可能于次年又封"显佑"，封号有一字相同，二者只能存其一，看来《天妃显圣录》的记载是错误的。其次，正如李献璋指出：《天妃显圣录》所录制诰中，竟有"先朝已著于纶褒，今日宜申其宠命"，"则与妈祖的事相龃龉暂不待言"。② 元朝与宋朝敌对，绝不可能称宋朝为"先朝"，在古籍中，所谓"先朝"，一般是指前一个皇帝的朝代。而元世祖为赐给"天妃"封号的第一人，在此之前，没有另一个元蒙皇帝给过天妃赐号，所以，这封诏书的年代肯定有错。

查元朝名为"至元"的朝代有两个，其一为元世祖朝（1264—1294年），其二为元惠宗朝（1335—1340年），不过，后至元只有六年，肯定没有后至元二十六年。要么，文献在传抄中发生错误，所以，所谓"显佑"这一封号，也有可能是后至元六年赐予的，但这仅是猜想，既没有本证，也没有旁证。就目前的史料而言，元代的"显佑"之封是不可取的。

总的来说，元世祖至元年间，因莆师文的上奏，朝廷给"南海女神"上天妃之号，而后又有护国、明著、广佑等封号的赐给。这些封号的赐给都与元代的海运有相当关系。

三、"庇民"封号的赐予

元成宗大德三年（1299年），天妃又得"庇民"这一封号。《元史》记载：大德三年二月，"壬申，加解州盐池神惠康王曰广济，资宝王曰永泽；泉州海神曰护国庇民明著天妃；浙西盐官州海神曰灵感弘佑公；吴大夫伍员曰忠孝威惠

---

① 照乘等：《天妃显圣录》，第4页。
② 李献璋：《天妃信仰研究》，第106-107页。

显圣王"。① 可见，该年二月同时有五位神灵受封，天妃是其中之一。

不过，《元史》对为何授予天妃封号没有记载，而程端学则说"大德三年以漕运效灵封护国庇民明著天妃"，可见，其受封理由与漕运有关。考之于史册，大德二年的海上漕运，从江南起运的粮食为：742751 石，但到直沽的粮食仅705954 石，途中损失了 36797 石。元朝从至元二十三年即开始了承包制，"责偿于运官，人船俱溺者乃免"。② 因此，大德二年途中损耗的粮食只有一个理由：载粮船只沉没了！据元代的资料，有一次江南运输漕粮 58 万石，"募舟大小凡四百余，榜舟之徒凡四万余"③，平均每船约有水手 100 人，载运粮食 1375 石。按这一比例，大德二年损失 36797 石海漕粮，表明至少有 30 多条大船沉没，相应有 3000 多人落水！由于此前多年的海损较少，大德二年的事故就显得十分惊人，究其原因，人们会归罪于对神明不够恭敬，于是，拜神是十分必要的。朝廷也有必要献上新的封号，以示朝廷对神的尊重。元朝应是在这一背景下给了天妃新的封号。名之为"泉州海神"。

四、"广济"封号的赐予

程端学记载，元仁宗延祐元年"封护国庇民广济明著天妃"，此处比往昔多了"广济"这一封号，说明这一封号新增于延祐元年（1314 年）。此时距大德三年赐号已有 15 年。元朝廷新增封号，其实与海运制度的变化有关。元代前期的海上漕运主要由朱清、张瑄二人控制。他们虽然身为元朝中下级官员，但大权在握，一般的元朝官员都不放在他们眼里。而且，对海运的垄断使他们成为巨富："二人者，父子致位宰相，弟、侄、甥、壻皆大官，田园、宅馆遍天下，库藏、仓庾相望；巨艘大船，帆交蕃夷，中舆、骑塞隘门巷。左右仆从皆佩于菟金符，为万户、千户。累爵积赀，意气自得。"④ 然而，朱清与张瑄名震江南，引起了许多人的忌妒。大德六年（1302 年），朱张二人因犯法被抄家，大批海船被没收。此后，海运就由江浙行省管辖。

江浙行省的官员多由朝廷派遣，他们对海上漕运的业务不熟悉。由他们掌管漕运，事故逐渐多了起来。这从海运漕粮的折损率可以看出。元代前期的海运粮数都保留于《元史·食货志·岁运之数》，在延祐元年之前的 6 年中，除了

---

① 宋濂等：《元史》卷二十，成宗三，第 426 页。
② 宋濂等：《元史》卷九三，食货，海运，第 2366 页。
③ 任士林：《松乡集》卷二，江浙行省春运海粮记，文渊阁四库全书本，第 20-21 页。
④ 唐顺之：《稗编》卷一百七，户五，文渊阁四库全书本，第 21 页。

一年的折损率为1%外，有三年的折损率高达3%，另有两年的折损率高达7%！以皇庆二年为例，本年度共折损158543石，若每条船仍以载重1375石、使用100名水手计，在这次海难中，计有115条船只沉没，11530名水手可能丧生！如此巨大的生命财产损失，不能不震动元朝廷。他们肯定要派出官员整顿海运，同时祭祀天妃。实际上，正是在事故较多的元仁宗皇庆年间，元朝派出大员祭祀天妃。如《元史》的记载："皇庆以来，岁遣使赍香遍祭，金幡一合、银一铤，付平江官漕司及本府官，用柔毛、酒醴、便服行事。"[1] 元祐元年的夏漕十分顺利，全年的折损率仅有2%，于是，朝廷于延祐元年的秋天以欢快的心情祭祀天妃并奉上新封号：

受人利物，仁克著于重溟，德报功，礼宜增于异政。肆颁纶命，用举彝仪。护国庇民广济明著天妃林氏，圣性明通，道心善利。当宏往纳来之际，有转祸为福之方。祥飙送飓，曾闻瞬息。危樯出火，屡阐神光。有感必通，无远弗届。顾东南之漕引，实左右其凭依。不有褒恩，曷彰灵迹。于戏！爵以驭贵，惟新懿号之加。海不扬波，尚冀太平之助。可加封护国庇民广济明著天妃。[2]

其后几年，漕粮到达率明显上升，折损率连续两年只有1%。延祐四年甚至下降到0.3%。对古人来说，这既有官员整顿海漕的劳绩，也有天妃保佑之功。

五、"福惠"封号的赐予

天妃的"福惠"这一封号颁布于元文宗天历二年（1329年）十月，这一称号的赐给，仍与海上漕运有关。据《元史》的记载，本年从江南起运的粮食为：3522163石，抵达北方港口的是3340306石，途中损失181857石。折损率为5%。但据虞集的记载，实际折损的粮食更多，他说："天历二年，漕吏或自用，不听舟师言，趋发违风信，舟出洋，已有告败者。及达京师，会不至者盖七十万。"虞集对内幕还是有所了解的，他说："往年某尝适吴，见大吏发海运。问诸吴人，则有告者曰：富家大舟受粟多，得佣直甚厚。半实以私货，取利尤伙。器壮而人敏，常善达。有不愿者，若中产之家，辄贿吏求免，宛转期迫，辄执畸贫，而使之舟恶，吏人朘其佣直，工徒用器食卒取具授粟，必在险远，又不

---

[1] 宋濂等：《元史》卷七六，祭祀五，第1904页。
[2] 袁桷：延祐《四明志》卷十五，祠祀考，文渊阁四库全书本，第21页。

得善粟,其舟出辄败,盖其罪有所在矣。"① 可见,其失败原因主要在于管理不善,官吏从中贪污经费,最终导致大量船只沉没,生命财产损失惨重。在这一背景下,"天子悯之,复溺者家,至载之明诏。廷臣恐惧,思所以答上意。或曰,有神曰天妃,庙食海上,舟师委输,吏必祷焉,有奇应。将祀事有弗虔者与?宜往祠"。②《元史》记载,该年十月,"加封天妃为护国庇民广济福惠明著天妃,赐庙额曰'灵慈',遣使致祭"。③ 这是"福惠"之号的由来。

除了福惠之号外,元代天妃庙得名"灵慈"也在此时。元朝制度与宋代很大不同在于:宋朝赐给神灵庙号,大都是在首次晋封之时。例如:湄洲神女先有"顺济"庙号,然后才有"灵惠夫人"之封,再后才有给某"夫人"增加封号的事。但元朝学宋朝制度,常常出错,所以,"灵慈庙"号,直到始封天妃之后50余年才授予,其后,"灵慈"成为元代天妃庙特有的代称。以宁波天妃庙来说,元初该庙的原名为"灵济庙",程端学为其写的庙记是:《灵济庙事迹记》,但到了元代末年,陈端礼写《重修灵慈庙记》,此庙之名已经标准化了。

元代的海运粮食约于天历、至顺年间达到顶点,每年可达300万石。其后,遇到种种问题,所输粮食总量下降,"历岁既久,弊日以生,水旱相仍,公私俱困。疲三省之民力,以充岁运之恒数,而押运监临之官,与夫司出纳之吏,恣为贪黩。脚价不以时给,收支不得其平,船户贫乏,耗损益甚。兼以风涛不测,盗贼出没,剽劫、覆亡之患自仍。改至元之后,有不可胜言者矣。由是岁运之数,渐不如旧"。④

但元朝海运的顺利,其实主要倚仗官员的用心程度。官员用心,吏员便不敢过分贪污,吏员清廉,所选船队人员较好,船队便不容易出事。郑东的《资政大夫江浙等处行中书省右丞岳实珠公政绩碑》一文写了至正四年(1344年)的一次海运:"历代无海漕,海漕自国朝始。岁漕东南之粟三百余万石,出昆山,海行,走直沽而达京师。事重以大,置漕府长佐宾属,凡若干人,俾专厥职,必简拔长材通习海事者。又虑其旷官弛事,皇帝岁遣江浙省重臣使纪纲焉。至正四年,右丞岳实珠公实奉上命,恪虔勿怠。公方严亮直,不事表襮,嗜好寡薄,俭以爱人。至官廨见供帐庖膳甚备,即令去之,曰:'吾任国家重务,朝夕祗畏,虑有弗称,敢以私奉重伤民财!'吏士视效,罔有需征。漕户力

---

① 虞集:《道园学古录》卷三,送祠天妃两使者序,文渊阁四库全书本,第23-24页。
② 虞集:《道园学古录》卷三,送祠天妃两使者序,第23页。
③ 宋濂等:《元史》卷三三,文宗二,第742页。
④ 宋濂等:《元史》卷九七,食货五,第2482页。

莫能茸漕具，及官与值，则窘期日，多简陋就事。公即先数月与值，且令府长长循为故事。祀事天妃，择日斋袯，宿于庙下，躬视祭器，牛马充腯，百礼备好，牲酒既陈，正冠以入。进退兴俯，诚敬殚尽。文武上下，不哗不傲。神嗜饮食，告以利行。万艘毕发，鼓铙喧嚣。棹工踊跃，讴吟满海。相风之旗，端正北向，百神效职，海水晏伏。长鳄大鳅，不见踪迹。则公爱人事神之诚，感召至和，不诬矣！"① 可见，在岳实珠主管期间，海运就比较成功。

至正十年（1350年）二月丙戌，"诏加封天妃父种德积庆侯，母育圣显庆夫人"。② 按，天妃之父母在宋代末年已经得到朝廷的封号，其父为"积庆侯"，其母为"显庆夫人"，元朝新给的封号，承袭了来自宋代的两个字，又给其父母各自增加了两个字。这表明元朝在夺取宋朝江山70多年后，对宋朝的看法也有所变化，不再将宋朝看作是敌对的一方。元代初年的朝廷不论做什么事，都要表现与宋不一样，而在70年之后，元朝新一代的官僚对宋朝已经不再有"逢宋必反"的情结，而是能够接受宋代的一些理念。不过，此时元末的天下大乱已经开始，每年一度的海运也很难维持了。

六、关于"辅国护圣"的封号

《元史·顺帝纪》记载：至正十四年（1354年）十月，"诏加号海神为辅国护圣庇民广济福惠明著天妃"。③ 这一次的封号十分古怪，此前天妃已经得到"护国"之号，按照历代封赐的规律，新的封号对旧的封号，既不会重复、也不会改变，而这一次封号，将此前的封号"护国"拆为二字，新增二字，变为"辅国护圣"，这让人怀疑其准确性。④ 但在中国历朝代中，元朝的制度的混乱一向是最有名的，此时恰逢天下大乱之际，懦弱的元顺帝整天担心自己的命运，所以，对大臣们来说，此时不仅要保护国家，还要保护皇上——这一至高无上的"圣人"，因此，将护国之号改为"辅国护圣"，正适应乱世中皇帝的心理。

不过，由于这一次封号十分古怪，许多学者都以为《元史》记错了，何乔远的《闽书》说："元时护海运，著灵异，封护国辅圣庇民明著天妃。"⑤ 此处将"辅国护圣"变为"护国辅圣"；连《天妃显圣录》一书，也记作"护国辅

---

① 郑东：《资政大夫江浙等处行中书省右丞岳实珠公政绩碑》，朱珪编：《名迹录》卷一，文渊阁四库全书本，第3—4页。
② 宋濂等：《元史》卷四二，顺帝五，第888页。
③ 宋濂等：《元史》卷四三，顺帝六，第916页。
④ 李献璋：《妈祖信仰研究》，第112页。
⑤ 何乔远：《闽书》卷二四，方域志，第574页。

圣"。实际上，若知道皇帝的心理，就会明白："辅国护圣"更符合当时的情况。

另一个问题是：至正十四年，元朝已经发生天下大乱，此时还可能有海上漕运吗？按，至正十一年（1351年），贾鲁修运河，引发刘福通、韩山童等人的大起义，从此天下大乱，群雄并起，江浙一带也陷入混乱。据《元史·食货志·海运》，元朝的海运由此断绝。至正十二年十二月，"中书左司郎中田本初言江南漕运不至，宜垦内地课种"。① 可见，当时因漕粮不至，有些朝官主张在北方种水稻。但事实上，少量的海运还时常出现。例如至正十三年，元朝在江南的形势略为稳定，江南有一批漕运粮抵达大都，元朝廷大为兴奋，派遣经筵官周伯琦"代祀天妃"。② 至正十四年，在贡师泰的主持下，也有一批江南的粮食运到北方。《元史·贡师泰传》记载："至正十四年除吏部侍郎。时江淮兵起，京师食不足，师泰奉命和籴于浙右，得粮百万石以给京师。"③ 在多年漕运濒于断绝的背景下，至正十四年又有粮食运到北方，这使元朝廷的官员大为激动，在这一背景下，朝廷又给天妃加封。

不过，迄至至正十五年以后，中原的战火也逐渐涉及江南区域，反元的方国珍与张士诚相据盘踞浙东与浙西，江南漕运再次断绝。迨至至元十九年之后，江南形势再次发生变化，方国珍与张士诚相继降元，方国珍为了答谢元朝给予的高官，曾经为元朝廷运送漕粮，其数量约为每年11万石上下。除此之外，当时南方的福建及岭南、云南等地尚在元朝统治之下，其中福建行省还曾为大都运送粮食。所以，元末的漕运断断续续一直到元朝灭亡。

第三节 元代官府对天妃的祭祀

元代因海上漕运的发展，朝廷对天妃崇拜十分重视，不仅经常给予赐号，而且经常派大臣前往天妃庙祭祀，这类祭祀与奉上封号一样，是天妃信仰在元代发展的体现。

一、元中叶以后朝廷对天妃的祭祀

元代诸神祭祀中，天妃崇拜占有重要地位。一般来说，各地的神灵多由各

---

① 徐乾学：《资治通鉴后编》卷一七五，第11页。
② 宋濂等：《元史》卷一八七，周伯琦传，第4297页。
③ 宋濂等：《元史》卷一八七，贡师泰传，第4295页。

地官员祭祀，只有天妃得到朝廷的特殊重视，每年都派遣官员祭祀神明。不仅在春天漕船出发时由平江地方官祭祀，夏秋之际，所有的漕船都抵达直沽后，朝廷还要派官员代表皇帝前去祭祀，以答谢天妃的保佑。这是从元仁宗皇庆年间开始的制度。不过，皇庆年间有哪个大臣被派出去代表皇帝祭神，至今看不到明确的记载。元代史籍中保留的例子，是从元英宗时期开始的：

元英宗至治元年（1321年），"海漕粮至直沽，遣使祀海神天妃"。①

至治三年，"海漕粮至直沽，遣使祀海神天妃"。②

泰定帝泰定二年（1325年），"海运江南粮百七十万石至京师……遣使祀海神天妃"。③

泰定三年七月，"遣使祀海神天妃"。④

泰定四年七月，"遣使祀海神天妃"。⑤

元文宗天历二年（1329年）十一月，"遣使代祀天妃"。⑥

至顺二年（1331年）七月，"遣使代祀护国庇民广济福惠明著天妃"。⑦

元顺帝至元二年（1336年）九月，"遣官致祭天妃"。⑧

《元史·周伯琦传》提道：至正十三年（1353年），周伯琦"迁崇文太监兼经筵官，代祀天妃"。⑨

以上史表明：在元英宗至元文宗十多年内，元朝定时派出使者祭祀各地的天妃庙。不过，至顺二年之后，《元史》的记载断了几年，迄至元顺帝至元二年，才有使者出使祭祀天妃的记载。实际上，这几年中还是有使者出祭天妃的，以下还将说道：至顺四年，宋褧任代祀官，出祭天妃。总之，派系遣使者于漕船抵达直沽后祭祀天妃，已成为元代的一项制度。

由于元代从中央派出的使者并不多见，所以，这些代祀官往往负有代皇帝了解下情的责任。他们在各地很注意官风民情，回去后向朝廷汇报，因此，代祀官出京，各地官员都很重视。而朝廷为了不负代祀官之名，对代祀官的选择很慎重，一般是挑选三四品的清要官员出使。不过，这些都属于政治史的范畴，

---

① 宋濂等：《元史》卷二七，英宗一，第612页。
② 宋濂等：《元史》卷二八，英宗二，第629页。
③ 宋濂等：《元史》卷二九，泰定帝一，第660页。
④ 宋濂等：《元史》卷三十，泰定帝二，第671页。
⑤ 宋濂等：《元史》卷三十，泰定帝二，第680页。
⑥ 宋濂等：《元史》卷三三，文宗二，第744页。
⑦ 宋濂等：《元史》卷三五，文宗四，第788页。
⑧ 宋濂等：《元史》卷三九，顺帝二，第836页。
⑨ 宋濂等：《元史》卷一八七，周伯琦传，第4297页。

本书不做过多的讨论。从妈祖信仰的角度看，我们更关注意的是：这些代祀官主要是去哪些地方的庙宇祭祀？

由于代祀官的地位重要，他们离开大都，往往有官员赋诗送行，马祖常写过一首送许诚夫的诗：

上圣崇明祀，元臣属有文。内香开宝炷，制币出玄纁。
授节临前殿，传胪听后军。酒清黄木庙，鱼祭武夷君。
飓母应回雨，天妃却下云。不劳风有隧，犹愿楚无氛。
漕粟琅琊见，还珠合浦闻。穹苍天坱漭，溟渤气絪缊。
龙户编鱼赋，鲛人织雾纹。時祠光炯炯，宣室语欣欣。
鹏运连番舶，䡮归愿冀群。观书曾拜洛，歌赋不横汾。
越水琉璃静，闽花茉莉薰。伏波封莫请，宵盱念华勋。①

该诗中巧妙地嵌入了各地文物与地名，例如："琅琊""楚"是地名；茉莉是福建的名花，这使我们知道：许诚夫要路过山东、淮南、福建等地。其时，从大都到南方，主要的陆路是经山东、过两淮、下江南，因此，马祖常之诗表明：许诚夫南下祭天妃，应是走陆路。那么，他为什么要选择陆路，其中可能有两方面的原因，其一，要祭祀沿途的庙宇；其二，陆路更安全些。元代山东有没有天妃庙，在正史中未见明确记载，而在所有祭祀天妃使者的文集中，也没有提到祭祀山东的天妃庙一事，可见，许诚夫路过山东，其主要理由是走陆路较为安全。

二、宋本出祭天妃的历程

元代著名文学家虞集有一首《送宋诚甫太监祀天妃》的诗：

使者受节大明殿，候神海上非求仙。庙前水生客戾止，帷中灵语风泠然。
丽牲有石载文字，沈璧用繂求渊泉。贾生何可久不见，海若率职君子还。②

---

① 马祖常：《石田文集》卷二，送许诚夫大监祠海上诸神，第24页。
② 虞集：《道园学古录》卷三，送宋诚甫太监祀天妃，第11页。

该诗中到的宋诚甫，即为元代著名儒者宋本，他在朝廷做官有清望，元仁宗天历二年（1329 年）任祭天妃的使臣。后人记载：

> 命公摄礼部事，阅月真授礼部侍郎中议大夫。不旬日天子建置艺文监，拜太监兼检校书籍事。东海馈运舟至，选三品清望官祀海神天妃南方。命公函香币偕翰林直学士布延实哩往使。尝岁多惮远涉，往往中途归，公遍历闽浙，往返半岁。①

这段史料表明，当时有些使者畏惧长途跋涉，对皇帝的差使应付了事，往往半途而归。估计他们只是到了江浙与漕运有关的主要庙宇祭神，不会到福建的庙宇。所以，福建方面记载元使者抵达湄洲庙的事例不多。然而，宋本却不负众望，在祭祀江浙的有关庙宇后，还长途跋涉，抵达福建湄洲庙祭神，并奉上皇帝给予的"灵慈"庙号。莆田人洪希文的文集内，还存有为此事所写的短文：

> 星临宝册，敩宸极之丝纶，春盛琼卮，长仙宫之日月。鼋鼍交庆，海岳易文休。臣某等诚欢诚抃，顿首顿首。恭惟宣封护国庇民广济福慧明著天妃，维国忠贞，为民怙恃。先驱融若，作渺海之慈航；后列英皇，奏钧天之广乐。群生鼓舞，百祀光辉。臣某等俯劾葵倾，仰誧憾庇。霞裾云佩，肃帝子之观瞻；寿水壶山，效封人之颂祷。臣某等下情不任激切屏营之至。谨奉笺称贺以闻。臣某等诚惶诚恐顿首顿首谨言。②

可见，朝廷的使者亲临湄洲庙，使当地民众欣喜不已。可惜使者亲自到湄洲庙的事例并非常见。

三、宋褧祭祀天妃的历程

宋本之弟宋褧也曾被选为代朝廷祭祀天妃的使者，他对自己的祭祀历程的记载较为详细，分析这些材料，可以知道元代使者出祭的一般情况。

---

① 宋褧：《燕石集》卷十五，故集贤直学士大中大夫经筵官兼国子祭酒宋公（本）行状，文渊阁四库全书本，第 11 页。
② 洪希文：《续轩渠集》卷十，圣墩宫天妃诞辰笺（加封灵慈庙额），第 3-4 页。

宋褧在文章中写道："至顺四年（1333年）七月廿四日，皇帝在上都御大洪禧殿。丞相臣奏：'海道都漕运万户府，岁以舟若干艘转输东南民租三百万石有奇，由海不旬日达京师者几数十年，飓风不作，斥冥顽不灵之物以避，皆护国庇民广济福惠明著天妃之力。国有恒典，岁遣使致祭报神。今中书省断事官臣绰和尔乘遽以闻，伏请进止。'上可其奏，顾问左右，神居何方？或以东南对。上持香致敬其方，授臣床兀儿偕翰林修撰臣褧奉命代祀。乃八月十七日启行，九月八日昧爽率漕运臣萨迪密实等行礼竣事，僚佐请遵故常，石刻祝辞及与祭诸臣姓名祠下，属笔臣褧。噫，斋祓以祀神，臣绰和尔、臣褧职也，捧香致祝，辞劳何有焉。嗣服之君，莅政之始，所以为民食报神之意，则不敢不书其万一以厉臣下云。若夫顾问之旨，则臣床兀儿之所面奉者也。至顺四年九月既望翰林修撰承直郎同知制诰兼国史院编修官臣宋褧谨序。"①

据其所写，当时皇帝派出使者还是相当慎重的，还有专门的石刻祝祠献给天妃，在宋褧的文集内载有到各地庙宇祭祀神明的祝文：

神久著灵，相我国家。嗣服云初，漕事毕集。海波不扬，皆神之力。式遵彝典，庸答神庥（直沽）。

京师臣民，仰食东南，转输孔艰。栗栗巨浸，岁恒无虞，神功实大。福我惠我，明效昭著。漕臣奉祀，历年滋久。初政命使，代祀报神（平江）。

神佑国家，食我京邑。漕舟岁发，卜吉于兹。玠示休咎，惟命是听。每获善利，千艘奏功。祗举彝章，用伸虔报（周泾）。

神佑国家，食我京邑。漕舟岁发，起碇于兹。利涉无虞，神庇悠久。敬遵彝典，庸答明灵（路漕、庆元、温州、台州并同）。

神灵孔昭，相我漕事。惟闽诸郡，列祠有年。莅政之初，遣使代祀。式陈菲荐，庸答神休（延平、福州、泉州、漳州并同）。

神有大德，捍患御灾。相我漕舟，列祠惟旧。莆田为郡，灵迹所由。莅政云初，遣使代祀。式陈菲荐，庸答神庥。（兴化、湄洲岛同，但易莆田为郡一句作湄洲之岛）。②

从以上记载来看，宋褧祭祀的庙宇为：直沽、平江、周泾、路漕、庆元、

---

① 宋褧：《燕石集》卷十二，平江天妃庙题名记，第2-3页。
② 宋褧：《燕石集》卷十一，天妃庙代祀祝文六道，第6-7页。

303

温州、台州、延平、福州、泉州、漳州诸地的11座天妃庙。

看来，宋褧也抵达福建的庙宇祭祀天妃。

四、元末无名使者的祭祀历程

在《天妃显圣录》一书中，载有天历二年的多篇天妃庙祝文，该年代祀官为宋本，但在有关宋本的史料中，无法印证这一点。就其史料的性质来看，这应是元末一位无名学者的作品。文章表明他祭祀了南北多个天妃庙。天历二年八月己丑朔日祭直沽庙，其后他沿运河南下祭祀了淮安庙、平江庙、昆山庙、露漕庙、杭州庙，其后他向东走，祭祀了越庙、庆元庙、台州庙、永嘉庙。

再后他进入福建，祭祀了延平庙，祭文曰：

> 剑之水兮潺湲，渺长溪兮汪洋。峙灵宫兮在上，镇海岳兮瑶坛。缤纷兮羽旌，絪缊兮天香。海不扬波兮安流，飘祥云兮引舟。徽大惠兮罔极，济我漕兮无忧。望白云兮天际，乘彩鸾兮悠悠，献琼觞兮式歌且舞，作神主兮永镇千秋。

> 己巳祭闽宫，文曰："朝廷岁遣使奉香灵慈之庙，以答明赐。今春逮夏，漕舟安流，悉达京师，其护国之功，庇民之德，莫盛于此。是用瞻礼闽宫，吉蠲荐羞，惟神昭格，佑我皇运，以宏天休！"

> 丁未祭莆田白湖庙，文曰："天开皇元，以海为漕。降神于莆，实司运道。显相王家，弘济兆民。盛烈休光，终古不灭。特遣臣虔修祀事，承兹休命，永锡嘉祉，于万斯年，百禄是宜。"

> 戊申祭湄洲庙，文曰："惟乾坤英淑之气郁积扶舆，以笃生大圣，炳灵于湄洲，为天地广覆载之恩，为国家弘治平之化。特命臣恭诣溟岛，虔修岁祀。秩视海岳，光扬今古。于戏休哉！"

> 癸丑祭泉州庙，文曰："圣德秉坤极，闽南始发祥。飞升腾玉辇，变现蔼天香。海外风涛静，寰中麟凤翔。民生资保锡，帝室藉助勷。万载歌清宴，昭格殊未央。"①

以上献给福建各庙的祝辞十分典雅，不是普通人所能写出来的，因此它不可能是伪造的。考虑再三，我认为：《天妃显圣录》所载祝文不可能是假的，问题是《天妃显圣录》的编者搞错了年代，将后人写的祭天妃文移为天历二年。

---

① 照乘等：《天妃显圣录》，第6-7页。

因为，查《中西历法对照表》，可知《天妃显圣录》中的祭神文字并非天历二年的。例如，《天妃显圣录》记载使者于"天历二年八月己丑朔日祭直沽庙"，但该月朔日不是"己丑"；又如《天妃显圣录》记载使者于八月"十六日甲辰祭淮安庙"，但查历法，天历二年八月的十六日不是甲辰日。很显然，这组祭文不是天历二年的，而是其他年份另一作者的作品。从祭祀庙宇分布地来看，将《天妃显圣录》所载祭天妃文与宋褧所写祭天妃文相比较，《天妃显圣录》所载各地庙宇比之宋褧提及的庙宇增加了淮安庙、杭州庙、绍兴庙、温州庙四个。这四地庙宇的增加，反映了元末天妃崇拜的发展。以淮安庙来说，淮安位于内陆，是大运河上最为重要的枢纽，元代的海上漕运不必经过淮安，但从大运河运粮，一定要经过淮安。该庙得到祭祀，说明当时大运河已经修成，元朝有相当部分粮食和其他物质的运输都改走运河。由于运送粮食的漕夫原来都是天妃的信仰者，所以，他们也在大运河经过的主要城镇修起了天妃庙，以便及时祭祀天妃。从此以后，天妃成为大运河流域的主要神明。这是天妃信仰走向内陆的重要发展。

此外另增的三个庙宇，都位于浙江境内。杭州是浙江区域最大的城市，绍兴原为春秋时越国国都，所以简称"越"，此地在元代属于庆元路，是重要粮仓之一；温州是浙江南部的海港，当地也是粮食出产地，但在元代中期，温州没有上供粮食的任务。迄至元末，方国珍盘踞浙江，并为大都运送粮食。由于方国珍占据了浙江全部地盘，因而，他不可能只让庆元路与台州路独自承担漕粮，而是分配给全省，所以，温州、杭州等过去不承担漕粮的城市也要负担漕粮运输，这样，这些地方的天妃庙也要祭祀。所以，浙江三地天妃庙被祭祀，应为方国珍占据浙江时的事情。其时应为至正十四年（1354年）以后。

五、元末其他代祀官的祭祀历程

元末名臣张翥也曾任过代祀官，《书史会要》记载："张翥，字仲举，号蜕庵，河东人。官至翰林学士承旨领北行省平章政事，封潞国公。博综群书，作为文辞，擅一时之誉。"[1] 张翥于至正九年（1349年）祭祀天妃，他在泉州时，遇到了江西老乡汪大渊，还为汪大渊的《岛夷志略》写序。他在序中说："西江汪君焕章，当冠年尝两附舶东西洋，所遇辄采录其山川风土物产之诡异、居室饮食衣服之好尚。"作为一名代皇帝祭祀天妃的使者，为元代最好的海外地理书籍写序，其实具有不凡的意义。

---

[1] 陶宗仪：《书史会要》卷七，文渊阁四库全书本，第9页。

张翥在福建留下了不少诗歌与文章,他有一首咏《湄洲屿》之诗:

> 飞舸鲸涛渡渺冥,祠光坛上夜如星。蛟龙笋簴县金石,云雾衣裳集殿庭。
> 万里使轺游冠绝,千秋海甸仰英灵。乘风欲借天风便,彷佛神山一发青。①

在《兴化府志》中,还保留着张翥所写的《天妃庙序》,他在序中说:"于戏!天妃其海岳之气,形而至神者乎?故始生而地变紫,幼而通悟秘法,长而席海以行,逝而现梦以祠。"② 可见,张翥对天妃崇拜是十分虔诚的。

元末文士贡师泰也曾代祭天妃,贡师泰为宣城人。他的学生谢肃有一首提及贡师泰到福建祭祀天妃:"先师宣城贡公,元至正初以翰林直学士代祀天妃于泉南,与郡守偰世南观潮万安。公别之以诗,有:'且解金鱼沽别酒,洛阳桥下正潮平'之句。后安作宪闽中,即又以户部尚书分部福建,每语肃以洛阳桥观潮时事。国朝洪武甲子春三月,肃为决狱来泉,过所谓洛阳桥者,因赋绝句一首云:'翰林代祀属前朝,曾说泉南看海潮。二十四年如一梦,乘骢来过洛阳桥。'(即洛阳桥也)"③ 此诗中的"先师宣城贡公"无疑是指贡师泰。洪武甲子年是洪武十七年,即公元1384年,此前24年为1364年,即至正二十四年。该年,贡师泰与其弟子谢肃提及与郡守偰世南唱和一事。考之于福建方志,元至正年间有偰玉立其人任泉州路总管,《闽书》云:"偰玉立,字世玉,畏吾人。至正中监泉州。筑城浚河,兴学校,修桥梁,赈贫乏。考求图志,搜访旧闻,聘寓公三山吴鉴成《清源续志》二十卷,以补一郡故事。郡人蔡玄,年十四,有神郑童称,玉立优礼之,驿置京师,朝授翰林编修。郡人皆劝于文学。"④ 偰世南与偰世玉仅一字之差,看来,与贡师泰唱和的偰世南就是偰玉立了。吴鉴在其至正十一年的《清源续志序》中提到过偰玉立:"至正九年,朝以闽海宪使高昌偰侯来守泉。临政之暇,考求图志。"⑤ 就现有史料来看,偰玉立于至正九年到至正十一年之间任过泉州路总管,此后偰玉立的情况不明。看来,贡师泰来福建祭祀天妃,应也在其间。如前所述,张翥于至正九年到福建代祀天妃,那么,贡师泰来闽祭祀天妃的时间可能是至正十年至十一年。查贡师泰的文集,

---

① 张翥:《蜕庵集》卷三,湄洲屿,文渊阁四库全书本,第15-16页。
② 张翥:《天妃庙序》,周瑛、黄仲昭:弘治《兴化府志》卷二九,福建人民出版社2007年,第769页。
③ 谢肃:《密庵集》卷四,先师宣城贡公,文渊阁四库全书本,第25页。
④ 何乔远:《闽书》卷五三,文莅志,第1405页。
⑤ 吴鉴:《清源续志序》,汪大渊:《岛夷志略》,序。第8页。

还有两首名为《兴化湄洲岛祠天妃还》的诗歌，其一，"清朝严典礼，宣阁遣词臣。衣带天边雪，花逢海上春。稍能更祀事，亦足慰疲民。万里行方远，朝来更问津"；其二，"夜宿吴山上，朝行莆海东。地偏元少雪，天阔自多风。不见波涛险，宁知造化功。百年神女庙，长护海霞红"。① 可见，贡师泰也曾到福建祭祀天妃。

第四节　元代福建各地的天妃庙

元代官府祭祀福建的天妃庙分布于延平、福州、兴化、泉州、漳州等城市，但以莆田县境的天妃庙最为重要。不过，虽说元代江南祭祀天妃的庙宇多叫天妃宫，但福建境内祭祀天妃的庙宇多叫天妃庙或是天妃祠、灵慈庙，没有天妃宫的称呼。以下略做考证。

一、福州的天妃庙

在福州的地方志中，宋代的《三山志》没有记载湄洲神女信仰。元代的福州府县志大都遗失，对天妃信仰的记载不详。现存最早的《福州府志》为明代正德十五年叶溥等人纂修的。不过，该书有关福州天妃庙的记载，大都出自弘治年间成书的《八闽通志》。据二书所载，元代福州已经有了天妃庙："在水步门内之左城垣下，宫之创已久。"该庙为元朝官员祭祀天妃之地，而元代至顺四年宋褧为代祀官时，就为福州天妃庙写过祝词："神灵孔昭，相我漕事。惟闽诸郡，列祠有年。莅政之初，遣使代祀。式陈菲荐，庸答神休。"其下还注明："延平、福州、泉州、并同。"在宋褧的记载中，也说"惟闽诸郡，列祠有年"，可见，福州等城祭祀天妃应有一段历史，以理推之，至少在宋代末年，福州应有了天妃庙，但现有的可靠史料，只能将福州天妃庙的历史溯及元代中叶。

如前所述，元代江南的漕运也从福建雇募了一批海船，帮助运载粮食。这些海船肯定有来自福州所属各县的，因此，元代的福州很有必要建立天妃庙。元末，南方大乱，中原及江南的大片地方都被反元势力占领，但福建省一直在元朝的控制之下。由于南方通往北方的陆路被战乱阻断，福建省与北方的联系主要依靠海路，这种独特的环境促使元末的海运更为发达。例如：李士瞻为元末著名诗人，他曾从温州到福州："伏以欲海波深，惟藉慈航之渡。胥涛势险，

---

① 贡师泰：《玩斋集》卷三，兴化湄洲岛祠天妃还，第3页。

用叨阴相之功。……恭惟天妃夙契道缘，悟超仙品，体太上好生之德，普济生灵；仗佛光真乘之威，同扶社稷。名既登于祀典，功久冠于皇家。重念某等偶因公委，一行公私人众，参随下官，顾搭温州楚门戴某大亨船只，前往福建。已经取自十月初旬登舟放洋，不图行次中途日，值逆风横作，既波涛之汹涌，即众意之怆惶，浩乎莫之，茫若无措，水薪殆尽，躯命是关。何一苇之艇未航，而八闽之州安在？人情伊阻，王程孔艰，言念及斯，痛伤何既？伏愿神幖顺指，风驭迴翔，海上灵槎，冀即登于彼岸，天心明月，幸普照于迷涂。"① 这是说他在海上遇到风暴，幸亏得到天妃的保佑，渡过险关。

从温州至福州的海路其实不算长，但在李士瞻的眼里，已是一段充满风险的道路，其实，当时还有许多官员与商人乘坐海船往来于福州与大都之间。黄镇成的《秋声集》载有《直沽客》一诗："直沽客，作客江南又江北。自从兵甲满中原，道路艰难来不得。今年却趁直沽船，黑洋大海波连天。顺风半月到闽海，只与七州通卖买。呜呼，江南江北不可通，只有海船来海中。海中多风多贼徒，未知来年得无。"② 又有一位诗人咏道"海连辽碣八千里，山隔燕云百万重"；"九重天阙连三岛，万斛风舟等一毫"。③ 有一年，大都闹粮荒，朝廷令福建行省以盐赋收入买粮食，"由海道转运给京师，凡为粮数十万石，朝廷赖焉"。④ 其后，罗良等福建行省官员曾多次运粮至大都。在有些年份，大都不缺粮，福建行省便以"盐赋十之六，杂易一切供上之物"。在京师派来的户部尚书主持下，行省官员"严法以防奸市平估以通懋迁，远近闻之，商贾交集，不数月得绫、絁、紬、锦、绮、缯、布、丝、枲十数万"，随后运至大都。⑤ 元代福建的海运船队十分庞大，行省官员曾向朝廷报告："三月中当先发一百船，赴都呈报。"⑥ 明军入闽后，在福州缴获元朝海船105艘。⑦ 可见，元末海运对福州来说还是非常重要的，因此，元末福州官员多次给天妃进香。由于官员经常往来，原有的天妃庙太小，"元至正十七年，宪使兀鲁台庄嘉、副使郭兴祖、行者平章阿里温沙扩而新之"。⑧ 此处所说的天妃庙，是指福州水步门的天妃庙。福州的天妃庙应当还有一些，明代的《八闽通志》记载福州福清县有灵慈庙，"盖

---

① 李士瞻：《经济集》卷五，海上祈风投词，第8页。
② 黄镇成：《秋声集》卷一，直沽客，第6页。
③ 林弼：《林登州集》卷六，次韵王克明，第6页。
④ 宋濂等：《元史》卷一八七，贡师泰传，第4296页。
⑤ 贡师泰：《玩斋集》卷六，送李尚书北还序，第47页。
⑥ 李士瞻：《经济文集》卷三，上中书左丞相，第5页。
⑦ 谷应泰《明史纪事本末》卷六，太祖平闽，中华书局1977年，第87页。
⑧ 黄仲昭：《八闽通志》下册，卷五八，祠庙志，第368页。

天妃行祠也"。① 如前所述,"灵慈"是元朝赐给天妃庙的专有封号,福清县有灵慈庙,说明至少在元代,福清县已经有了天妃庙。福清人在中国以擅长航海出名,他们较早祭祀天妃,是理所当然的。其实,连江县也有天妃庙。《连江县志》记载天妃庙:"一,行祠在伏沙。元延祐四年建。"② 福宁州③及宁德县④亦有灵慈庙。

除了福州之外,元朝代祀官南下福建祭祀天妃,延平(今南平)、泉州、漳州三地都是代祀官必经之地,可见,其地必有天妃庙。但三地的方志中查不到相关史料,此处只好付之阙如。至于莆田县境的天妃庙,保留的史料较多。各庙兴衰交替,值得注意。

二、圣墩顺济庙与湄洲天妃庙的兴衰

元代莆田圣墩顺济庙的地位逐步下降,白湖庙的庙宇虽在,但其重要性不可与宋代相比,而湄洲天妃庙成为天妃信仰的中心,这是天妃信仰发展的重要转折。

圣墩顺济庙是妈祖的始封之地,在妈祖信仰发展史上具有重要地位。她在宋代一度十分显赫,其理由如前所述,圣墩庙所在的宁海镇,原为莆田县的重要海口,莆田县城中的商人从这一港口出发,到全国各地去贸易,他们来去都要到圣墩庙中进香还愿,这是圣墩庙繁荣的重要原因。迄至元代初年,圣墩庙进行了重修,黄仲元⑤写了一篇《圣墩顺济祖庙新建蕃厘殿记》介绍圣墩庙大修经过:"妃号累封,前此有年矣,宇宙趋新,真人启运,祀秩百礼,命申一再,护国者功,庇民者德,明著则神之,诚不可掩也。盛矣哉! 圣墩庙几三百禩,岁月老,正殿陋。李君清叔承先志,敬神揄龟筮,卿士庶民协从,由寝及殿,易而新之。鸠工于大德己亥,祭落于癸卯腊月,五六年间始克就,难矣哉!"从"宇宙趋新,真人启运"这句话可知,这段文字写于元代初年。"难矣哉"三个字,说明当时建庙遇到了很多困难,后来,靠众人的捐助,该庙终于完成,"殿之木焉须? 妃阴隲民之精爽不贰者,曰山之西,有木巨甚,工师求

---

① 黄仲昭:《八闽通志》下册,卷五八,祠庙志,第372页。
② 民国《连江县志》卷二一,祠祀志,第338页。
③ 李拔等:乾隆《福宁州志》卷三四,坛庙志,福建省宁德地区地方志编纂委员会1991年自印本,第955页。
④ 卢建其修、张君宾纂:乾隆《宁德县志》卷二,建置志,第182页。
⑤ 《四库全书总目》卷三七《四如讲稿》介绍:"宋黄仲元撰。仲元字善甫,号四如,莆田人,咸淳七年进士。授国子监簿,不赴。宋亡,更名渊,字天叟,号韵乡老人,教授乡里以终。"文渊阁四库全书本。

之，果如神言，尽售其材以归。殿之费焉出？四方之善信乐施也。殿之役谁助？教役属功，则乡之寓士耆宿；奔走疏附，则里之千夫、百夫长也。虽人也，亦神使之也。始者乘槎而宴娱于斯。今兹指木而轮奂于斯。吁，亦异矣哉！"[1] 该庙建造蕃厘殿，始于元成宗大德己亥年（大德三年，1299年），落成于大德癸卯年（1303年），前后五年，说明当时遇到了财政上的困难。宋代的莆田是一个富裕区域，扩建庙宇，捐献的人很多，为何元初的庙宇建设会那么困难？这是因为，元代初年，莆田县遭受了严重的战乱破坏。

元军进入闽中是在1276年，当时的元军已经攻占宋朝首都临安，宋太后谢道清带小皇帝投降。文天祥等人不甘宋朝的灭亡，在闽粤一带组织反元义军。不过，元军的优势十分明显，宋朝官员大都不战而降，元军不战而得福州，兵锋逼近莆田。这时，莆田人陈文龙在莆田组织反元义军。陈文龙身为宋朝的参知政事，他是宋朝著名宰相陈俊卿的后裔，所以一呼百应，但在元军压力下，陈文龙很快失败被俘。其后，陈文龙之侄陈瓒再次组织反元义军，据城抵抗。元军苦战多日后才攻下莆田县城，进城后对民众大屠杀，高兴部元军在莆田斩首三万余级，血流漂杵。[2] 莆田的许多士绅死于这场战乱中。元军为了补充自己的水师，在兴化境内沿海掠获海船七千余艘，[3] 这都使莆田遭受极大的破坏。尤其是莆田籍海商受到的打击最大，他们的海船被元军没收，财产也被掠夺。在宋朝，莆籍海商是海运中的一股重要力量，但到了明清以后，莆田海商远不如泉州、漳州，这与元初的动乱是有关的。

元代莆田海商的衰落，使圣墩庙失去了可靠的经费来源，这是元初整修圣墩顺济庙十分困难的原因。此外，圣墩位于木兰溪的下游，自南宋时期木兰陂建成之后，下游的稻田得到灌溉，亩产大大提高，在这里围海造田十分有利。因此，早在南宋时期，就有人在木兰溪下游围海造田，这使宁海镇一带的海岸线不断地向海洋推进。宋元改朝换代，水利事业一度无人管理，更助长了围海造田之风。迄今为止，木兰溪下游的海岸线距镇前已经有8公里之远。随着木兰溪下游的淤塞，莆田出海船只多改到涵江镇的江口停泊，宁海镇失去了大量的海商，这也促成了圣墩庙的衰落。

湄洲天妃祖庙却在元代得到较快的发展。湄洲位于莆田东南的海波中，距莆田水陆道路有八十里，对莆田人来说，往来此地十分不便。但湄洲岛的南部

---

[1] 黄仲元：《四如集》卷二，圣墩顺济祖庙新建蕃厘殿记，第29页。
[2] 宋濂等：《元史》卷一二九，唆都传，第3152页。
[3] 宋濂等：《元史》卷一六二，高兴传，第3804页。

不远处，就是著名的泉州城。泉州港在元代是著名的东方大港，从泉州港出发的船只北上，一定要经过湄洲屿海面。当时的帆船航行，虽然已经使用了指南针，但由于当时的指南针十分简陋，只能指示大概方向，所以，帆船航行，主要靠山岛导航，离大陆太远，看不到陆上大山或是海中岛屿，就很容易迷航，所以，宋代的帆船航行，一定要靠岸行驶，这是泉州北上船只一定要经过湄洲岛的原因。另一个原因在于：船上蓄积的淡水很容易变质，尤其是在夏天，所以，最好的方式是两叁天加一次淡水，这也是帆船沿着山岛航行的重要原因。湄洲岛作为泉州船只北上的一个中间站，这里有深水港可以停泊，又有淡水可以汲取，所以，往来船只多到湄洲停泊，这就促成了湄洲港的发展与湄洲天妃庙的兴盛。湄洲岛的天妃庙在元以后越来越兴旺，与其地利条件是有关的。

三、元代圣墩庙与湄洲庙的祖庙之争

元代莆田籍诗人洪希文有一首《题圣墩妃宫湄洲屿》的诗，其诗曰：

我昔缆舟谒江干，曾觏帝子琼华颜。云涛激射雷电汹，殿阁碑兀鱼龙间。
此洲仙岛谁所构，面势轩豁规层澜。壶山峙秀倒影入，乾坤摆脱呈倪端。
粉墙丹桂辉掩映，华表耸突过飞峦。湘君小水幻露骨，虞帝迹远何由攀。
银楼玉阁足官府，忠孝许入巫咸班。帝怜遐陬杂鲸鳄，柄授水府司人寰。
五云殿邃严侍卫，仙衣法驾朝天关。危樯出火海浪破，神鬼役使忘险艰。
灵旗毣兕广乐振，长风万里翔孔鸾。平洲远屿天所划，古庙不独夸黄湾。
至人何心恋桑梓，如水在地行曲盘。升阶再拜荐脯藻，不以菲薄羞儒酸。
日谈书史得少暇，石桥潜渡凭雕栏。诗成不觉肝胆醒，松桧蓊荟鸣玦环。
骑鲸散发出长啸，追逐缥缈乘风还。①

这首诗的题目中提到了圣墩与湄洲屿，那么，洪希文是在咏湄洲屿的天妃庙还是圣墩庙的天妃庙？我认为是湄洲屿天妃庙。其理由如下：其一，诗中有"此洲仙岛谁所构"一句，既有"岛"，又有"洲"，只有湄洲屿符合条件；其二，圣墩庙建于海口，其地为木兰溪下游平原，而湄洲岛的天妃庙建于湄洲半山腰，地势较高，诗中咏道："云涛激射雷电汹，殿阁碑兀鱼龙间。此洲仙岛谁所构，面势轩豁规层澜。"从地理形势来看，诗人是在咏湄洲屿的天妃庙；其三，湄洲屿附近有黄干岛，而诗中咏及黄湾这一地名，其地应为湄洲与黄干岛之间的

---

① 洪希文：《续轩渠集》卷三，题圣墩妃宫湄洲屿，第1—2页。

海域；其四，壶公山在莆田的东南部，湄洲屿也在莆田东南部，从湄洲屿望到壶公山，这是可能的。以上分析表明：洪希文这首诗是在咏湄洲屿的天妃庙。

明白洪希文是在歌咏湄洲屿天妃庙之后，就会觉得洪希文为该诗取的题目十分古怪，圣墩妃宫与湄洲屿并不构成并列关系，而洪希文却将圣墩妃宫与湄洲屿连一起，这里有语法问题。当然，多读几次，并不难理解洪希文的意思。若按标准的汉语语法，洪希文诗的题目应为《题咏湄洲屿的圣墩妃宫》。莆田是古代越语区域，越语区域民众的方言，常将主语放在定语的前面。所以，《题圣墩妃宫湄洲屿》实际上是《题湄洲屿圣墩妃宫》，事实上，《佩文韵府》收入此诗，便将其改名为《题湄洲屿圣墩妃宫》。

不过，这一题名仍然会让人产生误会，圣墩妃宫与湄洲屿天妃庙本是两座庙，但光看这一题名，会以为圣墩庙在湄洲屿。也许就是洪希文的影响，使后人屡犯这一错误。明代学者何乔远说："湄洲屿，一名鲥江，在大海中，与琉球相望。顺济天妃庙在焉。……宋雍熙四年升化，在室三十年矣。时时凭祥浮槎，朱衣现光，遍梦湄洲墩父老。父老相率祠之，名墩曰圣墩。"① 清代郑王臣的《莆风清籁集》收入洪希文此诗，也注明：圣墩在湄洲屿。

近人蒋维锬提出，要么是圣墩庙迁到了湄洲屿？"圣墩顺济祖庙为何会变为湄洲顺济祖庙？即元初黄渊（仲元）作《圣墩顺济祖庙新建蕃厘殿记》时，其庙尚在宁海，而到洪希文题诗时，庙却在湄洲。黄、洪皆莆田人，前后只隔40年左右，两人记载应该说都是可靠的，但原因何在却弄不清。这个问题还有待进一步探讨，我的不成熟看法是：元天历二年（1329年）湄洲祖庙列为全国18座诏祭的天妃庙之一，而宁海圣墩庙毕竟只是合祀的神庙，故有可能官方决定据顺济祖庙的名号移于湄洲祖庙。但这仅是一种推测，尚乏证据。"②

不过，庄景辉、林祖良的《圣墩顺济祖庙考》一文批评了蒋氏的猜测，他们认为：圣墩顺济祖庙可能毁于元末的"亦思法杭之乱"③。这就间接否定了圣墩庙在元代中叶迁至湄洲屿的可能性。也就是说，元代圣墩庙与湄洲庙同时存在，本是两座庙宇。

那么，在洪希文的诗中为何会出现：《题圣墩妃宫湄洲屿》这样的说法？我

---

① 何乔远：《闽书》卷二四，方域志，第574页。
② 蒋维锬：《一篇最早发现的妈祖文献资料的发现及其意义》，朱天顺编：《妈祖研究论文集》，鹭江出版社1989年，第32页。
③ 庄景辉、林祖良：《圣墩顺济祖庙考》，林文豪主编：《海内外学人论妈祖》，中国社会科学出版社1992年，第394页。亦思法杭为元末乔居泉州的波斯人所组成的一支军队，曾经多次在莆田境内作战。

认为：这里涉及了顺济庙与湄洲庙的祖庙之争，只有弄清楚这一点，才能明白洪希文为何有这种说法。

如前所述，圣墩顺济庙的建立，是妈祖信仰发展史的一件大事，在该庙建立前，湄洲神女的信仰虽然已经在湄洲屿出现，但信众只限于湄洲屿附近之人。自从元祐年间宁海镇顺济祖庙建立后，其主持人李振参加了路允迪出使高丽的远航，才有了"顺济庙"名的赐予。湄洲神女信仰从此走向全国，成为国家祭祀的重要信仰。在这一背景下，圣墩湄洲神女庙自称为"顺济祖庙"，从廖鹏飞的《圣墩祖庙重建顺济庙记》与黄仲元的《圣墩顺济祖庙新建蕃釐殿记》二文来看，这一称呼也得到学者们的认可。事实上，宋代的湄洲虽为妈祖信仰发祥地，但"顺济"这一庙号来自圣墩，这也是无可争议的，因此，圣墩庙自称顺济祖庙，无可厚非。

但到了元朝代宋之际，传统的神明都要得到新朝的认可，而元朝的官员处心积虑要泯灭民众心里宋朝的印象，所以，元代祭祀的神明虽有来自宋朝的，但都受到重新包装。湄洲神女在宋代号称"圣妃"，元朝就将其升格为"天妃"，宋代圣妃的庙号为"顺济"，元朝则将其改名为"灵慈"，庙名的改革，使圣墩庙失去了顺济祖庙的地位，这对圣墩庙的打击很大。与此同时，湄洲庙屡次得到朝廷的封赐，二庙的地位进一步分化，湄洲庙的影响越来越大，而圣墩庙式微不可逆转。

对于外人而言，不论是湄洲庙还是圣墩庙，二者的文化价值都是一样的，但对于圣墩附近的信众来说，圣墩庙地位的下降是很难接受的。在他们看来，圣墩庙永远是祖庙。从这一角度来看洪希文《题圣墩妃宫湄洲屿》一诗，就不难理解洪希文为何有这种说法，因为，洪希文是宁海镇人，镇前的《洪氏族谱》收有他的名字。圣墩庙是他家乡的庙宇，在他看来，湄洲屿的天妃庙，其实是圣墩妃宫的支庙，所以，他题咏湄洲屿的天妃庙，还要称之为"题圣墩妃宫湄洲屿"，其意为"咏湄洲屿的圣墩妃宫"。洪希文还有一篇短文："圣墩宫天妃诞辰笺"。总之，天下人都说天妃是湄洲天妃，只有洪希文等少数人却说天妃是圣墩宫的。

洪希文的诗使我们看到元代圣墩与湄洲之间的祖庙之争，但湄洲庙的发展与圣墩庙的衰落都是不可扭转的，不过，圣墩顺济庙的彻底消亡不是在元代。一座庙宇既然建立，就会有基本信众，只要这些信众存在，庙宇虽然破败，都会有机会重建。元代的圣墩只是萧条，基本信众还在。迄至明代中叶的弘治年间，黄仲昭在《八闽通志》一书中还提到圣墩庙。① 所以，圣墩庙的彻底消失应是在倭乱之后。在嘉靖后期的倭寇侵扰期间，莆田一直是倭寇主要侵犯的地方，约有数年时间，莆田城周边的乡镇无法居住，居民逃到莆田城或是外乡。嘉靖四十一年，倭寇攻占莆田城，城内居民大多死于战乱。迄至隆庆年间，莆田的城乡恢复宁静，圣墩一带才重新有人居住，但是，他们中间原有的居民已经很少了，所以，许多传统庙宇未能恢复。万历《兴化府志》及清代的《莆田县志》都未提到圣墩庙宇，这说明圣墩天妃庙在明清之际已经消失于大家的视野中。

小　结

元朝占领泉州之后，就想将元朝对大陆的统治推向海洋，因而招抚海外国家，同时掀起了对海外国家用兵的浪潮。在国内，元朝发展沿海运输，每年都有数万至数十万的水师在海上运输漕粮。频繁的海洋活动里，必然发生较多的海难。民间的海难由民间处理，而国家承担的海运之类的任务，若是导致大批人员伤亡，便会让官府感到有必要祭祀海神。元代的海神早在泉州建省的时候就十分响亮：泉州神女！她是一尊来自泉州行省管辖海港的女神。其实，这位女神就是宋代出名的湄洲神女。

在中国历史上，往往有某种行业由某省和某地区人垄断的情况，元代的海运业便是由福建人垄断的一种行业。早在唐宋时期，福建的海洋运输业便很发达了，元代又是泉州市舶司成为行业魁首的时代，闽人在行业中领头的地位不可动摇。其时，不仅是福建的港口由福建人称霸，连江浙、广东的港口也有许多福建人，于是，福建人信仰的海神传播到江浙、广东所有的海口，成为当地港口的主神。

其实，泉州神女成为民众共同崇拜的海神，还有国家海运主要由闽人和福建移民承担的这样一种事实。元初南下元军在莆田港掳获的七千艘海船，厓山之战后被俘的闽广水手也有数万到十几万，他们是元朝海运的主要承载者，不论是泉州到杭州的海运驿站，还是由长江刘家港到天津的海上漕运线，都是由他们承担的。频繁的海运和频繁发生的海难，都使他们对海神的祭祀显得十分重要，因而他们祭祀的海神成为国家的海神。元朝为了维持海运，屡屡封赐海神，泉州神女因而成为主管海洋的天妃，后来，天妃的封号也不断增加。朝廷

---

① 黄仲昭：弘治《八闽通志》卷六十，祠庙志，第 409 页。

经常派出使者祭祀从天津到福建泉州的天妃庙,正如本书第三章揭示的元代福建海运情况,元末有不少粮食船是从福建出发的。元朝的使者因而到福建重要庙宇祭祀天妃。总的来说,元朝是天妃信仰成为国家信仰的重要阶段,天妃成为国家祭祀的少数神明之一,如果将天妃信仰看成福建海洋文化的一个组成部分,那么,元代福建地方的海洋文化已经成为全国性的海洋文化,这对福建海洋文化的传播是十分重要的。

元代天妃信仰的道教化是一个值得注意的倾向。我在《妈祖信仰史研究》一书的第七章揭示了元代佛教神明道教化的倾向,邵武的张三丰信仰便是一例。在那个时代,佛教神明的道教化是一种趋向,妈祖信仰也不能违背这个趋势。由于这一道教化趋势首先发生于江南海港,这里就不再详述了。大致来说,这一趋势也和龙虎山的张天师有关。张天师的再传弟子薛茂弘在元代后期成为朝廷的代祀官,代表朝廷到江南天妃宫祭祀天妃。这是道教渗透妈祖信仰的重要进展。实际上,直到元代前期,多数妈祖庙都被称为灵慈庙,其名称之中就有大慈大悲的佛教因素。这说明元代前期佛教在妈祖信仰领域还是很有地位的。然而,元代在天师道的影响下,道教思维渗透妈祖信仰,元代江南及天津的妈祖庙被民众称为天妃宫。将庙宇称为"宫",这是道教特殊的称呼,所以,天妃宫名字的流行,反映了道教的影响。不过,元代福建妈祖庙,被称为灵慈庙的还有很多。迨至明朝之后,天妃宫的概念进入福建,福建天妃宫也有道教化的倾向了,不过,这是后话了。

元朝不像宋朝那样重视民间神明的赐封,这应是元代儒学渗透国家政权的结果,但对妈祖信仰是一个例外。因漕运有关北京的粮食供应,朝廷每年都很关心南方的漕运能否及时进京。为了保护漕运,他们也很重视漕工们的天妃信仰,经常派人到南方祭祀天妃,并且多次给予天妃封号。这使天妃信仰在元朝有较大发展。

315

第九章

元末福建的经济危机

元末福建的经济危机与自然灾害频发有关，也与元末政治局势有关。由于自然灾害频发，元末福建的粮食供应危机多次发生。在财政上，元朝货币贬值、人头税增加，许多社会问题难以解决。只有认识元末的经济危机的深度，才会理解明朝兴起的原因。

第一节 自然灾害和区域盛衰

福建古称"东南佛国"，因其位于东南海隅的地位，战争打到福建这类边缘地带，大都局势已定，没什么好打的。不过，在元初和元末，福建境内战乱不已，这与自然灾害有一定的关系。

一、元末福建的自然灾害

福建一向被称为佛国，在宋以前，这里的人口适中，海外贸易发达，市场繁荣，是一个人们向往的地方。但到了元代后期，福建屡屡发生畲汉民众大起义，这与元末福建区域的自然灾害有关：

元泰定元年（1324年），秋九月，"南康、漳州二路水，淮安、扬州属县饥，赈之"。[1]

十一月，泉州饥，元朝廷赈贷之。[2]

元泰定三年（1326年）九月，漳州大水。[3]

元顺帝元统元年（1333年），"泉州霖雨，溪水暴涨，漂民居数百家"。[4]

---

[1] 宋濂等：《元史》卷二九，泰定帝纪一，第639页。
[2] 宋濂等：《元史》卷二九，泰定帝纪一，第652页。
[3] 宋濂等：《元史》卷五十，五行志，第1055页。
[4] 宋濂等：《元史》卷五一，五行志二，第1093页。

以上泰定元年至元统元年的 10 年间，闽南即发生了 3 次大水灾，福建大都沿溪而居，所以，水灾到来，伤害很大。漳泉之外，元顺帝至元五年（1339年），汀州也发生了一次特大水灾。"大雨骤至，平地水深三丈余，没民庐八百余家，民田二百顷，溺死者八千余人。"① 如此大的水灾，史上罕见。元末汀州人逃难远方的不少，应与这次大水灾有关。就天文地理而言，一段时间密集大水，往往意味着过一些年会出现连年大旱的情况。元代正是如此。不幸的是：在此期间还发生过大规模的瘟疫。

元顺帝至正初年，福建多次暴发瘟疫。至正四年（1344 年），"福州、邵武、延平、汀州四郡，夏秋大疫"。②《长乐县志》记载："至正四年，三月不雨至于八月，夏秋大疫。"③ 揭傒斯的诗歌咏道："近闻闽中瘴大作，不间村原与城郭，全家十口一朝空，忍饥种稻无人获。"④ 这表明元代福建有许多人死于瘟疫。大瘟疫流行时，人们无心种田，《元史·五行志二》记载至正五年夏："济南、汴梁、河南、邠州、瑞州、温州、邵武饥。"邵武一向是福建的粮仓，此时却出现了饥荒，应是大疫的影响。至正六年八月己巳，南平火灾，"毁官民居八百余家，死者五人"。⑤

从至正十三年（1353 年）开始，泉州一带连年旱灾。林以顺记载："十三年，泉郡大饥，死者相枕藉。其能行者，皆老幼扶携，就食永春。""永春县尹卢琦命分诸浮屠及大家使食之。所存活不可胜计。"⑥ 泉州诗僧释大圭作《悯农》："经年不见大田秋，卖尽犁锄食养牛。倘有后来耕种日，一时相顾更多愁。"⑦ 至正十四年，泉州沿海大旱发展到极点："旱火秋蒸土山热，新苗立死田寸裂。"⑧《元史》记载："福建泉州……皆大旱……泉州种不入土。人相食。"⑨ "至正甲午岁歉，饥殍载路，深道于中和堂设粥，令饥者列座供之。所活甚众。既而大疫，死者相枕藉。"⑩ 以上是泉州一地的情况，漳州的灾情不亚

---

① 陈寿祺：道光《福建通志》卷二七一，元祥异，第 12 页。
② 宋濂等：《元史》卷五一，五行志，第 1111 页。
③ 李驹等：《长乐县志》卷三，大事志，福建人民出版社 1994 年，第 56 页。
④ 揭傒斯：《文安集》卷一，雨述三篇，文渊阁四库全书本，第 14 页。
⑤ 孔自洙修、吴殿龄编纂：顺治《延平府志》卷二一，稽古志，第 573 页。
⑥ 林以顺，《永春平贼记》，卢琦：《圭峰集》附录，第 6 页。
⑦ 释大圭：《梦观集》卷四，悯农，第 15 页。
⑧ 释大圭：《梦观集》卷二，夜闻水车，第 5 页。
⑨ 宋濂等：《元史》卷五一，五行志二，第 1106 页。
⑩ 阳思谦等：万历《泉州府志》卷十八，赵深道传，第 1436 页。

于泉州,如,至正十四年,"漳浦大旱"。① 汀州的宁化:"至正十四年甲午,大饥,人相食。"② 《武平县志》也有同样的内容:"十四年,大饥,人相食。"③ 《元史·五行志二》记载:至正十四年春"浙东台州,江东饶,闽海福州、邵武、汀州、江西龙兴、建昌、吉安、临江、广西静江等郡皆大饥"。以上记载表明至正十四年福建有三个路卷进了大旱灾。但据《福建通志》的记载,福建卷入大旱的路也更多:"福建大旱,种不入土。福州、泉州、漳州、延平、邵武、汀州、福宁大饥,人相食。"④ 以上记载表明,福建九个路州中,除了建宁路和兴化路,另外七个路州都发生了旱灾,而且出现了"种不入土""人相食"的极端情况。许多地区农业破产,粮食价格昂贵,"半锭一石谷,十两一斗米",农民"寻常欲求一饱不可"。⑤ 释大圭《哀殍》诗:"斗米而今已十千,几人身在到明年。谯门有粥如甘露,活得操瓢死道边。"⑥ 他又有《吾郡》一诗:"吾郡从来称佛国,未闻有此食人风。凶年竟遭心术变,末俗何由古昔同。市近祗令真有虎,物灵犹自避生虫。诸公肉食无充耳,急为饥民散腐红。"⑦ 从他的诗中我们知道,泉州的饥荒中饿死了许多人。灾荒之后,往往伴着瘟疫,泉州"既而大疫,死者相枕藉",有名为赵深道的善士,"造舟,施轮其下,会众僧以长绳挽拽,沿街搜索,或遇门闭,辄排以入,舟挽各城门外埋瘗之,日不下数次"。⑧

至正十九年,福州一带又发生饥馑。《连江县志》记载:"于悠,东山人。至正十九年,四方饥馑,饿殍相望。悠罄廪储,作粥以赈。待食者日众,不可给,则出金鬻于人以继之。所全活无数,悠以是倾其家。"⑨

连年不断的旱灾破坏了福建的农业经济。中国传统的小农经济相对脆弱,如熊禾所咏:"封君擅半赋,公私重熬煎。寒城冻女手,汗粒颣农肩。织衣不上体,春粟不下咽。伤哉力田家,欲说涕泪涟。"⑩ 僧人释大圭咏道:"十年不见钟鼓食,今岁仍遭饥馑时。只道民间须振贷,谁怜我辈亦疲羸。强持一钵向何

---

① 蔡世远等:康熙《漳州府志》卷三三,灾祥,清康熙五十三年刊本,第3页。
② 李世熊:康熙《宁化县志》卷七,灾祥志,福建人民出版社1989年,第436页。
③ 赵良生:康熙《武平县志》卷九,祲祥志,武平县方志委1986年点校本,第226页。
④ 陈寿祺:道光《福建通志》卷二七一,元祥异,第13页。
⑤ 卢琦:《圭峰集》卷下,谕寇文,第35页。
⑥ 释大圭:《梦观集》卷五,哀殍,第15页。
⑦ 释大圭:《梦观集》卷四,吾郡,第9页。
⑧ 黄仲昭:《八闽通志》卷六七,赵深道传,第598页。
⑨ 丘景雍等:民国《连江县志》卷二九,于悠传,连江县方志委1989年,第404页。
⑩ 熊禾:《勿轩集》卷七,上致用院李同知论海舶,第14页。

处？自笑空囊尚有诗。早觉无钱助官粜，也应屠贩逐群儿。"① 释大圭还有《南国》一诗："南国地皆赤，吾生亦有穷。丰年何日是，菜色万人同。海上舟频入，民间楮已空。犹闻谷价涌，开粜若为功。"② 阅此可知，当时的泉州全靠海外输入的粮米，但是，由于民穷财尽，谷价上涨，许多人无钱购米，官府开粜，仍有许多人饿死。大圭的《哀殍》一诗咏道："斗米而今已十千，几人身在到明年？谯门有粥如甘露，活得操瓢死道边。"③ 灾荒之时，泉州出现人吃人的现象："四门磔群贼，饿者竞趋之。顾此果何物？犹能疗汝饥。虎今生角翼，民已竭膏脂。无怪人相食，干戈正此时。"④ "吾郡从来称佛国，未闻有此食人风。凶年竟遭心术变，末俗何由古昔同。市近只今真有虎，物灵犹自避生虫。诸公肉食无充耳，急为饥民蔽腐红。"⑤

福建虽然屡发大疫，但由于元朝官吏忽视民间疾苦，民间灾情往往不得上报，所以，在方志中、《元史》中，找不到更多的记载。事实上，以上有关泉州大灾的记载，我主要是在释大圭的《梦观集》与卢琦的《圭峰集》中查到了相关资料，若仅看史书与泉州方志，我们无法知道这一灾害的程度。

元代晚期福建连续不断的水旱之灾，使老百姓的生活很难维持。在这一背景下，若官府能够关心百姓生活，还能缓解灾情。但除了少数官吏外，元朝的官吏以贪风闻名，他们非但不能帮助百姓，而且因军事需要，往往向民众强征赋税与徭役："世道日纷纭，人人自忧切。路逢村老谈，吞声重悲噎。我里百余家，家家尽磨灭。休论富与贫，官事何由彻。县贴昨夜下，羁縻成行列。邻里争遁逃，妻儿各分别。莫遣一遭逢，皮骨俱碎折。朝对狐狸啼，暮为豺虎啮。到官纵得归，囊底分文竭。"⑥ 因此，朝廷的压迫，往往成为民众直接起义的原因，"饥民聚为盗，邻警来我疆"。⑦ 永春县令卢琦对起义的农民说："人生有贫有富，自是分定，汝等见富人如仇，必欲焚其屋而杀其人，何也？"⑧ 乃至军队也酝酿兵变："馈饷资边阃，南军万灶寒。断粮今垒月，为变岂无端。"⑨ 在这一背景下，福建南部陷于大乱，应是可以理解的。

---

① 释大圭：《梦观集》卷四，十年，第9页。
② 释大圭：《梦观集》卷三，南国，第11页。
③ 释大圭：《梦观集》卷五，哀殍，第15页。
④ 释大圭：《梦观集》卷三，次韵詹生因所见有感，第13页。
⑤ 释大圭：《梦观集》卷四，吾郡，第9页。
⑥ 卢琦：《圭峰集》卷上，第18页。
⑦ 释大圭：《梦观集》卷一，僧兵叹，第15页。
⑧ 卢琦：《圭峰集》卷下，《谕寇文》，第35页。
⑨ 释大圭：《梦观集》卷三，馈饷，第11页。

二、海岛的发展和泉州的衰落

在元末大饥荒的背景下，有两个地区最值得注意。其一为福建海岛区域的发展，其二，为泉州沿海的衰落。

元代福建海岛区域的发达与两个因素有关。其一，渔业发达；其二，海上交通发达。渔业可以提供粮食之外的另一种食品：鱼肉；顺畅的海上交通则可带来粮食供应。元代的广东、浙江都是粮食富裕区域，能够给福建提供大量的粮食。福建位于两个富省之间，即使发生影响粮食生产的大灾害，也会有调剂粮食的可能。尤其广东与浙江气候差别很大，通常两省不可能一齐发生灾害，所以，福建总有调运粮食的机会。交通和渔业发达的两个因素，使福建沿海岛屿的食物问题较易解决，所以，元代末年形成了各地人口向海岛迁徙。以平潭来说，该县古名海坛岛。南宋的《三山志》记载："海坛里，海中间。八百里，户三千。"① 宋末元初，福建进入一个动荡的时代，许多人因而到海岛避难。海坛林扬的祖先林如大"仕宋，晚岁归隐，遁居海岛"。② 他的家族随其在海坛岛定居。同类人还有不少。元末战乱再次造成闽人大迁徙。管辖海坛岛的福清县，因有林泉生之类的能干官员，保持了境内的安定："林泉生，字清源，永福人。与卢琦、陈旅、林以顺称闽中文学。天历庚午进士。授福清州同知。适山海寇充斥，以计歼之，转泉州经历。民负酒税，系者多瘐死，悉破械出之。令船商、私酿者代偿。历漳州推官。畲洞相戒勿犯。擢知福清州。会红巾寇连江，帅府檄泉生御之。乃创保甲、置屯栅，立诛盐丁谋乱者七人。捕杀长乐谋内应者三十余人。先发制之。贼遂惊溃。福清俗好杀孤幼，诬讼求贿。泉生立连逮亲邻法，民不敢犯。"③ 在这一背景下，海坛等地成为民众逃避战乱的桃花源。元末诗人卢琦的《福清平南道中》："轻舆五月历郊坰，万事都非旧典刑。省檄一番新缮甲，民兵十户半抽丁。雨余野水村村白，海上烟岑点点青。只合早寻丘壑去，年来鬓发已星星。"④ 这首诗抒写了诗人在福清路途中的感慨，表达归隐乡间的愿望。他后来到了海坛岛，曾写过《寓海坛归即事》："十年关塞未休兵，多少闾阎岁不宁。客子买舟寻旧好，主人下榻慰飘零。庭前老树风鸣屋，山外疏槐雨满汀。当道诸公如问讯，为言卜隐傍林扃。"⑤ 后来，卢琦得到官府的任

---

① 梁克家：淳熙《三山志》卷三，地里类三，叙县，第29页。
② 林扬：《奏蠲虚税疏》，郝玉麟等：雍正《福建通志》卷六十九，艺文二，第15页。
③ 李清馥：《闽中理学渊源考》卷三十五，文敏林清源先生泉生，第4页。
④ 卢琦：《圭峰集》卷上，福清平南道中，第59页。
⑤ 卢琦：《圭峰集》卷上，寓海坛归即事，第59页。

命,不得已出来做官。但这一事例说明,当时有许多卢琦这样的文人,来到海坛岛避难。因此,元代海坛岛的人口增长。洪武进士长乐人陈仲完说:"玉融南行二十里许,距大海东南,望有峰若浮海上,舟行五十里始至。至则大地广袤,周遭可数百里许,民户以万计,多渔业。"元明之际的海坛,"人物富庶,第宅相望。连樯巨舰,与波光上下"①。可见,元末明初海坛的实际人口约有一万余户,比宋代末年已经增长了三倍。② 这使海坛成为人口较多的区域。杜臻的《粤闽巡视纪略》记载海坛:"《闽海实录》云:'相传旧有一州一县,州曰'沙州',县曰'朗县'。不知何据。"③ 以上《闽海实录》今已散佚。从元代以前的史料来看,海坛岛不可能设州,明代海坛岛的人口被迁至内地,也不可能设州。如果海坛在历史上曾经设过"沙州""朗县",只有在元代末年。当时元朝的辖地越来越少,福建在陈友定的统治下,是元朝在南方的主要疆土。如果海坛诸岛人口大增,是有可能设置州县,但是,至今还找不到旁证史料。

海坛岛之外,福建的金门岛、厦门岛及漳州的东山岛,都是较大的岛屿,在明以前也都发展不错。战乱时代,孤立的海岛发展,应当是一种趋势。

元末泉州港的衰落。今人多以为泉州港的衰落是明代前期的事,实际上,元末泉州已出现衰落的迹象,何以见得?首先,元末泉州灾荒严重,瘟疫和饥荒导致大批人死亡。其次,元末泉州社会秩序混乱。例如,海盗屡屡通过泉州水门袭击泉州居民,"焚室庐,掠妇女、宝货"。④ 长期不间断的海盗袭击会导致海上交通中断,商人无法从邻省运来粮食,泉州出产的商品也无法运到外省销售,所以,海盗发生对泉州是致命性的伤害。泉州的可耕地很少,农业经济脆弱,平时主要靠出口棉布、砂糖换取粮食,然而,海上交通被切断后,泉州供应困难,自产商品无法销售,因而产生了经济危机。这一危机就连戍兵也受到影响,他们因饥饿发动起义,元朝的统治已经无法持续下去。再次,元末亦思巴奚军割据泉州十来年,以强凌弱,尤其是那兀纳上台后"大肆淫虐,选民间女充其室,为金豆撒楼下,命女子攫取以为戏笑。即乔平章宅建番佛寺,极

---

① 陈仲完:《东岚秋思记略》,黄履思:民国《平潭县志》卷二四,艺文志,平潭县方志委1990年标点本,第251页。
② 按,民国《平潭县志》的大事志(第21页)记载:"平潭民户,在元时尝满四万。"点校该书的学者也认为这是不可能的。因为,元代福清被升格为州,其理由是:福清县有四万户人家。而《福清县志》也说,这是将海岛岛的人口也算了进来,所以才到四万户。因此,元代海坛的人口不可能到四万户,大约万户左右吧。
③ 杜臻:《粤闽巡视纪略》卷五,第1085页。
④ 贡师泰:《玩斋集》卷十,福建都元帅奏差潘积中墓志铭,第10页。

其壮丽,掠金帛亿积其中"。① 被那兀纳杀死的泉州市民不计其数。在这种情况下,泉州几成鬼蜮世界。所以,我的结论是:泉州在元末即开始衰落了。

第二节　元代福建的金融危机

元代的货币。中国在宋代开始出现世界上最早的纸币,元朝统一全国后,在全国范围内正式发行纸币——中统元宝交钞,以后又相继发行至元通行宝钞、至大银钞、至正中统交钞等。其中较为流行的是中统元宝交钞和至元通行宝钞,至大银钞在通行一段时间后被朝廷废止。

一、大元钞在南方的流行

元朝吞并南宋之前,已经在其占领的北方区域发行大元钞。完成吞并南宋的战事后,宋朝发行的纸币尚在流行,元世祖决定以五十比一的比例兑换宋朝发行的纸币,这一变制,应使南方遭受重大的经济损失,但纸币这种东西,如果没有强硬的后台是无法流行的。假使元朝不兑换货币,宋朝原有的钞票也会大幅度贬值,最后无人使用吧。元朝当然可以抛开宋代的会子自行发行新的钞票,但元世祖用大元钞高比例接手宋朝的会子,便巧妙地接手宋朝会子原有的市场,从而将大元钞推广到南方各地,完成全国市场的统一。应当说,这是一场巧妙的金融战胜利。元代福建境内广泛使用大元钞,元大德年间,莆田修涵江书院,"计用至元钞九百贯有畸"。② 元统年间,官府为学校索回被人吞没的田地:"征楮币一千五百万。"③ 元初,马可·波罗说大元钞的价值与黄金相等,即反映了大元钞在市场上受到极大信任。

元朝对货币有一套行之有效的管理制度,其一,每隔数年便用新钞兑换旧钞;其二,允许市民随时用钞票兑换金银等物。这样,便使民众对纸币产生信

---

① 佚名:《清源丽史》,此文出于泉州的《清源金氏族谱》,原修于明嘉靖年间。本文转引自努尔:《那兀纳与番佛寺》,福建省泉州海外交通史博物馆、泉州市泉州历史研究会编:《泉州伊斯兰教研究论文选》,福建人民出版社1983年,第117页。
② 吴涛:《兴化路修涵江书院记》,郑振满、丁荷生编:《福建宗教碑铭汇编·兴化府分册》,第63页。
③ 黄方子:《兴化路兴学记》,郑振满、丁荷生编:《福建宗教碑铭汇编·兴化府分册》,第67页。

心。① 这都是宋代制度的延续。大元钞发行之初，一锭大元钞相当五十两白银。

不过，元代的钞票发行20年后，出现了通货膨胀的现象。其原因在于阿合马等奸臣超额发行没有准备金的纸币，结果造成纸币的贬值。如莆田涌泉岩寺铸钟，民间所捐钱皆在十两以上，多者至二锭。② 若按元初的比价，一锭大元钞价值五十两白银，二锭就是一百两银，铸一座钟恐不需要这么多钱。而且，一般百姓也不可能出白银十两以上的钱，可见，这是一种已经贬值的货币。

图9-1　元朝的大元钞和银锭

大元钞面额有二贯文、一贯文、五百文、二百文、一百文、五十文、三十文、二十文、十文、五文、三文、二文等多种。其中三文、二文原先没有，后来为适应民间的零碎买卖因而添造。除此之外，民间碑文表明，元代的钞票也有以银两为单位的。据莆田五侯山涌泉岩寺的元代铸钟的钟铭记载，为铸钟而捐款的人有26人，分别捐钞半锭、一锭、十两、十五两不等③，这里的计量单位原来是属于银子的，现在用于钞票的计量。它说明元代银子也是货币，所以才会出现与银两相当的钞票。此类例子还可以在其他碑刻中看到。长乐县至大三年（1310年）的碑记中，计算钞票的"贯"和计算银子的"两"并提："善化寺觉仁……自奉至元钞三十贯，当阳寺僧口钱乙贯，阮山心初至元钞三十贯，瑞峰寺至元钞二贯，昆由里林邦口钞一十贯，徐道明、陈陆桂、林远各五两，陈该翁助至元钞二十贯。"④ 其中的"两"，可能是真正的银子，也有可能是钞

---

① 李干：《元代发行的纸币及其历史意义》《内蒙古社会科学》，1985年第4期，第49-52页。
② 佚名：《涌泉岩钟铭》，郑振满、丁荷生编：《福建宗教碑铭汇编·兴化府分册》，第64-65页。
③ 佚名：《涌泉岩钟铭》，郑振满、丁荷生编：《福建宗教碑铭汇编·兴化府分册》，第64-65页。
④ 张善贵辑：《长乐金石志》卷三，第116页。

票的计量单位。另外，在郑振满、丁荷生搜集的元代碑刻中，有一通德化县至正二年的《柱峰岩题捐碑》，可惜这是一通残碑，前半部已经不见了，保存下来的后半部全是捐钱者的题名，虽然许多捐钱人的人名不显，或是残缺，但是，捐钱的姓氏和数量保留状况不错。以下摘两段碑文：

（上缺）助钱伍两，苏口口助钱壹拾两。苏口口助钱伍两。苏口口助钱十三两。苏公口口拾两。苏口口助钱玖两。苏口口助钱拾两。口口苏口口助钱贰拾两。苏朝口助钱拾伍两。苏口口助钱拾肆两。陈助钱伍两。杨口口、黄口口助钱捌两。（下缺）

苏六口舍钱四两。口口口舍钱柒两。苏口口舍钱柒两。林口口舍钱陆两。苏口信舍钱陆两伍。口口口舍钱伍两。陈惠口舍钱陆两。郑口口舍钱口两伍。苏口口助钱拾壹两。苏口口助钱柒两。高口口舍钱柒两伍。陈仕口舍钱肆两。陈口口舍钱伍两。口口口舍钱贰两伍。①

这通碑还有一半文字，基本模式一样，看来没有必要再录。从其捐钱格式来看，"助钱多少两"，或是"舍钱多少两"是通用的基本模式。其问题在于：按照古人的制度，铜钱的计量单位应是"贯"和"文"，而"两"是银的计量单位，所以，"捐钱多少两"或"舍钱多少两"这种模式原来都不该出现。但是，这种模式真的出现了，又该怎么解释？我想该文中的"钱"，实际上是大元钞！将钞票称为钱，是民俗用法，而元代的钞票在出现通货膨胀之后，原来设计的"文"，其价值已经降到可忽略不计，新的钞票的小单位，只好用"两"。按照民间习俗，通常一两银可抵一贯铜钱，一两大元钞究竟值多少钱，要看其所处时代。至正二年为公元1336年，此时元朝还剩32年寿命，各地民众大起义已经发生，而大元钞也大幅度贬值了。

换一个角度而言，元代德化农村捐钱碑都用大元钞，说明大元钞确实深入福建的农村。而元朝能用纸做的钞票使用百来年，又是元朝的成功。总之，大元钞的流通，使宋以来缺乏交换媒介——铜钱的状况得到缓解，因而大大促进了元代的商品交换。

元朝假币流行，邹伯颜在崇安县任县尹时："安庆路尝得造伪钞者，遣卒械其囚至崇安求其党而执之。囚与卒结谋，望风入良民家肆虐。伯颜捕讯得其状，

---

① 佚名：《柱峰岩题捐碑》，郑振满、丁荷生编：《福建宗教碑铭汇编·泉州府分册》，第911页。

即执而归诸安庆。自是伪造之连逮，无滥及崇安者。"① 崇安的邻县是江西铅山县，此地制造假币泛滥成灾。福州罗源籍进士林兴祖在当地任职时，便遇到重大制造假钞案：

> 林兴祖，字宗起，福州罗源人。至治二年登进士第，授承事郎同知黄岩州事。三迁而知铅山州。铅山素多造伪钞者，豪民吴友文为之魁，远至江淮燕蓟莫不行使。友文奸黠悍鸷，因伪造致富。乃分遣恶少四五十人为吏于有司，伺有欲告之者，辄先事戕之。前后杀人甚众，夺人妻女十一人为妾，民罹其害，衔冤不敢诉者十余年。兴祖至，官曰：此害不除，何以牧民！即张榜禁伪造者，且立赏，募民首告。俄有告者至，佯以不实斥去。又有告获伪造二人并赃者，乃鞫之，歉成，友文自至官，为之营救。兴祖命并执之。须臾来诉友文者百余人，择其重罪一二事鞫之，狱立具，逮捕其党二百余人，悉置之法。民害既去，政声籍甚。②

假币是大元钞发行的障碍，从社会骗取大量钱财。不过，元朝官府滥发货币，不也是一种骗财手段吗？

二、元代东南的金银和铜钱

元代废除铜钱是纸币贬值的重要原因。程钜夫记载："初归附时，许用铜钱，当时每钞一贯，准铜钱四贯。"③ 这是四比一的比例！可见，废除传统的铜钱，使民众损失重大。因此铜钱废置之初，给福建等南方地区造成很大冲击。但是，随着元代纸币发行过多，导致市场上大元钞不断贬值。一些年后，古老的铜钱再次受到民间看重。与铜钱相比，纸币反而被民间看轻。"自铜钱不用，每钞一贯所直物件，比归附时不及十之二。"④ 程矩夫说：

> 泉之名泉，即铜钱也。历代相循以为国宝。虽形制增损，互有差殊，然自周以来，上下二千年，有国家者，未尝一日废弃。盖金银虽

---

① 宋濂等：《元史》卷一九二，邹伯颜传，第4373页。
② 宋濂等：《元史》卷一九二，邹伯颜传，第4370页。
③ 程钜夫：《雪楼集》卷十，江南买卖微细宜许用铜钱或多置零钞，第4页。
④ 程钜夫：《雪楼集》卷十，江南买卖微细宜许用铜钱或多置零钞，第4页。

可贵，非民间皆有之物。惟铜钱不贵不贱，为诸货之母，可以流布通行。以此名之为泉，言如泉流不竭也。多者藏蓄为业，虽遭水火，亦无所伤。贫者手持一钱入市，亦可得一钱之物，所以上下同宝，古今通行。今国家虽以宝钞为币，未尝不以铜钱贯百为数。然则钞乃钱之子，钱乃钞之母也。子母相权，乃可经久。实废其母，而虚用其子，所以钞愈多，而物愈贵也。①

在当时的海外贸易中，铜钱仍然是公认的交易媒介。由于元代中国不用铜钱，导致铜钱大量流失海外，江南百姓"为见公家不用铜钱，所在凡有窖藏钱宝之家，往往衷私立价，贩卖与下海商船及炉冶之家，销铸什器，遂使历代宝货翻为民间所私"。② 海商为了发展对外贸易，大量收购铜钱。在韩国沿海发现的元代新安沉船上，共打捞出28吨铜钱！说明当时中国与日本之间的铜钱贸易规模巨大。③ 中国流失铜钱数量巨大。由于海外需要大量铜钱。对闽人来说，有铜钱在手，不怕没人收购，如郑介夫所说："福建八路，纯使废钱交易。"④ 实际上，民间也不是拒用钞票，而是钱钞并用，迨至元代中期，即使是官府征税，也多是钱钞并征，形成元代特殊的货币制度：钞票与铜钱并行。

除了铜钱，白银后来也被当作货币。元朝为了维持纸币的地位，原来是禁止民间金银交易的。例如，元世祖至元二十年（1283年）六月丙戌，"申严私易金银之禁"。⑤ 可是，用银是民间一向的习惯。就连元朝给诸王公的赏赐，也是以金银为主。元世祖时，各王公每年都会得到许多金银赏赐。这些王公得到金银，最终还是要使用出去。这就与官府政令发生冲突，于是，民间照样流行金银。随着形势的发展，元朝不得不开禁。《通制条格》记载："至大四年（1311年）四月二十六日，钦奉诏书内一款节该：权禁金银，本以权衡钞法，条令虽设，其价益增，民实弗便。自今权宜开禁，听从买卖。"⑥ 如其所载，元朝原来是禁止使用金银的，以维持大元钞的地位。然而，民间却不管朝廷的禁令，仍然使用金银，而且市场上有金银涨价，大元钞贬值的势头。看到这一趋

---

① 程钜夫：《雪楼集》卷十，铜钱，第24页。
② 程钜夫：《雪楼集》卷十，铜钱，第24页。
③ 沈琼华：《13、14世纪龙泉窑之输出》，中国国家博物馆水下考古研究中心等：《福建平潭大练岛元代沉船遗址》，科学出版社2014年，第205页。
④ 杨士奇等编：《历代名臣奏议》卷六七，治道，文渊阁四库全书本，第25页。又见陈衍等：民国《福建通志》总卷十八，《福建钱法志》，第3页。
⑤ 宋濂等：《元史》卷十二，世祖纪九，第255页。
⑥ 佚名：《通制条格》卷二七，杂令，第290页。

势不可逆转，元朝不得不开放老百姓使用金银买卖。尤其是元末，金银的地位更高。施一揆研究元代晋江的地契，发现至元二年的晋江地契尚以大元钞为货币，但到了元末的至正二十六年至二十七年，土地买卖都使用花银，一次付花银九十两，另一次付花银六十两。① 可见，当时用银习惯已经出现。应是大元钞过度贬值，民间应对之策，只好使用白银了。前引至正二年的《柱峰岩题捐碑》也有一段用银的记载：

> 柱峰保：都劝首陈建才舍银壹百贰拾两。同劝首苏赐才舍银肆拾两。口口郑君口舍银拾贰两。信士陈大小舍银口口口。信女口甘孃舍银口口。信女口八孃舍银拾两。苏口才舍银口口口。口口国助舍银陆两陆。黄孃口口口柒两。合境各人祈保平安者（下缺）。②

这段文字如果没有错误，可以作为元代民间用银的证明。但是，这段文字的前后文，都是使用大元钞的记载，例如"用钱多少两"，所以，是否会有错？尚待进一步核实。若是没有错误，则说明当时银钞并用的事实。元代的福建民众，从完全使用大元钞到银钞并用，再到完全抛弃大元钞，回归银两和铜钱，这是无可奈何的选择。

元朝的问题是：在中原使用纸币，白银都用于赏赐和国际贸易，导致白银外流。据《元史·世祖纪》，元世祖时期的纪年，每年结束时都会有一句话："赐诸王金银币帛如岁例。"这种习惯流行并不奇怪，问题是元代诸封国分布于欧亚大陆各地，元朝廷为了拉拢西域的各大汗国，往往给予巨额赏赐。忽必烈即位后，远在西亚的旭烈兀子孙为什么要听忽必烈的号令，并给忽必烈许多来自西亚的人员？还不是因为忽必烈出手豪阔，大量赏赐伊儿汗国的贵族们。远在西欧的金帐汗国也是一样。俄罗斯考古学家在伏尔加河畔的萨拉托夫港墓地发现了两枚刻着"济国惠民"的银币，追踪历史，这应是在金帐汗国忙哥帖木儿时期，元世宗忽必烈为支持1266年登基的忙哥帖木儿，送去了大量白银。这是中国白银西流一例。此外，当时的商人也利用中国不用白银的空档，将白银运到西亚做生意。高桥弘臣说："一般认为蒙古人极其喜好金银，与蒙古统治者阶层勾结，被称为'斡脱'的西域商人自蒙古帝国时代起，从蒙古统治阶层接

---

① 施一揆：《元代地契》，南京大学历史系元史研究室编：《元史论集》，人民出版社1984年，第258页。
② 佚名：《柱峰岩题捐碑》，郑振满、丁荷生编：《福建宗教碑铭汇编·泉州府分册》，第911页。

受银的货与，以此为资本放贷，吸取中国的银，在将其一部分还给蒙古统治阶层的同时，将剩余的大部分运到苦于银不足的西亚东部地区出售，牟取暴利。"① 除了陆上贸易，海上贸易也会导致金银外流。

元朝严禁金银流向海外。搜索《元史》，会发现元朝每隔几年就会重申一次：不准金银流出海外。例如：

元世祖至元二十一年（1284年）十一月辛丑，"敕中书省整治钞法，定金银价。禁私自回易，官吏奉行不虔者，罪之"。②

至元二十三年春正月戊辰，"禁赍金银铜钱越海互市"。③

二十九年春正月庚子，元朝再次申令："禁商贾私以金银航海。"④

元成宗元贞二年（1296年）八月丁酉朔，"禁舶商毋以金银过海"。⑤

元成宗七年二月壬午，"禁诸人毋以金银丝线等物下番"。⑥

元武宗二年九月庚辰，"金银私相买卖及海舶兴贩金、银、铜、铁、绵丝、布帛下海者，并禁之"。⑦

元英宗二年三月丙戌，"复置市舶提举司于泉州、庆元、广东三路。禁子女、金银、丝绵下番"。⑧

元朝许多禁令都会改变，但这一条却很少变化。最终它成为法令。《通制条格》记载至大四年（1311年）的规定："其商贾收买下番者，依例科断。"⑨ 这个问题反复提出，表明元代金银外流十分厉害，朝廷很希望遏止这一趋势。问题在于：元朝大规模的海外贸易，看来主要是中国大量采购海外商品，所以，整个贸易中，中国是入超的。当时世界上，还没有几个国家能大量开采银矿，所以，世界各国对外贸易的发展，需要中国的白银。刚好元朝实行纸币制度，表面上看，中国没有金银也可以进行贸易。这就促使金银外流。这种现象，以重金主义的立场来看，迟早是要出问题的。

元朝很早就感到金银不足的问题。后来给诸王的赏赐也有所约束。至大元

---

① 高桥弘臣：《宋金元货币史研究——元朝货币政策之形成过程》，上海古籍出版社2010年，第285页。
② 宋濂：《元史》卷十三，世祖纪十，第270页。
③ 宋濂：《元史》卷十四，世祖纪十一，第285页。
④ 宋濂：《元史》卷十七，世祖纪十四，第357页。
⑤ 宋濂等：《元史》卷十九，成宗纪二，第405页。
⑥ 宋濂：《元史》卷二一，成宗四，第448页。
⑦ 宋濂等：《元史》卷二三，武宗二，第515页。
⑧ 宋濂等：《元史》卷二十八，英宗二，第621页。
⑨ 佚名：《通制条格》卷二七，杂令，第290页。

年（1308年）秋七月庚申，"敕以金银岁入数少，自今毋问何人以金银为请奏及托之奏者，皆抵罪。各处行省宣慰司等官，多以结托来京师，今后非奉朝命毋赴阙"。① 白银外流过多，导致元朝政府手中缺银，渐渐无法支付百姓兑换金银的要求，最终废除了纸币的金银兑换。老百姓大元钞拿在手里，却无法换成金银，更造成大元钞信用的贬值。元朝最后的办法是用新钞换旧钞。每一届新钞出现，老百姓都急着要将旧钞换新钞，否则旧钞会很快贬值。元初的钞票基本单位"锭"，相当于五十两银子，元后期只相当于一两银子上下，其贬值速度也是惊人的。

三、元末大元钞的命运

元代的大元钞在发行20多年后，便出现了因印数过多面贬值的现象。张之翰的《楮币议》说：

> 天下之患，莫患于财用之不足。财用之患，莫患于楮币之不实。夫楮币裁方寸为飞钱，敌百千之实利，制之以权，权非不重也。行之以法，法非不巧也。然未有久而不涩滞者。惟在救之何如尔。自中统至今二十余年，中间奸臣柄国，惟聚敛贸易是务，其数十倍于初。楮日多而日贱，金帛珠玉等日少而日贵。盖不知称提有致也。问称提有策乎？曰：有！今南北混一，此楮必用，不过自上贵信之尔。如出金以兑换，使之通行，一策也。铸钱以表里，使之折当，二策也。造钞以更新，使之收买，三策也。愚见若此，未审可否？惟详择焉。②

然而，在张之翰的三策中，元朝舍不得金银，铜钱制造数量也少，所以，用得较多的是发行新钞，取代旧钞。这实际上是将贬值问题延后而已。事实上，元朝的财政官每届重印钞票，只有多印，没有减少的，因此，元代大元钞只能在贬值的道路上走下去。

元末大元钞飞速贬值，在市场上的地位极为不稳。这给各地的商人都带来极大的损失。漳州人林弼说：

> 天朝所以经制国用者莫重于楮币，所以综理吏治者莫肃于宪纪，

---

① 宋濂等：《元史》卷二二，武宗一，第499页。
② 张之翰：《西岩集》卷十三，楮币议，文渊阁四库全书本，第3页。

宪纪不肃则吏治不张，楮币不流，则国用不裕。夫天下犹人之身也，宪纪耳目也，不抚其身，则股肱弛矣。楮币血气也，不周于身，则疾疢生矣。然则楮币之流壅，国用之裕乏，吏治之张否，宪纪皆不能不加之意也。自江淮盗起，兵荒连年，物重货轻，楮币之行，仅当昔之十一二。至有家累千百缗而道莩者。有司莫能禁。宪府患之乃议所以变而通之之法，以为兵荒之屡，楮币之壅，莫甚于闽，而闽又莫甚于漳。选从事以为有司之监非得通练廉恪之士不可。佥谓郑君懋夫宜。君至则权法，以祛弊，审势以度，宜不棘以滥刑不徐以废事。唯以方寸之印，识币背，民贸易无所滞。又以谷价腾，则币力诎，乃樽节境外商船，不得多籴涌价。行之旬月，民皆言便。歌之曰：喁喁涸鱼，畴或濡之。孑孑疲民，畴或纾之。籴过于境，币通于市，从事之贤，伊我民之利。邦人士采民风为诗。以华君归来请序。嗟夫楮币，国家之大信也。信无不孚，犹水无不流。彼习故常者，见其或壅也。则曰水不善流，岂理也哉。楮币之壅久矣，郑君疏而流之，亦以国家之信而示之耳，不然币之为法滞矣，何方寸之印能使蚩蚩者氓断断而不疑哉。①

如林弼所说，郑懋夫出任漳州的从事官，为了解决大元钞的信用问题，他采取了加盖印章的办法，这是以官府的信用担保大元钞的价值。当时市面上有大量的纸币，经其人盖印章的肯定是少数，于是，有效地限制了市场上流通的大元钞数量，限制了通货膨胀。此外，他的这个方法有利于城市居民，那些流通于郊区及外县的大元钞，要得到他的盖章就没有那么容易了。可见，这又是一个带来新问题的解决方案，不能长久。

泉州释大圭咏道："桑城连盗贼，国楮断新颁。只少材充制，非关上有悭。人情无用旧，世事渐成艰。陛下明如日，更张一铸山。"② 可见，释大圭认为要解决元朝的危机，应当铸造铜钱。如其所说，元末因未能及时用新钞兑换旧钞，人们对旧钞的信任日益下降，乃至拒用。元末大元钞通货膨胀极为厉害，经手兑钞的官员往往将新钞扣留在手做生意，待新钞也贬值时才兑换给百姓，这样，他们可以从中大捞一笔。至正十九年（1359年）贡师泰说："时钞法大坏，伪

---

① 林弼：《林登州集》卷八，送宪府从事郑君懋夫序，第2-3页。
② 释大圭：《梦观集》卷三，《桑城》，第12页。

滥滋甚，吏辄擅官本以自殖，齐民罗立库门外，终日盻盻，不得易一文。"① 这种情况不能不造成市场的混乱，到最后是大元钞的破产。元代闽籍官员王祎说："自变法以来，民间或争用中统，或纯用至元，好恶不常。以及近时，又皆绝不用二钞，而惟钱之是用。而又京师鼓铸寻废，所铸钱，流布不甚广，于是民间所用者悉异代之旧钱矣。嗟呼，二钞者，国家之所用，而民则以为弃物而弗之用；旧钱者，国家未尝专以为用，而民争相宝爱而用之。"② 元代最后的情况是：民间铸造唐宋时期的旧铜钱以供使用。这导致国家的金融权虚化。王祎说：

嗟呼，二钞者，国家之所用，而民则以为弃物而弗之用；旧钱者，国家未尝专以为用，而民争相宝爱而用之。是天下之民。反操国家之柄。而国家之命。已下制于民。泉货之弊。莫此时为甚矣。诏旨屡饬、禁令愈严、民顽然相视、而弗之恤、而上之人、亦坐视其法之弊、举无策以捄之、民情所至。如水就下。势之趋向。不可复遏。是故善为天下者。因民之所利而利之。民以为利。上之人何故而不为。此言行省也今外宰相得承制行事、亦既审察民情、即江浙省府治鼓铸、皇月之间，国用颇赖以资给，则其为效，固有不可诬者。然其所铸两当十大钱，止用于杭城，而不足以行远，间有流布诸路者，抑亦易视之弗信，泉货之弊自若也。愚窃以为今日钞法，宜姑置弗问，而钱法当在所速讲。

且今江浙地大物众。省府鼓铸，固必仍旧。其浙东西、江东、闽中诸路，宜各斟酌所在，分置监局，或一州二州，即为一垆。而凡所铸钱必以汉五铢、唐开元、金大定、宋大观及今至正小钱为则。其大钱更不复铸，夫鼓铸广则造钱多，而人易致。小钱多则称物均，而人知贵易致，则其用不匮。知贵则其行可久，推而放之，其法将徧诸天下而准。固不特江浙一省而已。至于权铜有禁，尤当加严。宜如唐制佛像以铅锡土木为之故事，当唯鉴磬钉环钮得用，铜余皆禁绝。又民间所有铜皆得入官。官为鼓铸，除工本之费，更取其三而以七归于民。而又鼓铸之余，关防严密，制作精致，定其轻重而有度，平其出纳而有常。如是则今日之钱，可流地上。异代之钱，将不销自废。夫伸国家之命、以复古之道、因民之利、以遂民之生、计宜无逾此者！上之

---

① 贡师泰：《玩斋集》卷七，兴和郡守康里君善政记，第35页。
② 王祎：《王忠文公集》卷十二，泉货议，文渊阁四库全书本，第7页。

人胡为而不亟行也，抑尝因是复有其说。古者三币，珠玉为上，黄金为中，白金为下后世或为二币。秦制黄金以镒为名。及铜钱是也。今诚使官民公私并得铸黄金白金为钱，金银为钱，前代未有其制，惟外夷用之。①

不过，尽管王袆一直鼓吹官府重铸铜钱，但江浙宣慰司仍然少有动作，元末杭州一带的纸币贬值很快。元末的丝织工人说："吾业虽贱，日佣为钱二百缗，吾衣食于主人，而以日之所入养吾父母妻子。"② 文中的二百缗可作为二百锭纸币的代称，当时的人工钱一天有数十铜钱及上百铜钱者，像丝织工人这样的技术工种，每天收入可养活一家人，计价二百缗，应当相当于二百钱吧。可见，此时的一锭大元钞，已经降到与一文钱同值了。民间干脆使用铜钱是可以理解的。

大元钞的命运是与大元朝同步的，元末钞票在民间被拒用，意味着元朝统治在民间的崩溃。大致说来，宋朝是铜钱与交子并用，元代专用大元钞。后因大元钞贬值过快，福建民间改用铜钱。由于元代铸钱较少，福建民间又改用唐宋时代的旧钱。可见，闽人使用旧铜钱的习俗形成于元代。此外，较高价值的买卖中，也出现了白银，可见，元末的福建已经是白银、铜钱、纸币并用的时代，明代福建仍然延续这一习俗。

第三节 元末福建的财政危机

元朝发源于蒙古高原，没有管理农业区的经验。当时蒙古总人口也不多，需求不大。耶律楚材为成吉思汗制定赋税制度，模仿汉朝时期的"三十税一"制度，比之蒙古占领前的金朝和南宋，赋税之低。但是，元代的贪官污吏之多，却是历朝少见的。虽说元朝赋税总额不大，但由于大户瞒产与吏员上下其手，赋税负担严重不均，没有权势的平民要承担太多的赋税，而有钱有势者非但不承担赋税，还要从中渔利，结果造成平民日益贫困。迄至元末，由于受压迫的农民起来反抗，元朝为支付军费，不得不加重原有的赋税负担，最终导致全民

---

① 王袆：《王忠文公集》卷十二，泉货议，第7-10页。
② 徐一夔：《始丰稿》卷一，织工对，徐永恩校注：《始丰稿校注》，浙江古籍出版社2008年，第3页。

性的农民大起义。唐宋约经过300年才经历的演变，元代仅90多年就完成了。其原因就在于元代的法制水准最差，官吏贪污在元初便成为大问题，所以，它较早走向灭亡。

一、不断加码的赋税制度

元朝统一江南之初，国力鼎盛，元世祖为了收揽人心，免除了宋代许多杂税，田赋也收得较轻。据《福建通志·田赋志》，元朝在南方征收夏秋二税，税则是旱地上田每亩征收三升，中田每亩征收二升半，下田征二升，水田征粮五升①。这一税则比宋代略高，但我们说过，宋代福建的田赋是偏低的，所以，实际上元代这一税则也不算高。福建纳粮田主要是水田，水田每亩收成在二至三石，纳税五升，不过占收获量的2%～3%，比汉文帝时"三十税一"的最低线还要低一些。由于在改朝换代之际，最容易瞒产，因此，元代福建各地实际征赋额都比宋代降低。例如：宋代福州的秋粮共为195288石，元代福州路秋粮仅为85179石②，不到原数的一半！又如宋代泉州府秋粮为94924石，元代降为9466石，仅有十分之一③。元代福建宣慰司官员曾说："本道山多田少，土瘠民贫……八路秋粮，每岁止二十七万八千九百余石，夏税不过一万一千五百余锭。"④ 就其秋粮赋额而言，福建全省仅交纳27.89万石，比之南宋的70多万石，明显少了很多。福建的夏税始征于元成宗时，当时定江南的夏税折钱，"泉州等路每米一石入钞二贯，漳州等路每米一石入钞一贯五百文"。⑤ 折算比例不高，加上元代的钞日益贬值，因而，福建夏税负担也不重。因此，江浙人士每每说福建田赋偏低。据陈高华考证，元代江南田赋常有每亩高达二三斗的⑥，是福建的五六倍。元末福建官员承认"闽粤诸郡，阻山岸海，租入之数，不当东吴一县"⑦，相对而言，福建田赋很轻。

元代福建田赋较轻与元朝开国者的定制有关。元太祖用耶律楚材为相，而耶律楚材是一个深受儒学影响的人，所以，他以唐代制度为基准确定税则，田赋总额较轻。不过，元代的制度经常是因人而异，江南某些地区税重，大都是

---

① 陈寿祺：道光《福建通志》卷四九，田赋，第14页。
② 黄仲昭：《八闽通志》上册，卷二十，食货志，第411-412页。
③ 黄仲昭：《八闽通志》上册，卷二十，食货志，第418页。
④ 宋濂等：《元史》卷九七，食货志，盐法，第2500页。
⑤ 陈寿祺：道光《福建通志》卷四九，田赋志，第14页。
⑥ 陈高华著：《元代税粮制度初探》，《元史研究论稿》第10页，中华书局1991年12月版。
⑦ 贡师泰：《玩斋集》卷六，送李尚书北还序，第46页。

由于其长官加重勒索的缘故,一旦开头,后人便沿袭下去。福建在国内不算富裕地区,所以,从一开始,官府制定的税则便低于其他各省。当然,这其中也有例外,"福建宪司职田每亩岁输米三石"。三石米折成谷子,可得4.6石,福州百姓对这一空前的租额感到"不胜其苦"。① 因时因地而异,这是元代税制的特点。其次,元代福建赋税较轻,与福建的反元战争长期延续有关。元军征服江南,基本没有大战,却在福建境内与反元武装打了一二十年,元朝统治者对闽中强悍的民风极为头痛,于是,不得不注重调整对福建的赋税政策。在这一背景下,福建各地都免除了重税。不仅如此,为了讨好福建百姓,缓和百姓与元朝统治者之间的矛盾,元初还多次减免福建田赋,例如,至元十六年(1279年)五月,"以泉州经张世杰兵,减今年租赋之半"②。至元二十年,"免福建归附后未征苗税"③。至元二十五年,"湖头贼张治团掠泉州,免泉州今岁田租"④。至元二十六年,"蠲漳、汀二州田租"。⑤ 漳州等地所定夏税,每亩比泉州等地少500文,其原因就在于当时漳州是反元基地,元朝廷不敢在当地征过多的税收。再次,在元初长时期的拉锯战中,福建人口锐减,田地荒芜,官方簿籍丧亡,因此,福建行省重新额定的赋税必然少于宋代。例如,李荣于至大年间(1308—1311年)出任松溪县尹,"时田赋经兵后,奸黠之徒,悉去其籍,以逃租税,荣至,不亟发其奸,惟以礼法劝诱,于是,民自首实,阖邑德之"。⑥ 由百姓自报纳税田地,当然会出现瞒田的现象。再以福州路为例,宋代该府征税田地达106242顷,元代只有4829顷,相差二十倍。⑦ 可见,农民瞒田是造成元代福建税轻的主要原因。

由此看来,元代的福建的田赋比宋代大减,而且,宋代所征收的各种杂税——如经总制钱等等名目,在元代都自然取消了,所以,元代初年,福建农民的赋税负担大大减轻。如果元朝能一直保持低税制,对元朝统治的巩固是有利的,令人遗憾的是,由于元朝吏治的腐败,很快就走向不断加重农民负担的道路。

元朝田赋较低,但这并不说明元代福建农民总负担也轻,因为田赋之外,

---

① 黄仲昭:《八闽通志》卷三六,秩官,齐履谦传,第776页。
② 毕沅等:《续资治通鉴》卷一八四,第1033页。
③ 宋濂等:《元史》卷十二,世祖纪,第251页。
④ 宋濂等:《元史》卷十二,世祖纪,第317页。
⑤ 宋濂等:《元史》卷十五,世祖纪,第319页。
⑥ 范嵩等:嘉靖《建宁府志》卷六,上海古籍出版社1964年景印天一阁本,第13页。
⑦ 黄仲昭:《八闽通志》上册,卷二十,食货志,第432页。

农民还要负担各种杂税与徭役。元代的田赋主要是中央财政统一核算的收入，此外杂税与徭役则是归地方政府的收入，以故，元代的贪官污吏们在地方财政入不敷出时，便在杂税与徭役方面加码，这类负担没有上限，对农民来说是十分沉重的。赵良胜任泉州掾之时："中书遣使者造海舟十五艘，期五十日成。官降谕而不与材，民相顾大惊，畏使者不敢发一辞。"① 泉州是造海船的地方，海船多为大船，造一艘船要耗费大量的材料的人工。元朝的中书省却不管不顾地一个命令下来，让老百姓无偿造船，这让泉州人十分头痛。

元代地方官经常调发民夫服役，这是元代农民的一项沉重负担。至元二十八年（1291年），元朝廷规定："诸夫役皆先富强，后贫弱；贫富等者，先多丁，后少丁。"② 实际上往往不是那么回事。赵良胜任兴化录事之时："官赋多隐弊，岁勒受役者代输。侯搜旧官书验之，则邻县民产也。民服罪。大姓数十家，倚权贵人，久不输科繇。侯役之无所遗。屡以重势撼侯，侯不为动。"赵良胜转到漳州做官，又遇到同类的事："税册多虚额，应役之家，咸破。侯于实税中十加一而均输之。"③ 可见，元代徭役不均是很普遍的，能否纠正，则要看官员的力量。又如，崇安县的徭役一律按户承担，不论大户小户。据当地官员介绍：该县50家大户共有赋粮5000石的田地，小户400家仅有1000石赋粮的田地，因此，按户排序的徭役负担对小户来说十分沉重，"贫者受役旬日而家已破"。为此，崇安县尹邹伯颜改用按田地数量征税的方案，"有粮一石者，受一石之役，有粮升斗者，受升斗之役。田多者受数都之役而不可辞，田少者称其所出而无幸免。贫困无告之民，始得以休息。"④ 邹伯颜因此被评为元代有代表性的循吏。但他的制度只是在崇安一县实行，对其他仍然实行按户轮排制的州县来说，徭役往往是导致农民破产的一个根源。尤其是元代初年，为了远征日本，屡兴造船大役，给福建各地的压力是很大的。元军攻打义军时，也要调发大量的民夫运输粮饷，这都加重了民众的负担，对小户人家来说，也许是致命的。元代中叶，为了平衡百姓的徭役负担，元朝廷曾规定大户出助役粮，"命江南民户有田一顷之上者，于所输税外，每顷量出助役之田，具书于册，里正以

---

① 宋濂：《宋景濂未刻集》卷下，元同知婺州路总管府事赵侯（良胜）神道碑铭有序，第20页。
② 宋濂等：《元史》卷九三，食货，第2362页。
③ 宋濂：《宋景濂未刻集》卷下，元同知婺州路总管府事赵侯（良胜）神道碑铭有序，第20-22页。
④ 宋濂等：《元史》卷一九二，邹伯颜传，第4373页。

次掌之，岁收其入，以助充役之费"。① 实行这一制度后，大户与小户的负担稍许平衡。

元代徭役的一个大问题是许多人户可以免役，例如，泰定二年（1325年），齐履谦宣抚江西、福建，"州县有以先贤子孙充房夫诸役者悉罢遣之"。② 由于官户、僧人、道士、儒士等人家都可免役，普通百姓的负担就更重了。元末至正年间，邵武的"严羽"记述本县徭役："通一邑岁入县之役数，其为石者万六千余，而占籍官田居大半，其可役者不满十之五，于五之中，又以其二去为杂役。至乡胥在官者，三岁更番，仅五之一。其豪民避役，又率破碎，匿名不可钩摘，大抵存者十之二耳。"③ 该县真正负担徭役的人只有十分之二，可见，徭役不均是一个大问题。老百姓因大户可以免税，往往投靠有权势的大户，于是元贞三年六月元朝专门规定："禁福建民冒称权豪佃户，规免门役。"④ 这是很可悲的制度。

元代徭役又一问题是不能及时调整各户徭役负担。按照元朝的制度，各户等级不同，承受的徭役负担也不同，各户贫富情况升降不同，"夫民力不齐，大者三十年，小者十年，强弱异矣。官据籍不知变，弱者不过一役即贫"。以福州为例，元朝90多年，官方仅从事过六次重编徭役，每次重编，主事者"或恃其明察，或负其强悍，以独见为精敏，以众询为不能，聚数百人于庭，鞭笞拷掠，责其成于一二日之间。吏巧法与豪猾表里，贫民受抑无诉"。⑤ 因此，重编徭役也不能很好地解决平均负担问题。

科差是一种按户征收的代役钱，其起源与一部分人不愿亲自服役有关，官方允许百姓缴纳一笔钱，由政府代雇他人服役，这笔钱名为"科差"。然而，随着时间推移，科差逐渐变为按户征收的一种税钱，与徭役不相干，老百姓缴纳了科差钱，仍要服役。李世熊记述："元代定人户为十等，立科差法，有丝料、包银、夫役三项，皆视丁力输办。"⑥ 其中，"于诸户之中，又有丝银全科户、减半科户、止纳丝户、止纳钞户；外又有摊丝户……纳丝户、复业户，并渐成

---

① 宋濂等：《元史》卷九三，食货，第2360页。
② 宋濂等：《元史》卷一七二，齐履谦传，第4031页。
③ 邢址：嘉靖《邵武府志》卷五，版籍志，上海古籍书店1961年影印天一阁本，第23页。
④ 宋濂等：《元史》卷二十，成宗纪三，第428页。
⑤ 吴海：《闻过斋集》卷一，美监郡编役序，第10-11页。
⑥ 李世熊：康熙《宁化县志》卷五，岁役志，第336页。

丁户"。① 全科户每户输"官丝一斤六两四钱、包银四两"②，其他各种户递减。从全科户所纳丝银数量来看，约相当于几十亩地的田赋，可见，元代的科差是一项相当沉重的赋税。

除此之外，元末官府的杂税也很多。例如泉州的酒税很重："民负酒税，系者多瘐死。"③ 元末林泉生曾为这些人想办法："舶商每岁酿各千石。一日悉召至谓曰：君曹素酿不榷，今贫民负榷不能酬。若一为偿之，不为当受榷。于是舶商即代偿。前负榷者填门拜泣。"④ 这一做法，大快人心。

总之，元代赋税表面上很轻，实际上所有开支都要民众承担。这些看不到说不清的负担，有时比正赋还要重。所以说，元代的富户也会感到沉重的压力。"陈君腾实君，故仕宦家子，又早孤。时经丧乱，横赋重敛，日暴月虩，君素懦弱，常破产应之，家遂以削。"⑤ 因此，元代官府对民众的压力还是很重的。

二、元代福建的人头税——盐赋

盐赋是由盐专卖发展起来的一种税收。元代福建行省的田赋收入较少，徭役与科差大多是应付各种具体差事，因此，福建行省的财政来源有限。为了支付日益庞大的开支，官府主要在盐专卖上做文章，后来使盐专卖变成一种赋税，并成为福建行省主要的经济来源。元代中叶，福建的"八路秋粮，每岁止二十七万八千九百余石，夏税不过一万一千五百余锭，而盐课十三万引，该钞三十九万锭"。⑥ 盐专卖收入远远超过田赋，这是福建的特殊现象。

元代福建盐业的问题是强制性买卖，这是福建行省一味想多得利润造成的。据统计，元代官方付给盐户的工本钞仅为售价的五分之一左右，差距最大时为十比一。⑦ 所以，政府与商人从中得利极高。然而，元政府为了掠夺更多的利润，不断抬高盐引价格与盐引数量，至元十三年（1276年）元军入闽时，福建"见在盐六千五十五引，每引钞九贯"。迨至至元二十年，"煎卖盐五万四千二百引，每引钞十四贯"，以后历年递增，"二十五年，增为一锭，三十一年，始立盐运司，增盐额为七万引。元贞二年，每引增价十五贯。大德八年，罢运司，

---

① 宋濂等：《元史》卷九三，食货志，第2361页。
② 宋濂等：《元史》卷九三，食货志，第2361页。
③ 李清馥：《闽中理学渊源考》卷三十五，第4页。
④ 吴海：《闻过斋集》卷五，故翰林直学士奉议大夫知制诰同修国史林公（泉生）行状，第5—6页。
⑤ 柳贯：《柳待制集》卷十一，义方陈母丁孺人墓碣铭，第2页。
⑥ 宋濂等：《元史》卷九七，食货志，第2500页。
⑦ 陈高华：《元代盐政及其社会影响》，见陈高华著《元史研究论稿》第71页。

并入宣慰使司恢办。十年,立都提举司,增盐额为十万引。至大元年,各场煎出余盐三万引。四年,复立运司,遂定额为十三万引,增价钞为二锭。延佑元年,又增为三锭"。① 这个盐引额大大超过福建市场的容纳量,价格也超过老百姓的承受能力。因故新增盐额无法销售,出现了过剩情况。不久,只好恢复十万引的销售量。即使这样,食盐还很难完全销售。于是,福建行省便想出了按人口搭配强售的馊主意。元代福建分为八路,上四路建宁、汀州、邵武、延平位于山区,朝廷允许"客商兴贩",商人从朝廷管制的盐场购盐,然后运到指定地点发售。下四路福州、兴化、泉州、漳州濒临大海,百姓吃盐不难,本不需要官方购取。元廷为增加收入便实行"桩配民食"的办法,强迫百姓买官盐,这样,盐专买便转化为盐赋。盐赋按人头征收,不论大人小孩,男女之别,每口均分一份食盐,并缴纳一份盐钱。这种配额一旦确定,便成为固定税收,以后不管人口增减,盐赋都得按原额缴纳。若有逃户或绝户,官吏便将缺额摊在其他各户头上。这样,元代福建的盐赋实际上变成一种人头税,这是元代福建很特殊的一种情况。

元代的盐赋是一项沉重的负担,如宁德县"岁卖官盐,验丁取直,常课悉增十之五。岁久弊生,盐积不给,民贫无以输其直,公私俱病"。② 福建运司官员承认:"民力日弊,每遇催征,贫者质妻鬻子以输课,至无可规措,往往逃移他方。"③ 熊禾在元初作过一首《寄张廉访》的诗,其副标题是"时清漳以贪守科盐至扰",此处摘录其中一段:

> 百年诗书地,末俗事攘矫。岂是殷民顽?此亦关感召。
> 天下本无事,庸人自为扰。庸人亦何伤?贪人祸非小。
> 小贪人易知,大贪一何巧。豺狼不堪问,狐鼠安足道。
> 哀哀清漳民,仁者亦一吊。何年慧旋头,燐火犹有燋。
> 十家九空荒,落日矖野烧。迩来痛甫定,生意渐原草。
> 三年两征兵,行人亦伤悼。闽地本碗瘠,山海相带遶。
> 两耕不供餐,俭岁即有莩。独藉煮海余,易以供岁调。
> 古人驰厉禁,琐琐不尔较。但令官无亏,一任民转漕。
> 近年盐法密,适以长贪暴。茫茫一溟渤,乃是大窌沼。

---

① 宋濂等:《元史》卷九七,食货志,第2500页。
② 黄仲昭:《八闽通志》下册,卷六九,徐赐传,第651页。
③ 宋濂等:《元史》卷九七,食货志,盐法,第2500页。

下不济民穷，上不资国耗。饥狼与饿鼠，白昼敢嗥噪。
民膏宁几何，口口安得饱。我思山海藏，本是天地宝。
公家卖盐引，本钱亦铢秒。只命增倍蓰，安得不为挠。
....
郡人生本微，邻寇时掠剽。亟当保天和，玉石戒俱燎。
民生必有养，而后可施教，云何无其具，而辄事刑剿？
海滨去天远，高高不堪叫。使者重观风，苏息宜及早。①

由此可见，元代漳州农民起义与盐赋过重也有相当大的关系。总的来看，元朝的赋税，同样演出了中国历朝历代的过程。元初赋税较轻，元中叶以后，由于财政入不敷出，开始想方设法增加税收，造成农民负担不断增大。虽说元朝赋税总额不大，但由于大户瞒产与吏员上下其手，赋税负担严重不均，没有权势的平民要承担太多的赋税，而有钱有势者非但不承担赋税，还要从中渔利，结果造成平民日益贫困。迄至元末，由于受压迫的农民起来反抗，元朝为支付军费，不得不加重原有的赋税负担，最终导致全民性的农民大起义。

小 结

元代末年，福建大规模的自然灾害频发，因而造就了大量的饥民。这一趋势和全国都是一样的吧。连年旱灾导致农作物枯死，粮食产量下降，死亡人数大增。不过，元末官府不太关心百姓，官府对灾害的记载不甚详细，多数史料保存于释大圭等人的诗中，通过这些诗人的"诗史"，后人才知道当时灾害的程度。元代海洋经济最发达的泉州，也是遭受灾害影响最大的区域，元末泉州港的衰落，和这一次大灾是有关系的。此外，连续不断的自然灾害，导致各地产生许多饥民，他们为了求生揭竿而起，产生了多次农民起义的高潮，从而动摇了元朝在福建的统治。

元末农民大起义发生的原因不仅是自然灾害，还与"人祸"有关。元末官府不仅要面对自然灾害带来的经济危机，还要面对管理不善带来的财政危机和货币危机。

中国是世界上最早发行纸币的国家，也是世界上最早出现纸币危机的地方。

---

① 熊禾：《寄张廉访》，见蒋易：《元风雅》卷二十，江苏古籍社宛委别藏本，第6-8页。

当宋朝开创纸币制度之时，原来有一套完整的制度保证纸币流通。这一制度的核心是以金银铜钱为发行纸币的准备金，随时让百姓以纸币换取贵金属，因此，宋代的纸币会取得民众的信任，因为，它随时可以变为金银或是铜钱。元朝一开始也是实行这一制度，不过，元朝的管理范围远远超过宋朝，远在欧洲的金帐王国和西亚的旭烈兀王国，名义上都归元朝管辖。因元朝的忽必烈在蒙古族内斗中往往处于下风，他有必要用金钱收买异国的支持者，鉴于这些原因，元代中国本土的金银，往往被忽必烈用于赏赐远方的蒙古贵族，以争取他们的支持。元朝在中国本土的赋税不高，他们的金银主要来自掠夺和发行纸币。由于元初的大元钞有很高的信用，元朝每隔数年印刷数十万锭大元钞，因而获得民间大量的金银。这些金银又被元朝用以赏赐异国的蒙古贵族，从而导致中国金银的大量外流。相伴金银外流的另外一种现象，必然是大元钞的逐步贬值。事实上，到了忽必烈统治的后期，一锭大元钞已经大幅度贬值。这表明中国市场上严重缺乏白银！这一影响是灾难性的。随着元朝官府的金银渐渐用尽，元朝无力以金银兑换纸币，导致纸币不断贬值，一锭纸币，原来值五十两白银，到了后来，一锭纸币只能值一两银子，其价值大幅下降。不过，元代中叶，官府是通过纸币的限量发行来维持纸币的价值，《元史·食货志》所载纸币发行量都是相当有限的，有时一届只发行数百万锭纸币，有时数年才发行一届纸币。因元朝措施得当，一锭纸币值一两银子的比价维持很久。可是，到了元末，元朝开始不受限制地发生纸币，其数量之多，连《元史·食货志》都不好意思记载。这就导致大元钞空前通货膨胀，失去价值。于是，民间重新使用银两和铜钱为货币，元朝的财政收入遇到极大的问题。最后，元朝也和其纸币一样，因失去信用而登台。

元朝末年的财政危机是和金融危机连在一起的。一开始元朝的田赋定得较低，随着官僚机构的膨胀，元朝的财政渐渐吃紧，元代官府便多方设法以徭役的方式转嫁给民众，这导致元代民众承担的徭役加重。此外，很普通的盐专卖变成向人口摊派的盐税，元朝福建官府的盐税收入相当高，这是一种变相的人头税，不利于人口增长。不过，它的后果在明朝更为显著。

总之，元代晚期经历了中国其他朝代共同的变化：自然灾害频发，农业大幅度减产，货币危机与财政危机一齐到来。只是其他朝代一般要二三百年才出现这类现象，而元代吏治尤其腐败，只用九十多年就走到衰败的晚年了。

第十章

元朝对福建统治的终结

元朝对福建的统治是极端腐朽的,因此它遭到了福建各族人民持续不断的反抗。自元朝统治福建以来,福建的反元起义一直没有停止过。迄至元末,福建畲汉人民再次掀起了反元大起义,虽然这次起义再次失败了,但由福建人民点燃的反元怒火却在全国范围内熊熊燃烧,基本打垮了元朝的统治。最后,夺得胜利成果的朱元璋大军南下福建,迅速消灭了元朝的残余势力,福建从此进入一个新的朝代。

第一节 元末福建的反元起义

元代末年,福建爆发了大规模的农民起义,不论是东北角的福宁州,还是南部的漳州和汀州,都有大规模的农民起义,这种情况在福建历史上是罕见的。

一、闽南与闽西的农民起义

漳州的李志甫是元末最先发动反元大起义的领袖人物之一。李志甫是漳州南胜县人,元代的南胜县辖地辽阔,相当于后世的南靖、平和二县,境内多山,交通不便。自宋元以来,南胜县一直是畲族与汉族的杂居地。漳汀二路的畲族武装势力雄厚,时常发动反抗元朝的起义。以汀州武平县来说:"篁竹之乡,烟岚之地,往往为江广界上,逋逃者之所据。或曰长甲,或曰某寨,或曰畲洞。少不加意,则弱肉强食,相挺而起。"① 李志甫是当地畲族武装的一名首领②,

---

① 扎马剌丁、虞应龙、勃兰肹、岳铉等编辑:《元一统志》卷八,第630-631页。
② 李志甫是否畲族不见史料明确记载,不过《八闽通志》地理志中有一条史料,"至元三年,畲寇李胜等作乱……邑人陈君用袭杀胜"。李胜与李志甫同姓,《元史》等书明确记载陈君用袭杀李志甫,所以,李胜即李志甫。李胜被称为"畲寇",可见,他是畲族。

他于后至元三年（1337年）随黄二使发动起义，史册记载："畲民黄二使逆命，郡兵追破之，余党李至甫结聚南胜不能拔。"① 李志甫在南胜凭险据守，多次击败官军，杀死南胜县长史晏只哥，次年六月，他率军北上围攻漳州。《元史》记载："漳州民李志甫反，围漳城，守将搠思监与战，失利。诏江浙行省平章别不花，总浙闽、江西、广东军讨之。"② 关于元军的失败，在地方志也可找到类似的记载。"吴文让，号逊斋，将乐人，仕元为龙溪县尹。至正十五年，漳寇李志甫叛，文让散储帑募义兵往击之。贼势方炽，兵力不振。力战而死。"③ 其时，广东刘虎仔也在潮州举兵响应李志甫，一时闽粤大震。李志甫在漳州城下挫败漳州守将搠思监之后，随即掉转兵锋横扫漳州近郊萧景茂、萧佑等人的乡族武装。《漳州府志》记载：

> 萧景懋，龙溪文山人也。景懋，故儒者。后至元间，南胜李志甫作乱，景懋与兄佑，率乡人据阻，立栅以自保。旁里有为贼乡导者，引从间道入，遂破栅，景懋被执。使拜，景懋曰："汝贼也，何拜？志甫意欲降之以为民望，景懋骂曰："逆贼，国家何负汝而反！汝族、汝里，何负汝而坐累"！志甫谓其徒曰："吾杀将军将吏多矣，至吾营时皆股慄，未有若此饿夫之倔强者。察其志，终不为吾用，留之徒取辱耳。"……断其舌以死。事闻，诏褒旌之，仍给钱以供葬事。④

这条史实反映了当时漳州乡村两股势力斗争之激烈。李志甫还分兵攻略各地，后来李志甫遭到吴文让之子吴克忠率领的龙溪乡军的反扑："克忠誓不共戴天，罄家资率众血战败之，尽殄其丑类。事闻授福建宣慰司都元帅府元帅。"⑤ 在这事件中，李志甫的起义军遭到重创。

元朝对汀漳一带的畲族武装一向很重视，闻悉前线元军作战失利，马上下诏江浙省平章事别不花，调发闽粤赣浙四省大军围攻李志甫。四省军队的精锐

---

① 郑经岩：《南胜伯赠侯爵赐谥忠洁陈公（君用）墓志铭》，沈定均修、吴联薰增修：光绪《漳州府志》卷四六，中华书局2011年点校本，第2076页。
② 宋濂等：《元史》卷三九，顺帝纪，第845页。
③ 孔自洙等修、吴殿龄等纂：顺治《延平府志》卷十六，吴文让传，第494页。
④ 陈洪谟修、周瑛纂：正德《漳州府志》卷二五，萧景懋传，中华书局2012年，第572页。
⑤ 黄仲昭等：《八闽通志》卷六九，吴文让传，第657页。

将卒倾巢而出,仅江浙省派来的万户级军官即有九人。[1] 然而,李志甫的战术极为灵活:"闽阃以师抵巢穴,贼计巧诈,陷袭官军,累月不下。"[2] 陈君用传记载:"本县巨寇李志甫为乱,劫掠乡村,攻围郡邑,其势张甚,万户哇哇、守将挩思监与战,俱不利。"[3] 元军多次遭受歼灭性打击,对李志甫十分畏惧,"守吏多望风遁去,将帅拥兵不进"。[4] 郑经岩说:"朝廷命重臣征发四省兵以讨之,历四载,经百余战,兵老民疲。"[5]

对李志甫构成最大威胁的不是元朝腐朽的军队,而是漳州一带的乡族武装。自李志甫起事后,漳州各地的豪族"往往结寨以自保",他们为了自身的利益与义军拼死作战,多次挫败李志甫军队。例如,漳州长泰县有一城寨被围,龙溪儒生许存衷散家财集乡兵前去解围,他"导官军直前,大呼,连夺其数砦"[6],畲军被杀无数。又如漳州陈君用,被元朝称为"义士",他和李志甫同为南靖县人。李志甫起兵后,与南靖乡族武装对抗多年。陈君用"招募乡民百余名,率从子陈进卿,自备兵粮,诣军陈献攻围之略,期日夹战。公躬率民兵,直抵乌泥洞,穿山径以入,望见志甫,率敢死士冲中坚,发矢中志甫右臂,直前夺其所佩刀,馘其首,贼众大溃"。[7] 可见,李志甫是受本地人武装袭击而死。《漳州府志》中的陈君用传亦说:"君用私辑义勇出其不意袭杀之。"时为后至元六年(1340年)三月,这使起义军丧失了自己的领袖。元朝官方的大喜:"省臣上其功,授君用漳州路总管府同知。"[8] 此后,漳州畲族起义转入低潮。但是双方的斗争仍是极为惨烈,该年五月,龙岩县尉黄佐才以妻儿四十多条性命代价,击俘李志甫余部郑子箕。[9] 从1337年黄二使及李志甫起义,到1341年郑子箕失败,李志甫起义前后五年,义军一度围攻漳州,引得元军集中四省军队前来镇压。可以说,这是一次大规模的农民起义。这次起义也是元末红巾军大起义的

---

[1] 郑玉:《师山集》卷六,徽泰万户府达鲁花赤珊竹公遗爱碑铭,文渊阁四库全书本,第4页。
[2] 陶安:《陶学士集》卷十七,万万户军功记,文渊阁四库全书本,第10页。
[3] 陈洪谟修、周瑛纂:正德《漳州府志》卷二五,陈君用传,第571页。
[4] 贡师泰:《玩斋集》卷六,送许存衷赴漳浦县尹序,第35页。
[5] 郑经岩:《南胜伯赠侯爵赐谥忠洁陈公(君用)墓志铭》,沈定均修、吴联薰增修:光绪《漳州府志》卷四六,第2076页。
[6] 贡师泰:《玩斋集》卷六送许存衷赴漳浦县尹序,第35页。
[7] 郑经岩:《南胜伯赠侯爵赐谥忠洁陈公(君用)墓志铭》,沈定均修、吴联薰增修:光绪《漳州府志》卷四六,第2076-2077页。
[8] 陈洪谟:正德《漳州府志》卷二五,礼纪,陈君用传,第1559页。又见:宋濂等:《元史》卷四十,顺帝纪,第855页。
[9] 宋濂等:《元史》卷四十,顺帝纪,第856页。

先声。

李志甫死后，元顺帝采取以招抚为主的善后措施，他下令赦免"漳、潮二州民为李志甫、刘虎仔胁从之罪"。① 然而，漳州境内的局势长期不能平静。贡师泰说："南靖在漳南一百二十里，自李志甫、魏梅寿相继反，其民习战斗，操强弓毒矢，出没山谷无时，尤难治。况比年强暴各以力雄乡里，少不合意，辄啸呼杀掠，县令莫之谁何。"②

李志甫死后六年，汀州境内爆发了罗天麟、陈积万起义。罗、陈两人为汀州连城县人，"天麟，连城军士，以罪拒捕"。③ 至正六年（1346年）六月，罗天麟和陈积万发动起义，攻占连城，而后攻克汀州路首府——长汀。随后，他们相继攻克汀州路五县：上杭、宁化、清流、连城、武平，势力发展很快。漳州元朝官员陈君用等人慑于义军威力："立保栅数区，以扼其险要，招集强丁为御守、刁斗之声，达旦不绝。"④ 可见，罗天麟起义极大地震撼了福建南部。为了镇压起义，元朝迅速调集福建、江西、浙江三省大军围剿，并在漳州、汀州两地分设两个元帅府，加强两地的军事力量。这次参加围剿的元军对镇压农民起义比较有经验，他们每遇险恶山地，便放火烧山，使义军无法设伏袭击。元军稳扎稳打，步步为营，于九月克复长汀县。两个月后，义军内部发生分裂，罗、陈部下罗德用杀死罗天麟、陈积万二人，以他们的首级向朝廷邀功，起义归于失败。⑤

不过，罗天麟、陈积万起义打乱了元朝在汀州的统治秩序，此后，汀州许多地区都有义军起义，此起彼伏，有的坚持十几年之久。例如，李士瞻说："福建隶八郡，汀为最远且僻，我朝仁政之被，犹负固，时不率教，部使者或一年不能一至。比因四方多垒，土寇曹柳顺遂窃据以叛，迄今十余年，诸属县邑悉为逆境。"⑥ 可见，汀州境内反元势力一直很强大。

李志甫、罗天麟、陈积万起义是元末农民大起义的先声，它爆发在有反元传统的汀漳区域不是偶然的，这里山深林密，畲族武装自元初以来一直没有放下手中武器，由他们掀起反元大起义是理所当然的。李志甫起义最早发生于后

---

① 宋濂等：《元史》卷四十，顺帝纪，第855页。
② 贡师泰：《玩斋集》卷六，送朱元宾赴南靖县尹序，第36页。
③ 曾曰瑛修、李绂纂：乾隆《汀州府志》卷四五，杂纪，方志出版社2004年，第1033页。
④ 宋濂等：《文宪集》卷二一，雷府君墓志铭，第16页。
⑤ 宋濂等：《元史》卷四十，顺帝纪，第875页。
⑥ 李士瞻：《经济文集》卷四，题闽宪金索克济政绩卷，第7页。

至元三年（1337年），而不是传统史书所记载的后至元四年，同年，北方爆发了棒胡起义，这两次大起义南北响应，掀开了元末农民大起义的序幕。李志甫牺牲后，汀州又有罗天麟、陈积万起义，罗陈的起义实际上是李志甫起义的发展。李与罗陈的两次起义，一个时间长，坚持了四年；一个规模大，迅即攻克汀州六县，再加上这两次起义爆发在闽粤赣三省边界区域，影响很大，起义浪潮逐步波及广东、江西，再向浙江、湖南、湖北发展，迄至至正十一年（1351年），韩山童、刘福通在河南颍州起义，南方各地早已是动乱不安。"至正十二年，汴淮逆寇构患，以红巾抹额为号，所在骚动，如波之流，如蔓之延，口口愚民，靡然从之。"① 黄溍说："至正十二年，大盗窃发于河南，而江淮闽粤，绎骚不宁。山谷愚民，相挺而起，侵轶县境，蹂践民居。"② 可见，在北方红巾军起义的影响下，南方的形势更加激烈地动荡。福建各地在李、罗起义的影响下，也爆发了多次起义，并逐渐发展为燎原大火。以下分区域叙述之。

闽南区域的反元起义。闽南区域包括漳州、泉州、兴化三路，自李志甫起义发生后，闽南区域一直动荡不安。至正三年（1343年），"泉州民刘应总作乱，命江浙行省遣兵捕之。至正十年，同安贼掠海滨，监郡偰玉立俘其魁"。③ 至正十年之后，闽南屡屡大旱，流民遍布田野，闽南的农民起义进入高潮阶段。"至正十一年冬，贼攻县治，监郡偰玉立捕获之。"④ 至正十二年（1352年），仙游境内有陈君信、秦通通、黄文玉等聚众数百人攻克仙游县城，县官逃遁，一时莆中大震。莆田人黄信等企图聚众起义，响应陈君信，不幸事泄被杀。福建元帅府急调高本祖部元军前往镇压，陈君信战败，所部溃散，退往永春。⑤ 永春县尹卢琦是当时一个有名的地方官，他与溃散义军相遇后："立马喻以祸福，皆投去棘槊，一日得九百八十三人。琦使其执凶首自新。"⑥

至正十三年（1353年），漳州山区义军曾飞、管得胜起兵攻陷龙岩，被该县乡族武装李继善部击败。⑦

至正十四年（1354年），安溪李大与南安吕光甫联合起兵，攻占漳州长泰县，并于七月份围攻泉州城，一时声势浩大。泉州税课副使陈阳盈率民兵拒敌，

---

① 佚名：《宣差阿思兰公平寇碑》，潘拱辰等：康熙《松溪县志》卷十，艺文志，第222页。
② 黄溍：《新建儒学记》，潘拱辰等：康熙《松溪县志》卷十，艺文志，第234页。
③ 黄任：乾隆《泉州府志》卷七三，纪兵，第19页。
④ 林有年：嘉靖《安溪县志》，澳大利亚悉尼，国际华文出版社2002年，第267页。
⑤ 贡师泰：《玩斋集》卷十，高本祖墓志铭，第44页。
⑥ 何乔远：《闽书》卷八九，英旧志，第2658页。
⑦ 陈寿祺等：道光《福建通志》卷二六六，元外纪，第26页。

元代福建史：1276—1368 >>>

被义军俘杀。① 但是，义军最终未能攻克泉州。与此同时，刘广仁部受李大的派遣，北上攻克仙游城，得手后转攻莆田，但被莆田乡族武装许必珍、黄德宝部击败。十月份，刘广仁再次集众来攻莆田，不幸再次被元军与乡军击败，只好退回安溪。② 安溪位于群山之中，地势险要，很早就成为义军根据地，几年来闽南的起义大都是由安溪义军发动的。同年，"安溪寇数万人来袭永春"，永春县尹卢琦组织乡兵迎击，"大小三十余战"，安溪义军大败，死"一千二余人"。③ 该年，李大还派人进攻长泰等县，南胜县陈角车、夏山虎趁机起义，围攻漳州。但是，他们都被罗良部元军击败。④

至正十五年（1355 年），安溪义军攻克同安县。

至正十六年（1356 年）春，李大率安溪义军再次袭击同安，失利；同年"泉寇伊守礼啸聚复攻同安"。⑤

至正十八年（1358 年），南胜县畲族领袖李国祥再次起兵，攻克南诏（今诏安），至正二十一年（1361 年）漳浦西林（今云霄）陈世民起义，攻克龙岩、漳浦、长汀等地。然而，这些起义大都被元军头目罗良、陈君用镇压下去。罗良的墓志铭记载："其后南胜畲寇陈角车、李国祥，安溪贼李大，同安贼吴肥，潮贼王猛虎，江西贼林国庸，先后窃发，西林贼陈世民攻陷南诏、长汀、龙岩、漳浦诸邑，公悉削平，降其众，复其邑。"⑥ 就其所列人物中，李大也包括在内。

陈君用也是元朝在闽南的干城。他击杀李志甫之后："以功授本路总管同知，后北洋海贼入境，君用募弓手乘潮进战，擒贼将杨奴等，追降其余众。又破罗天麟、邓师公于白花岭。及潮寇夏山虎倡乱迫汀漳，闻君用师来，望风降附。朝议以君用屡建大功，敕开屯南诏，守汀漳正万户宣武将军。"⑦ 尽管有罗良、陈君用等元朝在福建的重臣，闽南山区仍然时有农民起义发生。《安溪县

---

① 黄任等：乾隆《泉州府志》卷二九，陈阳盈传，第 49 页。
② 陈梦雷等：《古今图书集成》职方典卷一〇八六，兴化府部纪事，中华书局、巴蜀书社影印本，第 17433 页。
③ 林以顺：《永春平贼记》，卢琦：《圭峰集》附，第 6-7 页。
④ 陈寿祺等：道光《福建通志》卷二六六，元外纪，第 27 页。
⑤ 黄任：乾隆《泉州府志》卷七三，纪兵，第 19 页。
⑥ 陈志方：《元右丞晋国罗公墓志铭》；沈定均修、吴联薰增修：光绪《漳州府志》卷四六，艺文，第 2075-2076 页。
⑦ 郑丰稔等：民国《南靖县志》卷十八，陈君用传，南靖县方志委 1994 年整理本，第 616 页。

志》记载:"至正二十五年,湖头贼张治仔劫掠郡邑。"①

闽南义军面对的敌人都是富有镇压农民起义经验的元朝将领,他们以乡族武装为支柱,比正规元军的战斗力更强。元朝末年,漳州一带被罗良占据多年。与罗良崛起的同时,汀州境内则出现了陈友定部的乡族武装,他在元朝的支持下,逐步削平了汀州各支农民义军,巩固了元朝在福建西部的统治,这样,闽西南的地主乡族武装逐次控制了闽西南。

二、闽北与闽东的农民起义

红巾军入闽与闽西北农民起义。元代闽西北有三个路:建宁路、邵武路、延平路。闽北是福建与外省联系的主要通道,受外省影响较大。至正十年(1350年),江西铅山的反元义军周良部进攻与福建相邻的关隘,被崇安县尹彭庭坚击退。彭庭坚,浙江瑞安人,进士出身。他扼守分水关,堵住江西红巾军入闽之路,大受元行省官员赏识。至正十一年,彭庭坚升任建宁府总管府事。② 其时红巾军在闽北起事,占据浦城县的池元甫有众万人③,对邻近各县构成威胁。建阳的王沧:"兴贤里人,少好学,以材略称。江浙行省辟从事,不就。至正间,群盗蜂起,所至望风降附。沧以世为元臣,不忍事贼,遂散家赀,募兵数千人固守乡里。事闻,授署建宁录事判官。旋与贼连战月余,亡于阵。"④ 王沧等人的反对,使元朝有时间调动军队。于是,身为建宁府总管的彭庭坚率诸县民兵反攻建阳,而后北上浦城。⑤ 这对在浦城苦战的官军是很大的支持。

至正十二年(1352年),徐寿辉在湖广起义称帝,江西、浙江红巾军大起,占领大片土地。《松溪县志》记载:"至正十二年六月四日,淮寇红巾贼由崇安陷浦城,十七日兵破松溪,时达鲁花赤阿思兰调往邵武,军前闻变,以九月督兵进剿。"⑥ 在阿思兰的指挥下,政和、松溪一带的乡军接连收复政和、松溪。其后,阿思兰孤身进入浦城义军池元甫的阵垒,招安池元甫。池元甫接受招安后,成为元朝的松溪县尹。

本年度邵武府的斗争更为激烈。四月,建宁县民应必达与江西红巾军首领

---

① 林有年:嘉靖《安溪县志》卷八,杂志类,第267页。
② 宋濂等:《元史》卷一九五,忠义传,彭庭坚传,第4419页。
③ 潘拱辰等:康熙《松溪县志》卷十,宣差阿思兰公平寇碑,松溪县编纂委1986年点校本,第223页。
④ 李再灏等:道光《建阳县志》卷十一,王沧传,第461页。
⑤ 张琦等:康熙《建宁府志》卷二二,彭庭坚传,南平地区方志委点校本,第468页。
⑥ 潘拱辰等:康熙《松溪县志》卷一,地理志,第60页。

宜黄县的涂一、涂祐及新城县的童远合作，袭据建宁与泰宁二县。然后，他们派出一支 300 人的队伍向邵武进攻。这支几乎赤手空拳的队伍，竟使邵武官吏大为惊慌，"官民闻贼将至，皆挈孥远遁"。义军很顺利地进入邵武城。次日，义军首领在邵武提出"摧富益贫"的口号，久受压迫的农民与城市贫民闻讯后欢欣鼓舞："群起从之。旬日间聚至数万，大掠富家，入山搜劫，无得免者。"其后，他们分路进攻顺昌、将乐，建阳等地，声势极为浩大。①

邵武是闽西北重镇，也是元军反扑的主要目标，建宁路达鲁花赤吴按摊不花是闽北元朝地方官的核心人物，他号召各地乡族武装联兵反击邵武的义军，奉命到将乐组织军队，不久，闽西北各地乡族武装汇集将乐县，随后沿江而上，于五月份克复顺昌县，杀数千人。②

七月，吴按摊不花率军西上，进攻富屯溪上的要塞——水口寨。元军兵分二路，一路正面进攻，一路偷渡富屯溪奇袭义军后路。义军多由农民组成，没有什么作战经验，在元军夹击下失利，损失数千人，水口寨失守。随后，元军进抵邵武城下，展开攻城战。其时彭庭坚部也南下邵武会师，"庭坚设云梯、火炮昼夜攻击"，邵武义军组织不好，局势混乱，城中残留的元朝官吏也趁机起事，反元义军战败，大部退往建宁、泰宁。彭庭坚传记载："寇遁，追斩渠魁董元帅、铁和尚童昌，邵武悉平。"其时同死于邵武的红巾军首领尚有应必达、涂祐。然而，退往建宁、泰宁方面的义军并不气馁，他们于十一月大举反攻邵武，邵武四乡农民也纷纷响应，聚众数万人围攻邵武，城中的吴按摊不花几乎无法支持。至正十三年（1353 年）初，彭庭坚率元军北上回救邵武，击溃义军，并向建宁、泰宁方向发展。义军不支，退回江西，建宁、泰宁被元军克复。③ 其后，彭庭坚受命镇守邵武，堵住了江西中部义军入闽之路。

尽管闽北红巾军主力多次失败，闽北反元起义仍是接连不断。至正十三年（1353 年）三月，瓯宁县黄村祝清组织乡民起义，被元朝招安后任松溪县尹的池元甫企图响应，却受到当地乡族武装的反击。松溪人黄昌元散家资"往处之青田、龙泉募敢死三百余人，又集社甲数百人"。在他带头之下，松溪出现了多支地主武装，他们联合在一起反击占领松溪县的义军，在付出惨重的代价之后，黄昌元占领了松溪县，杀死池元甫。④ 七月，池元甫家族的池惠又在浦城起事，

---

① 黄镇成《克赴城池记》，李正芳：咸丰《邵武县志》卷十，寇警，第 253 页。
② 陈寿祺等：道光《福建通志》卷二六六，元外纪，第 25 页。
③ 宋濂等：《元史》卷一九五，忠义传，彭庭坚传，第 4419 页；张琦：康熙《建宁府志》卷二二，彭庭坚传，第 468 页。
④ 潘拱辰等：康熙《松溪县志》卷九，黄昌元传，第 197 页。

杀死元将安吉。吴按摊不花急调彭庭坚、陈君用、阿思兰、黄昌元等部合力围剿。此处的陈君用是延平路永安县人,他与漳州陈君用同名,事迹类似,但活动的范围不同。《永安县志》记载:"陈君用,字子材,先南平人。后徙浮流镇,少负气,勇猛过人。至正末,红巾贼由抚、盱入闽,闽阃授君用南平县尹,给钱五万缗。俾募兵,复散家财以继之。遣兵克复建阳、浦城等县。"① 彭庭坚、陈君用都是元朝在闽北的骨干。

此后,闽北局势仍然不稳定,不断有小规模起义发生。彭庭坚的传记记载:"十四年,盗侵政和、松溪,江南行台御史中丞吴铎督军建宁,檄庭坚至。万户岳焕隶麾下纵卒为暴,庭坚绳之以法,焕惧,使部卒乘其不备,诈为贼兵突锋,众皆溃,庭坚独留不去。遂遇害。年四十三。"② 可见,彭庭坚死于元军的内讧。彭庭坚是个凶悍的元军将领,他的死,无疑削弱了元朝在闽北的力量。

闽东农民起义。闽东主要是指元代的福州路,它的辖地相当于后世的福州府与福宁府,其中福宁府辖地在元代叫"福宁州"。这一地区毗临大海,贩私盐的民间武装一直拥有很强大的实力。元末福宁州的民谣唱道:"吾侬生长莆山曲,三尺茅檐四尺屋,大男终岁食无盐,老妇蒸藜泪盈掬。阿郎辛苦学弄兵,年年贩盐南海滨。担头有盐兵一来,群众大队惊四邻。"③ 自闽南李志甫、罗天麟起义发生后,闽东境内出现了反元武装,例如,至正七年(1347年),宁德县的李六、李七兄弟发动起义,李六战败被杀,李七驻守山寨,一直坚持到元末明初。④ 至正八年十二月,浙江台州贩盐私商方国珍发动起义,他们乘船南下闽江口一带,一度被围,但元军于夜里无故溃散,方国珍顺利地突出重围。此后,方国珍活动于浙南、闽东海面。⑤ 至正十年五月,方国珍进抵福鼎沿海:"宣慰司移檄元帅扈海率万户孙昭毅等往捕,师溃于水澳,贼追至赤岸,扈海被执,州民四窜。"⑥ 这一战役发生后,闽东沿海的反元武装更为活跃,他们有的占山为王,有的下海为盗,山海联络,相互呼应,闹得闽东元军不得安宁。至正十二年七月,在闽西北活动的江西义军王善部进入闽东,从此,闽东反元起义出现了一个新局面。

王善的来历不详,他对外宣称是陈友谅天完政权的大将。他应是应必达起

---

① 苏民望修:万历《永安县志》卷七,忠烈传,方志出版社2004年,第87页。
② 张琦等:康熙《建宁府志》卷二二,彭庭坚传,第468页。
③ 郑杰辑、陈衍补订:《闽诗录》元代民谣。民国刊本。
④ 卢建其等:乾隆《宁德县志》卷七,林公寿传,第478页。
⑤ 陈衍:民国《福建通志》,《福建通纪》卷七,元,第15页。
⑥ 李拔等:乾隆《福宁府志》卷四三,祥异,第1343页。

事时进入闽西北的江西义军首领之一，红巾军在邵武战败，他却辗转向闽北发展，来到松溪、政和一带。① 至正十二年（1352年）七月，闽东福安县出现饥荒："外塘陈长鼻倡众，沿乡强籴，因而行劫。"在这一压力下，闽东地方官以民间乡族势力为基础，组织"义兵社"。而义兵社之间又发生矛盾，其中陈德甫部与政和的王善联系，王善顺势进入闽东。该年，闽东大饥，饥民纷纷投入王善部下，于是，王善部义军扩大很快，八月，王善攻占福安县。同时，又一红巾军首领江二蛮也率部攻下宁德县。十一月，王善部再克福安县，自称"新州道都元帅"，于是，"沿江负贩，深山樵采之徒蜂起，为伪千户，伪万户，伪总管"。② 福宁州知州王伯颜调集五万乡兵分道抵抗，但都被他击败。③ 十二月，王善纠兵进攻福宁州，王伯颜部全军溃败，福宁州城被克。至正十三年正月，王善南下，连克罗源、连江。连江巡检刘浚率领的一支数万人的乡兵与王善作战"浚拒之辰山，三战三捷。俄又与贼遇"，连江乡军被击败④，刘浚被杀。⑤ 这时闽东各地义军前来汇合，共同进攻福州城，元福建行省官员大为惊慌。

福州被围，元军四方来援，闽北的吴按摊不花、陈君用部和漳州的罗良都驰援福州。其中罗良畲兵的战斗力很强。王善见元军势力大增，自动解围退往连江一带，延平陈君用部元军追蹑王善之后，被王善设伏全歼。⑥ 陈君用战死。福州一共被围26天，这是闽东义军最盛期。

王善退往福宁州，义军大队解散，各支农民军返回驻地，王善直辖军队数量大减。王善对元朝官吏多采用怀柔政策，这给敌人有可乘之机。例如，他在福宁州捕获王伯颜，企图劝降这个死对头，王伯颜不降，才被他杀死。刘浚被杀后，王善以礼葬之，放走他的儿子刘健。刘健回家后誓死复仇，他散家财招百余勇士，伪装工商流丐，混入义军队伍之中。一夜，刘健与其部众突然放火暴动，袭杀王善。⑦ 不过，另一种说法是王善在连江暴病而死。此说出自李拔的《福宁府志》第四十三卷的祥异志，又见《连江县志》。⑧

王善死后，闽东反元义军失去了一个杰出的领袖，他们各自为战，渐走下

---

① 陈高的《王巴延传》云："贼自邵武，间道迫福宁"，可见，王善应是来自邵武的江西红巾军首领。陈高：《不系舟渔集》卷十三，王巴延传，文渊阁四库全书本，第3页。
② 李拔等：乾隆《福宁州志》卷四三，祥异，第1344页。
③ 宋濂等：《元史》卷一九五，忠义传，王伯颜传，第4420页。
④ 丘景雍等：民国《连江县志》卷二五，刘浚传，连江县方志委1989年，第379页。
⑤ 宋濂等：《元史》卷一九五，忠义传，刘浚传，第4421页。
⑥ 宋濂等：《元史》卷一九五，忠义传，陈君用传，第4424页。
⑦ 宋濂等：《元史》卷一九五，忠义传，刘浚传，第4421页。不过，
⑧ 据丘景雍等：民国《连江县志》卷三，大事记，连江县方志委1989年，第17页。

坡路。至正十三年（1353年）二月，王善部下江二蛮攻陷福宁州城，元州判张元赞被杀，同知林德成逃至乡间藏匿。七莆村民董克明、张子文组织名为"安宁社"的乡族武装，奉林德成为主，袭占福宁州，杀死江二蛮，不久退出州城。然而，为时不久，反元义军又卷土重来，六月。卓仲溪、王野僧等复陷福宁州，并焚毁州城。至正十四年春正月，毛德祥部反元义军攻克福安县，但不久即被该县乡族武装林文广部击败。这一时期，闽东的乡族势力纷纷组织自己的武装。除了林文广部与"安宁社"外，柘洋袁安文等组织了泰安社，这些武装成了反元义军最大的敌人。不过，闽东农民起义仍是此起彼伏，至正十六年，福安县官塘乡傅贵卿起兵反元，势力发展很快，次年七月，福建行省命福宁州官员讨伐傅贵卿，福宁州同知袁天禄率一支拥有六十艘战船的水师进攻傅贵卿，大败而还。然而，傅贵卿忽略了陆路元军，营寨被元军焚烧。所幸的是，义军主力并未受挫。十九年春二月，福建行省参政观音奴亲自率兵讨伐傅贵卿，亦分兵二路，水师深入官塘，中伏大败，陆路元军赴援，也被傅贵卿击败，泰安社头目袁安文阵亡。傅贵卿的反元武装一直坚持到至正二十三年，该年十月，福安县廉村社乡兵击俘傅贵卿，送泰安社杀之。这样，乡族武装完全控制了闽东。泰安社与安宁社在闽东自行征赋，县官有挂印而去者。元至正二十一年（1361年），泰安社和安宁社首领袁天禄向明朝纳款，成为明朝的臣民。其时，割据浙南的方国珍亦向明朝纳款。① 明朝势力很早就渗透福建东部的某些村寨。

三、江西农民军入闽与福建农民起义的继续

元朝将福建各地农民起义镇压下去，但并未能稳固其统治。元末，声势浩大的江西农民军不断进入福建，与福建反元武装结合，和元朝在闽势力进行了多年战争。从福建农民起义大势看，外省义军入闽是元末福建农民战争的发展。

江西陈友谅红巾军入闽。陈友谅为元末枭雄，他拥众数十万，占据湖广、江西及安徽南部，声势极为浩大。至正十八年（1358年），陈友谅在九江杀死徐寿辉，自称皇帝，国号汉。次年，他派遣江西红巾军康泰部入闽，康泰攻克邵武，邓克明攻克汀州。为了抵御这支红巾军，福建行省急授陈友定为汀州路总管，让他率兵抵御红巾军。陈友定部是在与闽西农民军作战过程中发展起来的一支乡族武装，富有作战经验，《清流县志》记载："十九年己亥，陈友谅将邓克明既陷汀州，进围清流。斯时，行省已授有定延平路总管，遂自平安寨间

---

① 李拔等：乾隆《福宁府志》卷四三，祥异志，第1345-1346页。又见陈寿祺：道光《福建通志》卷二六六，元外纪，第26-31页。

道驰回御之,战于黄土,夜袭其营,大败之,克明仅以身免。"① 其后,陈友定很顺利地收复汀州,被封为福建行省参政。②

至正十九年末,红巾军再次分三路大举入闽,企图一举攻克福建郡县。十一月,康泰部红巾军攻占杉关,攻克建宁、泰宁,进抵邵武城下。元军集约各地民壮几万人屯于邵武,挡住了红巾军。然而,邓克明在南部的攻势大有进展,他们取道瑞金攻克长汀,而后攻占清流等县,进逼延平路。延平城的元军将领闻风丧胆,弃城而逃,至正二十年(1360年),二月,邓克明部红巾军不战而克闽北重镇延平。北路红巾军也获得进展,终于攻下邵武城,并占将乐诸县。此时,红巾军已经占领福建西部的汀州府、邵武府和延平府,只剩下建宁府还在为元朝坚守。其后,"延邵贼合众数万并至建城下,围其九门,诸将大臣相继遁去,民情汹惧"。③ 建宁府城被围之后,城中的元朝官员商议协力抵抗。④ 宋濂围绕着揭汯君畅写这一场战斗:

> 既而友谅兵寇杉关,下邵武,据延平。建宁受围,大军退保福州。城中吏民相继出奔,惟经略使布延布哈尚在,君诣与之谋。经略闻君至,迎曰:佥事犹未行耶?君愤曰:经略何为发此言!今盗贼围孤城,正吾与经略致死时也。吾死将与此城俱,顾独走欲安之乎。经略起问计,君为之画策,经略欢曰:吾志决矣!即当如君言。部散卒得千人,命建宁总管阮德柔将之,出战不利,民大誉。君集众告以祸福,谓并力御贼,则妻子可生,缓将为俘馘。语甚切,民感泣。请各自效。无老少悉乘城固守。君往来抚劳之分,壮者千人助德柔战,屡捷,势稍张。城外有山,曰黄华,高出城上,君恐贼窥见虚实,作层楼蔽之。命守者锻铁为长钩,广储水楼下以俟。众不知所为。及贼据山以火攻楼,即以长钩曳之,随灌以水,火寻息。复预积湿薪枯秸城下,贼穿隧以入,燎烟于隧熏之,死者甚众。贼扬言攻城西,君察其旗乱而气急,命备城东。已而果攻城东,知有备,惊骇而退。是时内外相持逾十旬,樵苏道绝,彻民居以炊,经略忧以问君,君曰:士气在乎作之尔,且直壮曲老,吾以王师讨贼,何忧不胜。乃椎牛酾酒,劳将士,

---

① 林善庆:民国《清流县志》卷四,大事志,福建地图出版社1988年,第112页。
② 乔有豫:道光《清流县志》卷七,陈有定传,福建人民出版社1992年,第298页。
③ 蒋易:《鹤田先生文集》第一册,铙歌鼓吹曲序送颜经略还朝,建安杨氏藏手抄本,第6-7页。
④ 宋濂:《文宪集》卷十八,元故秘书少监揭(汯君)君墓碑,第71-72页。

以义激之，皆踊跃请战。空一城鼓噪，助之声如雷霆。贼众数万，逆战，君戎服出阵后，督诸将尽力。俄矢石乱下，或请少避其锋，君叱曰：破贼在今日，敢言退者斩。于是士卒殊死斗，自寅至午。焚其三栅，乘胜奔之。是日福州援兵继至，贼败走，复延平等三州，获胜兵千余人。①

如其所云，建宁路城（今建瓯）内汇集了闽西北各地的乡族武装，实力很强，守将普颜不花（布延布哈）加强城防工事，拼死抵抗。红巾军挟战胜余威四面围攻。元朝官员记载："贼昼夜来攻，或隧地为道，或梯云作车，虓喊震天，矢石如雨。吾之守备，亦无所不至。昼则登陴分巡，以瞰其虚实，夜则环城张灯，以烛其动静。俟其不戒，则启关而出，焚其营栅。贼又编竹为蝥，斮木为龟，群伏其下，各执镢锄负之以进，以攻吾地，乃自城上转巨石以磕之，卒不得进。"② 这场激烈的围城战持续了64天。③ 在战斗最激烈时，红巾军攻克建宁府的南水门，爬城而上。城中元军见势不妙，在阮德柔率领下倾巢而出，以骑兵突前反击，红巾军勇将花太子被俘。随后，元军出击，在大洑洲一仗中大败红巾军，康泰只好退回江西。④

江西红巾军并没有就此放弃入闽的打算，随后几年中，他们不断进攻福建，与元军多次交战。至正二十一年（1361年），邓克明军以一部进攻汀州，用以牵制陈友定。⑤ 而主力取道杉关攻掠闽西北各城，不久，再次攻抵建宁府城下。邓克明此番大举进攻，志在必得，他的军队在建宁府城外设立数十个小寨，构成包围圈，并以铁炮、火箭、云车、机弩等武器日夜不停地攻打建宁府城。元军拼死抵抗，被包围在城中108天，已面临断粮的绝境。

建宁路平章完者帖木儿见势不妙，力请陈友定前来支援。陈友定看准双方都打得筋疲力尽的局势，率部星夜来援，与城内守军取得联络。⑥ 九月乙卯，元军内外合璧，全力反攻。

<u>左丞率都事张贞、王斌、理问伊埒约苏及掾属等会诸将于官山新</u>

---

① 宋濂：《文宪集》卷十八，元故秘书少监揭（法君）君墓碑，第71—72页。
② 蒋易：《鹤田先生文集》第一册，铙歌鼓吹曲序送颜经略还朝，第6—7页。
③ 宋濂：《元史》卷一九六，忠义传，普颜不花传，第4429页。
④ 汪佃等：嘉靖《建宁府志》卷六，魏留家奴传，第16页。
⑤ 乔有豫：道光《清流县志》卷七，陈有定传，第298页。
⑥ 贡师泰：《玩斋集》卷九，建安忠义之碑，第10—11页。

353

城，议所以击贼者。于是阮参政首出拱北门，焚橄榄山砦，魏参政出南门，夺水南砦，贾伊尔败余党于菱角塘，陈子琦董天麒亦败之于万安州，获牛羊马驴甲胄铠仗之属不可胜计。贼自相践溺死者千余人。丙辰，贾伊尔乘胜复建阳，戊午陈有定复邵武，贼散走者辄遮杀之。余悉度关以遁。①

以上史实表明，元末建宁路城（今建瓯），三次抗击江西军队攻城，竟然将强敌击退。尤其是后两次战斗，打得极为惨烈。贡师泰说：

> 诸将咸曰：去年建宁受围六十四日，大小三百余战，居民壮者执干戈，老弱运砖甓，妇女治饔飧。昼夜目不交睫，四面矢石杂下，死伤甚众。虽重创且攘臂转战不已，城赖以完。今年围又一百八日，居民力战，视昔勇益倍。仓庾竭则悉出谷粟以给饷，帑藏虚则倾所有缯帛金宝珠珥以助费。至于剖木皮，茹草本，以待顷刻之命，犹分食饮以食战者，虽童孺羸癠，亦乘城怒骂，誓不与贼俱生。建城幸不陷，而我等得以成功，者皆吾民奋忠效义之所致也。其敢私赏赉而忘吾民耶！公曰善哉！既行赏，乃命榷司发廪盐四千斛以遗民食。仍命有司立石通衢题，曰建安忠义之碑，为八郡劝。②

建宁路城的民众全力抵抗反元军队，其实不是为了保住元朝的统治，而是为了自保生命。当时与朱元璋争霸的陈友谅控制着江西和湖广，他的军队纪律不行。若是被其部下攻进建宁路城，屠城是不可避免的，因而民众拼死反抗。迄至明军于洪武元年入闽，建宁路城的抵抗就不是那么坚强了，因为，在朱元璋宽和的政策面前，建宁路城的民众已经没有誓死抵抗的理由了。

数次攻打福建都在建宁府城遭到失败，江西红巾军开始寻找其他方法。至正二十二年（1362年），邓克明再次出击汀州，寻找陈友定作战。而兵驻延平的陈友定也大举反攻，他将军队分成两路，一路由顺昌经将乐，进抵汀州，一路沿沙溪上溯，出清流会攻汀州，邓克明战败，退回江西。③

由此可见，元朝福建地方政府虽然屡次击败农民起义军，但农民军的攻击

---

① 贡师泰《玩斋集》卷九，建安忠义之碑，第12-13页。
② 贡师泰《玩斋集》卷九，建安忠义之碑，第13页。
③ 钱谦益：《国初群雄事略》卷十三，福建陈友定，中华书局1982年，第285页。

浪潮也是一浪高过一浪，使元朝在福建的统治始终处在惊涛骇浪中，它的最终覆灭，指日可待。

四、元末福建农民起义的特点

若从时间顺序而言，元末福建农民大起义以李志甫起义发生最早，他坚持了四年，失败于后至元六年（1339年）；在他推动之下，福建各地都发生了小规模起义。宁化境内的曹柳顺约在李志甫失败前后起事，在宁化坚持了十多年；至正六年（1346年），汀州罗天麟、陈积万起义，占据了汀州南部六县；至正八年，浙江方国珍部南下闽东沿海，推动了当地反元起义；至正十二年（1352年）后，福建农民起义走向高潮，江西红巾军入闽，与闽西北农民军结合，最盛时占领了建宁、泰宁、将乐、顺昌、建阳、浦城、松溪、政和等县。至正十三年，闽东反元义军大发展，占领过福安、宁德、长溪、罗源、连江、古田，兵锋直逼福州城；与此同时，闽南义军大起，他们以安溪为根据地，攻占仙游、同安等县城，曾经围攻莆田与泉州；而汀漳境内的反元武装也很活跃，攻陷过龙岩、漳浦、南诏、长汀，并多次围攻漳州。但是，在至正十三年以后，福建本地发生的农民起义逐渐走下坡路，以上各支农民军都在元军的镇压下陆续失败。可见，元末福建农民起义的第一个高潮在至正十二年（1352年）左右。其后，江西农民军入闽。

元末福建农民大起义几乎席卷全省各地，大多数县城被攻克。邵武、汀州两座路城被攻占，漳州、泉州、莆田、福州等路城都曾被围攻。在福建历史上，还从来没有规模如此之大的农民起义。这次起义呈现以下特点：

其一，元末农民起义显示了朴实的农民阶级战争性质，它的参加者大多是朴质的农民，卢琦《谕寇文》说："汝等身冒矢石，日从战阵，每挈妻携子，入山旁林，风餐露宿以达旦，何如奠枕而高卧其家乎？聚众千百，烹羊宰牛以为娱，何如炊饭、酿酒、煨芋、剥枣与妻子相对面乎？"[①] 可见，许多农民是整家整村地参加起义，他们是在元朝残酷统治下被迫造反的，这与普通的流民起义性质不同。福建历史上常有一些没有正当行业的游民，他们无所事事，或是以压迫善良百姓为生，或是入山为盗，靠抢劫为生，就他们的性质而言，与农民起义是相距很远的。但元末农民起义则是一次有广大农民参加的起义，代表了农民阶级的利益。

其二，元末福建农民战争显示了很强的阶级意识。邵武农民军提出了"摧

---

① 卢琦：《圭峰集》卷下，谕寇文，第37页。

富济贫"的口号,他们洗劫富户,瓜分富户的家产;汀州罗天麟起义发生后,"凡名门巨族,鲜不为所鱼肉者"。① 卢琦说劝谕闽南农民军:"汝等焚屋如点灯,使人无盖头之地,何也?人生有贫有富,自是分定,汝等见富人如仇,必欲焚其屋而杀其人,何也?"② 可见,他们的起义不仅是针对元政府,同时也是针对地主阶级的。因此,福建的地主武装反攻农民起义军也非常凶猛,许多地主散家财招募乡兵,与农民队伍作殊死斗争,福建农民起义失败,主要是这批人所起的作用。

其三,福建农民起义军与外省农民起义军打成一片,也是元末福建农民起义的特点。从元初开始,闽粤赣边的三省义军便联合作战,迄至元末,闽南与闽西的农民起义仍与粤赣义军相互呼应;方国珍的海上义师对推动当地农民起义产生了良好的影响;而江西徐寿辉、陈友谅的部下对福建农民起义影响最大。当福建农民起义受到挫折时,江西红巾军的进入,使福建反元起义重新出现高潮。福建本是一个较封闭的省份,崎岖的山路与险峻的水道,使福建与外省的联系非常困难,但在元末,福建与外省农民起义军的联系十分频繁,这也是福建历史上从未有过的,显示了元代农民起义广泛性的特点。

其四,在元末农民大起义中,畲汉民族交融进一步加强。元初福建的农民起义多由畲族领袖发动,所以,元初福建的畲军一度非常有名。元末闽南与闽西的农民起义首领中,仍有一些畲族人,例如李志甫。但是,元末的义军很少强调这一点。除了福建地方志之外,其他史籍只记载福建农民起义首领的名字,从未强调他们是什么民族。这说明经历元代共同的反元事业之后,漳州与汀州境内的畲汉民族大致融为一体,没有必要刻意强调畲汉民族之别。迄至明代,漳州与汀州都成为以汉族为主体的区域,历史上盛极一时的汀漳畲族逐渐消失,这一事实表明汀漳境内畲汉民族的交融。

其五,元末农民起义彻底动摇了元朝在福建的统治。本来,元朝军队的善战是前所未有的,但在元朝建立后的八九十年间,元朝的军队已彻底腐朽。元末李志甫起义时,元朝曾调四省大军围剿,但被李志甫轻松击败。上述镇压元末农民起义的战争中,元朝正规军没有一次取胜。由于元朝不抑制兼并,元代福建的地主豪强拥有雄厚的经济实力,所以,在元末大动乱中,这些地主阶级为了维护自己的利益,趁机而起,组成乡族武装,成为农民军的死敌。当时元军已根本不能作战,只好依靠这些地主武装,这样,大大小小的地主武装散布

---

① 黄仲昭等:《八闽通志》卷六九,林茂轻传,第643页。
② 卢琦:《圭峰集》卷下,谕寇文,第35页。

于全省各地，他们虽然击败了农民军，但元朝在福建的行政实权也落入他们手中，因此，元末朝廷对福建的统治实际上是徒有虚名。

第二节　亦思巴奚军及"省宪构兵"

元朝依靠福建地方的乡族武装镇压反元起义，其权力也逐渐被乡族武装瓜分。这些乡族武装内部派系林立，元福建行省对他们采取利用、分化、控制的手段；而各地乡族武装或是对行省阳奉阴违，或是勾结行省中某一派系相互打内战，最后，实力最强的陈友定兼并各路武装，统一了福建。然而，好景不长，随着明军大举入闽，陈友定的统治很快瓦解，福建归于明朝版图。

一、盘踞泉州的亦思巴奚军

从合必赤军与亦思巴奚军的关系说起。

元代有一支较多波斯人成分的军队进驻泉州。元朝统治时期，有许多色目人组成的军队。其中有一支被称为"合必赤军"的军队进入了泉州，这支军队与元初宰相伯颜有关。《元史》卷一二八伯颜传记载：伯颜原为伊儿汗国大汗旭烈兀的大臣，旭烈兀派其向元世祖忽必烈进贡，忽必烈留其人为大臣，后命其担任丞相一职。元军南下略宋，是由伯颜指挥的。伯颜虽是蒙古贵族，但出生于伊儿汗国，他从遥远的西域来到中国，不可能孤身而行，身边必定带有一支中亚民族组成的军队。当时旭烈兀王朝辖地以伊拉克、伊朗、乌兹别克诸国为主，其中以讲波斯语的民族为多，所以，这支军队主要是波斯人。那么，这支军队是否合必赤军呢？这就要研究《元史》有关合必赤军的记载。

合必赤为蒙古语，四库版《元史》将其改译为"哈必齐"。搜索《元史》电子版，其中共有94个"哈必齐"，"哈必齐"之意应当是"勇士""前锋"之意。不少蒙古人的名字中有"哈必齐"。但是，"哈必齐军"，亦即"合必赤军"只有一个，便是宰相伯颜南征时所率的军队。伯颜将其亲率军队称为"勇士军"是可以理解的。《元史·兵志》："初以丞相伯颜等麾下合必赤军二千五百人从元帅。"[①]《元史·完者都传》："始授金符领丞相帐前合必赤军。"这两条史料都证明宰相伯颜与合必赤军的特殊关系。关于伯颜帐下合必赤军的成分，《元史》卷一六六隋世昌传记载：隋世昌曾率"蒙古合必赤军步战"，那么，合必赤军是由

---

① 宋濂等：《元史》卷九九，兵志二，第2541页。

蒙古人组成的了？不对！可以在《元史》相关传记中找到两个合必赤军的统领，其一是前述隋世昌，他是山东人，汉人。后一个是完者都，钦察人，即为元代的俄罗斯人。按照元朝的习惯，他属于色目人。元朝的蒙古人是十分骄傲的，假使这支合必赤军是由蒙古人组成的，它肯定不会让一个色目人和一个汉人为自己的指挥官。所以，这支享受蒙古军待遇由伯颜亲率的军队，其实是由色目人和汉人组成，它是一支精锐部队，但不是蒙古人组成的军队。就其首领为钦察人、汉人这一点来看，这支军队主要由色目人和汉人组成，可以说，它是一支色目人较多的军队。如果说其中有较多的波斯语民族成分，是可以接受的。

这支军队在元朝征服南宋的战争中起了较大作用。于至元十二年春"与宋将孙虎臣战于丁家洲，大捷"，"攻泰州、战扬子桥，战焦山，破常州"。①《元史》记载：至元十七年，更代广州镇戍士卒，"初以丞相伯颜等麾下合必赤军二千五百人，从元帅张弘范征广王，因留戍焉。岁久皆贫困，多死亡者。至是，命更代之"。② 可见，这支合必军最早驻于广州。至元十八年二月，为了准备攻打日本，又命"合必赤军三千戍扬州"。十九年二月，"调扬州合必赤军三千人镇泉州"。③ 这支军队到来，使泉州的波斯人大增。

迄至元末至正十七年，泉州的色目人组成了"亦思巴奚军"，其首领是赛甫丁和阿迷里丁，国内外学者对亦思巴奚的解释不同，朱维幹先生的《福建史稿》提出亦思巴奚是波斯地名"亦思法罕"的转音；日本前岛信次教授提出"亦思巴奚"是波斯文"军队"派生出来的一个词；国内学者努尔指出："亦思巴奚"之意为"民兵"。④ 今取后一说。元末战乱中，福建各地都有"义兵"组织，至正十七年（1357年），泉州波斯籍色目人也组成了他们的"义兵"——亦思巴奚，首领是"义兵万户"赛甫丁和阿迷里丁。看其名字，似与波斯人有较大关系。估计他们中间有不少合必赤军的后裔。由于泉州波斯人较多，而且，他们中间多有富商，所以，这支"义兵"组成后，成为泉州城里最有影响的力量。他们以这支武力为后盾，控制了泉州军政大权，前后达九年。可以说，"亦思巴奚军"的出现，导致元朝政令无法在泉州贯彻，所以，《元史·顺帝纪》记载至正十七年发生的这件事，称之为"叛，据泉州"。《泉州府志》云："十七年，

---

① 宋濂等：《元史》卷一三一，完者都传，第3193页。
② 宋濂等：《元史》卷九九，兵志二，第2541页。
③ 宋濂等：《元史》卷九九，兵志二，第2542页。
④ 努尔：《亦思巴奚》，载福建省泉州海外交通史博物馆、泉州市泉州历史研究会编：《泉州伊斯兰教研究论文选》，第48页。

万户赛甫丁阿迷里可反，据泉州，民大被荼毒。"① 其后，这支军队长期干涉兴化路及福州省城的政治，有时支持福建省的统治者，有时又出兵反对，成为福建沿海一支不可预测的力量。

亦思巴奚军的主力长期在兴化路和福州省城，导致泉州城里空虚，亦思巴奚军内部也发生了政变。至正二十二年二月，泉州原市舶司提举那兀纳袭杀阿迷里丁，并搜捕他的亲信，成为泉州亦思巴奚军新的统治者。那兀纳控制泉州后，不计手段地掠取财富："西域那兀纳等据泉州，炮烙邦民，以取货财。"②《清源金氏族谱》中附有《丽史》一书，该书记载元末那兀纳作乱后，"州郡官非蒙古者皆逐之，中州士类皆没……那兀纳既据城，大肆淫虐，选民间女充其室，为金豆撒楼下，命女子攫取，以为戏笑。即乔平章宅建番佛寺，极其壮丽，掠金帛亿积其中。数年间，民无可逃之地，而僧居半城"。可见，那兀纳对泉州的统治是极为凶暴和腐朽的。

那兀纳继续卷入地方政治，经常出兵兴化路的某一派别。最终结果是与各方面的关系都搞僵了。

二、兴化路与泉州路的军阀混战

元末农民大起义发生以来，福建各地豪强组织的乡族武装有很大发展，福建各级政权逐渐被这些乡族武装控制。如贡师泰所说"自用兵以来，豪横蜂起，据郡邑以私天子之赋税者，比比皆是"，朝廷"虽临以将帅监守之重，犹不少伸其志"。③ 有些地方的官吏反受豪强的控制，如漳州，"比年强横缮甲兵，据租税，与吏抗，吏既不禁，反相为渔猎"。④ 更有甚者，"奸民黠胥，乘间负险，张旗鼓以胁取爵位、据租税者，未必皆所当招"。⑤ 福建行省对这种情况无可奈何。有的官员为了个人权力，反而与某些乡族武装勾结，争权夺利，彼此间混战不已。元末兴化路的"省宪构兵"，即为这种性质的内战。

元顺帝至正十六年（1356年）恢复了福建行省建制，至正十八年九月，元朝派出的原中书省参知政事普化帖木儿来到福建任行省平章政事，但他很快与福建地方官吏发生矛盾。福建地方的官员以廉访佥事般若帖木儿为首，他所属的廉访使衙门被称为"宪司"，因此，当时人称他们之间的武装冲突为"省宪构

---

① 阳思谦等：万历《泉州府志》卷七五，第1824页。
② 黄任：乾隆《泉州府志》卷二九，刘益传，第50页。
③ 贡师泰：《玩斋集》卷六，送曾仲衍之平阳州同知序，第51页。
④ 贡师泰：《玩斋集》卷六，送许存衷赴漳浦县尹序，第35页。
⑤ 贡师泰：《玩斋集》卷六，张子固功迹诗序，第21页。

兵"。

般若帖木儿在福建经营多年，掌握实权。普化帖木儿来福建后，不甘心大权旁落，便四处联络般若帖木儿的政敌。先是，浙江行省平章事三旦八被派往江西饶州"讨贼"，三旦八在饶州一心一意地刮地皮，将"讨贼"一事搁在一边。当贪欲得到满足之后，见形势不妙，便声称调任福建行省平章事，擅离职守，来到福建。福建廉访佥事般若帖木儿闻悉内幕，上章弹劾三旦八，三旦八被拘于兴化路。① 此外，原兴化路总管安童弃官为道士，也在兴化路隐居，他们都是般若帖木儿的政敌，普化帖木儿便与安童及三旦八勾结，要他们调发乡兵前来支持自己。普化帖木儿还用金钱收买泉州的亦思巴奚军，要他们与三旦八兴化路乡兵联合，共同进省城②，推翻般若帖木儿。结果引起了一场长达八年的混战。

福建省平章政事普化帖木儿与他们勾结，对亦思巴奚军很有利。一方面，他们可以洗刷叛乱的罪名，另一方面，他们可以向福州发展势力。于是，他们应普化帖木儿之招，于至正十九年二月北上福州，结果在兴化府与安童发生冲突。

三旦八和安童在兴化路一带组织乡兵。至正十九年（1359年）正月，他们擅自建立兴化分省，三旦八自立为兴化分省平章政事，安童自立为参政。他们与亦思巴奚军原为盟友，亦思巴奚军开到兴化后，分为两支，一支协同兴化路乡兵驻守兴化，一支由三旦八与赛甫丁率领，和另一支兴化乡兵进驻福州，普化帖木儿在他们支持下，控制了省城大权。此后，赛甫丁长期驻兵福州，形成一大势力。然而，在兴化路的两支武装之间却发生冲突，导致公开交战。

最初的冲突是微不足道的，安童与其乡兵对亦思巴奚军不服气，经常向他们挑衅。驻兴化的亦思巴奚军数量不多，难以应付。于是，留守泉州的亦思巴奚首领阿迷里丁便声称北援福州，率军进抵兴化府城，企图袭占郡城。安童知其打算，关闭城门不开。阿迷里丁便指挥亦思巴奚军攻击兴化路城。

> 是时，三旦八闻阿迷里丁兵且至，轻骑至兴化，劝安童纳其兵，不从，三旦八乃自出城迎之。阿迷里丁留之城外，纵火焚城门，矢乱发射城上，城中亟取水沃灭火，矢石亦乱下如雨，相持一日不决。翌

---

① 宋濂等：《元史》卷四五，顺帝纪，第944页。
② 陈梦雷等：《古今图书集成》职方典卷一〇八六，兴化府部纪事，第17433-17436页。以下有关兴化路事件的记载，凡引用该书，不另注明出处。按，这段文字亦见于黄仲昭的《八闽通志》第八十七卷。

旦复急攻，视城之西近山处稍低，射走守者，数百人缘而上，遂陷之。安童狼狈遁走，阿迷里丁遂以三旦八入城据之，虏获安童妻子财物，纵兵杀掠蹂躏郡境几一月。闻安童在兴化县龙纪寺起兵，而郡民亦随处屯结欲与之抗，无肯附者，阿迷里丁颇内惧，四月，遂执三旦八及驱所虏男女奔回泉州。①

为了赶走亦思巴奚军，兴化土著纷纷起兵，组成多支武装，亦思巴奚军退走后，他们又为了争夺对兴化的控制权闹得不可开交。至正二十年（1360年）正月，兴化路推官林德隆纠集乡兵进驻莆田，赶走府判柳伯祥；与此同时，惠安人陈从仁也领兵进入莆田。兴化分省首脑苫思丁分任林德隆、陈从仁为总管与同知。然而，二人素不相让，矛盾日益激化。陈从仁与苫思丁勾结，袭杀林德隆，瓜分他的财产。林德隆的儿子逃出莆田，长子林珙逃往福州，向赛甫丁哭诉；次子林许瑛潜逃泉州，恳求阿迷里丁出兵。两个色目人领袖都有意帮助林氏兄弟，他们屡派使者到莆田，要求兴化分省的苫思丁惩办肇事者陈从仁。在他们的压力下，至正二十一年四月，苫思丁杀死陈从仁，而林珙在亦思巴奚护送下入城，继任兴化路总管。

陈从仁虽死，他的余部仍在，他的侄儿陈同逃往漳州，在漳州总管罗良支持下，又潜回惠安故乡，招集旧部。陈同仁的姐夫柳伯顺也是地方一霸，于是，二人合兵攻占莆田城，赶走林珙。阿迷里丁不甘心失去兴化，他派部将扶信率亦思巴奚军北上，支持林珙反攻。柳伯顺与陈同自知不敌，他们乘夜出城，林珙再次盘踞府城。

至元二十二年，泉州亦思巴奚军内部发生兵变。阿迷里丁被杀，那兀那掌权。在兴化路的扶信闻信，不得已逃往福州投靠赛甫丁。柳伯顺见亦思巴奚军退走，约陈同袭击莆田，不料中伏大败，死伤二三千人。

泉州兵变发生不久，福州也发生事变。该年四月，普化帖木儿调任江浙，继任者燕只不花赴任。普化帖木儿在福州时，防务上主要依靠来自泉州的亦思巴奚军，于是，亦思巴奚军在福州也有了一定的实力。新任福建省平章政事的燕只不花赴任，赛甫丁竟敢闭门不纳。燕只不花大怒，招集四方乡兵进讨赛甫丁，包围了福州城。赛甫丁多次出战失利，进退两难，而福州城被围三个月，城中几乎断粮，百姓生活极为困苦。这时，一些行省官员出来调停，燕只不花撤走东面部队，允许赛甫丁与扶信率队登船退走。两人登上海船之后，福建行

---

① 黄仲昭：弘治《八闽通志》卷八七，拾遗，第1035页。

省参政观音奴便趁机发兵，袭杀未及上船的数百名亦思巴奚士兵，赛甫丁与扶信灰溜溜地逃往泉州。

亦思巴奚军离开兴化路城之后，兴化路成为多股乡族武装的天下。林珙、林瑛为一股，占据了莆田沿海的十几个乡里，其据点为莆禧；柳伯顺为一股，占据了山区的兴化县；与柳伯顺合作的陈同占据仙游县城，而其城外又有占据仙游谢岩的县伊谢必恭。元末兴化分省的元朝长官，实际上只能控制莆田县城，即兴化路城。这些地方势力之间相互作战，造成极大的破坏。林珙兄弟经常引亦思巴奚军参战："莆四百年文物郡，自陈从仁、林德隆作难，兵连不解，遂引异类肆其惨毒，前后戕二万余人，焚荡三四万家。"①

泉州的亦思巴奚军稳定了内部统治后，又开始向兴化路扩张。至正二十三年十一月，亦思巴奚军攻击惠安县的陈同寨，陈同退走后，亦思巴奚军顺势攻占了仙游县城。因百般搜索陈同不在，便攻击陈同的盟友柳伯顺，进占柳伯顺在兴化县的大营龙纪寺，而柳伯顺与陈同早就转移。亦思巴奚军大掠一番后，退据仙游的枫亭。"明年正月，进兵逼郡城，分省官吏皆挈其妻孥遁去，而禁民不得动，人心惶惶。最后用其掾史任守礼谋，杀伯顺所遣数人，而福建行省亦遣其左右司员外郎德安往泉州，喻阿巫那退师，二月兵还。"② 然而，亦思巴奚军的退出只是暂时的。

泉州的那兀纳与福州的燕只不花相互声援，共同排挤外来势力。元朝的一些官吏企图恢复兴化路分省，燕只不花认为这一行动不利于自己统治，暗示那兀纳抗拒。至正二十四年（1364年）四月，新任行省左丞奉命建立兴泉分省，他派官吏赴泉州核实市舶司仓库。那兀纳派人将仓库货物搬空，元朝官吏无可奈何。至正二十五年三月，福建行省左丞帖木儿不花分省兴化路，那兀纳再次抗命。贴木儿不花灰溜溜地逃回福州，兴化路仍由燕只不花系统的德安掌管。该年十月，前左丞观孙又以皇太子之命分省兴化、泉州，德安在燕只不花授意下，与那兀纳联合，纠兵抗击观孙的军队，于是，两派之间的矛盾发展为武装冲突。在亦思巴奚军的威胁下，分省官员全部逃走。进入兴化路城的亦思巴奚军又出城"大掠涵头、江口、新岭诸处，直至蒜岭、宏路，逼近福清，所至焚掠"。③ 福建省官员下令亦思巴奚军退兵，不应，还是通过泉州的那兀纳转达命令，亦思巴奚军才退回泉州。

---

① 黄仲昭：弘治《八闽通志》卷八七，拾遗，第1037页。
② 黄仲昭：弘治《八闽通志》卷八七，拾遗，第1037页。
③ 黄仲昭：弘治《八闽通志》卷八七，拾遗，第1038页。

那兀纳在兴化继续干涉地方军阀之争,他支持林珙与陈同、柳伯顺作战,陈同与柳伯顺则逐渐向行省靠拢,准备收拾亦思巴奚。由于亦思巴奚军在兴化路肆意掳掠,当地人民恨之入骨,结果导致那兀纳支持的林珙转向,他也与陈同、柳伯顺联合,共同对付亦思巴奚。至正二十六年(1366年)正月,他们合兵攻占莆田县城,杀死亦思巴奚军士兵数十人。不久,亦思巴奚军卷土重来,击溃林珙、林瑛部,将沿海一带民居掳掠一空。随后,他们包围了困守莆田的柳伯顺部。

亦思巴奚在兴化一带为所欲为,却不料螳螂捕蝉,黄雀在后。对那兀纳积愤已久的福建行省官员,暗调陈友定军队增援柳伯顺。长期以来,陈友定一直在福建西部与红巾军作战,部队很有战斗力。陈军接命令后,由陈友定子陈宗海率领,于至正二十六年(1366年)四月的一个深夜潜入莆田城中,次晨列阵出城作战。亦思巴奚军事前不知,等发现城中涌出大批旗帜鲜明、步伐整齐的正规军,大惊失色,不等他们反应过来,陈宗海部已扑到阵前格杀,亦思巴奚大败溃退,被击杀数千人。逃散的败兵受到沿途农民袭击,大部死于锄头之下,最后仅有四名骑兵逃回泉州。至此,亦思巴奚军主力大部被歼灭。

三、元末的泉州战事

至正二十六年(1366年)五月,陈宗海的军队分水陆两路袭击泉州,那兀纳急招四方乡兵入守。先是,泉州浔美场司丞陈铉调任行省职官,陈友定军队南下时,行省以其能得民心,任命他为陈宗海部监军。陈铉暗地联络晋江县尉龚名安、千户金吉等人,那兀纳招集乡兵时,龚名安舟师进抵东山渡,他与陈宗海部结纳,引导陈部进攻泉州,而千户金吉也打开城门迎接大军,那兀纳见大势已去,乖乖地做了俘虏。关于这一段历史,《丽史》有相当详细的叙说:

> 福州行中书省奏檄,浔尾场司丞陈駮,丙州司丞龚名安合兵讨之。陈駮、龚名安皆泉名士,为时儒宗师,以荐辟不得已,姑就小官,素得民心,故有是命。
>
> 伊蒲年十七,随福州军校见陈駮曰:"作乱者那、蒲二氏耳,民皆胁从,若战必驱胁从者于前,官军杀之何益?"请入城行间。城中千户金吉,亦回回种也,守西门。伊蒲见之曰:"官军诛回回,大至。公为守臣,能除那兀纳以迎官兵,不世功也。若坐待官兵入,而后迎之,窃恐敌兵之际,不辨真伪,公进退狼狈也。"金吉大惊,与伊蒲约,就夜开城西门,密纳陈駮兵入。那兀纳仓卒突骑出子城拒战。伊力持巨

斧冒阵，砍百余骑，擒那兀纳，送京师。……陈有定据福州，不知蒲已败，遣兵徇泉州，欲倚为扰，遂攻城。金吉与伊蒲分兵固守南城，将陷，伊力战死之。相持月余，闻大明天兵自温州渡海，来取福州，乃循。泉州民不遭屠戮者，此三人力也。①

仔细分析《丽史》有关元末泉州历史的记载，与正史还是有不同的。史载陈友定于至元二十六年攻占泉州，而《丽史》说陈友定军队未曾进入泉州。他仅是攻打泉州一月余，后因明军南下福建而退走。应当说，《丽史》关于陈友定攻打泉州受阻未进入泉州的记载是错的。因为，明军南下福建是洪武元年（1368年）的事，此前两年已经爆发了陈友定子陈宗海攻击泉州之战，后来，陈友定肯定占领了泉州②，要不然陈军不会南下攻击漳州的罗良。但是，《丽史》说陈馼的军队因有金吉为内线偷袭成功，进入泉州城，则是可以接受的。《丽史》中的泉州浔尾场司丞陈馼，应当就是其他文献中的泉州浔美场司丞陈铉，他是泉州籍人士，泉州人当然会更欢迎他。陈铉是儒者，但在现有史籍中很难找到他的名字。元明之际的著名诗人林鸿有一首诗：《题福山寺陈铉读书堂》：

穷经不出户，一室古珠宫。灯影秋云里，书声晚磬中。
开窗明竹雪，散帙落松风。料得无人到，焚香对远公。③

如其所云，陈铉在元明之际应当是一个名人，所以，林鸿到其人在福山寺的读书堂会有兴趣作诗。福山寺在福清县。《福建通志》记载："福山寺，在新丰里，唐时建。郑侠读书处也。今废。"④郑侠与陈铉先后在福山寺读书，让福山寺出名了。陈铉又作陈馼，《福建通志》载有龚名安和陈馼的小传：

龚名安，晋江人。至正中为丙州场司令。会西域纳古纳等窃据泉州，福建行中书省兴师讨之。因檄名安募兵海滨，与官军合兵并进，

---

① 佚名：《丽史》，吴文良、吴幼雄：《泉州宗教石刻》，第269页。按，原本文字错误较多，此处做了校对。
② 《古今图书集成》职方典，卷一〇八六，兴化府部纪事；道光《福建通志》卷二六六，元外纪；钱谦益：《国初群雄事略》卷十三，福建陈友定。
③ 林鸿：《鸣盛集》卷二，题福山寺陈铉读书堂，文渊阁四库全书本，第4页。
④ 郝玉麟等：雍正《福建通志》卷六二，古迹志，第22页。

遂执那兀纳。名安之功居多。

陈駮，至正中以学行为浔溪场司丞。时盐法废坏，私贩盛行，顽民相挺，易于为乱。駮招捕之，海滨以安。①

此处记载只提龚名安的功劳，而对陈駮在元末泉州事变中的作用，几乎没提。但泉州府志对该事件的记载，表明龚名安相当重视陈駮的作用：

龚名安，晋江人。至正中以才能辟宣慰司奉差。入奏事京师，丞相奇其才，擢上田县尉。累迁泉州丙州场司令。时西域那兀纳等窃据泉州，杀戮甚惨。分兵掠兴化，将侵福州。福州福建行中书省兴师讨之。用陈駮计，遣人由间道密檄名安募义兵于海滨。那兀纳逼民为兵，名安谋州民详许之，而令子及婿，率舟师以俟官军。及至势合，遂执那兀纳，槛送行省。时名安功居多。②

总的来看，龚名安和陈駮的功劳都不小。至正二十六年，元军占领兴化路之后，那兀纳在泉州下令泉州各地组织乡兵，龚名安趁机组织军队，由其儿子及女婿率领，乘舟进入泉州。在陈駮的直接策划下，泉州城内的金吉率兵响应，将龚名安的乡兵引入泉州城，同时俘虏了那兀纳，后来送到福州的福建行省。而福建行省又将其人送至京师。

那么，龚名安袭占泉州的事件发生之时，陈友定的军队在做什么？按照《丽史》的说法，其后伊蒲、金吉等人率军队与城外的陈友定军队作战，一直到明军南下福建，陈友定军队才退走。然而，这一点一直无法得到方志的印证。分析前后事件，应当是陈友定的军队南下攻击泉州，前后作战一月余。城内军民感到没有出路，才和龚名安、陈駮等人合作，俘虏那兀纳献城，陈友定因而控制了泉州全城。

---

① 郝玉麟等：雍正《福建通志》卷三十，名宦二，第 24 页。
② 阳思谦等：万历《泉州府志》卷十三，武卫志下，第 1018-1019 页。

第三节 陈友定、罗良之争

元末南方多数地区成为红巾军的领域,张士诚和方国珍分别占据江南诸城和浙江,切断了元朝与南方的交通。然而,在方国珍之南,重新建立的福建省仍然由元朝的大臣控制,他们在福建的武装支柱是陈友定和罗良。不过,陈友定和罗良矛盾很深,势不两立。陈罗的斗争大大削弱了元朝对福建的统治。

一、福建西部陈友定势力的增长

陈友定,又名有定,福州路福清州人,幼年时其父携家迁至清流县明溪乡。友定父母早亡,他只好打工为生。关于陈友定的早年,坊间流传不少故事:

> 陈有定,一名友定,清流明溪人。幼孤,佣于橘州富室罗氏。虽病头疮,其状魁岸,有志略。即樵,为戏,辄设队伍。罗奇之,将以为婿。其妻不悦,以为疮头郎。因失鹅而奔宿于邻舍王氏之门,其家梦虎踞门。得有定,大异,召饮食,乞于罗,妻以女,俾习商贩。善败,大困。充明溪驿卒。至正红巾寇起,壬辰宁化曹柳顺据曹坊,拥众数万。其党八十余突来明溪索马,众莫敢拒。有定被酒,半酣,谕众绐而尽杀之。柳顺怒,率步骑千余,将屠明溪。有定发老孺登寨,誓其侣赖政孙通胡蠛等五百人,乘柳顺营自惊,急驰击之。斩获过当,遂进屠曹坊,擒柳顺以归。事闻授明溪寨巡检。[①]

文中提到的曹柳顺是汀州反元武装之一,至正十二年(1352年),宁化的曹柳顺反元队伍发展到数万人。一日,曹柳顺派出八十名士兵来明溪驿索马,被陈友定袭杀。曹柳顺大怒,亲率步骑兵千人扫荡明溪寨,友定不畏强敌,率五百壮丁直捣柳顺大营,曹柳顺出乎意料,大败而归。友定乘胜追击,一举扫平曹坊,活捉曹柳顺。曹柳顺在宁化曹坊活动十多年,无人能抗,这次被陈友定轻而易举地活捉,从此,陈友定声名大振,福建行省封他为明溪寨巡检。吴按摊不花攻打邵武义军时,他也跟随作战,积功升至清流县尉。当时闽西一带到处是反元义军的山寨,友定逐一削平之,升任延平路总管。邓克明部红巾军

[①] 郭造卿:《元平章陈有定》,黄宗羲编《明文海》卷四二六,第13页。

多次入闽，都是被他击败。至正二十一年"陈友谅陷汀、漳、延平等路，总管陈有定讨复之，以功授行省参政"。① 这一参政即为汀州分省参知政事。至正二十二年，陈友定在汀州为了方便军粮运输，遣人凿去清流九龙滩的礁石，以利小舟行驶。他的部队以沙溪、富屯溪为运输线，控制了邵武府城和延平府城。通过建宁府城的攻防战，陈友定也控制了建宁路。至正二十六年陈友定平定亦思巴奚之乱后，升任福建行省平章政事，成为福建省最高行政长官。

陈友定身为元朝大将，并不完全尊奉朝廷号令，他与行省旧官员争权，力图把权力抓到自己手中。当时人说："友定既复汀州，遂有据福建之志，威迫平章燕只不花，所收郡县仓库，悉入为家赀，收官僚为臣妾，有不从者，必行诛窜，威镇闽中。"② 自担任福建平章政事之后，他更是不可一世，大多数元官畏惧友定残暴，拱手让权，唯唯诺诺。但也有少数人抗拒，福建宣慰使陈瑞孙出镇福清州，"时陈友定欲据八闽，勒兵侵州境，瑞孙率众拒之，中流矢坠马被执，友定胁之使从"③，然而陈瑞孙宁死不屈，"愤骂见杀"。④ 又有"崇安令孔楷，拒友定而死，建阳人詹翰，保障其乡，不从友定，亦遇害"。⑤ 这些人抵抗友定是心有余而力不足，真正成为友定对手的是漳州总管罗良。

二、福建南部罗良势力的加强

元朝在元末能够维护在福建的统治，是因为有两员大将为其效力。其中在福建西北部作战的是陈友定，而在闽南及粤东作战的是罗良。其中，罗良的成名比陈友定更早一些。

《清一统志》记载："罗良，长汀人。至正中，南胜贼李志甫围漳州，良倾赀募兵平之。后以屡平剧盗升光禄大夫，世袭漳州路总管。"⑥ 考李志甫围攻漳州是在后至元四年（1338年），可见，罗良起兵相当早。不过，许多史料往往将李至甫起义的时间误记为至正四年（1344年）。这就差了六年。《闽书·罗良传》对其早年的功劳记载较详细："罗良，字彦温。负俊才，善谋略。至正四年，漳贼李志甫围漳城，守将战败，良倾家募兵，从江浙平章百花讨平之，以

---

① 曾曰瑛修、李绂纂：乾隆《汀州府志》卷四五，杂纪，方志出版社2004年，第1033页。
② 钱谦益：《国初群雄事略》卷十三，福建陈友定，第286页。
③ 黄仲昭：《八闽通志》卷七二，陈瑞孙传，第732页。
④ 钱谦益：《国初群雄事略》卷十三，福建陈友定，第290页。
⑤ 钱谦益：《国初群雄事略》卷十三，福建陈友定，第290页。
⑥ 和珅等：《清一统志》，卷三二九，漳州府，文渊阁四库全书本，第29页。

功授长汀尉。十一年，龙溪狱囚反，杀元帅月鲁帖木儿，掠财焚舍，良出兵擒之，帅府版署漳浦主簿。已，贼吴仲海等杀千户福留，陷南胜等县，又平之。镇将举授南剑淮土翼千户。是年夏，徐寿辉将詹天骥陷龙岩等地，逼取帅府郡县印绶，良衰所部兵巷战，斩天骥等三人，杀贼无算。帅府上功，署漳州新翼万户。"[1] 由此可见，罗良完全是在镇压南方农民军的战斗中起家的。史载罗良所部善用药弩、药箭，药弩与药箭都是畬族用以射猎猛兽的武器，中人必倒，只有畬族人才懂药箭的制法。这样看来，罗良的军队中有许多畬族山民，原来是起义骨干的畬族，大都为罗良所用，难怪闽南义军屡屡失利了。

至正十三年（1353年），闽东反元军队围攻省城福州。"公（罗良）率兵千余人，沿海道日夜而进。至城下，以药弩射之。贼视其矢，惊曰：漳州罗万户军也！何以至此？即骇散。平章开荣师奏授黄金符印。是时论八闽之能将者，必首屈公一指，拟之吴汉、刘锜之流。"[2] 罗良等人的作战击败城外的反元军队。不久，反元军队退回闽东，福州城获得安全。其后，罗良成为元朝在闽南的干城。"二十年，贼林国镛陷龙岩，新翼万户罗良大破之，复其邑。"[3] 元朝福建行省官员全力支持罗良在漳州一带的统治。至正二十二年（1362年）建分省于漳州[4]，罗良任福建省参知政事。至正二十三年，罗良"具舟由海道运粮抵辽东，以给行在官军，仍贡方物以资朝用，举朝叹异"[5]《清一统志》记载："时江淮阻绝，良以楼船载粮由海道抵辽东，给行在军饷。顺帝嘉其忠，封晋国公，世袭漳州路总管。"[6] 可见，罗良在元末成为元朝在福建统治的干将，闽南一带的军政大权基本由其控制。

闽南与罗良齐名的战将还有陈君用。这位陈君用与延平陈君用同名，同为元朝战将，同样以镇压反元义军出名，只是活动地盘不同。延平陈君用主要战斗在南平和闽东，而漳州的陈君用主要战斗在漳州及广东。漳州陈君用和罗良早期是合作的。"君用乃分治漳浦，筑西林城以居焉。"[7] 元代的漳浦县辖地广，

---

[1] 何乔远：《闽书》卷一二四，第3719-3720页。
[2] 陈志方：《元右丞晋国罗公墓志铭》；沈定均修、吴联薰增修：光绪《漳州府志》卷四六，艺文，第2075页。
[3] 徐铣等纂修：乾隆《龙岩州志》卷十二，杂记志，福建省地图出版社1987年，第306页。
[4] 钱谦益：《国初群雄事略》卷十三，福建陈友定，第286页。
[5] 吴朴：《龙飞纪略》卷二，元至正二十三年，陈佳荣、朱鉴秋编著：《渡海方程辑注》，中西书局2013年，第203页。
[6] 和珅等：《清一统志》，卷三三三，文渊阁四库全书本，第40页。
[7] 陈洪谟修、周瑛纂：正德《漳州府志》卷二五，陈君用传，第571页。

南方边境与广东潮州相邻,地理位置十分重要。"潮贼率夏山虎拒汀漳镇,官兵累攻不利。……贼闻公威,兵不血刃,皆望风来降。"① 所谓汀漳镇,应当是指元代的诏安城。后来陈君用奉命守诏安,在此屯田,因而将势力伸展到广东的潮州。对陈君用势力的发展,罗良应有忌妒之心,两人因一名女子吵了起来:

> 时虎渡苏氏有女曰妙娘,美姿色,君用议娶为妻,良欲争取为妾,妙娘卒归君用。良遣舟师攻之。舟大小填江塞港,日继至。君用度力不能支,乃出城求救于潮,中道遇害。妙娘尤调度人马与拒守。舟中人飞矢入城,曰:急出苏妙娘与我,不然,城破男女无少长皆屠之。君用部下有吴赐者,与众谋曰:罗氏所欲者,苏妙娘一人而已,今君用已死,吾谁为守?因共出苏妙娘以归之,而城以全云。②

罗良与陈君用因争抢苏妙娘而大战一场,看似无聊,实际上,这一仗之后,罗良将自己的势力伸展到广东,不时出兵广东作战。后来占领了广东的潮州和梅州。这样,罗良就在闽粤边境有了三个州的地盘。

罗良于至元十一年任漳州万户,迄至至正二十六年(1366)战死于漳州,他在漳州先后16年,成为元朝在漳州统治的支柱。元朝自至正十一年韩山童起义之后,群雄并起,朝廷对南方的统治实际上已经瘫痪,在这一背景下,罗良据漳州一角,为元朝平定红巾军,使元朝的统治在闽粤边境延续了16年,对元朝来说,实为一个异数。罗良在漳州统治成功,与其政策有关。罗良"为政节用,养士不吝。民有控诉,覆情剖理,庭无留狱。定赋必均,课农必慎。漳始置屯田而无府署,每岁漳、泉镇将率兵耕获,岁终更代,甚为民病。良奏立万户府,置千、百长,选吏给印,分田赐牛,入耕出战,军无多取,人无远输,食足兵强。有流来者,必抚而衣食之。故虽乱世,漳则熙怡,民乐为之用,各尽其力也"。③ 罗良在漳州较得民心。他镇抚漳州多年,大乱之际,他以抚绥百姓为重,流民还乡者,他分给田地,借给牛犁,帮助他们恢复生产。他有儒家的忠君思想,誓死忠于元朝,但对元贵族欺压百姓的行为也十分反感,审理案件时一定要秉公执法,锄强扶弱,保护百姓,以故,漳州百姓对他很信服。罗良死后,许多人为其落泪,汀州人在其家乡建罗公庙祭祀,香火数百年不绝。

---

① 郑经岩:《南胜伯赠侯爵赐谥忠洁陈公(君用)墓志铭》,沈定均修、吴联薰增修:光绪《漳州府志》卷四六,第2077页。
② 陈洪谟修、周瑛纂:正德《漳州府志》卷二五,陈君用传,第571页。
③ 郎瑛:《七修类稿》卷十二,国事类,世纪出版集团、上海书店2001年,第121页。

对我们来说，最让人感兴趣的是罗良与畲族的关系。应当说，罗良是在镇压畲族起义中起家的。畲族领袖李志甫、吴仰海、陈角车、李国祥的失利，都与罗良有关。但在另一方面，罗良的部众中，又有不少畲族士兵。史载罗良"每击贼，专以设伏取胜，药弩挫敌，远近畏其名"。他出兵福州作战时，城外红巾军本不知罗良部来到，后来，"贼见药箭，惊曰：'此漳州罗万户军也！'各骇散，围解"。① 可见，罗良所部使用药箭成为他们的招牌。药箭是畲族用以射猎猛兽的武器，只有畲族人才懂药箭的炮制法。这样看来，罗良所部以畲族人为主。他应是在击败畲军后，将其中许多士卒编入自己的军队，从而使自己拥有一支以畲族人为主的军队。

自元初以来，畲族武装在闽粤赣山区有极大的势力。元末，发生的自然灾害使农业经济破产，畲汉民族共同发动了反元大起义，成为元末大起义的先声。这表明元末的畲汉民族有着共同的命运及共同的战斗历史；其次，元末畲汉民族的界限已经不太明确，所以，许多元代的官方史书在提到李志甫、李国祥等畲族领袖起义时，只是称其为"贼盗"，而不像元初称其"畲寇"；再次，罗良统治漳州时，大量的畲军被编入元军，他们的地位与汉人没有差别。这些事实表明：元末实为闽南畲汉民族大融合的时代。如果我们鸟瞰闽南的历史，我们不难发现：在唐宋时期，漳州的山区主要是畲族的地盘，汉族仅是居于沿海一带；但自明朝以后，漳州山区的民众，大都自称为汉族，其原因在于元代畲汉民族的融合。从姓氏来看，傅衣凌先生的论文：《元代畲姓考》，证明了元代闽粤赣边境的畲族有50多姓，但到了明代以后，除了钟、雷、蓝三姓还承认自己是畲族外，其他生活于闽南境内的陈、李、吴诸姓，都自称为汉族，实际上，其中有不少家族的祖先在元代被称为畲人。这一事实也证明元代是畲族大量汉化的时代。

三、陈友定与罗良的决战

罗良与友定素不相能。陈友定成为福建行省长官后，派遣使者来漳州宣其号令，这就侵犯了罗良的权利。罗良对陈友定的号令置之不理，反而写信责备陈友定：

> 足下为参政，国之大臣也。汀州之复，乃其职耳，可以功高自恣耶？燕只平章，足下之僚长也，可以威而迫之耶？夫非其君命而得郡

---

① 何乔远：《闽书》卷一二四，罗良传，第3720页。

邑者,人人皆得而诛之矣。今郡邑之长,君命也,固不可以加僇;百司之职,君役也,固不可以加窜,足下破郡邑为家赀,驱官僚为臣妾,口言为国,心实私耳。跬步之际,真伪甚明,不知足下将为郭子仪乎?将为曹孟德乎?①

这封措辞尖锐的信实际上是挑战书,陈友定阅后大怒,发兵攻打罗良。这时陈友定占据福建八路中的七路,他的军队在与江西红巾军的战斗中崛起,经过许多大战,作战经验丰富。而罗良仅据有漳州路、潮州路以及梅州,他的军队虽然屡战屡胜,但都是对付装备与组织较差的汀漳农民起义军,论打正规战的能力,罗良明显不如陈友定。但是,这一实力上的差距,罗良并未察觉,在他眼里,友定不过是后生小辈而已。罗良敢与陈友定对抗的第二个原因是占据天险,有地利之便。漳州城北,九龙江奔腾而下,成为隔绝南北通道的天堑。九龙江靠海有一座大桥——江东桥,是来往漳州的必经之路,罗良将其主力驻扎在江东桥一带,便堵住陈友定南下之路,陈友定军队虽多,难以展开兵力。

陈罗之战肇始于至正二十六年(1366年)八月,当时,陈友定大军进抵江东桥,见对方有三千弩机兵把守,不敢冒失攻打。狡诈的陈友定施展声东击西的战术,他派出一支部队在下游海沧寨偷渡,声称要袭击漳州。海沧海潮汹涌,一时难以渡过大军,即使渡过一批部队,也不可能有重装备,其作战能力是有限的。友定派出这支部队,意在调开江东桥罗军主力。罗良派到江东桥前线指挥作战的是千夫长张石古,临行前,罗良反复叮嘱张石古:"不管遇到什么情况,都不要离开江东桥阵地!"然而,张石古得知陈军偷渡之后,便沉不住气,他调出一支军队前去反击偷渡的陈军。他们出发不久,陈友定突然对江东桥发动攻势,少数守军一哄而散,陈军顺利地通过九龙江天堑。②

陈军过江后,漳州天险尽失,不得已,罗良迎战陈军于马歧山,结果失利,只好退守漳州城。陈友定军队四面环攻漳州城,罗良拼死抵抗,经过约一个月的攻防战,罗良的部分手下投敌,大开城门,陈友定的军队一拥而入,漳州终于被克,罗良巷战而死。陈友定随即占领漳州各县。③"有定遂据漳州,以其地势完固,乃凿山以泄之,而缩其城西。凡平闽诸寨三百余,奄有潮州,以行省

---

① 钱谦益:《国初群雄事略》卷十三,福建陈友定,第289页。
② 郎瑛:《七修类稿》卷十二,国事类,第121–122页。
③ 罗良原管辖漳州及广东潮州、循州、梅州等地,这一仗后,这些地盘都落入陈友定手中。

郎中王翰德望素著，表授潮州总管，兼督巡梅（州）惠（州）。"① 这样，陈友定最终统一了福建，还将权力伸进广东东部的潮州、梅州、惠州。元末福建军阀混战最后以陈友定胜利而告终。②

四、陈友定治闽

在陈友定统一福建之前，福建境内农民起义与军阀混战交织，老百姓的生活极为痛苦。当时，福建行省为了支付浩大的军政开支，加强对百姓的剥削。目睹其状的吴海记述："福建当天下弹丸黑子之地，比年盗贼、军旅、饥馑，民死伤流亡之余，视旧不加众也。地之所产物视旧不加多也，而今日官员吏胥，何啻三十倍于旧，百司皂隶，无赖亡命之徒，诡为兵者，不知几十倍于旧，又邻省他州，不能即治所而寓于此者，是皆给在何人？常赋不充，至于预借，劝助不足，乃立科率，民无所出，至捐生而逭祸者，屡有之矣。岂非目前之事耶？"③ 卢琦的《忧村氓》咏道，"世道日纷纭，人人自忧切。路逢村老谈，吞声重悲噎。我里百余家，家家尽磨灭。休论富与贫，官事何由彻。县帖昨夜下，羁縻成行列。邻里争遁逃，妻儿各分别。莫遣一遭逢，皮骨俱碎折。朝对狐狸啼，暮为豺虎啮。到官纵得归，囊底分文竭。仰视天宇高，纲维孰提挈。但恨身不死，抑郁肠中热。南州无杜鹃，诉下空啼血。"④ 可见，元末福建境内的农民起义虽被镇压下去，但社会危机并未解决，老百姓在重赋压力下无以为生，人心思变。在这种形势下陈友定统一八闽，亟待解决的社会问题很多。陈友定虽是行伍出身，却不是一个没头脑的人，他的幕下招募了许多文人，例如闽县郑定、庐州王翰等，都在一心一意地为他效力。明代儒者写历史，常将陈友定当作一个忠于元朝的人。实际上，陈友定野心勃勃。福宁州流传一个陈友定求签的故事："元至元末，陈友定据闽，过栖云忠烈祠。入谒，叩己当为天子否？悬箕书绝句云：'将军何事访山家，火冷炉寒漫煮茶。诺问圣明吾岂敢，止能疗病与驱邪。'友定不怿而去。"⑤ 其实，正是陈友定有野心，才在已经打败朱元璋前锋的背景下，还要南下与罗良决战。否则，这对元朝来说，根本是一场没有必要的战争。其结果是消耗了元朝的力量。陈友定统一八闽之初，他的军事活动还很频繁，为了对抗北部朱元璋日益强大的威胁，他不得不维持一支庞大

---

① 郭造卿：《元平章陈有定》，黄宗羲编《明文海》卷四二六，第16页。
② 钱谦益：《国初群雄事略》卷十三，福建陈友定，第289页。
③ 吴海：《闻过斋集》卷一，美监郡编役叙，第10页。
④ 卢琦：《圭峰集》卷上，忧村氓，第18页。
⑤ 卢建其修、张君宾纂：乾隆《宁德县志》卷二，建置志，第187页。

的军队；由于他和元朝的关系，他也接收了元福建行省庞大的官僚队伍。所以，在他统一八闽之初，福建的社会矛盾并未缓解。当时人说："福建西北阻大敌，顿兵类万，一日之费，恒数百金，供亿之繁，民不堪命。"① 例如顺昌县："累岁盗贼残毁之余，存者不能室屋以居，田莱荒芜，丁壮从戎，民食一粥，又转饷方殷，百工器械之资，猝然令下，朝戒而夕取办，他邑尽乘刑罚督责。"② 元末陈高说："州县之职最近民而亲焉……自寇盗扰攘以来，兵革、日用、刍粮、器械之所需，咸于民焉取具。武将悍卒，惟暴戾恣睢是务，不顾民之荼毒，动辄迫乎有司。有司或应之稍缓，则凌辱备至。故州县之官，虽名刚介果毅，不畏强御者，亦莫之能抗也。由是不得不移其疾于民，以纾己责。日施箠楚于疮痍肤体之上，而严督其所出，贪墨之辈又并缘为奸，则民于是乎重困，往往弱懦者流离，强梗者反侧，遂令安靖之区，凡吾赤子皆化为敌者，良以此也。"③ 总之，过重的赋税导致农民破产，百姓在死亡的边缘挣扎。所以，后人对陈友定的评价是："陈有定据全闽，民苦其朘剥。"④ 尤其是经历多次城防攻守战的建宁路一带，民众之贫穷，已经到了极端状态。杨士奇评说好友杨荣的家乡建宁路时说："元之季世，兵戈饥馑，民困穷，冻馁无食，至相食以苟活。虽父子夫妇，相视不能相保恤。所在皆然。"⑤ 当然，陈友定不是没有头脑的人，只要给其时间，陈友定也可能实行轻徭薄赋的政策，巩固自己的统治。但在陈友定统一八闽的两年时间内，他对福建的统治尚未走上正途。

陈友定与元朝的关系。陈友定统一福建时，元朝已到了日薄西山之际，当时朱元璋消灭陈友谅、并将张士诚围困在苏州城内，军威大震，统一全国指日可待。这时的元朝在名义上还统辖北方大部与南方的福建、云南、岭南等省，实际上这些领土都被将帅们瓜分完毕，而且多数将领不听元朝政令。所以，元朝廷已是名存实亡。在这种形势下，陈友定仍打着元朝的旗号，是因为双方有共同利益。作为一个想割据八闽的军阀来说，陈友定很清楚：对他威胁最大的是占据江淮的朱元璋政权，陈友定只有和元朝在各地的残余势力联合，才能对抗朱元璋。其次，福建元军派系林立，大多由仍然忠于元朝的将领统率，诸如建宁路、兴化路、泉州路、漳州路、福宁路、福州路的元军，原来都由福建行省节制，陈友定若不是打着元朝的旗号，纯粹用武力征服这些大小军阀，也是

---

① 吴海：《闻过斋集》卷一，赠顺昌县综理官序，第18页。
② 吴海：《闻过斋集》卷一，赠顺昌县综理官序，第18页。
③ 陈高：《不系舟渔集》卷十一，送子丈张君之莆田主簿序，第13页。
④ 王祎：《王忠文公集》卷二四，漳州路达葛齐阿勒呼木侯墓表，第37页。
⑤ 杨士奇：《东里集》卷四，万木图序，文渊阁四库全书本，第15-16页。

很困难的。而他被任命为行省平章后，便顺理成章地接过全省元军指挥权，罗良等人与他对抗，反而输了理。其三，元朝把福建行省的所有权力都交给了陈友定，"以空名宣勒遣付福建行省平章政事曲出、陈友定，同验有功者给之"。实际上曲出是挂名的，官吏任命权完全掌握在陈友定手中。当时人说："友定据全闽，八郡之政，皆用其私人以总制之，朝廷命官，不得有所与。"① 陈友定利用这一权力，名正言顺地消灭罗良等反抗势力，在各地安插自己的心腹，何乐不为？元朝对陈友定做出这么大的让步，甚至牺牲了罗良等忠于元朝的官员，一是无力控制野心勃勃的陈友定，二是企图牵制朱元璋。从当时形势看，陈友定的力量若能增长到牵制明朝的地步，朱元璋便无法全力北伐。所以，支持陈友定也是元朝不得已的选择。然而，陈友定掌权后，借势平定福建，削平罗良等仍在支持元朝的地方势力。其实，他若以和平的方式对待漳州罗良，不会在与罗良的战斗中消耗力量。可惜陈友定从自己的利益出发，非要一统福建，二虎相斗，反而使元朝在福建的势力受损。

第四节　朱元璋经略福建

元末陈友定经过多年的鏖战，大致统一了福建。不过，此时朱元璋的部队已经进入浙江，开始与陈友定交战。随着朱元璋多路大军入闽，陈友定的武装被彻底粉碎，福建进入明朝的版图。

一、元末朱元璋军队与陈友定的交战

至正二十七年（1367年）五月，朱元璋与手下大将们有一番谈话：

> 诸将言，陈友定窃据闽中，擅作威福，宜乘势取之，若因循日久，使得自固，则难为力矣。上曰，吾固知之，然方致力姑苏，而张氏降卒新附，未可轻举。且陈友定据闽已久，积粮负险，以逸待劳，若我师深入，主客势殊，万一不利，进退两难。兵法贵知彼知己，用力不分，此万全之策。②

---

① 宋濂：《元史》卷一九六，忠义传，迭里弥实传，第4434页。
② 《明太祖实录》卷二三，台湾"中央研究院"影印本，第338页。

从这段话来看，朱元璋把陈友定当作一个强劲的对手，相当看重，这有其历史原因。

朱元璋的主力原在集庆府（南京）为中心的江南一带，以后逐步向南发展，至正十九年（1359年）冬，朱元璋大将胡大海攻占浙江处州，便与福建元军相邻。不过，那时朱元璋东有张士诚为敌，西有虎视眈眈的陈友谅，两面受敌，根本无心顾及福建。而此时陈友定官职不过是延平路总管，力量尚小，正在竭力抵抗陈友谅部红巾军的入侵，也无心向北发展。双方首次接触发生在六年后的至正二十五年二月。该年前，陈友定与闽北元军击败了陈友谅部入闽红巾军，便乘着朱元璋部主力西征的机会，北上攻打浙江处州。如果这一行动得逞，福建元军便能在浙江境内取得一块立足之地，并逐步打通与张士诚的联系，这将对朱元璋部构成很大威胁。明军驻守处州的是大将胡深所部，胡深是处州本地人，元末在镇压农民起义中起家，后来降明，深得朱元璋信任。胡深的部队很有战斗力，仅一个反攻，便打退陈友定。随后，胡深部攻入福建，占领浦城、松溪，俘虏友定骁将张子玉。在这种情况下，胡深以为陈友定的军队不经打，产生轻敌之心。他向朱元璋进言："近克松溪，获张子玉，余众败奔崇安。请发广信、抚州、建昌三路兵并攻之，因规取八闽。"朱元璋也同意他的看法："张子玉，友定骁将，今为我擒，彼必破胆，乘势攻之，必无不克。"然而，结局出乎人们意料。①

明军入闽后，初战十分顺利。江西明军在朱亮祖率领之下，翻越分水关，攻占崇安、建阳。胡深部浙江明军也从浦城南下，直指建宁府城，二军会师后，共有三万多人，旌旗蔽野，声势十分浩大。

建宁府城里的元军很有守城的经验，他们曾两次重创江西红巾军。这时，为了抵抗明军，陈友定调集了四万以上的元军。所以，这一场大战，实际上明军并不占优势。胡深见战况不利，本有退军之意，但朱亮祖反对："师已至此，庸可缓乎？"会战发生后，朱亮祖令胡深率部攻城，而陈友定一面令元军守城，另一面调大将阮德柔率数万元军侧击明军，将朱亮祖与胡深部明军切成两段，前后不能照应。被包围的胡深部明军前有坚城，后有大部元军，处境极为不利。不得已，胡深返身猛攻阮德柔，夺其二道由木栅组成的防线。然而，元军实力更胜于明军，胡深陷入苦战中。战至日暮，陈友定亲率元军精锐出城夹击，明军全军崩溃，被歼三万余人，胡深被俘后被元朝处死，朱亮祖退出福建。② 元末

---

① 《明太祖实录》卷十七，第227页。
② 张廷玉等：《明史》卷一三三，胡深传，中华书局1974年，第3889-3891页。

朱元璋部几乎是百战百胜，不论是对强悍的陈友谅还是张士诚，朱元璋都是屡战屡捷，不料在福建的山城遭此大败。这使朱元璋重新估价陈友定军队的战斗力。

这一战役结束后，东南军事态势大变，明军转攻为守，退守浙江平阳、瑞安及福建浦城一线。处州境内的反明势力也蠢蠢欲动，朱元璋急派大臣章溢前来安定人心。不过，陈友定并未抓住战机扩张战果，他志在割据福建，所以，打退明军之后，他将主力调向福建南部，先后用兵泉州、漳州，统一福建。从战略上看，这是元军最大的错着，因为当时泉州、漳州在名义上都属于元朝管辖，而且是元军的后方，而北部的张士诚正在与明军进行生死决战，这一仗无疑会决定南方的大势，如果朱元璋平定张士诚，南方便再也没有可以和朱元璋相抗衡的力量，而朱元璋统一南方、进而统一全国也就不可避免。所以，对元朝的大局而言，不论陈友定有多大能力，都应当乘胜北上，哪怕只是牵制一下朱元璋也好，都可增加朱元璋消灭张士诚的难度，从而延长元朝的寿命。由于陈友定在获胜后掉头南下，北上的元军不多，因故，明军很快稳住阵脚。其后一二年内，明军与张士诚部大战，一时也无力顾及陈友定。

二、明军统一福建之战

至正二十七年（1367年）十一月，明军在攻克张士诚困守十个月的苏州城后，经过两个月的休整，便向东南发动攻势。他们首先纠集主力进攻浙东的方国珍。方国珍在元末割据浙南的台州、温州等地。他以海盗起家，在海上拥有强大的舰队，可是，他的士兵不善于陆战，在东南群雄中，他是八面玲珑，四处讨好。他一方面与明军联络，另一方面向元朝廷进贡，朱元璋多次争取他完全倒向自己一边，但他就是不肯放弃首鼠两端的态度。这时朱元璋拔掉张士诚这颗钉子，便容不得他再投机了。于是，他派遣大将汤和率部进攻方国珍，方国珍稍做抵抗，便退往海岛。十二月，方国珍降于朱元璋。

明军吞并方国珍之后，缴获四百艘战舰与一支二万五千人以上训练有素的水师，这使明军海上实力倍增。明军是一支从内陆发展起来的军队，水上力量薄弱。这时掌握了海上力量，便可从水陆两面对福建发动攻势，这使陈友定必须兼顾两方面防守，不能集中主力对抗明军，这是陈友定迅速败亡的重要原因。

至正二十七年（1367年）十一月，三路明军展开对福建的攻势。一路明军由胡廷美率领，由江西进攻福建；一路明军水师由汤和率领，从水路进攻福州；

另一路浙江明军由李文忠率领，出浦城而南下，牵制元军①。

胡廷美率领的明军是陆上进攻福建的主力，胡廷美原为陈友谅手下的江西行省丞相，曾与邓克明、康泰部联合，多次攻打福建元军。因此，他对福建地理形势极为熟悉。陈友谅失败后，他投降朱元璋，成为朱元璋手下的一员大将。至正二十七年底，明军开始进攻福建。

> 十月壬寅，廷瑞攻杉关，赖政为指挥，战屡不克，退保汀州。廷瑞遣指挥沈守仁费子贤乘胜略光泽下之。十一月甲辰，廷瑞至邵武，守将李宗茂降。丁巳至建阳，守臣曹复畴降，留沈守仁守之。是时方谷珍降，得身楯万计。戊午，敕征南将军汤和、副将军廖永忠、都督吴祯舟师自明州由海道以取福建。己未，广信卫指挥沐英师师破分水关，略崇安县，克之。太祖问闽中诸将于御史中丞章溢。对曰两道进兵，此固必胜。宜兼用韩信修栈道度陈仓之策。闽人犹闻李文忠威信，若令文忠更引一军从浦城取建阳，万全计也。次日诏文忠等出师，以溢子存道率乡兵从之。文忠督部将缪美镇抚谭济等兵三万攻浦城，有定守御偏将胡螭，豪悍多力，屡出死战。美济兵屡不利，文忠复遣万户武德兵挑战，螭不为意，闭关酣酒而卧。缪美武德乘夜雨斫关入。醉起，手刃数十人，时大寒，血凝刃，遂败死。进攻无盖铜船山寨，文忠不敢轻进，乃屯浦城，待海师消息。有定大惊，自率兵至延平，复遣兵至邵武、建阳。②

陈友定从福州北上增援，仅留二万元军驻守福州，这又给东路明军南下打开大门。

汤和大军在消灭方国珍之后，稍事休整，便率水师数万南下，很快航至闽江口。闽江天险，自古闻名，然而明军当此之际南下，完全出乎元军意料之外。因此，明军未受有力抵抗，便很顺利地航抵福州城外的南台码头。新任元福建行省平章曲出率部出城迎战，一触即溃，明军顺势攻城，没费很大力气便攻占了福州。随后，汤和亲率主力西进，攻击陈友定驻守的延平城。③

洪武元年正月，闽北明军重又发动攻势。胡廷美攻占邵武后又攻克建阳，

---

① 《明史》卷一二四，陈友定传，第3717页。
② 郭造卿：《元平章陈有定》，黄宗羲编《明文海》卷四二六，第18页。
③ 谷应泰：《明史纪事本末》卷六，太祖平闽，第87页。

377

进抵建宁府城下。建宁府城的元军曾多次挫败红巾军及明军攻势,如果陈友定调度得当,福建元军尚能抵抗一时,但由于陈友定力图割据闽中,排斥异己,大将阮德柔愤而降明,闽北元军士气大挫。"壬午,胡廷瑞至建宁,参政陈子奇坚守。壬辰克建宁。执陈子奇械送京师。"① 可见,这一战,建宁路城民众仅坚守了 20 天左右。

陈友定坚守延平孤城,形势对他已是非常不利。明太祖洪武元年(1368年)正月,汤和部明军展开了最后的攻城战。延平地理位置极为重要:"闽喉襟郡也。上则建安、汀、邵,顺流而趋;下则兴、福、漳、泉,溯流而会","据七聚之要冲,控八闽之纵横。"② 只要占领延平城,福建所有的地区都在其威胁之下。而且,延平城在历史上一直号称"铜城",三面临水,一面环山,城墙高厚,易守难攻,宋代的范汝为起义便扼于延平不能大发展,陈友定选择延平为固守之地,是有其战略眼光的。但这时闽北与闽东的明军合围延平,延平如同惊涛骇浪中的小舟,又能坚持多久?陈友定见明军攻势正盛,便龟缩于城中,企图以消耗战削弱明军,然后伺机反攻。部下不解其意,多次请战不许。数次请战后,陈友定便怀疑军中有人与明军勾结,夺取主战部将萧院判的权力,于是城中军心瓦解,无心作战,从将领到士兵,纷纷出城投降。围城第十天,延平城中军器局失火,火药爆炸,炮声隆隆。城外明军以为城内元军发生内乱,便奋勇攻城,很快登上城头。陈友定见大势已去,饮鸩自杀,同时自杀的还有陈友定的谋主及元朝的一些大臣。其他元军将领纷纷投降,延平被克。③

陈友定饮鸩未死,被明军所俘。友定子陈宗海在将乐闻知这一消息,也向明军投降,父子一同被送至金陵。朱元璋责其不自量力,顽抗大军,陈友定虽为俘虏,仍然桀骜不驯,他厉声喝道:"国破家亡,死耳,尚何言。"于是父子被杀于金陵。④ 按,陈友定在与明军作战中杀死明军大将胡深,而胡深与刘伯温等浙江籍重臣交好,所以,陈友定被俘后,明朝一定要杀他为胡深报仇。今南平九峰山有座陈友谅墓,应是搞错了墓主的身份。陈友谅与陈友定一字之差,都是元末割据豪强,但陈友谅根据地在湖北武昌一带,死后应葬于湖北。福建南平是陈友定最后的根据地,陈友定之子陈宗海在南平被攻克后向明军投降,从而保存了部下许多人的生命,这些人有可能在陈友定、陈宗海死后,将他们的骨灰带回南平下葬。

---

① 郭造卿:《元平章陈有定》,黄宗羲编《明文海》卷四二六,第 19 页。
② 刘埙:《水云村稿》卷一,延平新郡赋,第 11、13 页。
③ 张廷玉等:《明史》卷一二四,陈友定传,第 3715-3717 页。
④ 张廷玉等:《明史》卷一二四,陈友定传,第 3715-3717 页。

对于陈友定,《明史》《明史纪事本末》等书一向把他作为元朝的忠臣来看待,但从其统治后期所作所为来看,他实有割据闽中的野心,只是时势不利,最终未成而已。

明军攻克福州、延平等重镇后,元朝在福建的大势已去,兴化、汀州、泉州、漳州等地的元军或降或走,明军很顺利地平定了八闽。王祎总结:"国兵取闽,以步骑由杉关捣邵武,遂克建宁,以舟师由海道破福州,遂取汀剑,而兴化漳泉皆望风纳欵,闽八州,不两月悉平。当是时大小守吏亡虑数千百,而能死者仅得两人焉。"①

可见,当时为元朝殉死的臣子不多。除了少数文官外,陈友定的部将金子隆、冯谷保等一度起兵进攻延平等地,但在明军大兵反击下,很快失败。金子隆与冯谷保等或被俘或被杀,陈友定的残余势力完全被消灭。

小　结

元末福建是较早发生反元起义的地方,不过,由于漳州、汀州一带经常暴发反元起义,元朝已经有了一套平定起义的方法。所以,一旦反元起义发生,元朝便调集广东、江西、江浙三省元军,连同福建的驻军展开围剿,因此,福建的反元起义很难坚持,大都只能维持几个月就被消灭,像李志甫起义那样坚持四年多的是极少数。中原及江西、浙江发生红巾军大起义之后,来自江西的红巾军不断进入福建作战,早期是王善,后期由康泰、邓克明等人率领的队伍,不过,由于福建元军迎战有力,这些红巾军大都失败了。元末农民起义显示了朴实的农民阶级战争性质,许多地方的农民全家加入起义队伍,他们大规模袭击城乡富户,显示了很强的阶级意识。福建农民起义军与外省反元红巾军打成一片,他们的斗争彻底动摇了元朝在福建的统治。在福建省内,畲汉民族交融进一步加强,明朝建立后,大多数畲军的后裔融入普通民众。元代的畲民有十几个姓,而明代的畲民仅有蓝、雷、钟三姓。应当说,元末反元大起义的历史影响深远。

尽管福建反元起义规模很大,但在元军的镇压之下,大都失败了。不过,在镇压反元起义的过程中,元朝依靠的不是正规军而是乡族武装,因此,随着这些乡族武装的发展,元朝对福建的统治渐渐只有虚名。福建各地元军中,以

---

① 王祎:《王忠文集》卷十八,书闽中死事,第40页。

陈友定部最为强大，他主要作战于福建省西部的汀州、邵武及建宁路境内，并在战斗中不断壮大，进而成为江西红巾军最大的对手。元代末年，江西红巾军多次进攻福建，总是在汀州受挫于陈友定，在建宁路城受阻于阮德柔的元军，第三次建宁路城大战中，守城的元军得到陈友定的支援，才击败江西红巾军。此后，陈友定成为元朝在福建省势力最大的军阀，担任福建省平章政事。但是，钱谦益等人将陈友定看成元朝的忠臣是错的。在元代福建老百姓看来，陈友定是一个野心家，他有称霸福建进而夺取天下的野心。陈友定成为福建行省最高长官之后，残酷打击那些反对他的元朝官员，消灭了称霸漳州、潮州的罗良所部的元军，在建宁路抗击元军出过大力的阮德柔，也被他逼得逃走，最终投降明军。这些内战最终消耗了福建元军的实力。当明军分兵入闽之后，陈友定困守南平、建宁两座城市，无法长期坚守，最终被明军消灭。

自元末李志甫于后至元三年（1337年）起义以来，福建境内的战乱持续了31年，这是福建历史上罕见的。在战乱期间，福建百姓要承受严苛的赋税，加上多次发生的自然灾害，福建民众处于水深火热之中，甚至出现了人吃人的现象。迄至元末，各路割据武装大都被消灭，福建逐步趋向统一。这一趋势，同时也是全国性的。在陈友定统一福建的同时，朱元璋统一中国的事业大有发展，最终发动了统一福建的战争。因此，明朝统一福建，正是顺应历史潮流的大势，明朝的成功，也为福建的发展开拓了一个崭新的局面。

参考文献

一、古籍文献

［元］脱脱等：《宋史》，中华书局1977年标点本。

［明］宋濂等：《元史》，中华书局1976年标点本。

［清］张廷玉等：《明史》，中华书局1974年标点本。

［宋］司马光等：《资治通鉴》，上海古籍出版社1987年。

毕沅：《续资治通鉴》，上海古籍出版社1987年。

［清］徐乾学：《资治通鉴后编》，文渊阁四库全书本。

［宋］李心传：《建炎以来系年要录》，文渊阁四库全书本。

［清］纪晓岚等：《宋季三朝政要》，文渊阁四库全书本。

［明］陈邦瞻编：《宋史纪事本末》，文渊阁四库全书本。

［明］陈邦瞻：《元史纪事本末》，中华书局1979年。

［明］胡粹中编：《元史续编》，文渊阁四库全书本。

［元］佚名：《元典章》，中国书店1990年。

［元］佚名：《通制条格》，黄时鉴点校，浙江人民出版社1986年。

［明］钱谦益：《国初群雄事略》，中华书局1982年。

［元］马端临：《文献通考》，文渊阁四库全书本。

［明］杨士奇等编：《历代名臣奏议》，文渊阁四库全书本。

［清］嵇璜、曹仁虎等编：《续文献通考》，文渊阁四库全书本。

［宋］王溥《五代会要》，文渊阁四库全书本。

［元］苏天爵编：《元文类》，文渊阁四库全书本。

［元］扎马剌丁、虞应龙、勃兰盼、岳铉等编辑：《元一统志》，赵万里辑校：中华书局1966年。

［明］李贤等：《明一统志》，文渊阁四库全书本。

［清］和珅等：《清一统志》，文渊阁四库全书本。

[明] 解缙等：《永乐大典》，中华书局1959年影印本。

[清] 陈梦雷等：《古今图书集成》，中华书局、巴蜀书社影印本。

[清] 永瑢等撰：《四库全书总目》，中华书局1965年。

[清] 纪昀等：《四库全书总目提要》，文渊阁四库全书本。

[明] 陶宗仪：《书史会要》，文渊阁四库全书本。

[元] 黎崱：《安南志略》，文渊阁四库全书本。

[明] 丘浚：《大学衍义补》，文渊阁四库全书本。

[明] 卓尔康：《春秋辩义》，文渊阁四库全书本。

[清] 顾奎光：《春秋随笔》，文渊阁四库全书本。

[明] 唐顺之：《稗编》，文渊阁四库全书本。

[宋] 严羽：《沧浪集》，中州古籍出版社1997年。

[宋] 林之奇：《拙斋文集》，文渊阁四库全书本。

[宋] 陆游：《渭南文集》，文渊阁四库全书本。

[宋] 文天祥：《文信国集杜诗》，文渊阁四库全书本。

[宋] 刘克庄：《后村先生大全集》，四部丛刊本。

[宋] 熊禾：《勿轩集》，文渊阁四库全书本。

[宋] 谢枋得：《叠山集》，文渊阁四库全书本。

[宋] 刘克庄：《后村先生大全集》，四部丛刊影印旧抄本。

[元] 黄仲元：《黄四如集》，文渊阁四库全书本。

[元] 赵孟頫：《松雪斋集》文渊阁四库全书。

[元] 刘埙：《隐居通议》，文渊阁四库全书本。

[元] 刘埙：《水云村稿》，文渊阁四库全书本。

[元] 马祖常：《石田文集》，文渊阁四库全书本。

[元] 袁桷：《清容居士文集》，文渊阁四库全书本。

[元] 柳贯：《柳待制集》，文渊阁四库全书本。

[元] 范梈：《范德机诗集》，文渊阁四库全书本。

[元] 刘岳申：《申斋集》，文渊阁四库全书本。

[元] 王迈：《臞轩集》，文渊阁四库全书本。

[元] 郑元佑：《侨吴集》，文渊阁四库全书本。

[元] 陈栎：《定宇集》，文渊阁四库全书本。

[元] 张翥：《蜕庵集》，文渊阁四库全书本。

[元] 张之翰：《西岩集》，文渊阁四库全书本。

[元] 宋褧：《燕石集》，文渊阁四库全书本。

［元］乌斯道：《春草斋集》，文渊阁四库全书本。
［元］何梦桂：《潜斋集》，文渊阁四库全书本。
［元］李士瞻：《经济文集》，文渊阁四库全书本。
［元］贡师泰：《玩斋集》，文渊阁四库全书本。
［元］虞集：《道园学古录》，文渊阁四库全书本。
［元］戴表元：《剡源文集》，文渊阁四库全书本。
［元］吴立夫：《渊颖集》，文渊阁四库全书本。
［元］顾瑛编：《草堂雅集》，文渊阁四库全书本。
［元］程钜夫：《雪楼集》，文渊阁四库全书本。
［元］姚燧：《牧庵集》，文渊阁四库全书本。
［元］许有壬《至正集》，文渊阁四库全书本。
［元］胡翰：《胡仲子集》，文渊阁四库全书本。
［元］唐元：《筠轩集》，文渊阁四库全书本。
［元］苏天爵：《滋溪文稿》，文渊阁四库全书本。
［元］方回：《桐江集》，宛委别藏第105册。
［元］方回《桐江续集》，文渊阁四库全书本。
［元］黄溍：《文献集》，文渊阁四库全书本。
［元］黄溍：《黄学士文集》，四部丛刊本。
［元］陶安：《陶学士集》，文渊阁四库全书本。
［元］刘仁本：《羽庭集》，文渊阁四库全书本。
［元］揭傒斯：《文安集》，文渊阁四库全书本。
［元］吴澄：《吴文正集》，文渊阁四库全书本。
［元］杨维祯：《东维子集》，文渊阁四库全书本。
［元］赵友钦撰：《革象新书》，文渊阁四库全书本。
［元］程端学：《积斋集》，文渊阁四库全书本。
［元］郑玉：《师山集》，文渊阁四库全书本。
［元］吴海：《闻过斋集》，文渊阁四库全书本。
［元］吾丘衍《竹素山房诗集》，文渊阁四库全书本。
［元］胡祗遹：《紫山大全集》，文渊阁四库全书本。
［元］蒲寿宬：《心泉学诗稿》，文渊阁四库全书本。
［元］黄镇成：《秋声集》，文渊阁四库全书本。
［元］郑文康：《平桥稿》，文渊阁四库全书本。
［元］任士林：《松乡集》，文渊阁四库全书本。

[元] 谢肃：《密庵集》，文渊阁四库全书本。

[元] 萨都拉：《雁门集》，文渊阁四库全书本。

[元] 蒋易：《鹤田先生文集》，建安杨氏藏手抄本。

[元] 释宗泐：《全室外集》，文渊阁四库全书本。

[元] 吾丘衍：《竹素山房诗集》，文渊阁四库全书本。

[元] 陈高：《不系舟渔集》，文渊阁四库全书本。

[元] 王彝：《王常宗集》续补遗，文渊阁四库全书本。

[元] 洪希文：《续轩渠集》，文渊阁四库全书本。

[元] 卢琦：《圭峰集》，文渊阁四库全书本。

[元] 王恽：《秋涧集》，文渊阁四库全书本。

[明] 徐一夔：《始丰稿》，徐永恩校注：《始丰稿校注》，浙江古籍出版社2008年。

[明] 王祎：《王忠文公集》，文渊阁四库全书本。

[明] 高启：《大全集》，文渊阁四库全书本。

[明] 刘昌编：《中州名贤文表》，文渊阁四库全书本。

[明] 林弼：《林登州集》，文渊阁四库全书本。

[明] 林鸿：《鸣盛集》，文渊阁四库全书本。

[明] 杨士奇：《东里集》，文渊阁四库全书本。

[明] 归有光：《震川集》，文渊阁四库全书本。

[明] 宋濂：《文宪集》，文渊阁四库全书本。

[明] 宋濂：《宋景濂未刻集》，文渊阁四库全书本。

[明] 王慎中：《遵岩集》，文渊阁四库全书本。

[明] 叶向高：《苍霞草》，江苏广陵古籍刻印社1997年。

[元] 佚名：《昭忠录》，文渊阁四库全书本。

李修身等编辑：《全元文》，凤凰出版社2005年。

[明] 黄宗羲：《明文海》，文渊阁四库全书本。

[清] 陈焯编：《宋元诗会》，文渊阁四库全书本。

[元] 蒋易编：《元风雅》，江苏古籍社宛委别藏本。

[清] 顾嗣立编《元诗选二集》，文渊阁四库全书本。

[明] 曹学佺编：《石仓历代诗选》，文渊阁四库全书本。

[清] 乾隆帝等：《御选元诗》，文渊阁四库全书本。

[清] 郑方坤：《闽诗录》，文渊阁四库全书本。

[清] 郑杰辑、陈衍补订：《闽诗录》，民国刊本。

［清］郑方坤编：《全闽诗话》，文渊阁四库全书本。

［宋］郑所南：《心史》，明崇祯十二年张国维刻本，四库禁毁书丛刊本，集部，第30册。

［元］周密：《癸辛杂识》，文渊阁四库全书本。

［元］周密：《癸辛杂识续集》，文渊阁四库全书本。

［元］周密：《癸辛杂识别集》，文渊阁四库全书本。

［元］周密：《齐东野语》，文渊阁四库全书本。

［元］陶宗仪：《说郛三种》，上海古籍出版社1988年影印本。

［宋］李俊甫：《莆阳比事》，江苏古籍出版社，宛委别藏本。

［明］叶子奇：《草木子》，中华书局1959年。

［明］陶宗仪：《辍耕录》，文渊阁四库全书本。

［明］陶宗仪：《南村辍耕录》，中华书局1959年。

［宋］白玉蟾：《海琼白真人语录》，《道藏》第33册，文物出版社、上海书店、天津古籍出版社。

［五代］释静、释筠：《祖堂集》，岳林书社1996年。

［宋］普济：《五灯会元》，中华书局1984年。

［宋］释志磐：《佛祖统纪》，续修四库全书本第1287册。

［元］释念常：《佛祖历代通载》，文渊阁四库全书本。

［元］释觉岸：《释氏稽古略》，文渊阁四库全书本。

［明］郑若曾：《郑开阳杂著》，文渊阁四库全书本。

［清］卞永誉：《式古堂书画汇考》，文渊阁四库全书本。

［清］叶德辉：《书林清话》，中华书局1957年。

［宋］庄绰：《鸡肋篇》，中华书局1983年。

［宋］陆游：《老学庵笔记》，文渊阁四库全书本。

［清］潘永因编：《宋稗类抄》，书目文献出版社1985年。

［明］郎瑛：《七修类稿》，世纪出版集团、上海书店2001年。

［明］黄宗羲编著：《宋元学案》，中华书局1986年。

［清］李清馥：《闽中理学渊源考》，文渊阁四库全书本。

［元］王祯：《农书》，上海古籍出版社1994年。

［元］陈元靓：《事林广记》，中华书局1999年影印元刻本。

［明］周致中：《异域志》，陆峻岭校注本，中华书局2000年。

［明］凌迪知：《万姓统谱》，文渊阁四库全书本。

［明］孙原理汇辑：《元音》，文渊阁四库全书本。

385

［明］张介宾《类经图翼》，文渊阁四库全书本。

［清］姚元之：《竹叶亭杂记》，中华书局1987年。

［明］照乘等：《天妃显圣录》，台湾文献丛刊本第77种。

［明］黄仲昭：弘治《八闽通志》，福建人民出版社1990年。

［明］何乔远：《闽书》，福建人民出版社1994年点校本。

［明］王应山纂、王毓德编次：《闽大记》，中国社会科学出版社2005年。

［清］郝玉麟等：雍正《福建通志》文渊阁四库全书本。

［清］陈寿祺等：道光《福建通志》，同治刊本。

［民国］陈衍等：民国《福建通志》，民国十一年刊本。

福建省地方志编纂委员会：《福建省志·人物志》上，中国社会科学出版社2003年。

［宋］梁克家编：《三山志》，方志出版社2003年。

［明］叶溥、张孟敬纂修：正德《福州府志》，海风出版社2001年。

［明］喻政等：万历《福州府志》，海风出版社2001年。

［明］王应山：《闽都记》，林家钟、刘大治校注本，方志出版社2002年。

［民国］李驹等：《长乐县志》，福建人民出版社1994年。

［民国］丘景雍等：《连江县志》，连江县方志委1989年。

［清］饶安鼎等：乾隆《福清县志》，福清县方志委1989年。

［民国］王绍沂主纂：民国《永泰县志》，永泰县方志委1987年。

［清］辛竟可等：乾隆《古田县志》，古田县方志办1987年。

［清］卢凤琴等：道光《罗源县志》，罗源县政协1984年。

［民国］丘景雍等：民国《连江县志》，连江县方志委1989年。

［民国］黄履思：民国《平潭县志》，平潭县方志委1990年标点本。

［明］林子燮等：万历《福宁州志》，书目文献出版社《日本藏中国罕见方志丛刊》，1990年影印明万历二十一年刊本。

［明］殷之辂、朱梅等：万历《福宁州志》，万历刻本。

［清］李拔：乾隆《福宁府志》，宁德地区方志编纂委员会，1991年自印本。

［清］卢建其修、张君宾纂：乾隆《宁德县志》，厦门大学出版社2012年。

［民国］徐有吾等：民国《霞浦县志》，霞浦方志委1986年。

［明］陆以载等撰：万历《福安县志》，书目文献出版社，日本藏中国罕见地方志丛刊，1991年。

［明］周瑛、黄仲昭：弘治《兴化府志》，福建人民出版社2007年。

[明]周华：正统《兴化县志》，民国重刊本。

[民国]石有纪、张琴：民国《莆田县志》，上海书店 2000 年影印民国手稿本。

[宋]黄岩孙：宝祐《仙溪志》，福建人民出版社 1989 年。

[明]林有年：嘉靖《仙游县志》，天一阁抄本。

[清]叶和侃等：乾隆《仙游县志》上海书店 2000 年影印同治重刊本。

[明]阳思谦等：万历《泉州府志》，台湾学生书局影印明万历刊本。

[清]黄任等：乾隆《泉州府志》，上海书店 2000 年影印清光绪本。

[清]朱升元等：乾隆《晋江县志》，乾隆三十年刊本。

[清]周学曾：道光《晋江县志》，福建人民出版社 1990 年标点本。

安海志修编小组：新编《安海志》，1983 年自刊本。

[明]张岳：嘉靖《惠安县志》，上海古籍书店 1963 年影印天一阁藏本。

[清]鲁鼎梅等：乾隆《德化县志》，德化方志委 1987 年版。

[明]林有年：嘉靖《安溪县志》，澳大利亚悉尼，国际华文出版社 2002 年。

[清]沈钟等：乾隆《安溪县志》，厦门大学出版社 1988 年版。

[明]朱安期等：万历《永春县志》，万历刻本。

[明]陈洪谟修、周瑛纂：正德《漳州府志》，中华书局 2012 年。

[明]袁业泗等修、刘庭蕙等纂：万历《漳州府志》，明万历四十一年闵梦得刊本。漳州市政协、厦门大学出版社 2012 年影印本。

[清]蔡世远等：康熙《漳州府志》，清康熙五十三年刊本。

[清]沈定均修、吴联薰增修：光绪《漳州府志》，上海书店 2000 年影印光绪刻本。

[清]沈定均修、吴联薰增修：光绪《漳州府志》，中华书局 2011 年点校本。

[清]王珏：康熙《长泰县志》，清康熙刊本。

[明]刘天授等：嘉靖《龙溪县志》，上海古籍书店 1963 年影印天一阁藏本。

[清]吴宜燮等：乾隆《龙溪县志》，清乾隆刊本。

[明]张燮等：崇祯《海澄县志》，书目文献出版社《日本藏中国罕见方志丛刊》，1990 年影印本。

[清]邓来祚等：乾隆《海澄县志》，乾隆二十七年刊本。

[民国]郑丰稔等：民国《南靖县志》，南靖县方志委 1994 年整理本。

［清］徐铣等纂修：乾隆《龙岩州志》，福建省地图出版社1987年。

［清］林德震：道光《漳平县志》，漳平市方志办2002年。

［宋］胡太初、赵与沐：开庆《临汀志》，福建人民出版社1990年。

［清］李世熊：康熙《宁化县志》，福建人民出版社1989年。

［清］杜士晋等：康熙《连城县志》，方志出版社1997年。

［明］陈桂芳等：嘉靖《清流县志》，福建人民出版社1992年。

［清］乔有豫：道光《清流县志》，福建人民出版社1992年。

［清］林善庆：民国《清流县志》，福建地图出版社1988年。

［清］赵良生：康熙《武平县志》，武平县方志委1986年重刊康熙三十八年本。

［明］邢址：嘉靖《邵武府志》，上海古籍书店1963年影印天一阁本。

［清］李正芳等：咸丰《邵武县志》，邵武市方志委1986年点校本。

［明］郑庆云等：嘉靖《延平府志》，上海古籍书店1963年影印天一阁藏本。

［清］孔自洙等修、吴殿龄等纂：顺治《延平府志》，厦门大学出版社2010年。

［明］苏民望修：万历《永安县志》，方志出版社2004年。

［明］李敏等：弘治《将乐县志》，将乐县方志委2001年。

［明］黄士祯：万历《将乐县志》，明万历刊本胶卷。

［明］黄士祯：万历《将乐县志》，福建人民出版社2009年。

［清］徐观海修纂：乾隆《将乐县志》，厦门大学出版社2009年。

［民国］洪清芳：民国《尤溪县志》，尤溪方志委1985年点校本。

［明］范嵩等：嘉靖《建宁府志》，上海古籍出版社1963年景印天一阁本。

［清］张琦等：康熙《建宁府志》，南平地区方志委1994年标点本。

［明］夏玉麟、汪佃修纂：嘉靖《建宁府志》，厦门大学2009年。

［明］冯继科等：嘉靖《建阳县志》，上海古籍书店1963年影印天一阁藏本。

［清］柳正芳：康熙《建阳县志》，清康熙刊本。

［清］李再灏等：道光《建阳县志》，建阳县志办1986年重刊本。

［民国］郑丰稔主编、袁幹副主编：民国《崇安县新志》，民国三十一年刊本。

［清］潘拱辰等：康熙《松溪县志》，松溪县编纂委1986年点校本。

［清］董天工：乾隆《武夷山志》，方志出版社1997年。

［清］周亮工：《闽小记》，福建人民出版社1985年。

［明］陈懋仁《泉南杂志》，丛书集成初编第3161册。

［清］郑杰：《闽中录》，清光绪刊本。

［清］施鸿保：《闽杂记》，福建人民出版社1985年。

［清］陈云程：《闽中摭闻》，清刊本。

［民国］元贤：《泉州开元寺志》，民国十六年本寺序刊本。

［清］崔嶷：《宁德支提寺志》，福建省地图出版社1988年。

［明］徐兴公纂辑：《雪峰志》，福州雪峰崇圣禅寺戊子年编印本。

安溪清水岩志编纂委员会编：《清水岩志》，泉州文管会1989年。

［清］蒋毓英：康熙《台湾府志》，厦门大学出版社1985年刊本。

［宋］乐史：《太平寰宇记》，中华书局2000年影印宋本。

［宋］祝穆：《方舆胜览》，上海古籍出版社1991年影印宋本。

［宋］王象之：《舆地纪胜》，中华书局影印影文选楼影宋抄本。

［元］汪大渊：《岛夷志略》，中华书局1981年校释本。

［宋］赵汝适：《诸蕃志》，中华书局1996年。

［元］周达观：《真腊风土记》，夏鼐校注本，中华书局2000年。

陈佳荣、朱鉴秋编著：《渡海方程辑注》，中西书局2013年。

［清］阮元修，陈昌齐，刘彬华纂：道光《广东通志》，上海古籍出版社1990年影印商务印书馆1934年本。

［清］周硕勋：乾隆《潮州府志》，清光绪十九年珠兰书屋刊本。

［民国］厉式金等：《香山县志续编》，民国十二年刻本。

［清］高其倬等：雍正《江西通志》，文渊阁四库全书本。

［清］迈柱等：雍正《湖广通志》，文渊阁四库全书本。

［清］刘于义：雍正《陕西通志》，文渊阁四库全书本。

［清］赵宏恩等：乾隆《江南通志》，文渊阁四库全书本。

［元］杨譓：至正《昆山郡志》，续修四库全书本。

［明］桑悦著：弘治《太仓州志》，清宣统元年汇刻本，日本藏中国罕见地方志丛刊续编，北京图书馆出版社2003年。

［明］归有光：《三吴水利录》，文渊阁四库全书本。

［明］朱珪编：《名迹录》，文渊阁四库全书本。

［元］袁桷：延祐《四明志》，文渊阁四库全书本。

［明］顾炎武：《天下郡国利病书》，四部丛刊本。

刘纬毅、王朝华、郑梅玲、赵树婷辑：《宋辽金元方志辑佚》，上海古籍出版社 2011 年。

[清] 杜臻：《粤闽巡视纪略》，文渊阁四库全书本。

二、论著与论文

桑原骘藏：《蒲寿庚事迹》，东京，平凡社，1989 年版。

全汉昇：《中国经济史论丛》，香港新亚研究所。

梁庚尧：《宋代社会经济史论集》，上下册，允晨文化实业股份有限公司 1997 年。

庄为玑：《海上集》，厦门大学出版社 1996 年。

梁方仲：《中国历代户口、田地、田赋统计》，上海人民出版社 1980 年。

傅衣凌：《傅衣凌治史五十年文编》，中华书局 2007 年。

苏基朗：《刺桐梦华录——近世前期闽南的市场经济 946—1368 年》，浙江大学出版社 2012 年。

中国硅酸盐学会编：《中国陶瓷史》，文物出版社 1982 年。

李仁溥：《中国古代纺织史稿》，岳麓书社 1983 年。

闵宗殿等：《中国农业技术发展简史》，农业出版社 1983 年。

福建省泉州海外交通史博物馆、泉州市泉州历史研究会编：《泉州伊斯兰教研究论文选》，福建人民出版社 1983 年。

南京大学历史系元史研究室编：《元史论集》，人民出版社 1984 年。

福建省泉州市海外交通博物馆编：《泉州伊斯兰教石刻》，陈达生、陈恩明编译，宁夏人民出版社、福建人民出版社 1984 年。

陈擎光：《元代福建北部及其邻近地区所输出的陶瓷器——试论新安沉船以福州为出口港》，张炎宪主编：《中国海洋发展史论文集》第三辑，"中研院"三民主义研究所 1988 年，243-282 页。

朱维幹：《福建史稿》，福建教育出版社 1985 年。

徐晓望主编：《福建通史·宋元卷》，福建人民出版社 2006 年。

高令印、陈其芳：《福建朱子学》，福建人民出版社 1986 年。

李东华：《泉州与我国中古的海上交通》，台北，台湾学生书局 1986 年。

福建泉州海外交通史博物馆编：《泉州湾宋代海船发掘与研究》，海洋出版社 1987 年。

杨钦章：《泉州新发现的元代也里可温碑述考》，载《世界宗教研究》1987 年第 1 期。

叶文程：《中国古外销瓷研究论文集》，紫禁城出版社 1988 年。

吴幼雄：《福建泉州发现的也里可温碑》，载《考古》1988年第11期。

厦门大学历史研究所主编：《福建经济发展简史》，厦门大学出版社1989年。

陈景盛：《福建历代人口论考》，福建人民出版社1991年。

陈高华：《元史研究论稿》，中华书局1991年。

陈高华：《元代研究新论》，上海社会科学出版社2005年。

陈高华：《陈高华文集》，上海辞书出版社2005年。

陈埭回族史研究编写组：《陈埭回族史研究》，中国社会科学出版社1991年。

程民生：《宋代地域经济》，河南大学出版社1992年。

陈信雄：《宋元海外发展史研究》，台南，甲乙出版社1992年。

陈国强、叶文程、吴绵吉：《闽台考古》，厦门大学出版社1993年。

徐晓望：《福建民间信仰源流》，福建教育出版社1993年。

方豪：《台湾早期史纲》，台北，学生书局1994年。

杨讷：《元代白莲教研究》，上海古籍出版社2004年。

北京大学图书馆编：《皇舆遐览——北京大学图书馆藏清代彩绘地图》，中国人民大学出版社2008年。

中国国家博物馆水下考古研究中心、福建博物院文物考古研究所、福州市文物考古工作队编著：《福建平潭大练岛元代沉船遗址》，科学出版社2014年。

沈琼华：《13、14世纪龙泉窑之输出》，中国国家博物馆水下考古研究中心等：《福建平潭大练岛元代沉船遗址》，科学出版社2014年。

徐晓望主编：《福建思想文化史纲》，福建教育出版社1996年。

李瑞良：《福建出版史话》，鹭江出版社1997年。

谢水顺、李珽：《福建古代刻书》，福建人民出版社1997年。

福建省道教学会编：《福建道教史》，中国广播电视出版社2003年。

福建省佛教学会：《福建佛教志二稿》，油印本。

连横：《台湾通史》，商务印书馆1983年。

张崇根：《台湾四百年前史》，九州出版社2005年。

周婉窈：《台湾历史图说》，台北，"中研院"台研所筹备处1997年。

吴幼雄等：《泉州史迹研究》，厦门大学出版社1998年。

海北游人无根子：《新刻全像显法降蛇海游记传》，台北，施合郑基金会，2000年版，叶明生点校本。

吴松弟：《中国人口史第三卷，辽宋金元时期》，复旦大学出版社2000年。

杨彦杰主编：《闽西北的民俗宗教与社会》，国际客家学会，法国远东学院等，2000年。

王见川：《汉人宗教、民间信仰与预言的探索》，台北，博扬文化事业有限公司 2008 年。

陈遵统：《福建编年史》三册，福建人民出版社 2009 年。

廖大珂：《福建海外交通史》，福建人民出版社 2002 年。

廖大珂、辉明：《闽商发展史·海外卷》，厦门大学出版社 2016 年。

高桥弘臣：《宋金元货币史研究——元朝货币政策之形成过程》，上海古籍出版社 2010 年。

李献璋：《妈祖信仰研究》，郑彭年译本，澳门海事博物馆 1995 年。

林文豪主编：《海内外学人论妈祖》，中国社会科学出版社 1992 年。

许在全主编：《妈祖研究》，厦门大学出版社 1999 年。

徐晓望：《妈祖信仰史研究》，海风出版社 2007 年。

澳门海事博物馆、澳门文化研究会：《澳门妈祖论文集》，1998 年自印本。

荣孟源：《彭湖设巡检司的时间》，《历史研究》1955 年，第 1 期。

施一揆：《元代地契》，南京大学历史系元史研究室编：《元史论集》，人民出版社 1984 年。

黄典诚《晋唐古语在泉州》，《泉州文史》，第 6 期。

郑喜夫：《台澎最早的职官陈信惠》，台北，《中央日报》1972 年 7 月 4 日中央副刊。

孔立：《元置澎湖巡检司考》，《中华文史论丛》1980 年，第 2 期。

黄世春：《福建晋江草庵发现'明教会'黑瓷碗》，《海交史研究》，1985 年第 1 期。

邱玄煜：《从〈大德南海志〉看宋末元初广州的海外贸易》，张炎宪主编：《中国海洋发展史论文集》第六辑，"中研院"，中山人文社会科学研究所 1997 年，第 173-215 页。

苏尔梦：《试探元初流寓东南亚的宋朝遗民》，李庆新主编：《海洋史研究》第二辑，社会科学文献出版社 2011 年。

李干：《元代发行的纸币及其历史意义》《内蒙古社会科学》，1985 年第 4 期。

王颋：《元代书院考略》，《中国史研究》1984 年第 1 期。

李炳辉：《关于德化屈斗宫窑的我见》，《文物》，1979 年第 5 期。

徐本章《台湾唐山是一家》，载《泉州文史》，1979 年第 1 期。

徐晓望：《福建古代的制糖术与制糖业》，《海交史研究》，1992 年第 1 期。

韩光辉：《12 至 14 世纪中国城市的发展》，《中国史研究》，1996 年第 4 期。

徐晓望：《论宋元明福建的粮食复种问题》，《中国农史》，1999年第1期。

李林洲：《福州摩尼教重要遗址——福州台江义洲浦西福寿宫》，《福建宗教》，2004年第1期。

徐晓望：《元代瑠求及台湾、彭湖相关史实考》，《福建师范大学学报》，2011年第4期。

三、资料汇编

孙楷第：《中国通俗小说书目》，作家出版社1958年。

张星烺编注、朱杰勤校订《中西交通史料汇编》第1册，中华书局1977年。

何竹淇编：《两宋农民战争史料汇编》，中华书局1976年。

漳州柳营江：《白氏丁氏古谱》，漳州方志办重刻本。

陈开俊等译：《马可波罗游记》，福建科学技术出版社1981年。

福建省测绘局：《福建省地图册》，福建省地图出版社1983年。

陈祖槼、朱自振：《中国茶叶历史资料选辑》，中国农业出版社1984年。

[英] 阿·克·穆尔（Arther Christopher Moule）：《一五五〇年前的中国基督教史》第三章："刺桐的十字架及其他遗物"，赫镇华译本，中华书局1984年。

马金鹏译：《伊本·白图泰游记》，宁夏人民出版社1985年。

陈国仕辑录：《丰州集稿》，南安县志编纂委员会，1992年自刊本。

王文径编：《漳浦历代碑刻》，漳浦县博物馆1994年。

郑振满、丁荷生编：《福建宗教碑铭汇编·兴化府分册》，福建人民出版社1995年。

郑振满、丁荷生编：《福建宗教碑铭汇编·泉州府分册》，福建人民出版社2003年。

林申清编：《宋元刻牌记图录》，图书馆出版社1999年。

叶羽编：《茶书集成》，黑龙江人民出版社2001年。

粘良图：《晋江碑刻选》，厦门大学出版社2002年。

吴文良原著（1957年）、吴幼雄增订：《泉州宗教石刻》，科学出版社2005年。

张善贵：《长乐金石志》，香港文学报社出版公司2005年。

马建钊、张菽晖编：《中国南方回族古籍资料选编补遗》，民族出版社2006年。

国家文物局主编：《中国文物地图集·福建分册》，福建省地图出版社2007年。

后　记

  2006 年出版的《福建通史·宋元卷》里，元代的文字大约 14 万字。全书出版后，一直有志于重写元代福建史，真正动手是在 2018 年至 2019 年吧，一开始增写了 6 万字，然后又忙其他事去了。几个月后回看书稿，又不明不白地失去 6 万字，而且原文不一样。真是让我头痛。2019 年 12 月 18 日，开始重写《元代福建史》，到 2020 年 2 月 16 日，完成了 311500 字，全书共十章，只差一个绪论。这段时间正是新冠肺炎疫情肆虐的时候，外来干扰较少。旁人或有不适应，但我往常就是窝在家中，如今疫期禁足，实与往常没有变化。于是，写书吟诗，自得其乐，常忘今日是何日。两个月里，我竟增写了 17 万字！投笔欣赏之余，竟然有些佩服自己，手舞足蹈，就此搁笔。

徐晓望于福州江南水都书舍

2020 年 2 月 16 日

后记二

本书于 2020 年 2 月初成之后，搁置了两年之久。2022 年初，我动手写了本书的绪论约一万字。七月份，我再次修改《元代福建史》，参考了一些福建方志的史料。应当说，元代的福建方志史料大都来自《元史》，所以，即使看了三四十部福建方志，新史料也不多。然而，阅读中触发了我对一些问题新的看法，所以随改随补，本书也就达到了 40 万字。静夜思之，我的能量已经发挥到极点，就此罢手吧。

徐晓望于福州江南水都书舍

2022 年 7 月 22 日